课程思政
教学设计

文科卷

组编——湖南省教育科学研究院　主编——段慧兰　陈 卓

中南大学出版社 www.csupress.com.cn 长沙

图书在版编目（CIP）数据

课程思政教学设计. 文科卷／湖南省教育科学研究院组编；段慧兰，陈卓主编. —长沙：中南大学出版社，2022.3

　　ISBN 978-7-5487-4641-6

Ⅰ. ①课… Ⅱ. ①湖… ②段… ③陈… Ⅲ. ①思想政治教育－教学设计－教案(教育)－高等学校 Ⅳ. ①G641

中国版本图书馆 CIP 数据核字(2021)第 174310 号

课程思政教学设计——文科卷
KECHENG SIZHENG JIAOXUE SHEJI——WENKE JUAN

湖南省教育科学研究院　组编

段慧兰　陈卓　主编

□ 出 版 人	吴湘华	
□ 策划编辑	唐天赋　韩　雪　汪采知	
□ 责任编辑	汪采知	
□ 封面设计	谢　颖	
□ 责任印制	唐　曦	
□ 出版发行	中南大学出版社	
	社址：长沙市麓山南路	邮编：410083
	发行科电话：0731-88876770	传真：0731-88710482
□ 印　　装	长沙雅鑫印务有限公司	

□ 开　　本	889 mm×1194 mm　1/16	□ 印张 22.5	□ 字数 713 千字	
□ 互联网+图书	二维码内容　字数 386 千字　视频 150 分钟			
□ 版　　次	2022 年 3 月第 1 版	□ 印次	2022 年 3 月第 1 次印刷	
□ 书　　号	ISBN 978-7-5487-4641-6			
□ 定　　价	68.00 元			

编委会

◇ **主 任**

石灯明

◇ **副主任**

杨 敏

◇ **成 员**

段慧兰　　盛正发　　叶坤燚　　袁东敏

◇ **主 编**

段慧兰　　陈 卓

◇ **编写人员**　（按姓氏笔画排序）

李 婕　　李爽霞　　杨 敏　　肖紫琼
周 良　　胡 黄　　胡珂菲　　袁东敏
郭 云　　黄 纵　　黄 静　　盛正发
谢 晴　　赖颖慧　　雷冬玉　　潘国文

教育的根本任务在于立德树人。课程是高校思想政治工作的重要载体,课程思政是落实立德树人根本任务的有效途径。围绕培养什么人、怎样培养人、为谁培养人这个教育的根本问题,落实立德树人根本任务,必须将价值塑造、知识传授和能力培养三者融为一体。习近平总书记在全国高校思想政治工作会议上指出,要用好课堂教学这个主渠道,思想政治理论课要坚持在改进中加强,提升思想政治教育亲和力和针对性,满足学生成长发展需求和期待,其他各门课都要守好一段渠、种好责任田,使各类课程与思想政治理论课同向同行,形成协同效应。党的十九大报告明确提出,新时代教育的方向和目标是培养德、智、体、美、劳全面发展的社会主义建设者和接班人。课程思政不仅能够满足"三全育人"的要求和"大思政"工作格局的需要,还有助于社会主义大学人才培养目标的实现。

2020 年 6 月,教育部颁布了《高等学校课程思政建设指导纲要》(以下简称《纲要》)。《纲要》指出,全面推进课程思政建设是落实立德树人根本任务的战略举措,课程思政建设是全面提高人才培养质量的重要任务,要明确课程思政建设目标要求和内容重点,科学设计课程思政教学体系,结合专业特点分类推进课程思政建设,将课程思政融入课堂教学建设全过程,提升教师课程思政建设的意识和能力,建立健全课程思政建设质量评价体系和激励机制,加强课程思政建设组织实施和条件保障。当前,课程思政建设在国内高校全面推进,课程思政成为每一位高校教师面临的重要任务,指导高校教师做好课程思政教学设计,进一步提升广大教师的课程育人能力,非常必要且具有重要意义。

在湖南省教育厅的指导下,我们组织专家从全省普通高校课堂教学竞赛获奖教师的教学设计作品中,遴选出具有课程思政亮点和特色的部分优秀教学设计,汇编成《课程思政教学设计(文科卷)》和《课程思政教学设计(理工科卷)》。两卷书共编入 22 位获奖教师主讲的 22 门课程的 110 个教学设计。这些优秀的教学设计能为广大高校教师开展课程思政提供有益参考,也能帮助教师拓宽视野,在跨学科交流中激发课程思政建设的灵感,对刚登上大学讲台的青年教师和今后准备参加课堂教学竞赛的教师来说,是很好的学习资源。

新时代高校落实立德树人根本任务,全面推进课程思政建设,任重而道远。我们一直努力在增强教师课程思政意识、提升教师课程思政能力方面下功夫,从不同角度、不同方位来推动课程思政;通过组织高校教师开展课程思政教学研究、教学竞赛和课程思政研讨交流等活动,激发广大教师参与课程思政建设的热情，充分发挥教师课程思政的主动性和创造性，将课程思政的研究成果转化为课程思政的教学设计，将课程思政的教学设计转化为课程思政的生动实践。该书的编辑出版，只是我们所做努力的一部分。我们希望教师们能共享更多更好的课程思政资源，期待课程思政育人成为教师们的一种行动自觉。

本书绪论部分由湖南省教育科学研究院袁东敏和陈卓撰稿，课程1至课程10的课程思政教学设计分别由湖南大学胡珂菲、中南大学郭云、中南林业科技大学肖紫琼、湖南财政经济学院周良、湖南信息学院黄纵、湖南理工学院赖颖慧、湖南警察学院谢晴、湖南中医药大学李婕、吉首大学黄静、湘南学院李爽霞编写。

感谢为此书出版付出辛勤劳动的中南大学出版社唐天赋老师、韩雪老师及汪采知老师，同时也感谢提供优秀教学设计的每一位高校教师。由于我们水平有限，书中不足之处在所难免，恳请专家和同行指教。

编者
2022 年 1 月

目 录

如何做好课程思政教学设计

袁东敏，湖南省教育科学研究院高等教育研究所教学与评价研究室主任，研究员，2012 年至今一直承办湖南省高校教师教学竞赛工作。

陈卓，湖南省教育科学研究院高等教育研究所教学与评价研究室研究人员，协助组织湖南省高校教师教学竞赛工作。

课堂教学是课程思政建设的主渠道，教学设计是课程思政实施的规划书和行动指南。教师做好课程思政教学设计之前，需深化对课程思政的理解与认识，深入挖掘专业课程的思政元素，在加强课程思政规划设计的基础上，努力创新课程思政方式方法，同时重视课程思政的评价反思，不断提升课程思政育人能力和水平。针对如何做好课程思政教学设计，我们从以下几方面进行了探究。

一、深化对课程思政的理解认识

(一)课程思政的概念和本质

自 2014 年上海市提出"课程思政"的概念并试点推广以来，"课程思政"成为学术界研究的重大课题和高校思政教育改革实践的热点，但学界对"课程思政"的认识不一。通过对现有研究与实践成果的总结与分析，有专家学者认为"课程思政"是指学校利用所有非思政课程开展思政教育的一个体系。对于这一概念的理解和把握有以下几个要义：第一，课程思政不是一门具体的课程，而是一个体系，是一个包含思政教育目标、内容、手段及方法的体系。第二，课程思政所指的"课程"，是指所有的非思政课程，包括通识课程、基础课程、专业课程，甚至可以拓展到没有具体课程形态的隐性课程，因此，思政课程不是课程思政研究的对象。第三，课程思政研究的范畴是思想政治教育，是实践"三全育人"的重要抓手。第四，课程思政还是一个重要的理念，它既作为新的思政理念，对推动思政教育改革具有很强的指导意义，又作为重要的课程理念，赋予课程教学改革深远的价值。

课程思政的本质是以课程为载体实现思想政治教育协同。习近平总书记在全国高校思想政治工作会议上强调指出，"要用好课堂教学这个主渠道，思想政治理论课要坚持在改进中加强，提升思想政治教育亲和力和针对性，满足学生成长发展需求和期待，其他各门课都要守好一段渠、种好责任田，使各类课程与思想政治理论课同向同行，形成协同效应"，这是对课程思政本质的高度凝练和集中要求。课程思政不是增开一门课程，也不是在课程内增加一个环节或一项活动，而是使专业教育与思想政治教育协调同步、相得益彰，构成完整的思想政治教育体系。

课程思政是"高校以习近平新时代中国特色社会主义思想为指导，以习近平总书记关于教育的重要论述为根本遵循，落实立德树人的根本举措"。课程思政的本质是立德树人，以实现教师课堂育人成效。对于高校教师来说，就是要切实担负起育人责任，转变思想观念，克服专业教育和思政教育"两张皮"的惯性思维，把思政教育的要求和内容，与非思政类课程设计、教材开发、课程实施、课程评价等有机结合起来，深入挖掘专业课程和教学方式所蕴含的思想政治教育资源，充分发挥专业课程的育人功能，最终实现高校思想政治教育与通识教育、专业教育的融会贯通，实现在价值传播中凝聚知识底蕴、在知识传播中强调价值引领，于润物无声中立德树人，把学生培养为德智体美劳全面发展的中国特色社会主义建设者和接班人。

(二)课程思政的目标要求

课程思政的目标是立足解决培养什么人、怎样培养人、为谁培养人这一教育的根本问题，紧紧围绕立德树人这一根本任务，将价值塑造融入知识传授和能力培养过程中，帮助学生塑造正确的世界观、人生观、价值观。

专业教育课程是课程思政的基本载体，《高等学校课程思政建设指导纲要》(以下简称《纲要》)根据专业特点把专业课程进一步细分为文学历史学哲学类、经济学管理学法学类、教育学类、理学工学类、农学类、医学类、艺术类等 7 大类专业课程，对每一类课程结合不同课程特点、思维方法和价值理念提出了不同的课程思政目标和要求。

一是文学历史学哲学类专业课程的思政元素要结合专业知识教育引导学生深刻理解社会主义核心价值观，自觉弘扬中华优秀传统文化、革命文化和社会主义先进文化。

二是经济学管理学法学类专业课程的思政元素要坚持以马克思主义为指导，帮助学生了解专业和行业领域的国家战略、法律法规和相关政策，引导学生深入社会实践、关注现实问题，了解经济和管理发展前沿问题，培育学生经世济民、诚信服务、德法兼修的职业素养。

三是教育学类专业课程的思政元素要注重加强师德师风教育，突出课堂育德、典型树德、规则立德，引导学生树立学为人师、行为世范的职业理想并培育爱国守法、规范从教的职业操守，培养学生争做有理想信念、有道德情操、有扎实学识、有仁爱之心的"四有"好老师。体育类课程的思政元素要注重爱国主义教育和传统文化教育，培养学生顽强拼搏、奋斗有我的信念，激发学生提升全民族身体素质的责任感。

四是理学工学类专业课程的思政元素要注重于科学思维方法的训练和科学伦理的教育，培养学生探索未知、追求真理、勇攀科学高峰的责任感和使命感。工学类专业课程的思政元素还要注重强化学生的工程伦理教育，培养学生精益求精的大国工匠精神，激发学生科技报国的家国情怀和使命担当。

五是农学类专业课程的思政元素要注重培养学生的"大国三农"情怀，引导学生以强农兴农为己任，"懂农业、爱农村、爱农民"，增强学生服务农业农村现代化、服务乡村全面振兴的使命感和责任感，培养知农爱农创新人才。

六是医学类专业课程的思政元素旨在培养学生"敬佑生命、救死扶伤、甘于奉献、大爱无疆"的医者精神，在培养精湛医术的同时，把人民群众生命安全和身体健康放在首位，做党和人民信赖的好医生。

七是艺术类专业课程的思政元素要引导学生立足时代、扎根人民、深入生活，树立正确的艺术观和创作观。要坚持以美育人、以美化人，积极弘扬中华美育精神，引导学生自觉传承和弘扬中华优秀传统文化，全面提高学生的审美和人文素养。

(三)课程思政的内容重点

课程在高等教育活动中始终处于核心地位，发挥着育人"主战场""主渠道"的作用。课程思政实施的重点在课程，高校教师要依据所讲授课程的基本特点，围绕坚定当代大学生的理想信念，以爱党、爱国、爱社会主义、爱人民、爱集体为主线，重点关注政治认同、家国情怀、文化修养、宪法法治意识、道德修养等方面，系统开展中国特色社会主义和中国梦教育、社会主义核心价值观教育、法治教育、劳动教育、心理健康教育、中华优秀传统文化教育。具体包括以下五个方面的要求和内容：

一是坚持政治导向。持续推进习近平新时代中国特色社会主义思想"三进"，不断加强马克思主义理论教育，着力推动党的创新理论教育，增强学生对党的创新理论的政治认同、思想认同、情感认同，坚定"四个自信"。

二是坚持价值导向。大力培育和践行社会主义核心价值观，教育学生深刻理解社会主义核心价值观的丰富内涵，准确把握其精神实质，引导学生把事业理想和道德追求融入国家建设，将社会主义核心价值观内化为精神追求，外化为自觉行动。

三是坚持思想导向。加强中华优秀传统文化教育，大力弘扬以爱国主义为核心的民族精神，教育引导学生深刻理解中华优秀传统文化的思想精华和时代价值，完善大学生的道德品质，培育理想人格，展现中华文化的无穷魅力和时代风采。

四是坚持法治导向。深入开展宪法法治教育，教育学生牢固树立法治观念，坚定走中国特色社会主义法治道路的理想和信念，深化对法治理念、法治原则、重要法律概念的认知，增强运用法治思维和法治方式维护自身权利、参与社会公共事务、化解矛盾纠纷的意识和能力。

五是坚持职业导向。深化职业理想和职业道德教育，帮助学生了解相关专业和行业领域的发展态势，了解国家发展战略和行业需求，增强职业道德与责任感，教育引导学生准确理解并自觉践行各行业的职业精神和职业规范。

(四)课程思政的难点

关于高校课程思政的难点，可以集中概括为以下几个方面。一是专业知识与思政教育融合的问题。

课程思政实施的首要难点就是如何将专业知识和思想政治教育相融合、相统一的问题。专业知识的教学侧重于知识的理性，而思想政治教育倾向于价值的引领。专业知识领域的理性如何融入价值性，是推进课程思政所面临的实际问题。二是协同育人机制完善建构的问题。由于受多种因素的影响，当前还没能形成完善有效的思想政治教育协同育人机制，列出协同育人机制的构建过程中存在的系列问题。协同育人的机制建设粗放。有学者发现在具体实践中，课程思政作为高校甚至整个教育界人才培养体系的具体途径和实施方法，仍缺乏强有力的政策支持，缺少具体保障制度安排和科学完善的监督评价机制，还没能真正建构起完整、坚实的协同育人机制。三是思想政治教育与专业教学"两张皮"的问题。在有效防范在课程思政实践过程中出现思想政治教育与专业教学"两张皮"时，要充分发挥教师这一关键主体的桥梁纽带作用。四是自然科学类课程如何开展课程思政的问题。在高校非思政课程体系中，自然科学类课程蕴含着丰富的科学精神，这一类课程的思政资源是其他课程所不能替代的。但由于这一类课程和思想政治教育的联系最为松散，加之思政资源挖掘存在着隐蔽性和多义性，教师一般不会主动在教学中融入思政元素，不会有意识地开展价值观念和理想信念的传导，因此，自然科学类课程如何开展课程思政成为当前高校课程思政建设的难点。

二、加强思政元素融入课程教学设计

(一)理解专业课程把握思政目标

深入理解专业课程是课程思政建设的基础和前提条件。课程是教育的细胞，理清课程与学科、专业的关系，有助于教师准确把握课程的性质与目标，包括思政目标。学科是相对独立的知识体系。专业是以相关学科为基础，根据社会分工需要而设置的一种课程组织形式。课程则是教学科目的构成及教学活动的组织。从人才培养的角度来看，学科、专业、课程是不可分割的有机整体，但又分属宏观、中观和微观三个不同层次。总的来说，学科是专业和课程的核心，专业是学科的拓展延伸和课程的组织形式，而课程是学科和专业的基础支撑。学科建设引领专业建设和课程建设，专业建设促进学科建设和课程建设，课程建设最终支撑学科建设和专业建设。正确认识和把握课程在相关学科和专业体系中所处的地位，以及在人才培养中的作用，具体来说，就是准确把握课程性质，明确课程特点，明晰教学知识、能力目标，尤其是思政目标。

(二)深入挖掘专业课程思政元素

课程思政不是把专业知识和思政元素进行简单的机械组合，而是把思政元素科学有机地融入专业课程教学中，达到协调统一、润物无声的育人效果。深入挖掘专业课程思政元素，是教师做好课程思政教学设计的重要前提。

深入挖掘专业课程思政元素，首先要做好对课程思政元素的系统性挖掘。以专业为单位，根据专业人才培养方案，做好专业课程思政顶层设计，即先确定专业层面的思政目标和思政元素挖掘方向，再按照课程特点，细化思政目标，将思政元素挖掘侧重点分解到各专业课程，专业内多门课程相互配合，系统推进。系统性挖掘使不同课程的思政内容互相补充，避免重复，也有利于同一专业内部的课程思政同向同行，形成合力。

其次要准确把握思政元素挖掘的着力点。有些人文社科类课程，专业知识本身具有明显的价值倾向，可将思政元素进行梳理归纳。而大部分理工类课程则需要深度挖掘思政元素，并进一步拓展和开发。要充分考虑课程类型和特点，以教育部《高等学校课程思政建设指导纲要》为蓝本，从实际出发。如理工类专业课程思政，就要把马克思主义立场观点方法的教育与科学精神的培养结合起来，以提高学生正确认识问题、分析问题和解决问题的能力为重点。

(三)加强课程思政规划设计

课程思政的整体规划主要通过教学设计来实现。首先要深入研究课程思政对象。课程思政的对象是学生，课程思政建设要求教师对学生的基本情况进行更深入的研究和了解。不仅要了解学生的专业知识结构和已具备的能力，还要了解学生的学习习惯、特点和兴趣，尤其是要深入研究学生的态度、思想、价值观等，了解学生的内在需要，才能使课程思政内容更贴近学生实际，易于被接受，避免自说自话，强行思政。

其次要凝练课程思政主题。结合专业知识的教学内容，以及契合的思政元素，提炼总结出课程思政的主题，作为整门课程思政建设的主线。如黄纵老师的管理学原理课程，将"国学思想"巧妙融入课程教学中，通过管理学专业教学内容与国学内容的契合关系，对学生进行国学熏陶，进一步培养学生对中华优秀传统文化的自信与自觉。杏建军老师的航天器动力学基础与应用课程，把"家国情怀"和"科学精神"深深融入 20 课时的课堂教学中，逐步培养学生的制度自信和文化自信，坚定航天强国的理想信念。凝练思政元素主题有利于形成课程思政抓手，避免课程思政的盲目性和碎片化。

再次要做好课程思政的统筹规划。在教学设计中制定课程思政元素总览表或描绘课程思政元素地图，对课程思政进行整体设计和统筹规划，包括明确课程思政目标，总览各章节的思政元素和融入途径，制定具体实施方案和步骤等。厘清思政元素与专业内容之间的关系，做到心中有数、有迹可循，有利于课程思政中思政元素的协调统一，为课程思政的具体实施打牢基础。

最后要有效实施课程思政。在课程思政的总体规划下，把课程思政具体落实到每个章节每个课时的教学活动中：从确定课程思政目标，到设定融入思政元素的教学环节，再到实现思政育人预期效果，最后对课程思政进行评价和反思，每一个环节都须认真设计和把握。

(四)创新课程思政方式方法

要巧妙实施教学设计，最终达到课程育人成效，课程思政的方式方法至关重要。根据课程思政隐性育人的特点和要求，课堂教学中思政元素与日常教学内容之间的融合尤为关键。

首先要选择贴近学生思想特点的内容，从营造课程思政的环境与氛围入手。例如将国学思想融入管理学的专业教学，或是在理科教学中穿插体现科学精神的科学家系列故事，以引起教与学双方的心理共振，提高学生良好的接受效果，实现"润物无声"的育人成效。

其次要选择学生关注的现实问题作为教学案例，既紧扣时代发展又回应学生关切。通过启发式、探究式、讨论式等方式，鼓励学生运用专业知识进行观察、分析、思考和探究，由近及远、由表及里地引导学生理解社会制度的变革和国家取得的历史性成就，不单向灌输，不强加观点，将国情教育、家国情怀、主流价值熏陶自然而然地渗入专业教学中。

最后要选择学生乐于接受的话语方式，营造出自由、平等、和谐的课堂教学氛围。恰当的话语方式不仅使得教师的思想观念、价值取向等更易为学生接受与信服，也可以充分调动学生的积极性、主动性和参与性，达到事半功倍的效果。思政元素与教学内容要自然融合，课程思政最理想的境界就是教师在不知不觉中实施教育，学生在不知不觉中深受教育。

(五)重视课程思政评价反思

课程思政评价的对象是学生，而学生又是课程思政评价的主体之一。思政教育由于主体较多，容易产生叠加效应，因此课程思政的评价具有一定的复杂性。

首先课程思政评价活动要系统规划，有序进行。短期评价应和中期评价、长期评价相结合。短期评价和中期评价主要考查学生对思政教育作用的认知程度。短期评价可借助信息化手段，如雨课堂等，对某些特定的思政内容做课前、课中、课后的测试。中期评价可采用问卷调查等形式在期初、期中、期末考查学生的日常行为活动，观察和测试课程思政教学对学生认知和行为的影响。长期评价可通过第三方评价，调查用人单位对学生政治素质、职业素养、专业水平的满意度等，进一步检验课程思政实施的效果。

其次课程思政评价主体和角度要全面多样。为保证评价的客观性、全面性和科学性，评价应以专业课教师为主，还应包含学生本人、班级学生代表、专业课管理人员、思想政治理论课教师、辅导员、实践教学导师、学业导师等，各主体围绕专业课程思政设定的内容和相关标准，独立开展评价。根据评价主体不同，评价应侧重不同视角。专业课教师主要评价学生在学科学习中所表现出来的情感、态度、价值观的变化，对学科专业的忠诚度，对学科专业价值的认知，学科专业方面的操守（伦理），对与学科专业相关社会现象的分析能力，等等。学业导师应侧重于评价学生学业理想、学业价值、未来的职业选择、个人学业与社会发展的关系认知等。思想政治理论课教师应侧重于社会主义核心价值观对学生专业思想引导的评价。辅导员则应关注学生学业行为的变化，如积极性、主动性，以及对专业相关活动的参与度、与专业相关的社会活动尤其是公益活动的参与度等。不同主体的评价应综合形成系统的评价结论。

最后课程思政评价导向应重过程、轻结果。思想政治素养的提升是一个循序渐进的过程，因此课程思政评价应遵循发展性评价理念，注重定性评价、描述性评价等，关注学生纵向的自我发展，减少横向比较。思想政治教育通常包含情感、态度、价值观三个层面，课程思政也应该从这三个层面制订相关标准，开展效果评价。

反思建立在评价基础之上。课程思政短期评价和中期评价可以帮助教师及时掌握学生的思想动态，准确把握实际成效与预期效果之间的差异，并适当改进教学方式方法，调整教学进程，保证课程思政的育人效果。此外，课程思政在教学实施过程中，必然会遇到各种各样的问题。课后基于问题的反思，以及通过反思促进思政元素与专业教学的深度融合，也对提高课程思政育人成效有着积极作用。

三、增强课程思政建设意识和能力

全面推进课程思政建设，教师是关键。《纲要》指出，教师要进一步强化育人意识，找准育人角度，提升育人能力，确保课程思政建设落地落实、见功见效。

首先，高校教师要不断增强课程思政育人意识。具备育人意识是教师落实课程思政的重要前提。教师要随时代发展更新教育观、教学观、育人观，在课程教学中增加价值的维度，坚定育人的理念，拓展价值教育的本领和能力，要结合课程主动加强课程思政建设的重点、难点研究。

其次，教师要努力提升课程思政能力。课程思政以各类专业课程教学活动为基础，教师需用心、用情投入教学实践，加强优质教学资源建设，掌握科学的教学方式方法，将现代信息技术与教育教学深度融合，在教学中实现师生有效互动，以获得良好的课程思政效果。平时要积极参与课程思政建设典型经验交流、现场教学观摩、教师教学培训等活动，不断提升课程思政能力。

最后，教师还要设法提升课程思政育人实效。课程思政不仅仅在课堂之内，还在课堂之外。教师要多关心学生的思想动态与生活状况。各门课程教师要主动深入学生，及时了解学生的所思所想与生活状况，在全面了解、沟通交流中加深对学生的认识，进而有针对性地提升课程思政育人实效。

语言学概论

课程1

胡珂菲，湖南大学中国语言文学学院教师，湖南省普通高校教学能手，2020年湖南省普通高校教师课堂教学竞赛一等奖获得者，曾获湖南大学教师教学基本功大赛一等奖、湖南大学教学能手、湖南大学教学优秀奖等。

课 程 概 述

一、课程基本信息

语言学概论课程基本信息见表1-1。

表1-1　语言学概论课程基本信息

课程名称	语言学概论	课程性质	专业核心课
学时	48	开课时间	二年级
先修课程	现代汉语、古代汉语	适用专业	汉语言文学专业
使用教材	叶蜚声，徐通锵.语言学纲要[M].北京：北京大学出版社，2010.		
参考教材	伍铁平.普通语言学概要[M].北京：高等教育出版社，1993. 胡壮麟.语言学教程[M].5版.北京：北京大学出版社，2015.		

二、课程性质和作用

"语言学概论"是汉语言文学专业最核心的学科基础课程之一。作为中国语言文学学科知识体系的重要组成部分，"语言学概论"既是一门语言学方向的知识性基础入门课程，也是对先修课程现代汉语及古代汉语的整理和升华，引导学生从具体语言学的视角转向了普通语言学，使语言学理论知识更加精细化和系统化。"语言学概论"同时还是一门人文素质教育课程。

本课程以人类语言的共同规律和普遍性特征为考察对象，教学目标是使学生通过学习，可以比较系统地掌握语言学的基础知识，了解人类语言的起源、性质、结构特点、演变规律、语言与社会的关系、语言的发展与分化等方面的内容。同时本课程还将结合时代的发展，与时俱进，融入最新的语言现象和语言研究理论，以及世界各国和中国的语言生活状况、语言文字政策、语言服务等相关内容，扩充学生的知识面，打破"语言学无用"观，切实地将理论与实践相结合；加强学生对语言知识的认知度和敏感度，培养学生的逻辑思维能力，以及运用科学的语言学研究方法来观察与分析现实世界的语言现象的能力，为今后其他语言学类课程的学习提供必要的理论支撑，也为学生日后从事语言研究或语言教学等相关工作奠定基础。

在语言学理论的指导下，通过汉语、英语及世界其他语言的分析、对比，可以拓展学生分析和思考问题的思路，从而实现思维的发散和眼界的拓宽，并且在中外语言及理论的比较中，强化对中华民族的文化认同与情感归一；还能帮助学生在学习过程中认真思考，在取西方语言学研究之所长的同时，应该如何立足于汉语和汉文化的实际情况，走一条具有中国特色的语言学研究之路，树立中国语言学研究的道路自信与文化自信；最终更重要的是让学生们认识到语言在个人发展、社会和谐、国家战略中的重要价值，提高学生重新认识语言、观察生活、重建语言文化认知观的能力，以实现综合素养的提升与价值观的重塑。

三、学情分析

(一)学生特点分析

1.知识基础

本课程的授课对象为汉语言文学专业二年级本科生,学生在大一学年已完成了现代汉语(Ⅰ)(Ⅱ)和古代汉语(Ⅰ)(Ⅱ)两门核心课程的学习,掌握了一门具体语言——汉语的语音、词汇、语法、语用、修辞等相关基础知识,这对语言学概论的学习而言是非常重要的知识储备,也将为对普通语言学知识的理解提供很大的帮助。此外,在信息技术急速发展的当代,学生可以多渠道地了解和学习除英语外的各种外语,同时由于媒介的多样化,学生对语言现象的发展变化、不同语言间的交互影响也都更加敏感。以此出发,结合各种语言学理论,对学生所了解的各种语言,以及变化中的、新兴的语言现象进行探究,可以激发学生对此课程的学习兴趣和学习热情。

另外,相比较文学类的知识而言,语言学领域的知识对学生来说是相对比较陌生的,并不是在进入专业学习前学生可以普遍接触到的素养性内容。所以,比起学生较为熟知的中国古代、现当代,以及外国文学作品和文学史,语言学经典名著和语言学史的相关内容基本上可以说是学生的一个知识盲区,缺少知识积累是学生的通病。

2.认知特点

语言学是一门较为注重理性思维、具有较强逻辑性的学科,学生通过大一学年的学习已逐渐开始了解如何运用一套科学的方法规则去分析语言现象。但由于语言学兼具人文社会科学及自然科学双重属性的特征,与文学类课程的学习仍旧存在着较大的思维方式及认识视角的不同,学生对其研究方法及思维模式还是或多或少存在着一些不适应。同时,语言学概论作为一门普通语言学课程,其探讨的范围不仅仅只局限于汉语,更是扩展到了全人类的语言上,因此,如何跳出汉语的固有思维,用全球性的视野去思考语言学相关问题是学生所面临的挑战之一。与此同时,如何摆脱长久以来"拿来主义"式的西方语言研究思维的藩篱,真正立足汉语的语言文字特点,探索一条契合汉语实际的研究道路,也是学生需要面对的认知转换难题。

3.学习风格

汉语言文学专业的学生阅读面广,对古代文学、现当代文学、外国文学、文艺学等领域均有较为全面及深入的学习,他们文化知识储备丰富,创造力强,思维活跃,能自觉地对所学知识进行复习、总结和梳理。但仍有学生学习主动性不足,缺乏独立思考的能力,习惯被动接受知识而非主动获取知识;也有部分学生囿于语言学知识的不足,对一些语言现象无法做出到位的解读,丧失了学习的热情;更有少部分学生对语言学的学习有畏难心理,觉得其过于抽象,片面地认为语言学理论没有实用价值,从而降低了学习动力。

(二)针对学情分析的解决思路

(1)学生之所以存在语言学领域知识储备不足的问题,归根结底是阅读面不够广所导致的。学生平时不经常阅读语言学类书籍,大体上有两方面原因,一是因为此类书籍理论性略强而趣味性不足,二是因为不知道该从哪些书入手来循序渐进地拓宽自己的知识面。因此,本课程将根据教学内容的安排推进,设置"拓展阅读"板块,为学生推荐相关书籍及学术论文,帮助学生既从根本上打好语言学基础,也能时刻与时代接轨,了解最新的学术前沿及语言生活状况。所推荐书目大致包括常识普及类、学习参考书类、专项理论类、中外语言学史类、语言教学应用类、"语言生活皮书"系列、国家语言政策文书类等几大块,全方位地丰富学生的语言学知识储备。

(2)针对学生缺乏语言学学科学习和研究方法认识的问题,要通过课程的讲授,加强对诸如比较法、归纳法、演绎法、体验法等学习方法的指导,同时帮助学生树立语言学研究的实证意识,明确语言研究不是一个凭空想象、"我觉得""我认为"的过程，而要有类似自然科学的定性和定量研究相结合的精神。因此，一方面在每一次课程的知识传递中，要将语料的呈现贯穿始终，鼓励学生观察生活，挖掘语言材料，用事实说话；另一方面要指导学生学会利用各种国内外语料库，利用现代语言信息技术成果来辅助自己的学习和研究。

（3）对于部分学生所持的语言学课程理论性过强、与现实脱节、缺少应用价值的观点，就需要在授课过程中将只强调记忆、理解的教学目标上升到要求分析、评价、应用和创造的目标上来。在课堂上时刻将知识目标与能力目标、思政目标相结合，将语言理论与学生个人语言能力、日常生活、文化生活、社会发展、国家政策走向等相融合，帮助学生认识到语言学的应用性价值及创造性潜力。

四、课程教学设计

1.教学设计思路

本课程的教学设计坚持四个原则。

（1）一项特色：以传递中国思想和精神为特色。立足于语言文字在"讲好中国故事，传递中国声音"中的重要作用，在每一节课中设置"中国声音"板块，向学生传播中国历史上优秀的、当代前沿的语言学研究思想和理论；传达国家的语言文字政策、语言战略目标及部署情况；传递最新的语言时事与语言热点，使学生充分领会到语言学知识大有可为。

（2）双向融合：关注现今语言学学科的交叉融合方向，引导学生形成"语言学＋"的学科融合意识。介绍以语言学为中心，辐射其他相关领域的研究成果，鼓励学生以语言学知识为出发点，进行开拓性的、面向未来的创新思考。

（3）三维互动：坚持虚实互动、实时互动及多元互动。保证师生在任何突发情况下都能顺利实施线上、线下的交流转换互动；在任何教学环节都可以进行实时有效的互动；在整个学期中师生、生生之间能顺畅地进行互辩、互评、互问、互考的多元互动。

（4）四个结合：坚持将知识传授与价值引领相结合、理论学习与实际运用相结合、过程评价与结果评价相结合、课内学习与课外积累相结合，全面提高学生的综合素养。

2.教学目标

（1）知识目标。了解普通语言学的性质及研究内容，积累有关语言的性质、语言的结构（语音、语法、语义）、语言与文字的关系、语言的发展演变等几大板块知识要点。在中外语言比较框架中，认识语言的普遍性特征及区别特征，并以此为基础，联系国内外语言学研究成果及研究动向，拓宽知识面，从各种不同的角度加深对课程教学内容的理解。

（2）能力目标。在知识积累的基础上，建立知识点之间、知识与问题之间、知识与现实应用之间的逻辑联系，培养学生的语言敏感度，养成认真观察和收集语言现象、运用语言学理论分析各种语料的能力，使学生认识到语言研究中实证精神的重要性，提升定性与定量研究相结合的语言分析能力，强调发现问题、独立思考、创新角度的学习研究精神，鼓励学生通过广泛阅读，提高分析问题和解决问题的能力。

（3）价值目标。认识到语言能力与个人综合素养的提高、社会和谐、文化传承、国家战略目标之间的关系，自觉地将语言学理论知识应用于个人语言文字能力的提升、中华优秀历史文化的传承、推普扶贫、汉语国际推广、志愿语言服务等活动中来，从个人出发助力国家语言战略目标的实现；同时也认识到语言文字在增进民族团结、维护国家统一、铸牢中华民族共同体意识中的重要作用，增强文化自信和民族自豪感。

3.教学内容

作为一门语言学基础理论课程，本课程将带领学生全面认识人类语言的本质、结构及演变规律。具体教学内容包括语言学的研究对象和任务、基本类别和主要流派；语言的社会功能和思维功能；语言的性质及特点；语音和音系；语法和语法单位；语义及语用；文字；语言演变与语言分化；语言接触；语言的系统演变规律等。

　　教学重点在于语言的符号性质和系统性，语言三要素中相关概念、原则的理解，语言发展变化的规律、表现等。教学难点在于如何使用语言学理论对广泛的语料进行定性及定量研究，解决相关的语言学问题。通过本课程的学习能使学生系统地掌握语言学基本概念和基础理论知识，为今后进一步深入学习其他语言学相关课程奠定扎实的理论基础。

4. 课程思政

　　"语言学概论"课程思政设计思路见表1-2所示。

表1-2　语言学概论课程思政设计

序号	知识内容	思政元素融入思路
1	语言的功能	通过系列案例展现语言在个人、社会或国家层面所具备的功能，增强学生的使命感
2	语言是符号系统	通过引入古代先贤对语言问题的讨论，彰显语言在构成国家软实力中的价值
3	语音和音系	突出汉语语音研究对推动国家现代化、中文信息化处理技术发展的作用
4	语法	通过展示不同类型语言的语法特点，引导学生坚定走适合汉语特点的研究之路，加快汉语的国际化进程
5	语义和语用	展现汉语语义的丰富性、文化内涵的深厚性，及其在表达国家思想和观点、服务社会中的作用
6	文字	突出汉字在铸牢中华民族共同体意识、传承弘扬中华优秀文化中的力量
7	语言演变与语言分化	展示我国语言资源的丰富性、国家语言文字政策的科学性
8	语言的接触	强调语言在维护国家统一发展、增强共同体意识中的重要作用
9	语言系统的演变	展示语言演变反映的时代特点，强调培养语言应用人才、推动语言发展的重要性

5. 教学方法

　　(1) 教学模式上的改革与探索。"语言学概论"由于充斥着学生之前未接触过的抽象、深奥理论，历来是师生所公认的一门难懂、难学、难教的课程。因此本课程采用"双声互动、激发思维"的教学模式，在课堂中强调教师与学生的实时互动，变教师的"传道、授业、解惑"为学生的"悟道、求业、生惑"，充分发挥学生的主体性及主观能动性，使学生在老师的导向性启发问题中，完成"问题接收—思考—探究—解决(试错)—总结—提升"的系列过程。

　　同时，为鼓励学生课外阅读、多元思考、合作学习，在学期1/3及2/3的两次时间节点分别设置一次讨论课，通过事先下发主题、学生自主组合、课外研讨、自选报告模式、课堂分小组报告、教师引导、提问答辩、小组间互相评分等方法，培养学生自主学习、能动探索、互动合作的能力。

　　(2) 多元教学方法的运用。为改变传统的"一言堂"式授课方法，本课程多采用"问题中心"教学法，在课堂的每一个环节都将知识点以问题的形式呈现在学生的面前，让学生在寻求、探索解决问题的思维活动中，掌握知识、发展智力、培养技能，进而培养学生自己发现问题、解决问题的能力。与此同时，根据知识点的不同，灵活地运用情景创设法、任务型教学法、PBL教学法等，充分打开学生的思路，提升课堂参与度，最大限度地调动学生的学习积极性。在具体知识点的教授上，充分考虑语言学的学科特点，采用为学生创设语境、提供大量真实可靠的语言材料的方法，引导学生关注平时习焉不察的语言现象，将语言学理论的应用落到实处。

　　(3) "互联网+"教学模式的引进。在互联网全面渗透日常生活，以及特殊的新冠肺炎疫情影响下，利用互联网采用CMC(Computer-mediated Communication)教学模式已成为日常教学的一个必选项。通过CMC教学模式，师生可以跨越地点、不限时间地进行交流沟通，扩展了教学的维度及可能性。本课程在疫情期间坚持"内容不减、标准不降、互动不停"的原则，采用"超星学习通"为主授课平台，通过线上平台完成发布通知、上传教案 PPT/学习资料、收改作业、组织讨论等日常教学活动；同时，辅以"腾讯课堂"为备选授课平台，以应对突发情况的出现。此外，充分使用"中国大学 MOOC"中的优质慕课资源，作为学生的辅助学习工具及课前、课后的预习、复习材料。在课程结束后，利用"问卷星"服务平台，有针对性地了解学生对课程及完成度的评价。

以后，"互联网+"的教学模式将会继续介入我们的日常教学活动中，这是一个不可逆的过程。因此本课程也将继续采用线上、线下相结合的教学模式，实现与学生的多维互动。

6. 课程考核

为全面实现"语言学概论"的教学改革和创新，本课程对考核方式做了较大的调整，改变以往重考试结果而轻过程考察的传统考核模式，加大对学生平时课堂学习和课外自学的过程评价，以及重视对学生综合运用知识来分析实际问题能力的考核。具体操作方式有如下几项：

（1）将课程成绩的比例设置为：两次小组活动及讨论课汇报答辩占比 20%，语言学相关问题/语料收集汇总材料提交占比 15%，平时课后作业的完成提交占比 5%，平时课堂参与问题讨论及考勤占比 10%，期末考试前自主命题、互相测试、自我评价占比 10%，期末考试成绩占比 40%。

（2）设置语言学相关问题或语料收集汇总材料提交考核，学期初即布置任务，要求学生认真观察生活中的语言问题及语言现象，随时记录文字或图片等，且必须注明出处、来源、拍摄时间地点等，学期末时提交个人整理的汇总材料。此项考核任务意在加强学生的语言敏感度，且收集的相应材料可作为学生今后撰写论文的构思点及语料证据。

（3）设置学生分小组自主命题的考核内容，是为使学生从出题人的角度更深入地去思考课本知识及相关应用的问题，换一个维度加深学生对知识点的认知。并通过互相测试使同学间交流沟通、互换想法，最终通过对命题内容的自省式分析，实现能力的突破。

（4）在期末考试试题的设计上，将能力培养目标落到实处，减少死记硬背式的知识考查内容，突出学生运用所学理论知识分析语料、解决问题、做出阐释的能力。

五、课程教学内容思维导图

"语言学概论"课程教学内容思维导图如图 1-1 所示。

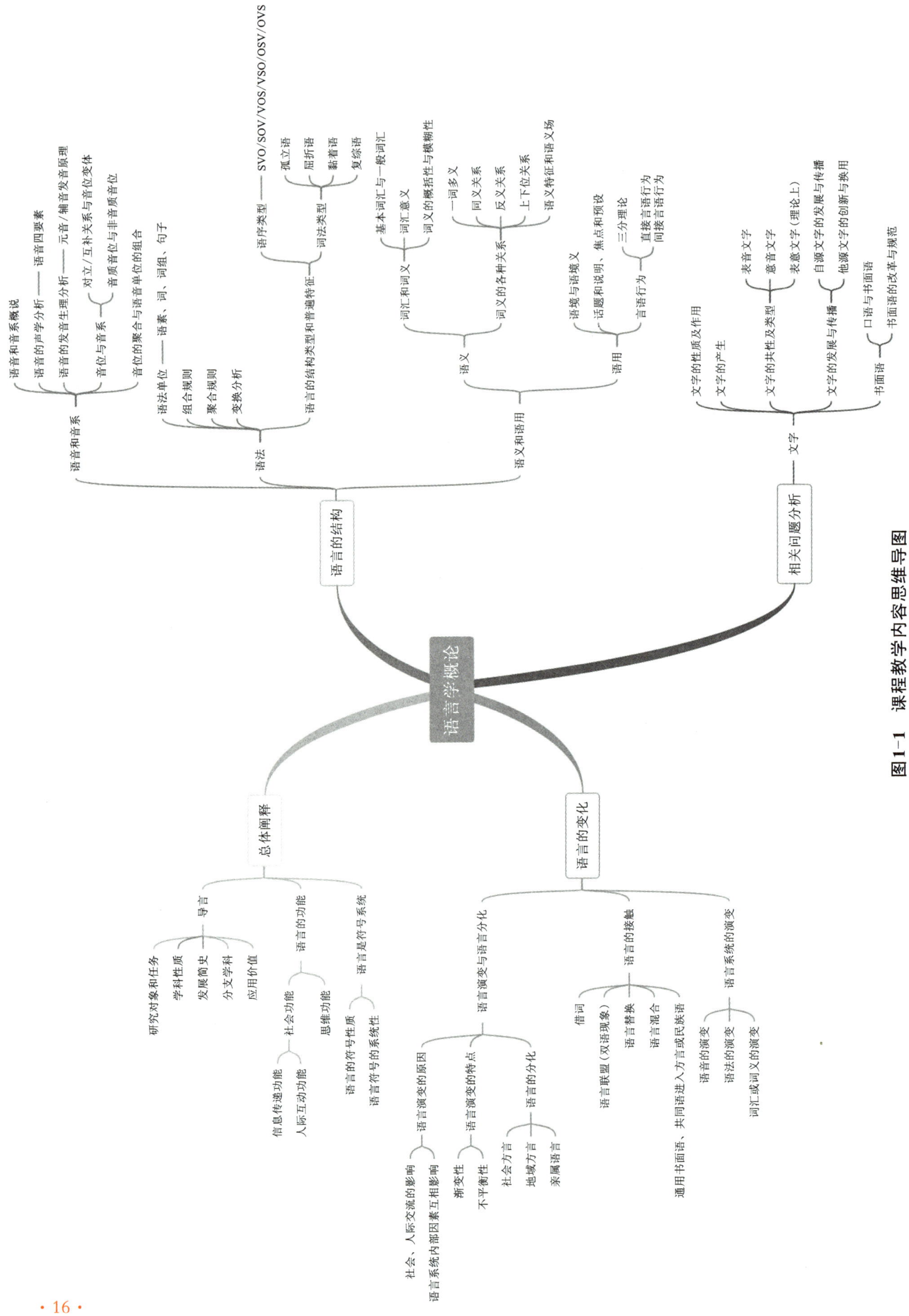

图1-1 课程教学内容总思维导图

语言学概论

- **语言的结构**
  - 语音和音系
    - 语音和音系概说
    - 语音的声学分析——语音四要素
    - 语音的发音生理分析——元音/辅音发音原理
    - 音位与音系
      - 对立/互补关系与音位变体
      - 音质音位与非音质音位
      - 音位的聚合与语音单位的组合
  - 语法
    - 语法单位——语素、词、词组、句子
    - 组合规则
    - 聚合规则
    - 变换分析
    - 语言的结构类型和普遍特征
      - 语序类型——SVO/SOV/VOS/VSO/OSV/OVS
      - 词法类型——孤立语/屈折语/粘着语/复综语
  - 语义和语用
    - 语义
      - 词汇和词义
        - 基本词汇与一般词汇
        - 词义的概括性与模糊性
      - 词义——一词多义/词汇意义
      - 词义的各种关系——同义关系/反义关系/上下位关系
      - 语义特征和语义场
    - 语用
      - 语境与语义
      - 话题和说明、焦点和预设
      - 三分理论
      - 言语行为——直接言语行为/间接言语行为
- **相关问题分析**
  - 文字
    - 文字的性质及作用
    - 文字的产生
    - 文字的共性及类型——表音文字/意音文字/表意文字（理论上）
    - 文字的发展与传播——自源文字的发展与传播/他源文字的创制与换用
    - 书面语——口语与书面语/书面语的改革与规范
- **总体阐释**
  - 导言
    - 研究对象和任务
    - 学科性质
    - 发展简史
    - 分支学科
    - 应用价值
  - 语言的功能
    - 社会功能——信息传递功能/人际互动功能
    - 思维功能
  - 语言的符号性质
    - 语言符号的系统性
    - 语言是符号系统
- **语言的变化**
  - 语言演变与语言分化
    - 语言演变的原因——社会、人际交流的影响/语言系统内部因素互相影响
    - 语言演变的特点——渐变性/不平衡性
    - 语言的分化——社会方言/地域方言/亲属语言
  - 语言的接触
    - 借词
    - 语言联盟（双语现象）——通用书面语、共同语进入方言或民族语
    - 语言替换
    - 语言混合
  - 语言系统的演变
    - 语音的演变
    - 语法的演变
    - 词汇或词义的演变

1.1 语言的社会功能

所在章节	第1章第1节	课时安排	1课时(45分钟) (附15分钟教学视频)

云麓课堂

教学实录

【教学目标】

1.知识目标

(1)能说出语言社会功能的两个主要表现。
(2)能知晓语言信息传递功能的主要内容。
(3)能明确语言的人际互动功能中四个重要的内涵层次。
(4)能概括语言在个人、社会、国家各层面上的工具性功能。

2.能力目标

(1)能懂得运用理论知识分析现实生活中语言所体现出的工具性功能的实质。
(2)能从语言的基本社会功能出发,探讨其与国家语言政策间的关系。

3.价值目标

(1)能认识到语言的交际功能在个人、社会、国家层面所展现出的重要意义。
(2)能形成促进自身语言能力发展的意识,增强使命感。

【教学内容】

(1)教学重点:①语言的信息传递功能;②语言的人际互动功能。
(2)教学难点:①理解语言与人类其他交际工具之间的关系;②明确人类语言与动物交际方式的差别;③辨析语言是否具有阶级性或集团性。

【课程思政】

(1)让学生认识到语言作为人类最重要的交际工具,是世界各国相互沟通理解、文明交流互鉴的纽带,个人语言能力和国家语言能力的发展都与语言的交际功能密不可分。我国学者所提出的,要加强"一带一路"语言服务也是与语言的社会功能分不开的。

(2)结合我国的语言政策,让学生深刻体会"扶贫先扶智,扶智先通语"的内涵,认识到进行无障碍的语言交际可以保障个体受教育和就业机会的均等、提升社会经济地位、有利于国民经济发展,而这也是国家实施"推普脱贫攻坚计划"的初衷。

【教学方法】

语言的社会功能与语言自身的丰富发展情况密不可分。本节课的教学设计通过列举法、问题中心教学法、游戏互动法、启发式教学法,以及借助图片、组织结构图、思维导图和现代化多媒体技术的方法,激发学生的学习兴趣，以达到教学目标，提升学生的知识水平及价值判断的能力。

【教学设计思路】

本节课教学设计遵循两个基本原则：一是坚持理论与实际相结合的原则，符合学生从感性到理性的认知过程；二是坚持知识传授与价值引领相结合的原则，引导学生将内化的知识自觉外化，使其与价值判断、精神弘扬及国家文化认同感有机融合到一起。具体设计思路如下：

(1)以一组新闻标题为切入点，促使学生思考"语言"与"扶贫"之间的关系，引出本节课"语言的社会功能"相关内容。

(2)通过设问及"狼孩"的例子了解学生的知识储备，让学生陈述语言与社会的关系。

(3)组织游戏互动，引导学生积极参与讨论人类其他交际工具的特点。

(4)通过汉英对比、图片提示等，促使学生思考不同文化下语言的交际特征，人类语言与动物"语言"之间的差别，明确语言是人类特有的交际工具。

(5)通过多媒体视频、图片、文字资料、语言材料等多种方式，引导学生思考语言在个人层面、社会层面、国家层面所展现出的工具性功能。

(6)通过导入学科前沿，将语言的功能分类与语言的工具性功能差异结合在一起，帮助学生深化对语言社会功能的认知。

(7)通过小结，向学生传递"中国声音"，包括国内最新的统计数据、政策动态，并通过提问让学生思考它们与本课知识内容间的联系，实现课内课外知识的融合。

(8)请学生通过绘制思维导图来小结本节课的内容，并布置课后作业，提供参考书目，将课堂学习延伸至课外。

教　学　过　程

教学环节及时间分配	教学设计	教学方法、设计意图及课程思政
导入新课（2分钟）	**【引言】** 只要有人群存在的地方，就有语言的存在。语言是人类构成社会群体的重要因素，我们没有办法想象一个没有语言的社会能持续繁荣地发展，我们也不能想象若人类没有使用"语言"这种交际工具，现在会是怎样一幅景象。 **【材料展示】** 让我们先来看一组新闻标题（如图1-2所示）： 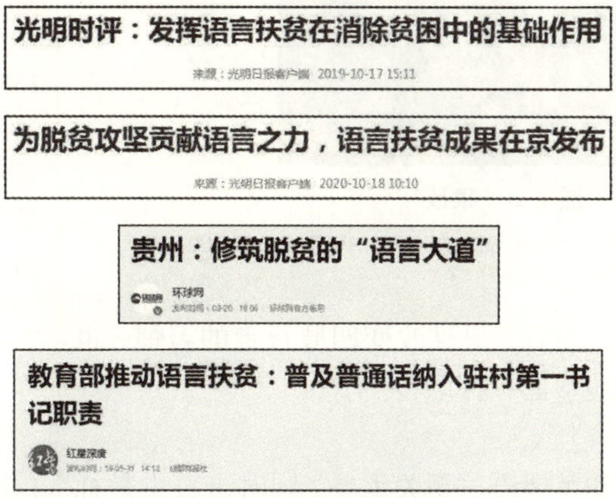 光明时评：发挥语言扶贫在消除贫困中的基础作用 来源：光明日报客户端　2019-10-17 15:11 为脱贫攻坚贡献语言之力，语言扶贫成果在京发布 来源：光明日报客户端　2020-10-18 10:10 贵州：修筑脱贫的"语言大道" 环球网 教育部推动语言扶贫：普及普通话纳入驻村第一书记职责 红星深度 **图1-2　新闻标题截图** （截图来源依次为： https://news. gmw. cn/2019-10/17/content_33241863. htm https://share. gmw. cn/edu/2020-10/18/content_34279046. htm https://baijiahao. baidu. com/s? id=1678339910683323576&wfr=spider&for=pc https://baijiahao. baidu. com/s? id=1635026876047637270&wfr=spider&for=pc） **【设问互动】** 图1-2中的新闻标题都出现了两个关键词——"语言"和"扶贫"。"扶贫"是一个经济学上的问题，而"语言"属于人文素养方面的能力问题，两者之间究竟有怎样的内在关联？与我们今天要讲的"语言的社会功能"又有什么关系呢？	**【教学方法】** 设问法、材料展示法。 **【设计意图】** 以新闻标题为切入点，促使学生思考"语言"与"扶贫"之间的关系，引出本课的内容。
展开新课（1分钟）	**【新课目标】** ①知识目标：能说出语言社会功能的表现。 ②能力目标：能分析生活中语言功能的体现。 ③价值目标：认识到语言的功能在个人、社会、国家层面所展现出的重要意义。	**【教学方法】** 直观展示法。 **【设计意图】** 主要教学目标以提纲式呈现，帮助学生在潜意识中形成新知识的学习预设。

教学环节及时间分配	教学设计	教学方法、设计意图及课程思政
教学内容一：语言的信息传递功能（12分钟）	**一、语言的信息传递功能** 【设问互动】 "社会"的定义是什么？语言与社会之间是一种什么样的关系？ 【知识要点】 "社会"指生活在一个共同的地域中、说同一种语言、有共同的风俗习惯和文化传统的人类共同体，即一般所说的部落、部族和民族。语言与社会是相互依存的关系。 【示例】 引入狼孩的例子（如图1-3所示）。  **图1-3　狼孩** （图片来源：https://view.inews.qq.com/a/20210308A03CQD00） 【设问互动】 狼孩为什么获救回归社会以后，很难改变四肢行走的习惯，也难以跟正常人一样熟练地掌握一种语言？ 【知识要点】 社会环境对一个人学习和掌握语言至关重要，同时语言也是社会的联系纽带，人与人之间的关系也需要靠语言来维系，两者是双向互动的关系。 【设问互动】 除了语言之外，人类还可以通过哪些手段进行信息传递？（展示一组图片，如图1-4所示）  ①旗语	【教学方法】 设问法。 【设计意图】 通过设问互动，结合教学内容了解学生的知识储备。 【教学方法】 列举法、设问法。 【设计意图】 通过狼孩的例子让学生思考语言与社会的关系。 实现教学目标中知识目标（1）和（2）。 【教学方法】 设问法。 【设计意图】 通过设问引发学生思考，引出人类多种多样的交际工具和内容。

教学环节及 时间分配	教学设计	教学方法、设计意图及 课程思政
教学内容一： 语言的信息 传递功能 （12分钟）	②肢体动作　　③剪刀、石头、布 ④红绿灯　　⑤符号 ⑥表情　　⑦文字 **图1-4　信息传递** （图片来源依次为： http://www.16pic.com/vector/pic_779423.html http://mariomandarin.cn/news/edunews/1049.html https://www.sohu.com/a/331711019_712912 https://www.sohu.com/a/330581783_120206856 https://m.sohu.com/a/238705984_694726 http://www.biaobaiju.com/ganren/32606_4.html https://www.yimininfo.com/view/1706.html） 【游戏互动】 全班同学分为六组，每一组选择一种交际工具，学生们分别阐述本组所代表的工具在传递信息时的效用，并对比其他组选用的交际工具，阐明本组的优势，各组展开辩论。 【知识要点】 身势体态等非语言的形式，独自传递的信息有限，多半是辅助语言来传递信息；文字是语言的再编码形式，需要经过系统的学习才能了解其传递的信息；数学符号、化学公式、红绿灯等是在特定的领域起到约定俗成的传递信息的功能；旗语、电报代码等则是建立在语言或文字基础之上的再编码形式，需要依靠语言进行解读。	【教学方法】 游戏法、辩论法。 【设计意图】 通过游戏式的讨论互动激发学生思考问题的热情。 初步解决教学内容中教学难点①。

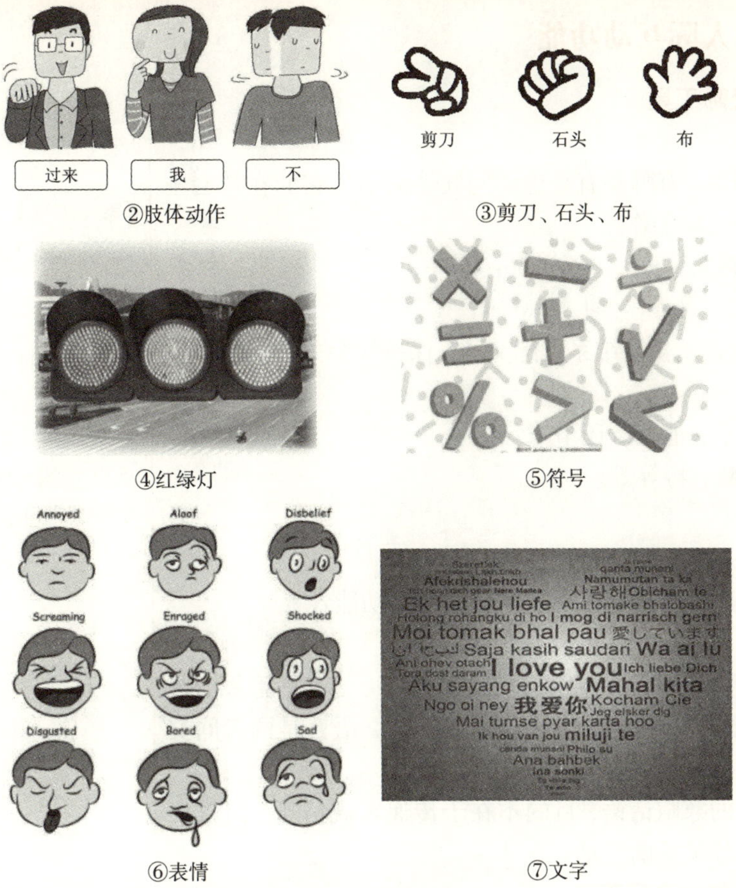

教学环节及时间分配	教学设计	教学方法、设计意图及课程思政
教学内容二：语言的人际互动功能（12分钟）	**二、语言的人际互动功能** **(一)语言是交际工具** 【设问互动】 在汉语和英语中，有哪些有特色的问候性话语？它们在社会生活中承担了什么样的作用？ (学生举例回答) 【知识要点】 (教师举例)语言承担了维系人际交往、保持社会关联的作用。 【示例】 ① A：都一点了，他怎么还不来？ 　　B：才一点嘛，再等等。 ② A：出去啊？ 　　B：嗯，出去。 提问：这两个短对话分别体现了语言的什么功能？ 【知识要点】 ①体现出说话人在话语中传达了信息、情感、态度、意图，与此同时，听话人接收信息并做出了反馈回应。语言是两者间交际互动的工具。 ②日常生活中的寒暄话语，目的不在于传递客观信息，而仅仅是为了维系人际关系的互动。 **(二)语言是人类的交际工具** 【设问互动】 有人说"禽有禽言，兽有兽语"，动物会采用哪些方式进行交流(如图1-5所示)？所谓动物的"语言"是否等同于人类的"语言"？  　①大象 　　　　　　②鹦鹉	【教学方法】 设问法、对比法。 【设计意图】 提出问题，促使学生对比汉英两种不同文化下语言所呈现出的交际内容。 实现教学目标中的知识目标(1)和(3)及能力目标(1)。 【教学方法】 设问法、图片展示法。 【设计意图】 通过图片的展示，让学生有明确的描述对象，阐明人类语言与动物"语言"的不同。

教学环节及时间分配	教学设计	教学方法、设计意图及课程思政
教学内容二：语言的人际互动功能（12分钟）	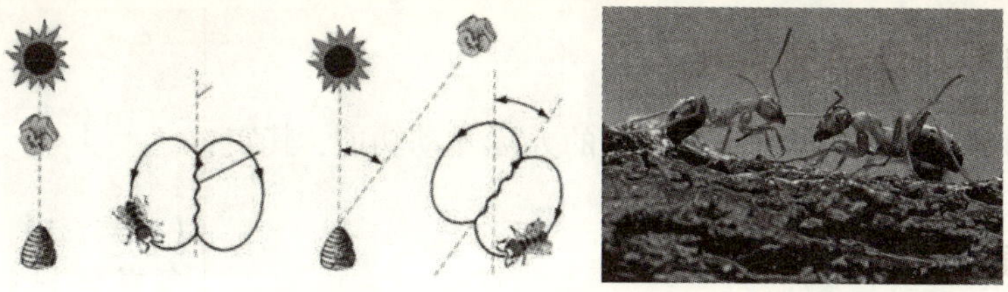 ③蜜蜂　　　　　　　　④蚂蚁 图1-5　动物"语言" （图片来源依次为： http://9toutiao.com/xinli/285360.html http://www.51yuansu.com/sc/sljegtcujv.html https://www.163.com/dy/article/F3RT1FNJO522L8EF.html https://mts.jk51.com/tushuo/10604676.html） 【知识要点】 人类的语言符号与动物的交际方式有着本质的区别。表现在：①任意性；②单位的明晰性；③结构的二层性；④能产性；⑤传授性；⑥不受时间、地域环境的限制。因此，语言是人类特有的交际工具。 **(三)语言是人类最重要的交际工具** 【设问互动】 我们所讨论的人类使用的其他交际工具与语言有怎样的关系？ 【知识要点】 ①手势、动作、表情等是非语言交际工具。 ②旗语之类是建立在语言、文字基础之上的辅助性交际工具。 ③文字是建立在语言基础之上的一种最重要的辅助交际工具。 **(四)语言是全民的交际工具** 【设问互动】 在社会中，可能存在着一些阶级矛盾，或由于职业、年龄、性别、文化程度差异等原因而形成社会集团，那么，语言是否具有阶级性或集团性呢？ （学生讨论、回答） 【知识要点】 不同的社会集团在语言表达上会形成各自不同的特点，可称之为"社会方言"。社会方言的差异可以表现在词汇上、发音上或表达习惯上，但它们并没有形成另一套独立的语言体系，在交际中仍要遵守社会共同语言的规则。语言一视同仁地为各个阶层和社会集团服务，是属于全民的交际工具。	实现教学目标中知识目标(1)及能力目标(1)。解决教学内容中教学难点②。 【教学方法】 设问法。 【设计意图】 承接上一环节的讨论，突出语言是"最重要"的交际工具。 实现教学目标中知识目标(3)及能力目标(1)。 【教学方法】 讨论法。 【设计意图】 通过问题讨论，使学生了解"社会方言"的表现，认识到语言的"全民性"。 实现教学目标中知识目标(3)。解决教学内容中教学难点③。

教学环节及时间分配	教学设计	教学方法、设计意图及课程思政
教学内容三：语言的工具性功能表现（10分钟）	**三、语言的工具性功能表现** 无论是语言的信息传递功能，还是语言的人际互动功能，其实都是语言的工具性功能表现。 **（一）个人层面** **【示例】** 这是一段扶贫队员与彝族贫困户交流时的场景（视频截图见图1-6所示）。  模仿动物 用手势 扶贫队员克服语言障碍的"十八般武艺" 发布时间：2020年09月24日 21:13 来源：中国新闻网 **图1-6 视频截图** （视频链接来源：https://www.chinanews.com/sh/shipin/cns-d/2020/09-24/news868928.shtml） **【设问互动】** 扶贫队员用了哪些方法与彝族贫困户交流？这些方法是解决交际障碍的根本性措施吗？ **【知识要点】** 用了拟声词、体态语，这些并非解决交际障碍的根本性措施。 **【示例】** 多媒体视频展示（视频截图见图1-7所示）。  第23届全国推广普通话宣传周公益广告 发稿8问：2020-09-18 19:42:00 来源：教育部 **图1-7 视频截图** （视频链接来源：http://news.cyol.com/content/2020-09/18/content_18783740.htm） **【设问互动】** 通过学习普通话，他们获得了什么？ **【要点整理】** ①普通话是一条路，学了普通话以后，可以和更多的客人交流。 ②学会普通话，让放羊娃改变了命运，现在他能带着乡亲们一起脱贫致富。 ③学好普通话，才能了解外面的世界，有更好的发展，享受更美好的生活。 **（二）社会层面** **【设问互动】** 你知道中国境内有多少种语言，分属几大语系吗？ **【知识要点】** 据《中国的语言》统计，我国56个民族使用了129种语言，分属于汉藏、阿尔泰、南岛、南亚和印欧五个语系。	**【教学方法】** 多媒体视频展示法、互动法。 **【设计意图】** 结合视频内容提出问题，促使学生思考语言在个人层面的工具性功能。 进一步实现教学目标中知识目标(4)及能力目标(2)。 ★**【课程思政】** 就个人层面而言，语言是进行信息传递、人际互动、能力提升的工具。 **【教学方法】** 设问法、图片展示法。

教学环节及时间分配	教学设计	教学方法、设计意图及课程思政
教学内容三：语言的工具性功能表现（10 分钟）	【设问互动】 如此多数量的语言和方言，我国的广大人民群众如何实现互通交往？ 【知识要点】 掌握共同语。 掌握共同语是为了满足社会交际需要、保障生产顺利进行、促进社会和谐发展。 【设问互动】 一个社会想要和谐发展，不断进步，就必须为社会大众提供语言上的服务。大家思考一下在疫情期间，为什么山东大学齐鲁医院援鄂医疗队在到达武汉的 48 小时之内就编写了《武汉方言实用手册》？ 【知识要点】 这是一种社会的应急语言服务。除此之外，我们社会中还有语言翻译服务、听力视力残疾人语言服务、公共语言服务、语言教育服务等。 **(三)国家层面** 【设问互动】 李宇明教授提出语言是"一带一路"发展、是国家走向世界的"先行官"，为什么？ 【材料展示】 语言有"通事"和"通心"之别。通事者，主要沟通信息；通心者，易生情感共鸣。一般说来，外语的主要功能是"通事"，母语则既能"通事"，更能"通心"。全球共同发展既需要通事，更需要通心。比如，"一带一路"可将英语等作为通用语，但英语只能通事而难以通心，通心需用沿线国家和地区人民最乐意使用的语言(李宇明 2015)。	【设计意图】 通过设问及图片展示，让学生思考语言在社会层面的工具性功能。 进一步实现教学目标中知识目标(4)及能力目标(2)。 ★【课程思政】 就社会层面而言，语言还是促进经济社会发展、服务体系构建的工具。 【教学方法】 设问法、材料展示法。 【设计意图】 通过设问及材料展示，让学生思考语言在国家层面的工具性功能。 实现教学目标中知识目标(4)及能力目标(2)。 ★【课程思政】 就国家层面而言，语言是实现国家间互联互通、构建人类命运共同体的工具。

教学环节及 时间分配	教学设计	教学方法、设计意图及 课程思政
教学内容四： 中国声音 （5分钟）	**四、中国声音** **【学科前沿】** 李宇明、王春辉（2019）根据语言功能的强弱，将世界语言分为全球通用语、国际和地区通用语、国家官方语言、地区官方语言、其他小语种这五大类。这种语言功能的分类可以为语言政策的制定与实施提供参考。 **【设问互动】** 以此出发，我们也可以将我国的语言从功能上分为共同语、民族语及方言。这种基于功能的分类体现了语言在发挥交际工具作用时怎样的差异特征？ **【知识要点】** 上述分类体现了不同的语言方阵在国际社会或某一国家所能达到的沟通域和沟通力是存在着大小强弱差异的。 **【材料展示】** 2018年，教育部、国务院扶贫办、国家语委印发了《推普脱贫攻坚行动计划（2018—2020年）》，在"目标定位"中提出，扶贫先扶智，扶智先通语。到2020年，贫困家庭新增劳动力人口应全部具有国家通用语言文字沟通交流和应用能力，现有贫困地区青壮年劳动力具备基本的普通话交流能力，当地普通话普及率明显提升，初步具备普通话交流的语言环境，为提升"造血"能力打好语言基础。 **【材料展示】** 2020年10月13日《人民日报》12版中《筑牢国家发展的语言文字基石》报道：①普通话普及率达80.72%；②文盲率从新中国成立之初的超过80%下降至4%以下。	**【教学方法】** 材料展示法、设问法。 **【设计意图】** 结合最新的时事、学界研究动态及国家的语言政策，帮助学生紧跟时代的语言生活发展，将本节课的理论知识与实际问题分析相结合，并引出思政要素。 通过探讨实现教学目标中能力目标（2），价值目标。 ★**【课程思政】** 语言作为人类传递信息的最重要的交际工具，在社会生活中承担着无可替代的作用。消除语言交际的障碍，是保障个体受教育和就业机会均等、提升社会经济地位、促进国民经济发展的基础，而这也是国家实施"推普脱贫攻坚行动计划"的初衷。切实发挥语言文字的功能，可以助力打赢脱贫攻坚战、全面建成小康社会、铸牢中华民族共同体意识。同时，语言工具功能也决定着我们必须要通过提升语言能力来保证时刻与世界接轨，既要及时地了解国际动态，也要随时向国际社会传递中国声音，增进彼此间的沟通和了解，构建人类命运共同体。
小结及布置 课后任务 （3分钟）	**【小结】** 结合教学目标和板书，请学生回顾并总结本节课学习的主要内容，并上台简单绘制本节课内容的思维导图。 **【课后思考】** 语言在社会生活中还具有哪些其他派生功能（如在民族文化、身份认同、审美娱乐、语言服务等方面）？	**【设计意图】** 回顾并总结本课主要内容，布置课后思考题，将课堂任务延伸到课外。

【教学反思】

1.特色与创新

知识点的讲授层次清晰、要点明确，易于帮助学生把握语言的社会功能所包含的内容；并将基础知识点进行了梳理和深化，拓宽了学生的思维空间；与语言相关的时政要点的结合，也让学生关注到了国家的语言政策动态。

2.问题与改进

从课堂实际反馈效果看，还应适当增加语言工具功能部分的事实案例。

【板书设计】

本节课板书设计如图 1-8 所示。

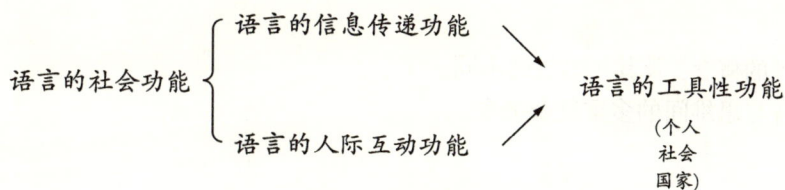

图 1-8　板书设计

1.2 语言和思维

所在章节	第 1 章第 2 节	课时安排	1 课时(45 分钟)

【教学目标】

1. 知识目标

(1)能明确思维的概念,及其与思想的不同。
(2)能知晓语言与思维间的多重复杂关系。

2. 能力目标

(1)能懂得运用理论知识分析不同语言所反映出的民族思维方式特点。
(2)能辩证地看待语言和思维、语言和文化之间的关系。

3. 价值目标

认识到语言的民族性及思维能力的全人类性,可以透过语言理解不同民族的思维特点,为构建人类命运共同体提供支撑。

【教学内容】

(1)教学重点:①思维与思想的不同;②语言和思维的关系。
(2)教学难点:①理解语言与思维的非同一性;②辩证地看待"萨丕尔—沃尔夫假说"。

【课程思政】

(1)人类的思维能力是共同的,任何宣扬民族有高低优劣之分的言论都是没有任何根据的。但共同的思维能力不等同于共同的思维方式,语言是具有民族性的,反映了不同民族独特的认识世界的方式和思维特点,也记录和承载了不同的文化。

(2)在构建人类命运共同体的道路上,我们可以透过语言来了解不同民族的文化特征、认知结构、行为模式及价值体系。同时引导学生向世界推广和传播汉语,让更多的人通过学习汉语来了解中国文化及中华民族的思维方式,让世界听到更多的中国声音。

【教学方法】

语言与思维间存在着较为复杂的关系。本节课的教学设计通过体验法、列举法、问题中心教学法、启发式教学法,以及借助图片、组织结构图、思维导图和现代化多媒体技术的方法,激发学生的学习兴趣,以达到教学目标,提升学生的知识水平及价值判断的能力。

【教学设计思路】

本节课教学设计遵循两个基本原则:一是坚持理论与实际相结合的原则,符合学生从感性到理性的认知过程；二是坚持知识传授与价值引领相结合的原则，引导学生将内化的知识自觉外化，使其与价值判断、精神弘扬及国家文化认同感有机融合到一起。具体设计思路如下：

（1）以"人类命运共同体"概念为切入点，辅以介绍领导人经典论述，以及世界语言资源保护大会的纲领性文件内容，导出语言与思维的关系问题，引出本节课的内容。

（2）通过设问了解学生的知识储备，让学生陈述思维和思想的不同。

（3）通过情景体验法、汉英对比法、图片展示法、语料呈现法、启发式讨论法，让学生多维度、多层次地学习、了解语言和思维间的复杂关系。

（4）通过洪堡特、萨丕尔、沃尔夫的学术理论介绍，深化学生对于语言和思维、语言和文化之间关系问题的看法，为课后思考和进一步深入自学打下基础。

（5）通过设置"中国声音"的板块，向学生传递中国立场及最新的国际语言大会动态，并通过提问让学生思考它们与本节课知识内容间的联系，实现课内课外知识的融合，强调语言在构建人类命运共同体中的重要基础性作用，实现思政育人的目标。

（6）请学生通过绘制思维导图来总结本节课的内容，并布置课后作业，给出参考书目，将课堂学习延伸至课外。

教　学　过　程

教学环节及时间分配	教学设计	教学方法、设计意图及课程思政
导入新课（5分钟）	【引言】 让我们从一个名词开始我们今天的课程——"人类命运共同体"。自党的十八大首倡这个概念以来，这个概念已经被国际社会普遍认可和接受。为了构建人类命运共同体，我们需要张开怀抱、彼此理解，那么语言又可以在其中起到什么作用呢？ 【材料展示】 2018年9月19日至21日，在湖南长沙召开了"世界语言资源保护大会"，形成了大会纲领性文件《岳麓宣言》（文件发布截图见图1-9所示），该文件提到："语言是文化的基本特征之一，……它有助于人们通过共享的行为模式、互动方式、认知结构和理解方式来交流，推动构建人类命运共同体。" 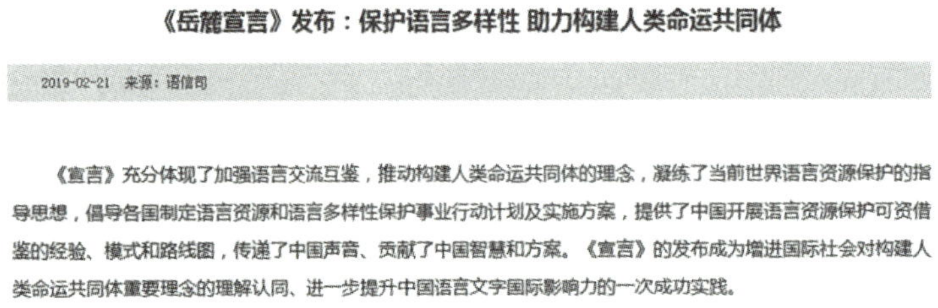 **《岳麓宣言》发布：保护语言多样性 助力构建人类命运共同体** 2019-02-21　来源：语信司 《宣言》充分体现了加强语言交流互鉴，推动构建人类命运共同体的理念，凝练了当前世界语言资源保护的指导思想，倡导各国制定语言资源和语言多样性保护事业行动计划及实施方案，提供了中国开展语言资源保护可资借鉴的经验、模式和路线图，传递了中国声音、贡献了中国智慧和方案。《宣言》的发布成为增进国际社会对构建人类命运共同体重要理念的理解认同、进一步提升中国语言文字国际影响力的一次成功实践。 **图1-9　《岳麓宣言》发布信息截图** （截图来源：http://www.moe.gov.cn/s78/A19/moe_814/201902/t20190221_370630.html） 【设问互动】 语言能够让我们共享彼此的互动、行为、认知、理解模式，其中认知和理解的过程都是与我们的思维分不开的，那么语言和思维之间到底存在着一个什么样的关系呢？	【教学方法】 设问法、材料展示法。 【设计意图】 通过展示国际大会文件，引导学生思考语言在构建人类命运共同体中的作用，引出本课的内容。
展开新课（1分钟）	【新课目标】 ①知识目标：能说出思维的概念及其与思想的不同；知晓语言与思维间的多重复杂关系。 ②能力目标：能懂得运用理论分析不同语言所反映出的民族思维方式特点；客观辩证地看待语言和思维、语言和文化之间的关系。 ③价值目标：认识到语言的民族性及思维能力的全人类性，可以透过语言理解不同民族的思维特点，为构建人类命运共同体提供理论支撑。	【教学方法】 直观展示法。 【设计意图】 主要教学目标以提纲式呈现，帮助学生在潜意识中形成新知识的学习预设。

教学环节及 时间分配	教学设计	教学方法、设计意图及 课程思政
教学内容一： 什么是思维 （6分钟）	**一、什么是思维** **【设问互动】** 大家知道掌管我们语言功能的是哪半边脑吗？ **【知识要点】** 思维不同于本能和条件反射，思维是大脑对现实间接的、概括的反映过程。人类的左右半脑有着不同的分工（见图1-10）。 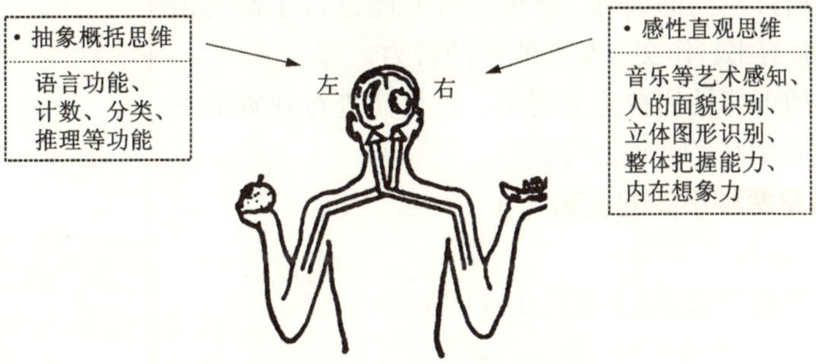 图1-10 左、右脑的不同思维 **【设问互动】** 思维等于思想吗？请说明什么是思维，什么是思想。 **【知识要点】** 思维与思想是两个不同概念。 ①思维：是人的大脑对于客观事实的反映，是人们对于客观世界的认识过程，是人类社会特有的一种精神活动。人类具有共同的思维能力。 ②思想：是客观存在反映在人的意识中经过思维活动而产生的结果。	**【教学方法】** 设问法、列举法。 **【设计意图】** 通过设问了解学生知识储备，联结教学内容。 实现教学目标中知识目标（1）。
教学内容二： 语言和思维 的关系 （15分钟）	**二、语言和思维的关系** **（一）思维离不开语言，语言是思维成果的贮存所** **【设问互动】** 请大家思考一个问题，什么是"思维"？不用说出来。请问刚才你思考的过程中有语言参与吗？你能脱离语言进行思考吗？ **【知识要点】** 人不能脱离语言而思维，思维时使用的语言属于内部语言。 思维是人的大脑对于客观事实的反映，是人们对于客观世界的认识，是人类社会特有的一种精神活动。 同时，思维成果也需要借助语言来巩固。概念、判断、推力形成后，必须用词语和句子把它记录下来，语言起着固定思维成果的作用。	**【教学方法】** 设问法、情景体验法。 **【设计意图】** 提出问题，创设情景，促使学生进行内省式思考。 实现教学目标中知识目标（2）。

教学环节及时间分配	教学设计	教学方法、设计意图及课程思政
教学内容二：语言和思维的关系（15分钟）	【设问互动】 语言是思维的工具，思维离不开语言，那么聋哑人有没有思维呢？ 【知识要点】 ①聋哑人和正常人一样有健全的大脑和发音器官，一旦恢复或获得了听觉，聋哑人也就可以逐渐学会说话。 ②聋哑人不能从听觉中得到应有的信息，但可以通过别的感觉器官得到补偿。通过专门的训练，聋哑人彼此能进行正常的语言交际，并且能够看书、作文，发展他们的智力。 ③听觉获得信息的可能性比视觉大得多，若只能进行视觉的交际，聋哑人思维能力的发展会受到影响。 **(二)语言和思维是两种不同的现象** 【示例】 请用一句话描述这幅图的景象(见图1-11所示)。  **图1-11 一幅图片** (图片来源：https://m.sohu.com/a/342204550_120322424) 【知识要点】 ①思维：太阳晒小美。 ②语言：小美晒太阳。 【设问互动】 为什么会形成"小美晒太阳"这样的结构？"小美"和"太阳"分别在句子中承担了什么样的角色？ 【知识要点】 学界对"小美晒太阳"结构的生成机制做了很多探讨。大致包括以下四种： ①太阳晒小美——"施事宾语说"。 ②小美用太阳晒自己——"工具说"。 ③小美使自己被太阳晒——"致使说"。 ④小美在太阳下晒自己——"场景宾语说"。 【延伸思考】 "吹风""烤火""淋雨"都是类似的结构，同学们课后可以对这样的一些结构进行分析和思考。	【教学方法】 图片展示法、描述法、讲授法。 【设计意图】 通过图片的展示，让学生有明确的描述对象，思考语言结构和思维模式的不同，并通过介绍学界的代表性论点，拓宽学生的知识面，提供语言问题的研究思路。 实现教学目标中知识目标(2)。

教学环节及 时间分配	教学设计	教学方法、设计意图及 课程思政
教学内容二： 语言和思维 的关系 （15 分钟）	**(三)思维与语言并非一一对应的关系** **【材料展示】** 关于家人之间的关系，见图 1-12 所示。 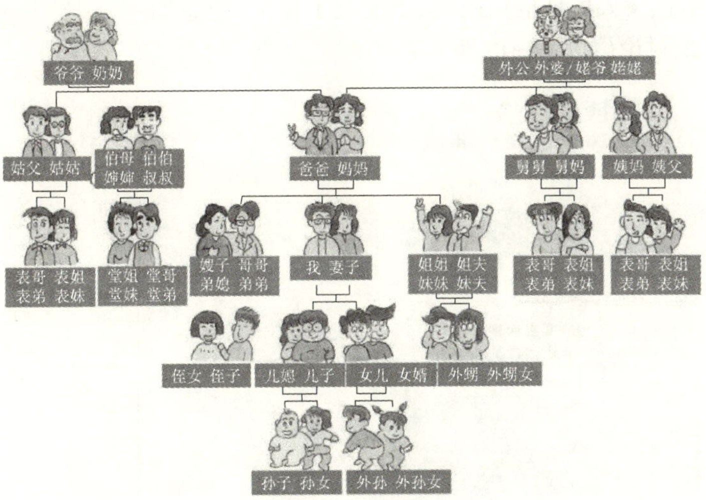 **图 1-12　亲属关系** （图片来源：https://www.3lian.com/show/2017/12/29917.html） **【设问互动】** 在表达"父亲的哥哥"这个思维对象时，你的方言里是怎么称呼的？英语的"uncle"在汉语中有几种表达？ **【知识要点】** ①同一个思维对象可以有多种表达方式，例如"父亲的哥哥"可称为伯伯、大伯、大爷等。 ②同一种表达方式可以指称多个思维对象，例如"uncle"可指叔叔、伯父、姨父、姑父等。 汉英在家族称谓上的差异，反映了两个民族不同的价值观体现。中国自古讲究三纲五常、长幼有序，非常重视等级秩序，而欧美国家则比较强调自由平等，这种文化上的差异也表现在了语言中。 **(四)思维是两种语言之间的中介** **【设问互动】** 为什么中国人和外国人之间语言不同，但经过学习或翻译后我们都能理解对方的意思，而不会因为原始语言的不同导致无法沟通？ **【知识要点】** 人类的思维能力是相同的，对客观世界的感知和概括也存在着一些共性。但共同的思维能力不等同于共同的思维方式，这也是持不同语言的人互相交流时会出现理解误区的原因，需要辩证地看待。	**【教学方法】** 设问法、列举法。 **【设计意图】** 调动学生的语言储备，探讨语言和思维的对应关系。 实现教学目标中知识目标(2)。 **【教学方法】** 设问法。 **【设计意图】** 通过一个设问，引导学生辩证地看待不同民族间的语言与思维沟通问题。 实现教学目标中知识目标(2)。

教学环节及时间分配	教学设计	教学方法、设计意图及课程思政
教学内容二：语言和思维的关系（15分钟）	**（五）思维是各民族共同的，语言则具有民族特点** **【材料展示】** 电影《哪吒》热映并远销海外后，影片中的一些台词翻译问题成了大家热议的话题，《人民日报》在官微上发起了一个"急急如律令怎么翻译"的讨论（如图1-13所示）。  **图1-13 《人民日报》官微截图** （图片来源：https://www.sohu.com/a/338483420_100152599） **【知识要点】** 人的思维能力是共同的，但不同民族的思维方式却或多或少地存在着差异。 **【设问互动】** 以下材料体现出了汉英思维方式上的什么差异？ ·汉语：中国湖南省长沙市开福区东风路50号湖南省博物馆。 ·英语：Hunan Museun, No. 50, Dongfeng Road, Kaifu District, Changsha City, Hunan Province, China. ·汉语：他从上海坐火车经过南京到了北京。 ·英语：He came to Beijing from Shanghai through Nanjing by train. **【知识要点】** 语言所体现出来的思维方式的差异为汉语强调顺序性原则，而英语则强调重要性原则。 ①两种不同语言的成分，无论是词汇还是语法，都很少能够简单地直接对应。 ②每一种语言都包含着一个民族认识客观世界的特殊方式，我们学会一种语言也就是了解了该民族独特的思维方式。比如汉语量词的使用，汉韩不同的语序等。	**【教学方法】** 材料展示法、启发式讨论法。 **【设计意图】** 通过几组语言材料，引发学生思考，让学生认识到语言的民族性。 实现教学目标中知识目标（2）及能力目标（1）。

教学环节及时间分配	教学设计	教学方法、设计意图及课程思政
教学内容三：学术理论介绍与讨论（8分钟）	**三、学术理论介绍与讨论** **【设问互动】** 学界对语言和思维、语言和文化之间关系问题的探讨从未停止过，一种极端的观点认为语言和思维是毫无关联的两种现象，另一种极端观点认为语言是思维的唯一载体。你是怎么看待这个问题的呢？ **【知识要点】** ①洪堡特的语言世界观指出，每一种语言里都包含着一种独特的世界观……每一种语言都在它所隶属的民族周围设下一道樊篱，一个人只有跨过另一种语言的樊篱进入其中，才有可能摆脱母语樊篱的约束。所以，我们或许可以说，学会一种外语就意味着在业已形成的世界观的领域里赢得一个新的立足点。 ②"萨丕尔—沃尔夫假说"指出，语言形式决定着使用者对宇宙的看法，语言怎样描写世界，我们就怎样观察世界，世界上的语言不同，所以各民族对世界的分析也不相同。 **【材料展示】** 材料1： "萨丕尔—沃尔夫假说"的内容（视频展示）。 材料2： ①爱斯基摩语会用各种不同的词来表示不同的雪：干雪、湿雪、脏雪、飞雪、地上的雪、正在融化的雪…… ②汉语中的"叔叔、姑父、姨夫、舅舅、大伯"等在英语中只有一个词"uncle"。 **【延伸思考】** 这些语言现象可能反映了语言和思维间一种什么样的关系？按照"萨丕尔—沃尔夫假说"的看法，人的思维是否真的完全受到了语言的制约？	**【教学方法】** 设问法、讲授法、多媒体视频展示法。 **【设计意图】** 通过介绍学界的代表性观点，扩宽学生的知识面。 实现教学目标中能力目标（2）。 解决教学内容中教学难点②。 ★**【课程思政】** 任何民族对世界的认知、概括方式是存在差异的，这种差异会直接地体现在语言中；当人开始学习一种语言，就会接受这种语言所描述的世界，从而对思维产生一定的影响。但人克服语言对思维局限性的能力也是不可低估的，人有创造的能力，能发展科学，推动社会进步。

教学环节及 时间分配	教学设计	教学方法、设计意图及 课程思政
教学内容四： 中国声音 （7分钟）	**四、中国声音** **【材料展示】** ①2017年12月1日，习近平总书记在中国共产党与世界政党高层对话会上的主旨讲话中指出，世界各国人民都生活在同一片蓝天下、拥有同一个家园，应该是一家人。世界各国人民应该秉持"天下一家"理念，张开怀抱，彼此理解，求同存异，共同为构建人类命运共同体而努力。 ②2018年9月19日至21日，在湖南长沙召开了"世界语言资源保护大会"，最终形成了《岳麓宣言》，其中提到：语言是文化的基本特征之一，是记录并传承一个族群、一个地区乃至世界独特文化的主要载体，它有助于人们通过共享的行为模式、互动方式、认知结构和理解方式来交流，推动构建人类命运共同体。 ③自2012年党的十八大首次提出"人类命运共同体"以来，这个蕴含着传承千年的中国智慧，指明了人类文明的前进方向的中国方案不断出现在了世界舞台上。2018年"世界语言资源保护大会"所形成的《岳麓宣言》就是一个很好的证明。 **【延伸思考】** 在构建人类命运共同体的道路上，"语言"起到了一个什么样的作用？在这个过程中，我们又该如何辩证地看待语言和思维、语言和文化之间的关系？	**【教学方法】** 案例呈现法、设问法。 **【设计意图】** 结合最新的时事及国家立场，帮助学生紧跟时代的语言生活发展，将本节课的理论知识与实际问题分析相结合，并引出思政要素。 通过探讨实现思政育人目标。 ★**【课程思政】** 不同民族都有能力认识任何现象，即人类的思维能力是共同的，所有宣扬民族有高低优劣之分的言论都是没有任何根据的。但共同的思维能力不等同于共同的思维方式，语言是具有民族性的，反映了不同民族独特的认识世界的方式和思维特点，也记录和承载了不同的文化。在构建人类命运共同体的道路上，我们可以透过语言来了解不同民族的文化特征、认知结构、行为模式及价值体系。同时也要向世界推广和传播汉语，让更多的人通过学习汉语来了解中国文化及中华民族的思维方式，让世界听到更多的中国声音。

教学环节及 时间分配	教学设计	教学方法、设计意图及 课程思政
小结及布置 课后任务 （3分钟）	【小结】 结合教学目标和板书，请学生回顾并总结本节课学习的主要内容，并上台简单绘制本节课内容的思维导图。 【课后思考】 《语言的功能与陷阱》中说：比如说思乡、乡情，我现在也弄糊涂了，是我先有乡情，后认识乡和情这两个字呢，还是我先认识了乡和情两个字，以及什么"乡情浓于什么什么"等各种关于乡情的说法，还有"露从今夜白，月是故乡明""独在异乡为异客，每逢佳节倍思亲"，是这些东西哺育了、孕育了、形成了、塑造了我的乡情？如果没有这些诗，我还会有那种乡情的感觉吗？ 你是如何看待语言和思维、文化之间的关系的？	【设计意图】 回顾并总结本课主要内容，布置课后思考题，将课堂任务延伸到课外。

【教学反思】

1. 特色与创新

跳出教材的局限，多方面、多层次地描述了语言和思维之间的复杂关系，开拓了学生的思维。同时将语言和思维之间的关系问题，与人类命运共同体的构建结合在一起，让学生看到语言在民族互相理解沟通、消除隔阂、共同协作中的重要作用。

2. 问题与改进

从课堂实际反馈效果看，语言和思维之间的关系问题本就较为抽象，学界也存在着诸多不同的观点，课堂上没办法一一详细展示，因此学生在讨论中容易陷入唯心主义的误区。

【板书设计】

本节课板书设计如图 1-14 所示。

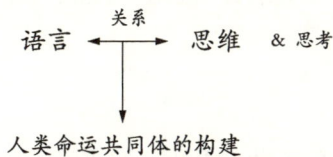

图 1-14　板书设计

1.3 语言的结构类型和普遍特征

所在章节	第 4 章第 5 节	课时安排	1 课时（45 分钟）

（本节课教学过程详情见二维码）

云麓课堂

教学设计

【教学目标】

1. 知识目标

（1）能对比和认识语言的类型性特征。
（2）能说出语言的普遍性特征。

2. 能力目标

（1）能针对不同语言的语料进行类型性分析。
（2）能辩证地看待语言变化现象。

3. 价值目标

能认识到要平等地看待世界上的每一种语言，树立本民族的语言自信。

【教学内容】

（1）教学重点：①不同参项依据下语言的类型分类；②不同学者对于语言演变及结构优劣性问题的论述；③不同结构类型语言间的共性。

（2）教学难点：①理解什么是语言结构的"语序类型"及"词法类型"；②理解孤立语、屈折语、黏着语、复综语的内涵及主要特点；③理解有关语言"进化""发展""演化""演变"等提法的细微差别，摈弃"语言结构有优劣"的错误观点。

【课程思政】

（1）使学生能平等、尊重地看待和理解世界上所有的语言，既不妄自菲薄，盲目地追随西方某些语言学家的观点，认为汉语是落后的语言；也不盲目自大，认为汉语比其他的语言先进。引导学生树立正确的价值观，客观地看待语言，理性地表达文化尊重及文化自信。

（2）让学生意识到理论创新和研究视角创新在学习专业知识中的重要性，勇于做出探索。

【教学方法】

语言类型相关概念的解析必须借助足够的语料。因此，本节课选取了汉语、英语、韩语、俄语、美诺米尼语等语言的语料，帮助学生了解世界语言的类型性特点及共性。同时，还充分结合图片展示法、互动法、问题中心教学法、讨论法等教学方法，帮助学生全方位地理解知识点。

【教学设计思路】

本节课教学设计遵循两个基本原则：一是坚持理论与实际相结合的原则，符合学生从感性到理性的认知过程；二是坚持知识传授与价值引领相结合的原则，引导学生将内化的知识自觉外化，使其与价值判断、社会实践及社会责任感的培育有机地融合到一起。具体设计思路如下：

(1)通过对学术知识及中国语言政策的介绍，引发学生思考所谓的"语言强弱"问题，引出新课内容。

(2)通过设问引导学生思考世界语言的多样性特征，并通过具体语言的具体语料概括世界语言的结构类型。

(3)在讲授语言结构类型的基础上，导入著名语言学家有关语言先进与落后之说的理论，让学生了解西方学界的观点。并通过俄语和汉语作为第二语言学习中的偏见性观点，以及汉英语言对比材料，促使学生辩证地看待不同语言的发展与变化，实现思政育人的目标。

(4)引导学生通过具体语料的分析，总结世界语言的普遍性特征。

(5)在本课的特色环节"中国声音"板块引入新数据及经典论述，拓宽学生视角，实现主题升华及价值引领。

(6)请学生通过绘制思维导图来总结本节课的内容，并布置课后作业。

1.4 意音文字及其发展

所在章节	第6章第4节	课时安排	1课时(45分钟)

(本节课教学过程详情见二维码)

云麓课堂

教学设计

【教学目标】

1. 知识目标

(1)能说出早期自源文字的特点。
(2)能明确早期意音文字发展结局不尽相同的原因。
(3)能厘清引进汉字国家的文字改革动态脉络。
(4)能把握汉字改革的方向,说出汉字未走上拼音化道路的原因。
(5)能知晓"双文制"提出的背景及辨别其可行性。

2. 能力目标

(1)能分析以汉字为代表的意音文字的造字理据。
(2)能客观评价不同汉字改革的思想。
(3)能自觉地发掘汉字中的文化因素,把握解释汉字的技巧和总体思路,并懂得如何将其有机地应用于汉字的推广普及。

3. 价值目标

能认识到汉字在铸牢中华民族共同体意识、传承和弘扬中华文化中的力量。

【教学内容】

(1)教学重点:①早期意音文字的特点;②意音文字的发展及传播、改革过程;③汉字改革的方向。
(2)教学难点:①理解为何汉字没有走上拼音化的道路;②明确"双文制"提法涉及的汉字教学和推广难题的应对思路。

【课程思政】

(1)通过对比世界上最古老的几种自源文字的发展情况,让学生充分认识到汉字强大的生命力和中华传统文化的悠久历史,坚定继承和弘扬中华优秀文化的信心,树立文化自信。
(2)通过讨论"为什么汉字没有走上拼音化道路"的问题,让学生思考"汉字落后论"的成因和错误,客观地认识汉字和拼音文字各自的优劣性,并肯定汉字在铸牢国家共同体意识、传承中国传统文化中不可或缺的作用。
(3)结合《国家语言文字事业"十三五"发展规划》中提出的主要任务,引发学生思考当代大学生可以为国家语言文字事业的发展做出何种力所能及的贡献。

【教学方法】

文字是语言发展到一定阶段的产物，也是一个民族进入文明社会的标志，世界上存在没有文字的语言，却不可能出现没有语言的文字。在开始"文字"一章的学习前，学生可能大多只了解自己母语的书写符号——汉字，以及英语的书写符号——拉丁字母，而对全世界范围内文字的产生与发展概况缺乏基本的认知。因此本节课的教学设计充分考虑到学生的知识储备及认知能力，通过问题中心教学法、讨论法、全身反应法、启发式教学法，并借助组织结构图、思维导图和现代化多媒体技术的方法，激发学生的学习兴趣，引导学生在感性认识的基础上，进行深层次的理性思考，以达到教学目标，提升学生的知识水平及价值判断的能力。

【教学设计思路】

本节课教学设计遵循两个基本原则：一是坚持语料呈现与理论解析相结合的原则，符合学生从感性到理性的认知过程；二是坚持知识传授与价值引领相结合的原则，引导学生将内化的知识自觉外化，使其与价值判断、社会实践及社会责任感的培育有机融合到一起。具体设计思路如下：

(1)以外国学生汉字书写偏误为切入点，引出"双文制"的内容，设置悬念，导出本节课内容。

(2)通过设问调动学生对日常知识的回忆，列举出世界上最古老的文字，通过图片展示法概括早期自源文字的表意手段。再进一步引导学生思考这种图画性的表意手段是否能满足记录语言的需求，借此引出假借、形声的造字方法。

(3)通过视频展示早期自源文字不同的发展结局，引导学生思考汉字的发展路径，并充分认识到汉字强大的生命力及其所承载的优秀的传统文化。

(4)通过一系列设问、填空等方式引导学生了解汉字文化圈国家在借用汉字后，进行文字改革的历史及现今文字的概况。

(5)通过引用一些学者的观点，引出讨论话题"汉字为什么没有走上拼音化的道路"，培养学生全方位探讨问题的能力。

(6)介绍国外学者有关推行"双文制"的观点，带领学生探讨"双文制"的可行性，并进一步从文字知识应用的角度出发，思考如何可以更有效地推广和普及汉字。

(7)请学生通过绘制思维导图来总结本节课的内容，并布置课后作业，结合《国家语言文字事业"十三五"发展规划》，提出课后思考要求，一方面让学生认识到语言文字对一个国家的重要性，另一方面也促使学生积极探讨如何助力国家语言文字事业的发展。

1.5 社会方言

所在章节	第 7 章第 2 节	课时安排	1 课时(45 分钟)

(本节课教学过程详情见二维码)

云麓课堂
教学设计

【教学目标】

1. 知识目标

(1)能明确社会方言的概念及其中的三个关键词要义。
(2)能说出不同社会方言的差别。

2. 能力目标

懂得通过实例分析不同言语社团的语言特点。

3. 价值目标

认识到新媒体时代下,我国主流媒体秉承专业责任态度的同时,在话语方式上的创新尝试。

【教学内容】

(1)教学重点:①社会方言与地域方言的区别;②社会方言的主要类型。
(2)教学难点:不同社会方言具体语言差异的表现。

【课程思政】

(1)创新一直是我们国家民族发展的要义,语言是传播文化、宣传思想、促进交流沟通、增强社会凝聚力的重要工具。

(2)在新媒体时代下,传统的官媒话语模式也开始转变特点,创新了话语模式,越来越接近社会大众,受到了大众的认可和喜爱。从中可以看到我国主流媒体秉承专业责任态度的同时,也在话语方式上进行了积极的尝试和创新。

【教学方法】

社会方言是一个较有意思的语言学现象,因此,本节课创新了教学方式,引入了表演法,通过"事先下发任务—学生小组活动—课堂展示"的方式,让学生能够沉浸式地体会和分析不同社会方言的语言特点。同时,充分结合语料、案例,运用图片展示法、多媒体视频展示法、互动法、问题中心教学法、讨论法、启发式教学法等教学方法,帮助学生全方位地认识社会方言。

【教学设计思路】

本节课教学设计遵循两个基本原则:一是坚持理论与实际相结合的原则,符合学生从感性到理性的认知过程;二是坚持知识传授与价值引领相结合的原则,引导学生将内化的知识自觉外化,使其与价值判断、社会实践及社会责任感的培育有机融合到一起。具体设计思路如下：

（1）以一组《主播说联播》的多媒体视频资料为切入点，调动课堂氛围，引发学生对媒体语言"接地气"现象的思考。

（2）通过设问及提取关键词的方式，帮助学生了解社会方言的定义与其中的具体要义。

（3）通过展示社会方言视频和相关文字材料，帮助学生对地域方言和社会方言间的差异进行思考，以进一步引出社会方言的定义与其中的具体要义。

（4）通过表演互动的方式，让学生自主展示社会方言间的语言特点及可能发生的语言冲突，使大家可以沉浸在具体的情景中，感受和分析不同社会方言的类型及特点。

（5）以上一环节的结论为基础，进一步全面地总结社会方言的主要类型及其在词汇、语音、语法上的表现，促使学生从感性认识上升到理性认识。

（6）通过本节课的特色环节"中国声音"板块，结合《主播说联播》的资料及专家学者的经典论述等，让学生认识到本节课所学知识在话语方式创新中的重要性，并实现思政育人的目标。

（7）请学生通过绘制思维导图来总结本节课的内容，并布置课后作业，提供参考阅读书目，将课堂学习延伸至课外。

世界文明史

扫描二维码

郭云，中南大学外国语学院教师，湖南省普通高校教学能手，2020年湖南省普通高校教师课堂教学竞赛一等奖获得者。

课 程 概 述

一、课程基本信息

"世界文明史"课程基本信息见表 2-1。

表 2-1 课程基本信息

课程名称	世界文明史	课程性质	专业核心课程
学时	32	开课时间	一年级
先修课程	英语分析性阅读		
适用专业	外语专业(英语、日语、法语、西班牙语等)		
使用教材	Adler, Philip J, Randall L, et al. World Civilizations (Sixth Edition) [M]. Boston, MA: Wadsworth, 2012.		
参考教材	王斯德. 大学世界史[M]. 北京: 高等教育出版社, 2011. 孙有中. 西方思想经典导读[M]. 北京: 外语教学与研究出版社, 2008.		

二、课程的性质和作用

"世界文明史"是面向外语专业(英语、日语、法语、西班牙语等)本科生所开设的一门专业核心课程,必修,全英文授课。

本课程从文明演进的视角出发,以全球史的视野鸟瞰人类历史的发展过程,系统探讨世界各类文明的发生、发展、演变,以及它们的成就、特征与差异。课程的作用有两方面,一方面,旨在提升学生的语言能力,拓宽学生的人文视野,加强学生对当代世界的了解,形塑有容乃大的世界观,加深对人类命运共同体的认识和体会;另一方面,旨在培养学生的思辨能力和反思能力,强调思想的交锋,重视与外国语言文学学科的研究领域有效对接,培养能从事科学探索的创新型人才。同时,课程注重融入中国文化,融通中外文化,在文明互鉴中增强中国文化自信,使中国情怀与国际视野并重。

三、学情分析

本课程针对的是外语专业一年级下学期的学生,学生英语基础良好,能够运用英语完成日常交际任务,表达基本观点,且已完成先修课程"英语分析性阅读"的学习,具备了一定的英语阅读能力和英语思维能力。然而,学生在阅读英文资料时或和英语国家人士的交往中,却常常受到文化知识储备不足的掣肘。英语中有数不清的典故、名言、成语、人名、地名等,或来自古希腊、古罗马的哲学、文学、历史著作,或来自希伯来的《圣经》、文艺复兴时期的艺术创作,或牵涉各个历史时期的思想、科技、政治、社会等方面的重要事件和人物,这一系列相关知识的匮乏势必会对语言和思想的交流造成障碍。本课程的开设旨在填补学生相关知识的空缺,是语言学习,同时也是对语言学习的补充。因此,学生表现出了浓厚的学习兴趣,课堂表现活跃。

课程以文明的历史发展为引线,将重点放在社会与文化上,内容涉及文学、宗教、哲学、艺术、政治、法律等方面,重点介绍国内外的最新学术动态,强调思想的交锋,启发学生思考,使学生对人类文明产生更深刻的认识,并通过历史知识的触发引发新的创见。学生的英语思维能力因此能得到较大的提升,能积极、主动地参与小组讨论、对比分析、海报展示等课堂活动。

此外，学生多为"00后"，习惯使用手机、电脑等进行学习，完全适应线上、线下混合式教学模式。本课程较多运用计算机多媒体技术、信息化网络平台作为教学的辅助手段，大部分学生都表现出较强的自主学习能力，能自觉完成课前课后、线上线下各项自主学习、自我评估任务，课程设计的完成度较高。

四、课程教学设计

1. 教学设计思路

以人本主义、建构主义及交互式英语教学理论为指导，利用现代教育技术，改革教学模式和方法，全面实施以学生为中心的多元交互式英语教学。充分发挥学生的主体作用，调动学生自主学习的积极性，引导学生由被动接受型学习者转变为主动探索型学习者。将以教师为中心的"满堂灌"式的传统课堂，转型为以学生为中心、教师为主导的项目式（project-based）、任务式（task-based）、交互式（interactive）课堂。

教学过程凸显外语学科的人文属性，不仅能够帮助学生了解世界文明的发展历程，还能拓展文化视野，提升人文素养和逻辑思辨能力。在教学过程中将思想价值引领贯穿课程教学全过程，潜移默化地实现课程思政的育人目标，用经典题材透视英语国家的历史和文化，用热门话题反映现代社会的文明与进步。

2. 教学目标

本课程强调外语教育是人文教育的本质，凸显其人文学科的专业属性和跨学科的特点，强调将能力、知识与人格塑造相结合，重视培养学生的思辨能力和反思能力。

（1）知识目标。通晓世界史，把握世界各主要文明流变的基本概貌；了解人类文明产生、发展和演进的基本规律；掌握各历史时期的重大历史事件及主要人文思想；对中华文明在世界文明史中的地位和作用有一定的认识。

提高学生文化素养，拓展人文知识面，扩大认知视野，掌握相关英文表述。

（2）能力目标。能对文明的特点和演进规律进行归纳和总结；能对东西方文明的源头进行探索和解读；能用比较的方法、全球的视野来看待历史、审视人类文明，对重大历史事件进行理性分析；能结合东西方文明进行比较和思辨，从而形成自己独到的见解。

能辨认和解释相关术语；具备熟练的英语阅读能力和连贯的英语表达能力；具备较高的逻辑思维能力；具备一定的中英文文献检索能力和学术研究能力。

（3）情感目标。培养学生的探究热情和问题意识；培养开放、包容的思想素质；塑造高尚的人文素养和道德情操；熔铸世界文明史意识，塑造有容乃大的国际化视野、世界观与人生观；引导学生从不同文明中寻求智慧、汲取营养，提供精神支撑和心灵慰藉，携手面对各种挑战。

（4）思政目标。了解世界文明的历史发展脉络，掌握各历史时期的重大历史事件及主要人文思想，能拓展学生的文化视野，提升人文素养。在此基础上，引导学生采用跨文化的角度反省本土文化，站在本土文化的立场去思考和评判外来文化，可以培养他们的思辨能力和创新精神，为世界文明的交流互鉴打好人文基础。

运用历史唯物主义的基本原理对重大历史事件进行理性分析，对在世界范围内东、西方文明的产生、发展和演进过程进行探讨和研究，深化对人类社会发展规律的认识，有利于加强对当代世界的了解，在全球化的背景下，更深刻地认识当今世界的发展进程和走向，可以为我国的现代化建设提供经验和教训。

对中华文明在世界文明史中的地位和作用的正确认识，有利于增强学生对中国文化的自信，培养学生的家国情怀。

在历史教育中穿插国情教育，引导学生理解社会制度的历史性变革和中华文明取得的历史性成就，可以提高学生的社会责任感和主体意识感，使学生在把握几千年世界文明演进规律的基础上，更加自觉地为实现中华民族的伟大复兴而奋斗，为实现中国在21世纪的和平崛起而拼搏。我们的栋梁之材能胸怀世界，放眼全球，敢于应对国内与国外的实际挑战。

3. 教学内容

本课程共 32 学时，共分为八大知识模块，知识模块的教学重点与难点分析见表 2-2 所示。

表 2-2 教学重点与难点

知识模块	教学内容	总学时	教学重点	教学难点
总述	"文明"的定义与世界文明的类型	2	各种文明的分类	文明的多样性
人类文明的曙光	文明的起源	2	史前文明	农业革命
大河文明	美索不达米亚文明、埃及文明、印度文明、中华文明	10	农业文明的特点与主要文化成就	异同比较
海洋文明	古代希腊文明、古代罗马文明	6	希腊罗马文化	人文主义传统
山地文明	古代美洲文明	2	美洲文明的文化成就	宗教与社会特征
宗教文明	印度教文明、佛教文明、犹太教文明、基督教文明、伊斯兰教文明	6	一神教范式	宗教信仰的异同
现代西方文明	现代西方文明的形成与发展	2	地理发现、文艺复兴、工业革命	殖民主义、帝国主义
全球化时代的文明	东西方文化的融合与发展	2	信息革命、全球化	"文明冲突论"

4. 课程思政

"世界文明史"课程思政设计思路见表 2-3 所示。

表 2-3 "世界文明史"课程思政设计

序号	章节内容	思政元素融入思路
1	"近东"	通过对"近东"这一政治地理术语的思辨，启发学生辨析概念背后的"欧洲中心论"
2	《汉穆拉比法典》	通过阅读分析《汉穆拉比法典》中的法律条款，揭示其竭力维护不平等的社会等级制度、性别关系和奴隶主贵族的利益，法律面前并非人人平等的性质。借此倡导公正、平等的价值观
3	法老崇拜	法老崇拜导致的法老王权的专制统治磨灭了古埃及人变革的动力和能力，在这样的生存环境中，古埃及人无须思考、思辨，久而久之便造成了其保守固化的思维；使埃及的社会制度延续了几千年，缺少变革与创新的机会。借此倡导学生树立正确的世界观，培养学生的思辨能力和创新精神
4	古埃及文明遗迹的损毁、文物的流失	从古埃及文明遗迹的损毁、文物的流失入手，探讨充分认识和保护人类文化遗产的重要性。倡导从对国家和历史负责的高度，从维护国家文化安全的高度，进一步增强责任感和紧迫感，切实提高全社会文化遗产保护意识，充分发挥文化遗产在传承中华文化、提高人民群众思想道德素质和科学文化素质、增强民族凝聚力、促进社会主义先进文化建设和构建社会主义和谐社会中的重要作用
5	珠峰的英文命名	结合珠峰重测的时事热点，通过对比分析珠峰的两种英文命名，探讨珠峰重测的意义，增强民族自豪感
6	印度河流域文明衰落的原因	通过对印度河流域文明衰落原因的探讨，重点分析人类对自然的过度开发造成的生态环境严重恶化，最终危及文明本身，导致文明消亡的结果，为我们今天践行"绿水青山就是金山银山"的发展理念，推进生态文明建设提供借鉴

续表2-3

序号	章节内容	思政元素融入思路
7	印度种姓制度	通过探讨种姓制度对印度社会、经济、民主政治等方面的影响,倡导民主、平等的价值观
8	《摩奴法典》	通过对《摩奴法典》中的父权意识和等级意识的解读,结合印度的种姓制度和印度电影中的女性形象的分析,倡导自由、平等的社会主义核心价值观
9	印度教与西方宗教的比较	通过印度教与西方宗教(如基督教)的比较研究,扩大认知视野,促进东西方文明的交流和互鉴
10	佛教中"众生平等"的观念	通过将佛教中"众生平等"的观念与印度的种姓制度、印度教教义中的父权意识和等级意识对比,体现我国的人文关怀,倡导自由、平等的社会主义核心价值观
11	佛教在中国的变异	通过研究佛教在中国的变异,这一中国本土文化吸收、接纳外来文明突出而成功的范例,对于如何正确认识中国传统文化、如何正确对待外来文化具有启发意义
12	撒玛利亚(犹太)和朱迪亚(以色列)两国的对峙	在探讨撒玛利亚(犹太)和朱迪亚(以色列)两国对峙背后的文化成因时,通过结合对亨廷顿"文明冲突论"的探讨,倡导以和合共生的态度,面对多元文化,促进不同民族、不同国家、不同文明的和谐与发展
13	犹太教"圣约"中的人神契约关系	由对犹太教"圣约"中人神契约关系的探讨,延伸到对现代契约精神(即自由、平等、守信的精神)的思考,帮助学生更好地理解社会主义核心价值观
14	儒家、法家学说	通过将儒家、法家学说与约翰·洛克、托马斯·霍布斯在政治哲学方面的论述相比较,引导学生从文明互鉴中认识中国文化的独特魅力和世界影响力,增强文化自信,为探索中国文化走出去的方法和路径提供借鉴
15	美洲文明的祭祀仪式	通过对古代中国文明与美洲文明在祭祀仪式等方面相似性的探讨,结合人类从亚洲往美洲迁徙的证据,引导学生思考中国文明在世界文化传播中扮演的角色,探讨国家文化"走出去"的战略和路径
16	特洛伊的"海伦"	在探知了特洛伊战争真实的历史原因之后,反思特洛伊的"海伦"形象,并与中国历史上的那些所谓的"红颜祸水"进行类比。引导学生尊重历史、尊重女性,学习和践行男女平等的价值观
17	古希腊城邦的公民概念	借助对古希腊城邦的公民概念(将女性、奴隶等多达80%的人口排除在政治生活之外)的探讨,倡导民主、平等的价值观
18	古希腊哲学	通过对"苏格拉底法"的运用,培养和调动学生的怀疑精神、批判精神和对真理的探究精神;通过对"苏格拉底之死"的阐释,培养学生高尚的道德情操;引导学生有意识地对苏格拉底和孔子进行比较研究,强化中国文化意识,增强文化自信
19	古希腊宗教	分析古希腊宗教所呈现的人本主义精神,可为我们今天所提倡的"以人为本"的价值观念提供一定的借鉴意义
20	古希腊神话	通过对古希腊神话与中国古代神话中的神人关系的比较研究,反观中国文化特质,提升中国文化自信
21	"劫夺萨宾妇女"	从罗马建国时,最初的定居者在罗慕路斯(Romulus)的带领下设下圈套,趁被邀请的邻邦萨宾人参加自己的宴会时,悄悄打入萨宾城,劫夺萨宾妇女。从这个故事入手,讨论古罗马的性别关系和罗马人关于公道的观念,倡导公正、平等的价值观
22	奥古斯都改革	奥古斯都在应对社会与道德问题时的改革措施为我们今天应对贫困问题和应对物欲横流的消费主义等问题提供借鉴,提倡"共同富裕""俭以养德"等价值观

续表2-3

序号	章节内容	思政元素融入思路
23	保罗向外邦人传教	保罗向外邦人传教时，消除了原有的民族、种族、性别、文化甚或神学(异教的和犹太教的)上的族群身份，"不分犹太人、希利尼人、自主的、为奴的、或男或女……"，这种民族平等、种族平等、尊卑平等、男女平等的主张，对于培养学生的价值观有着一定的借鉴意义
24	英译汉诗	通过对教材中援引的英译汉诗的辨认和赏析，探究汉诗英译与中国文化"走出去"的可能路径
25	《古兰经》	借助对网络热议事件和《古兰经》中涉及"Justice(公正)"经文的探讨，培养学生"公正"的价值观
26	"圣战"	借助对"Jihad"与"圣战"翻译对等问题的探讨，启发学生思考"Jihad"之所以被译为"圣战"，是因为西方流行着关于伊斯兰教的错误观念，即"剑的宗教"，其翻译抹杀了其内在的、精神的意义，以致扭曲了它的内涵，不仅简化了这一概念在伊斯兰语境中丰富的、积极的内涵，而且随之跟进了想象和曲解。由此延伸到西方文学与影视作品中的"中国(人)形象"，探讨中国文化"走出去"的意义和路径

5. 教学方法

采用线上线下、课内课外、信息化教学与传统教学相结合的混合式教学方法。依托移动互联网和"超星学习通"教学信息化平台，将教学环节分为课前准备、课堂教学和课后拓展三个阶段。各阶段综合运用信息化教学法，基于 BOPPPS 教学模式的"五步"教学法、PBL 教学法、启发引导式教学法等。

(1)课前准备。

①课前预习。提前一周在"超星学习通"平台推送课前自主学习内容，明确提出学习目标，分享 MOOC 资源、网页链接、拓展视频等学习资源，进行多维度导学，使学生初步了解将要学习的内容。

②课前讨论。结合本章节内容，设计课前讨论题，要求学生进行网络资源检索、文献阅读，并形成口头报告，提前两天提交至"超星学习通"平台。通过课前讨论，分析学生的自主学习情况和知识掌握程度，确定教学重点和难点。

③课前测。设计并推送"课前测"试题。课前十分钟，对学生预习的背景知识掌握情况进行检测，或者为课堂导入提供数据。

(2)课堂教学："五步"教学法，辅之以"超星学习通"学习管理平台。

①课程目标。强调本节课的知识目标和能力目标，以便学生在课后对应学习目标进行自我评测。

②课程导入。以问题、视频、名人名言、热点事件等方式导入，结合问答、讨论、头脑风暴等形式，旨在拓宽学生视野，激发学生学习兴趣。

③讲授与互动。合理利用启发式、研讨式、案例式、合作式、翻转式(中华文明)等方法进行互动式讲授，以期强化学习目标，活跃课堂氛围，加深内容理解，拓展认知思维。

④思考拓展。用 Flash Cards(闪回卡)或术语解释的形式，对重点术语的理解和掌握情况进行检测；用 Mind Mapping(思维导图)的形式，考查学生对信息接收、整理、加工和输出的能力；用 Flash Back(闪回)或 Poster Presentation(海报展示)的形式，对课堂重点内容进行梳理和回顾，并以小组为单位进行海报展示和口头报告，在组员的帮助下及时补漏，提升学生的学习积极性和参与度，培养合作精神；用 Test Your Knowledge(选择题)的形式，考查学生对课堂基础知识的掌握情况；用 Further Discussion(拓展思考)的形式，辅助学生对课程重、难点内容的理解，培养学生发散性思维能力、逻辑思维能力和英语表达能力。课堂测试成绩将作为过程学习考核的一部分。

⑤教学总结。总结本节课的主要内容，通过设置问题，引出下次课教学内容。

（3）课后复习拓展。

①思考拓展。通过"超星学习通"平台布置课后作业，学生以文档加语音的形式上传，教师线上批阅作业。

②交流研讨。鼓励学生积极参与"超星学习通"平台的师生交流与讨论。

③延伸阅读。布置拓展阅读资料，鼓励学生提出挑战性或批判性问题。

6. 课程考核

考核方式包括课堂测试（术语解释、选择、海报展示）、课堂互动（问答、讨论）、课外作业（自主学习、拓展思考、单元测试）、期末考试（笔试），侧重过程考核。过程考核占总评成绩的60%，期末考试占40%（见表2-4）。

表2-4　课程考核内容

考核方式	考核内容	成绩比例(%)
课堂测试	世界文明史基础知识	15
课堂互动	主动性和团队协作	15
课外作业	本课程的重点和难点	30
期末考试	本课程主体知识与思维能力	40

2.1　苏格拉底哲学

所在章节	第 9 章第 1 节内容	课时安排	1 课时(45 分钟) (附 15 分钟教学视频)

云麓课堂

教学实录

【教学目标】

1. 知识目标

(1)了解古希腊哲学的内涵。
(2)对苏格拉底哲学的开创性有一定的认识。

2. 能力目标

(1)用英语阐述苏格拉底哲学的开创性之所在,培养学生的英语表达能力。
(2)运用"苏格拉底法"进行探究式学习,培养学生的逻辑思辨能力。
(3)对苏格拉底和孔子进行对照,培养学生中英文文献检索、阅读能力和学术研究能力。

3. 价值目标

(1)运用"苏格拉底法"培养学生的探究热情、问题意识,以及良好的思辨性思维习惯。
(2)通过苏格拉底为追寻真理而慷慨赴死的历史事件,获取精神力量。
(3)通过与中国文字、中国先哲的对照,增强学生对中国文化的自信。

【教学内容】

(1)主要知识点:苏格拉底哲学。
(2)重点:苏格拉底哲学的开创性。
(3)难点:"Socratic Method"("苏格拉底法"或"精神助产术")的现实意义。

【课程思政】

(1)通过"哲"字与"philosophy"一词的对应,体现中华文字的博大精深。
(2)通过对"苏格拉底法"的运用,培养和调动学生的怀疑精神、批判精神和对真理的探究精神。
(3)通过对"苏格拉底之死"的阐释,培养学生高尚的道德情操。
(4)通过引导学生对苏格拉底和孔子进行对照研究,强化中国文化意识,增强文化自信。
(5)提升人文素养,拓宽认知视野,为学生未来积极参与世界文明的交流和互鉴打好人文基础。

【教学方法】

1. 课前准备

(1)课前预习。提前一周推送课前预习内容,明确提出学习目标,分享纪录片、原始文献等学习资源，进行多维度导学，使学生初步了解将要学习的内容。

(2)课前讨论。要求学生在网络资源检索和文献阅读的基础上，谈一谈古希腊最伟大的成就并列举实例以彰显其对西方文化的深远影响，形成口头报告，提前两天提交至"超星学习通"平台。通过对学生口头汇报情况的分析，确定教学难点和重点。

(3)课前测。设计并推送"课前测"试题，对学生背景知识的掌握情况进行检测。

2. 课堂教学

"五步"教学法，辅之以"超星学习通"学习管理平台。

(1)课程目标。强调本节课的知识目标和能力目标，以便学生课后对应学习目标进行自我评测。

(2)课程导入。以头脑风暴的形式导入，鼓励学生勇于表达，增强团队协作，激发学习兴趣。

(3)讲授与互动。以启发、合作、探讨等方式进行互动式讲授，重点及难点内容详讲；以小组讨论的方式合作攻克难点问题，加深学生对内容的理解，拓展认知思维。

(4)拓展思考。用思维导图的形式及时对接收的信息进行整理、加工和输出，培养学生英语逻辑思维能力和英语表达能力；用闪回的形式对课堂重点内容进行梳理和回顾，并以小组为单位进行海报展示和口头报告，及时补漏，提升学生学习的积极性和参与度，培养合作精神。

(5)教学总结。总结本节课的主要内容，通过设置问题，引出下次课教学内容。

3. 课后复习拓展

(1)通过"超星学习通"平台布置课后作业，学生以文档加语音的形式上传，教师线上批阅作业。

(2)鼓励学生积极参与"超星学习通"平台的师生交流与讨论。

(3)布置拓展阅读资料，鼓励学生提出挑战性或批判性问题。

教 学 过 程

教学内容	教学设计及课程思政

一、课前准备

1. 在"超星学习通"平台上查阅本节课的预习内容及推送的资料（提前一周推送）。

2. 完成并提交"超星学习通"平台上推送的课前讨论题（提前两天截止）。

【课前讨论】

What are the most impressive achievements of ancient Greece? Can you give some examples to show their enormous influence on the Western culture?

3. 课前十分钟在线开放"课前测"（响铃截止）。

【课前测】

线上开放"课前测"内容见图 2-1 所示。

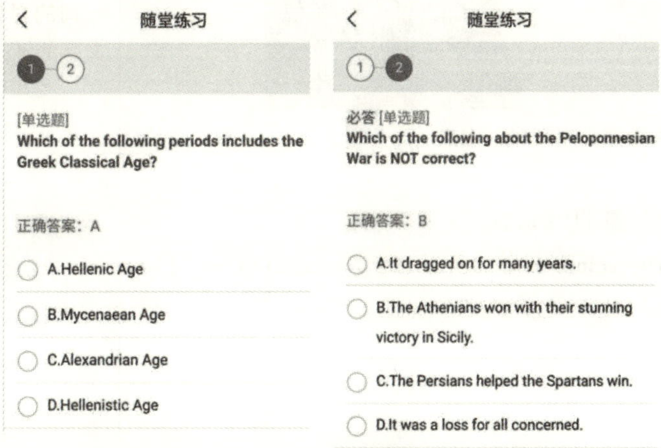

图 2-1 "课前测"内容

二、课堂教学(44 分钟)

(一)教学目标(1 分钟)

教学目标见图 2-2 所示。

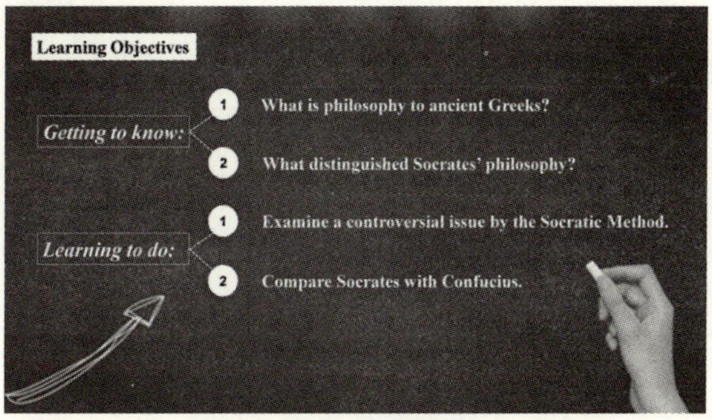

图 2-2 教学目标

【课前讨论】
依据对课前讨论情况的分析，确定本节课的教学重点。

【课前测】
检测学生对背景知识的掌握情况。

【说明】
讨论问题和课前测试题发布在"超星学习通"平台上，学生在线完成，计入过程考核成绩。

通过对上节课内容的回顾及对"课前测"内容的解读，引入本节课的教学内容，强调教学目标。

教学内容	教学设计及课程思政
(二)课程导入(3分钟) **【头脑风暴】** 什么是哲学? (**What is philosophy**?) **(三)讲授与互动(35分钟)** 1.古希腊人对哲学的定义 　(**What is philosophy to ancient Greeks**?) **【词源解析】** 古希腊人对哲学的定义见图2-3所示。 图2-3　古希腊人对哲学的定义 **【提问】** 为何今天人文和科学领域的最高学位都叫"Ph. D."? (**Why are the highest degrees in the sciences and humanities termed as "Ph. D."**?) **【板书】** The essence of philosophy. **【对比分析】** Philosophy 与"哲"学。 **【翻译】** "吾爱吾师,吾更爱真理。" **【提问】** Who is the teacher he referred to? **【解析】** 引出"希腊三贤"之间的承继关系(见图2-4所示)。	【头脑风暴】 通过观看课前讨论的视频节段,导入"什么是哲学"的问题。 培养学生化整为零、分析问题、解决问题的能力。鼓励学生勇于表达,增强团队协作。 【词源解析】 与我们今天研究的"哲学"范畴进行对比。 ★【课程思政】 通过"哲"字与"philosophy"一词的对照,体现中国文字的魅力。 【名人名言】 通过亚里士多德的"吾爱吾师,吾更爱真理",引出"希腊三贤"之间的承继关系。

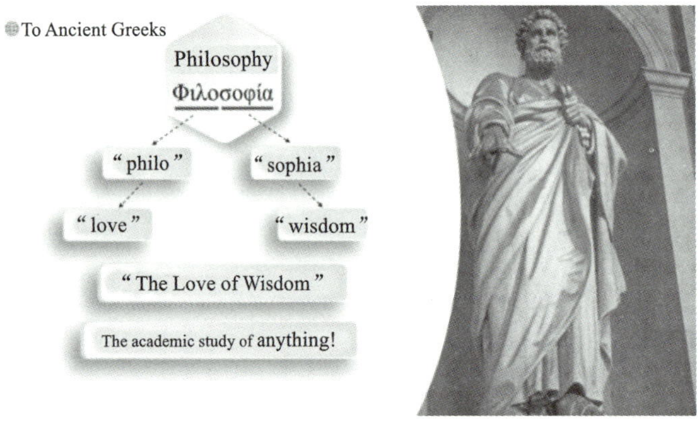

教学内容	教学设计及课程思政

■ The Three Best-known Greek Philosophers

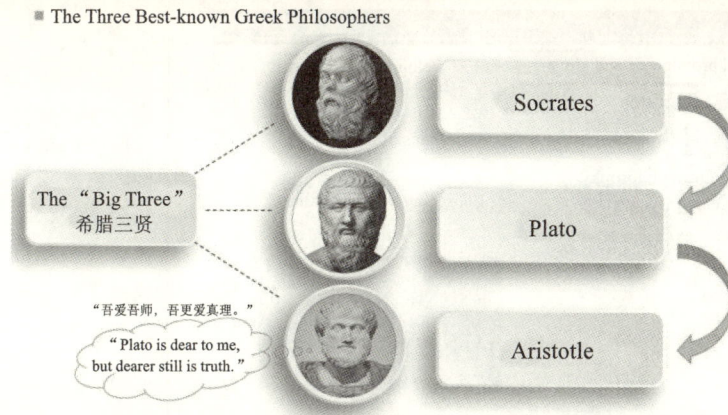

图 2-4　The Three Best-known Greek Philosophers

【提问】

Where does this Classical Age begin?

【解析】

古希腊时期三个历史时期的划分见图 2-5 所示。

■ Three Periods of Greek Philosophy

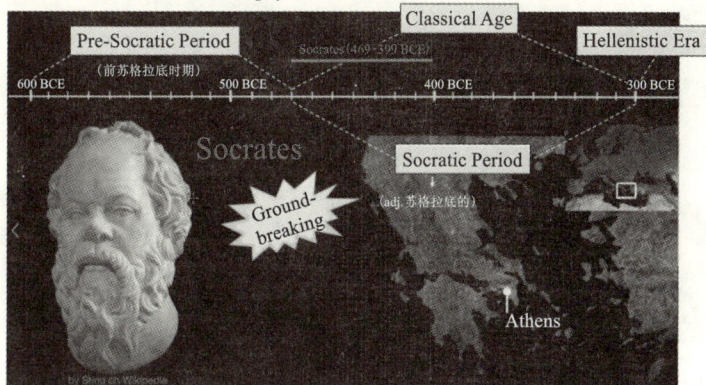

图 2-5　Three Periods of Greek Philosophy

2. 苏格拉底哲学的开创性

（1）内容：苏格拉底哲学思想的开创性。

【对比分析】

How Socrates differed from his predecessors?

Namelist：Pre-Socratics.

【名人名言】

Cicero："Brought down philosophy from heaven to earth."

【提问】

How do you understand this?

【解析】

关于西塞罗的说法可借助时间线来理解（见图 2-6 所示）。

通过古希腊哲学三个历史时期的划分和命名，借助时间线，凸显苏格拉底的重要性。

【重点】

苏格拉底哲学的开创性何在？

【解决策略】

从两个方面展开：content（内容）和 method（方法）。

【对比分析】

通过苏格拉底和前苏格拉底哲学家关注的问题的对比，归纳苏格拉底哲学研究的核心。

【提问】

如何理解西塞罗用"从天上拉回人间"概括苏格拉底哲学研究的转向？为何会发生这样的转向？

教学内容	教学设计及课程思政

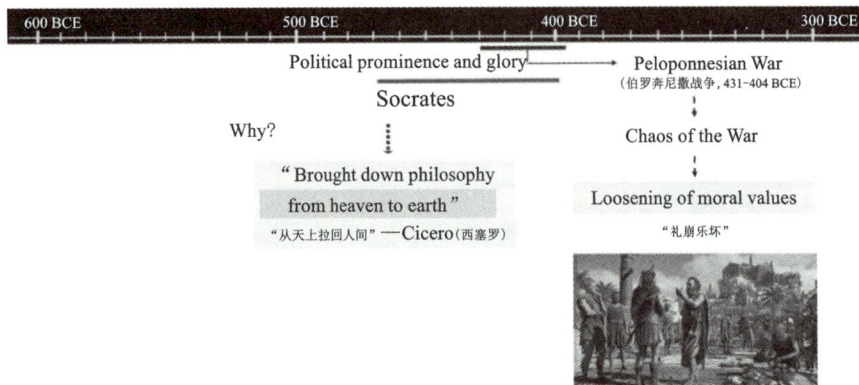

图 2-6　时间线

借助时间线，引导学生回顾伯罗奔尼撒战争的历史背景，与上一章节内容有机串联，阐释苏格拉底哲学研究转向的历史原因。

【提问】

Why did Socrates turn the investigation of philosophy towards human concerns?

【解析】

可从苏格拉底名言"认识你自己"的角度来理解（见图 2-7 所示）。

伯罗奔尼撒战争造成的"礼崩乐坏"，与孔子的对比做铺垫，作为课后拓展思考。

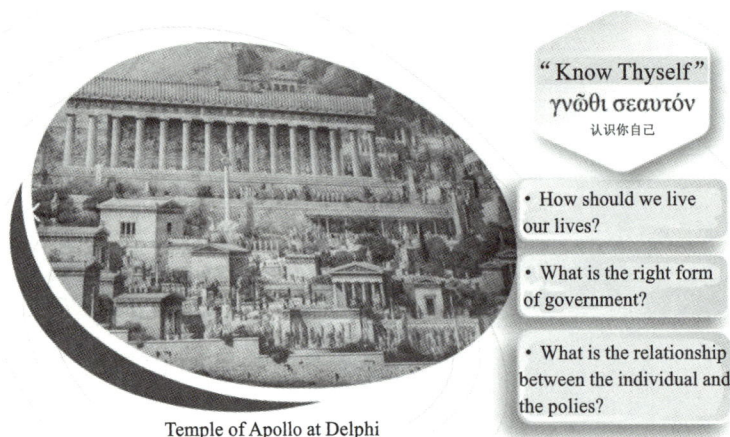

图 2-7　"认识你自己"

【名人名言】
阐释苏格拉底名言"认识你自己"的人文和伦理价值。
引导学生在课后将苏格拉底与孔子做对比。

【结对活动】

思维导图。（见图 2-8 所示）

（**Mind Mapping.**）

【结对活动】
两人一组，用思维导图的形式及时整理思路，结合讨论，对苏格拉底哲学思想的开创性进行小结。
培养学生的英语逻辑思维能力和英语表达能力。

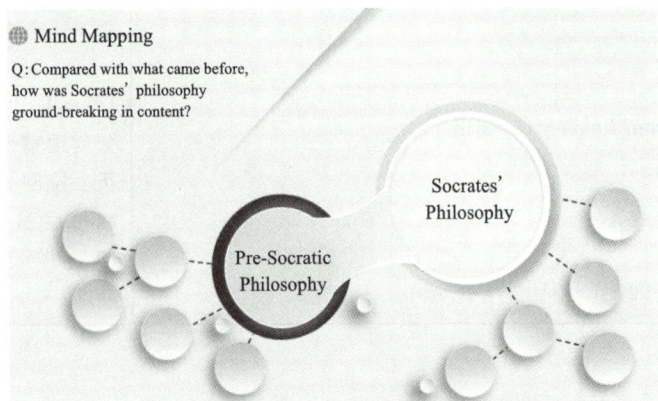

图 2-8　思维导图

教学内容	教学设计及课程思政

教学内容

（2）方法：苏格拉底哲学方法的开创性。

【视频辅助】

纪录片节段：*What is "Socratic Method"*？

【提问】

Socrates likens his role to that of a midwife, how do you understand this?

What is the true purpose? Is it to define something, like "what is love" or "what is beauty"?

【板书】

The essence of Socratic Method.

【案例实操】

Now, try to examine our own beliefs by the Socratic Method and see if it can help us in any way.

实操可运用图 2-9 所示的方法。

图 2-9　实操法

【延伸阅读】

Some more of Socrates' questions on justice, taken from Xenophon's *Memorabilia*：

《申辩篇》节段如图 2-10 所示。

图 2-10　《申辩篇》节段

教学设计及课程思政

探讨苏格拉底哲学研究方法上的开创性。

【视频辅助】
什么是苏格拉底法？

【提问】
如何理解苏格拉底将自己比作"助产士"？

【板书】
总结"苏格拉底法"的实质。

【难点】
"苏格拉底法"的现实意义。

【解决策略】
案例实操+名人名言+小组讨论。

【案例实操】
什么是公正？

★**【课程思政】**
通过对"苏格拉底法"的实操运用，培养调动学生的怀疑精神、批判精神和对真理的探究精神。

【延伸阅读】
《申辩篇》节段。

教学内容	教学设计及课程思政

【提问】

What did Socrates conclude after examining all kinds of "wise" man?

【延伸阅读】

阅读内容见图 2-11 所示。

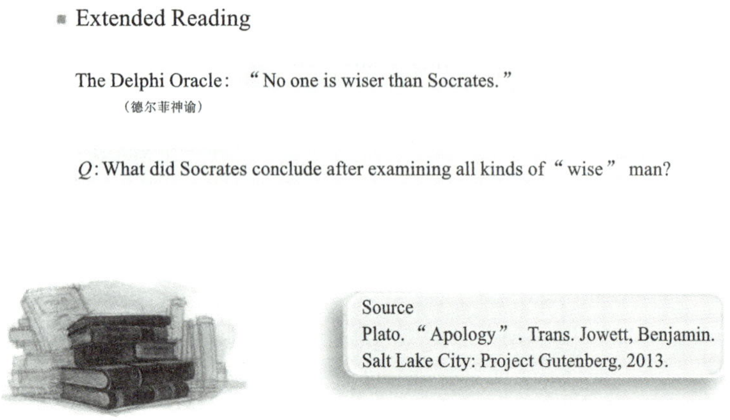

■ Extended Reading

The Delphi Oracle: "No one is wiser than Socrates."

（德尔菲神谕）

Q: What did Socrates conclude after examining all kinds of "wise" man?

Source
Plato. "Apology". Trans. Jowett, Benjamin.
Salt Lake City: Project Gutenberg, 2013.

图 2-11　延伸阅读

【名人名言】

Socrates: "The only true wisdom is in knowing you know nothing."

Steve Jobs: "I would trade all my technology for an afternoon with Socrates."

【总结】

"苏格拉底法"的历史意义见图 2-12 所示。

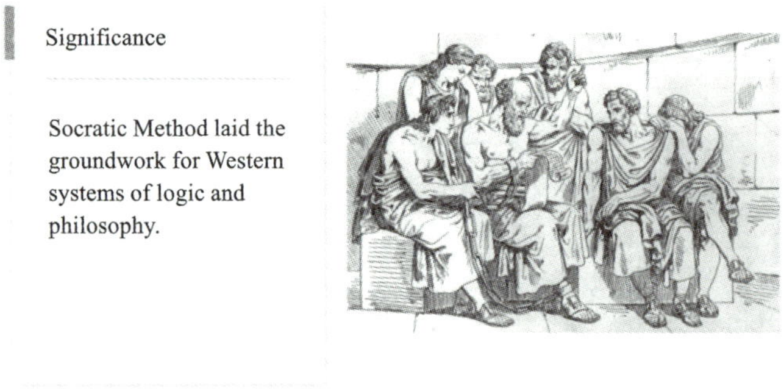

Significance

Socratic Method laid the groundwork for Western systems of logic and philosophy.

图 2-12　"苏格拉底法"的历史意义

【小组讨论】

The application of Socratic Method in modern times.

【提问】

According to the passage you read, what were the charges against Socrates?

【讨论】

Socrates didn't avoid death, why?

【拓展阅读】

世界名画《The Death of Socrates》。（见图 2-13 所示）

【提问】

苏格拉底在遍访各种宣称"有智慧"的人之后，得出了什么结论？

【名人名言】

由"苏格拉底无知"延伸到《论语》中的"知之为知之，不知为不知，是知（智）也"。

培养学生的思维能力和文明互鉴意识。

【总结】

"苏格拉底法"的历史意义。

【小组讨论】

三至四人一组，讨论"苏格拉底法"在现实中的应用。

培养学生的英语思维能力、表达能力和合作精神。

【提问】

根据文献，在当时的历史环境下，苏格拉底的哲学研究方法产生了怎样的社会影响？导致了什么样的结果？

教学内容	教学设计及课程思政

The Death of Socrates
By Jacques-Louis David, 1787

图 2-13 *The Death of Socrates*

【提问】

How could anyone not afraid of death?

【视频辅助】

"*The Death of Socrates.* "

(四)思考拓展(5 分钟)

【课堂测试】

课堂测试内容见图 2-14 所示。

🌐 **Flash Back**

Group work: Poster Presentation

"Philosophy"

"Know Thyself"

"Socratic Method"

图 2-14 课堂测试

三、小结(1 分钟)

(一)课堂总结

【教学总结】

本节课教学总结见图 2-15 所示。

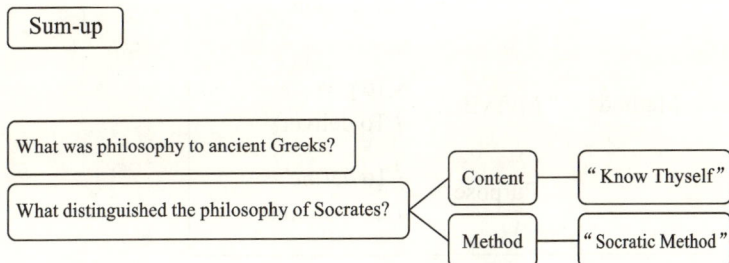

Sum-up

What was philosophy to ancient Greeks?

What distinguished the philosophy of Socrates? — Content — "Know Thyself"

Method — "Socratic Method"

图 2-15 教学总结

引导学生回到历史语境中去,培养学生的历史意识和思辨能力。

【拓展阅读】

结合世界名画,讨论苏格拉底坦然赴死的原因。

【提问】

怎会有人不惧怕死亡?

【视频辅助】

结合苏格拉底申辩时谈及死亡的视频,和孔子"未知生,焉知死"的相似表述,探讨"苏格拉底之死"的意义。

【课堂测试】

"Flash Back"(闪回)小组活动:海报展示。

三至四人一组,选择一个课堂知识要点做海报展示和口头报告。

培养学生英语表达能力,提升学习积极性和参与度,培养合作精神。

★【课程思政】

通过对"苏格拉底之死"的解读,培养学生高尚的道德情操。

<table>
<tr><th>教学内容</th><th>教学设计及课程思政</th></tr>
<tr><td>

（二）课后复习与拓展

1. 作业

作业提交截止时间：××月××日××时。

【拓展思考】

拓展思考题见图 2-16 所示。

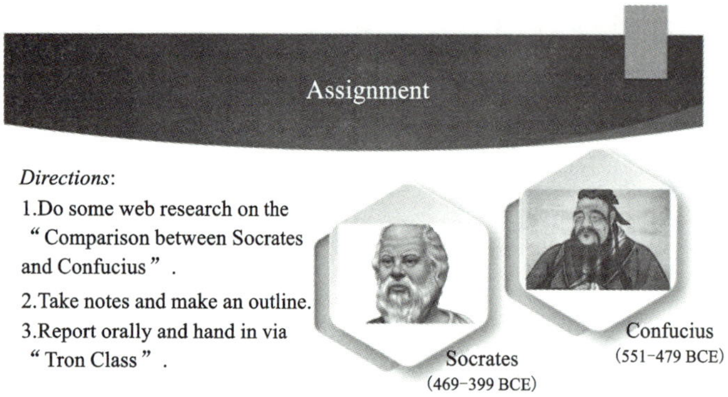

图 2-16　拓展思考题

2. 单元测验

3. 交流解惑

4. 预习

</td><td>

以关键词的形式，厘清主要概念。

【拓展思考】

比较苏格拉底和孔子的相似之处。

★【课程思政】

通过引导学生有意识地对苏格拉底和孔子进行比较研究，强化中国文化意识，增强文化自信。

【说明】

课后拓展思考题发布在“超星学习通”平台上，需要学生在查阅文献的基础上，形成提纲或思维导图，并以口头报告（语音）的形式一起提交至平台。

在“超星学习通”平台上完成本单元的测试题（选择题）。

</td></tr>
</table>

【板书设计】

本节课板书设计如图 2-17 所示。

Philosophical Questions: × Practical
√ Fundamental

Essence of Philosophy: × Possession of wisdom
√ Pursuit of wisdom

Socratic Method: "Midwife" × To give
√ To deliver

Purpose × To define
√ To examine

图 2-17　板书设计

2.2　埃及法老及其统治

所在章节	第 3 章第 1~3 节内容	课时安排	1 课时（45 分钟）

【教学目标】

1. 知识目标

(1) 了解地理环境对古埃及文明的形塑作用。
(2) 认识法老在埃及社会与国家政权中的关键地位。

2. 能力目标

(1) 用英语阐述埃及地理上的孤立带来的利弊，培养学生的英语表达能力。
(2) 用英语阐述埃及法老的统治可以维系数千年的原因，培养学生的英语思维能力、中英文文献检索、阅读能力和学术研究能力。

3. 价值目标

(1) 培养学生的探究热情、问题意识，以及良好的思维习惯。
(2) 从不同文明中寻求智慧、汲取营养，给学生提供精神支撑和心灵慰藉，引导学生学会携手共同面对各种挑战。

【教学内容】

(1) 主要知识点：埃及法老及其统治。
(2) 重点：法老的地位与性质。
(3) 难点：法老专制可以维系数千年的原因。

【课程思政】

(1) 法老王权的专制统治磨灭了古埃及人变革的动力和能力，在这样的生存环境中，古埃及人无须思考、思辨，久而久之便造成了其保守固化的思维，由此使埃及的社会制度延续了几千年，缺少变革与创新。我们倡导学生树立正确的世界观，培养思辨能力和创新精神。

(2) 将集军、政、神权于一体的古埃及法老与现代民主国家的领导人在头衔、任期、行政权力等方面进行对比分析，从而使学生更深刻地了解现代民主制度，进而更好地理解和认同我们国家的政权组织形式。

(3) 通过提升学生的人文素养，拓宽其认知视野，为他们未来积极参与世界文明的交流和互鉴打好坚实基础。

【教学方法】

1. 课前准备

（1）课前预习。提前一周推送课前预习内容，分享 MOOC 资源、世界知名博物馆网页链接等学习资源，进行多维度导学，使学生初步了解将要学习的内容。

（2）课前讨论。要求学生在网络资源检索和文献阅读的基础上，讨论非洲地理环境和气候环境对古埃及文明的影响，形成口头报告，提前两天提交至"超星学习通"平台。通过对学生课前讨论情况的分析，确定教学难点和重点。

（3）课前测。在课前十分钟推送"课前测"试题，以正误判断的形式考查学生的掌握情况。

2. 课堂教学

"五步"教学法，辅之以"超星学习通"学习管理平台。

（1）课程目标。明确提出本节课的知识目标和能力目标，以便学生课后对应学习目标进行自我评测。

（2）课程导入。以纪录片节段导入、结合问答进行讨论等形式，拓宽学生视野，激发学生学习兴趣。

（3）讲授与互动。重点及难点内容详讲，辅以启发、探讨、合作等方式进行互动式讲授，强化学习目标，活跃课堂氛围，加深内容理解，拓展认知思维。用 Let's Check 的形式，首尾呼应，当堂检验学生对重点内容的掌握情况。

（4）拓展思考。用古今对比的形式，强化学生对课堂教学内容的理解、培养学生思维能力。

（5）教学总结。总结本节课的主要内容，通过设置问题，引出下次课教学内容。

3. 课后复习拓展

（1）通过"超星学习通"平台布置课后思考拓展作业，学生以文档加语音的形式上传，教师线上批阅作业。

（2）通过"超星学习通"平台发布单元测试，检测学生对课堂主要内容的掌握情况。

（3）鼓励学生积极参与"超星学习通"平台的师生交流与讨论。

（4）布置拓展阅读资料，鼓励学生提出挑战性或批判性问题。

教　学　过　程

教学内容	教学设计及课程思政
一、课前准备 (1)在"超星学习通"平台上查阅本次课的预习内容及推送的资料(提前一周推送)。 (2)完成并提交"超星学习通"平台上推送的课前讨论题(提前两天截止)。 **【课前讨论】** Talk about African geography and climates and the influence on the development of ancient Egyptian civilization. (3)课前十分钟在线开放"课前测"(响铃截止)。 **【课前测】**(判断题) The Egyptians grew to sincerely believe that the outside world had nothing worthwhile to teach them. **二、课堂教学(44 分钟)** **(一)教学目标(1 分钟)** 教学目标见图 2-18 所示。 **图 2-18　教学目标** **(二)课程导入(2 分钟)** **【视频导入】** BBC 纪录片节段：*Mystery of the Nile*(2005)。 **(三)讲授与互动(35 分钟)** 1.埃及的土地与人民 　(**The Land and People of Egypt**) (1)非洲大陆与埃及。 　(**The African Continent and Egypt.**) ①非洲的地理与气候。 　(**African Geography and Climates.**)	依据对课前讨论情况的分析,确定本节课的教学重点。 由对课前测问题的分析,导入本节课的学习目标。 **【视频辅助】** 播放《神秘的尼罗河》节段,培养学生的问题意识和思维能力,激发学习兴趣。 探讨地理条件对古代埃及文明的形塑作用。培养学生的文明史意识。

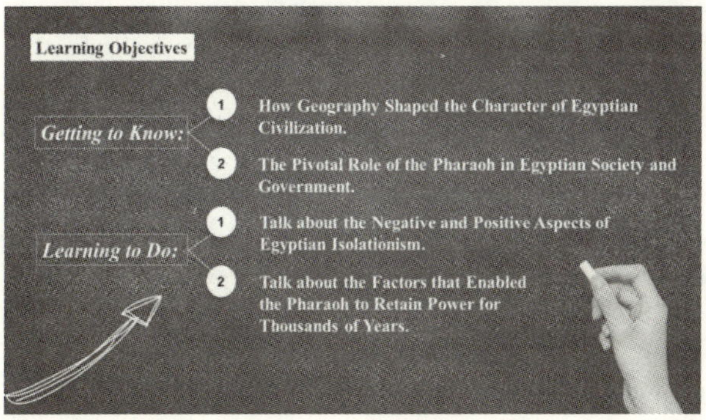

教学内容	教学设计及课程思政

【术语解释】
关于非洲地理与气候的几个概念，如，Five climatic and vegetative zones.
②埃及人的祖先。
    （**Ancestors of the ancient Egyptians.**）
There are three separate groups of ancient Africans.
Linguists have identified them by the language they spoke.
【提问】
埃及人的祖先属于哪一个语系？（图2-19）
（**To which of these language families did the ancestors of the ancient Egyptians belong?**）
 	
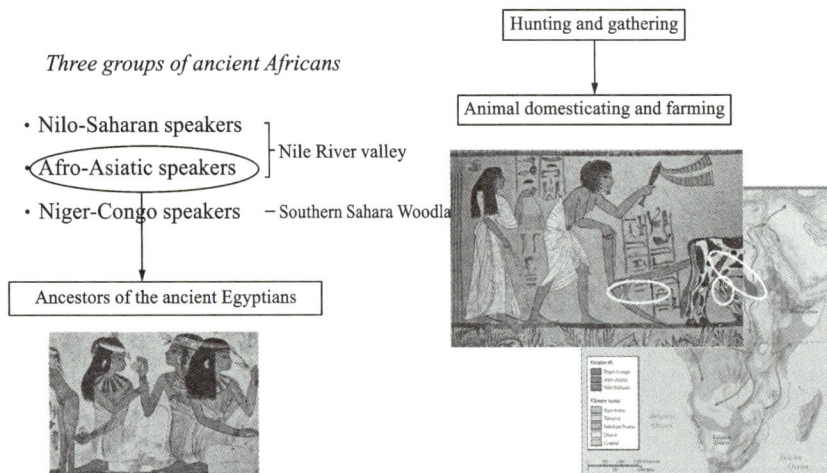
图2-19　埃及人祖先的语系
 	
【回答】
Afro-Asiatic 亚非语系(闪含语系)。
【词源解析】
闪含语系：
（**Semito-Hamitic languages**）
闪含语系的命名来源于《圣经·旧约》，《圣经》说诺亚的儿子闪米特是希伯来人的祖先，另一个儿子含米特是亚述人和非洲人的祖先。
(2)尼罗河的赠礼。
    （**Gift of the Nile.**）
提供资料见图2-20所示。
	【术语解释】
	在课前讨论的基础上，考查学生对非洲大陆地理与气候条件的掌握情况。
	为后面讨论埃及地理上的孤立做铺垫。
	
	【提问】
	根据历史比较语言学对语系的划分，古代非洲人的语言可划分为三大语系，其中埃及人的祖先属于哪一语系？
	培养学生的跨学科意识和能力。
	
	【词源解析】
	介绍闪含语系命名的人文背景。
	扩充学生的人文知识。

教学内容	教学设计及课程思政

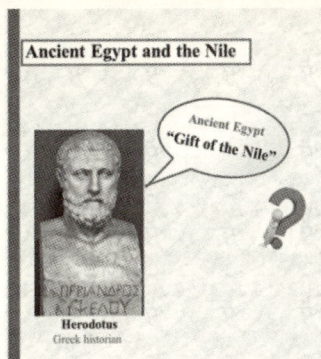

图 2-20　Ancient Egypt and the Nile

【讨论】

尼罗河对古代埃及社会的意义。

(**The Significance of the Nile Valley to the Ancient Egyptian Societies.**)

【回答】

例如：Source of Food；

Protection Against Invaders；

Political Unity；

Broad Focus.

(3)埃及地理上的孤立。

　　(**Egypt's Geographic Isolation.**)

【视频导入】

关于埃及东、西、南、北四面的环境描述(视频截图见图 2-21)。

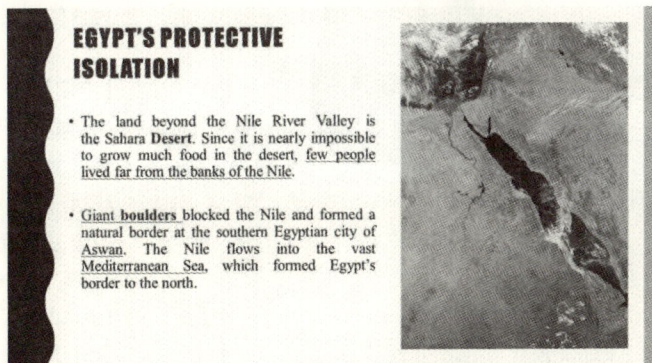

图 2-21　关于埃及环境的描述

【结对讨论】

Talk about the Negative and Positive Aspects of Egyptian Isolationism.

2.法老：埃及的神-王

　　(**The Pharaoh：Egypt's God-King**)

(1)法老。

　　(**Pharaoh.**)

【提问】

什么是法老？

(**What is Pharaoh**？)

【名人名言】

由古希腊历史学家希罗多德所说的古代埃及是"尼罗河的赠礼"引入，思考尼罗河与古代埃及文明的关系。

【讨论】

引导学生将尼罗河与前一章节学习的美索不达米亚的底格里斯河、幼发拉底河进行对比分析。讨论尼罗河对古代埃及社会的意义。

培养学生的文明互鉴意识与英语思维能力。

【视频辅助】

播放纪录片节段。

【结对讨论】

两人一组，展开讨论。结合前述非洲地理与气候条件等背景，讨论埃及地理环境上的孤立对埃及文化、文明、思想等方面产生的影响。

培养学生的英语思维能力与表达能力。

教学内容	教学设计及课程思政

【词源解析】

Pharaoh 词义的演变见图 2-22 所示。

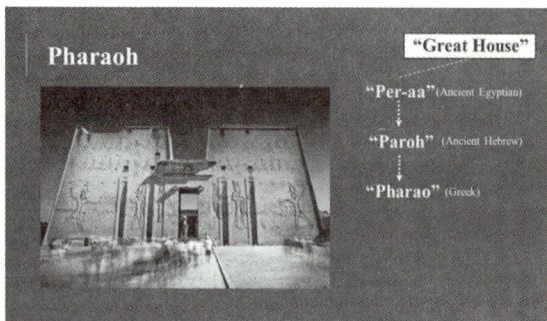

图 2-22　Pharaoh 词义的演变

【提问】

埃及法老真正的头衔是什么？

The Egyptians would not call their King a "Pharaoh".

What were the real titles for a pharaoh in ancient Egypt?

【提问】

What does it mean by the "Living Horus" "Two Lands" and "every temple"（见图 2-23）？

图 2-23　Titles of the Pharaoh

（2）法老的统治。

（**Rule of the Pharaoh.**）

【提问】

谁是埃及历史上的第一任法老？（见图 2-24）

（**Who was the first pharaoh of Egypt？**）

【地图辅助】

埃及地理位置见图 2-25 所示。

【提问】

为什么上埃及在下，而下埃及在上？

（**Why was Upper Egypt lower and Lower Egypt upper？**）

【重点】

法老及其统治。

【解决策略】

词源解析+小组讨论+对比分析。

【提问】

什么是法老？

通过"法老"一词的历史与现实意义的反差，激发学生的探究欲望。

【提问】

古埃及人并不会用"法老"一词来称呼他们的国王，那么埃及法老真正的头衔是什么？如何理解埃及法老的这些头衔？

设置问题，留下悬念，为课堂测试做铺垫。

【提问】

结合前述尼罗河对古代埃及文明的重要意义的探讨，启发学生分析上、下埃及的命名。呼应前设问题中的"Two Lands"。

在上、下埃及统一的历史中，引入埃及历史上第一任法老——美尼斯。培养学生的历史意识。

教学内容	教学设计及课程思政

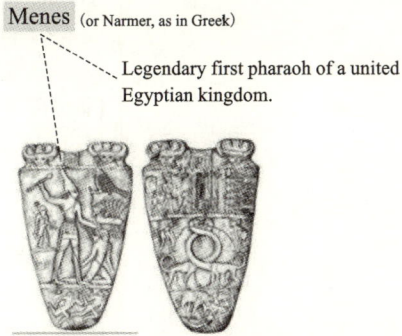

Menes (or Narmer, as in Greek)

Legendary first pharaoh of a united Egyptian kingdom.

Lower Egypt

3100 BCE

Upper Egypt

图2-24 埃及历史上第一任法老   图2-25 埃及地理位置

【视频导入】

The Birth of An Empire.

【时间线】

埃及的王朝。

（**Egypt's Kingdoms**）

It has been customary to divide Egypt's ancient history into dynasties. The dynasties are traditionally grouped under three kingdoms: Old, Middle, and New.

埃及的漫长历史有过两次短暂的间断，即两个中间期。

（**There are two short intervals, called the Intermediate Periods.**）

【术语解释】

Intermediate Periods:

两次间断后都在不到一百年的时间内重建了一个本土的新政权，用同一种方式、同一种价值观和与先前同样的官员来重组统治（见图2-26）。

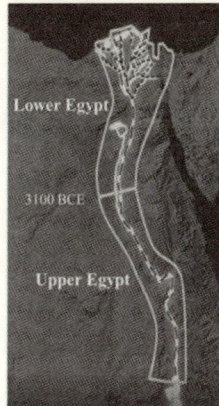

Brief Timeline of Ancient Egypt

After each Intermediate Period, a new native Egyptian dynasty appeared within a century, and restored control.

(in the same style, with the same values and officials as before)

图2-26 Intermediate Periods

【小组讨论】

为什么法老王权在简短的中断后，又迅速恢复统治？是什么让法老维系统治数千年？

（**What enabled the Pharaoh to retain such near-magical power over his subjects for so long?**）

【视频辅助】

播放探索频道纪录片《一个帝国的诞生》节段。

【难点】

法老专制维系数千年的原因。

【解决策略】

小组讨论+课堂阅读+拓展思考。

【时间线】

引导学生分析埃及法老王朝的特点。

【小组讨论】

是什么原因使法老能在如此长久的时间里近乎神迹般地维持对臣民的统治？

培养学生的英语思维能力、表达能力与合作精神。

教学内容	教学设计及课程思政

①地理因素。

（**Egypt's Protective Isolation.**）

— Protection against Invaders；

— Political Unity.

②法老的神性。

（**The Divinity of the Pharaoh.**）

【课堂阅读】

法老：埃及的神王。

（**Pharaoh：The God-king.**）

It is important to recognize that the Egyptian pharaoh was not like a god.

The Pharaoh was a god.

He/She was a reincarnation of Horus, the god of order.

【图形辅助】

The social structure of ancient Egypt can be sorted into a social pyramid（见图2-27）。

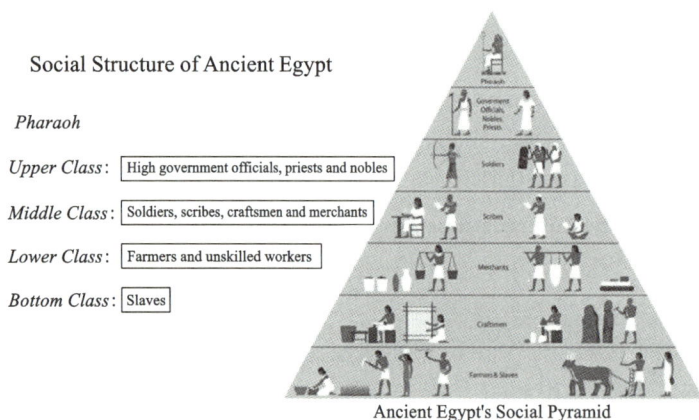

图2-27　**Social Structure of Ancient Egypt**

【讨论】

在法老王权专制的三千多年间，埃及的社会结构几乎没有任何改变，为什么？

（**For almost 3000 years, Egypt's social structure barely changed, why？**）

The Egyptians attributed this to the will of the gods, called "Divine order"（图2-28）。

The Role of Pharaoh：
- the head of the civil administration
- the supreme warlord
- the chief priest of every god in the kingdom

图2-28　**The Role of Pharaoh**

The Pharaoh was not only head of the state, but also head of the religion.

Only the Pharaoh could sacrifice to the gods.

教学设计及课程思政栏：

【课堂阅读】

探讨法老在古埃及人心目中的地位与性质。

培养学生的英语阅读、思维和表达能力。呼应前设问题中的"Living Horus"。

【图形辅助】

引导学生用图形化的方式梳理古埃及以法老为中心的集权君主专制政体。

培养学生的英语思维能力。

【讨论】

归纳法老王权专制维持三千多年的原因。

埃及法老不仅主持政务，同时也主持教务。呼应前设问题中的"every temple"。

★【课程思政】

法老王权的专制统治磨灭了古埃及人变革的动力和能力，在这样的生存环境中，古埃及人无须思考、思辨，久而久之便造成了其保守固化的思维。这就使埃及的社会制度延续了几千年，导致缺少变革与创新的机会。

倡导学生树立正确的世界观，培养思辨能力和创新精神。

教学内容	教学设计及课程思政

Only the Pharaoh could appoint priests to serve gods in his place. This only reinforced his position.

【课堂测试】

Let's Check 测试内容见图 2-29 所示。

Let's Check

Titles of the Pharaoh

- The living Horus ✓
- Lord of the Two Lands ✓
- High Priest of every temple ✓

图 2-29　Let's Check

（四）思考拓展（6 分钟）

【对比分析】

古埃及法老与现代民主国家的领导人（见图 2-30）。

Group Discussion

Comparison between Ancient Egyptian Pharaohs and Modern Democratic Leaders

	Ancient Egyptian Pharaoh	Modern Democratic Leader
Titles		
Social Status		
Access to Power		
Duration of Rule		
Administrative Power		
Judgment of Rule		

图 2-30　古埃及法老与现代民主国家的领导人

三、小结（1 分钟）

（一）课堂总结

总结本节课的内容，强调重、难点。

（二）课后复习与拓展

1. 作业

作业提交截止时间：××月××日××时。

【拓展思考】

埃及法老专制如何帮助我们理解我国的政权组织形式？

（**How does the rule of Pharaoh help us understand our own government?**）

2. 单元测验

【单项选择题】

（1）Which of the following accurately describes the Nile River? （　　　）

a. Identical to the Tigris and Euphrates rivers.

【课堂测试】
用 Let's Check 的形式，解答前面悬置的问题，检查学生对课堂内容的掌握情况。

【思考拓展】
对比分析古埃及法老与现代民主国家的领导人。

★**【课程思政】**
将集军、政、神权于一体的古埃及法老与现代民主国家的领导人在头衔、任期、行政权力等方面进行对比分析，从而使学生更深刻地了解和认同现代民主制度。

★**【课程思政】**
在将古埃及法老与现代民主国家的领导人进行对比分析，从而更深刻地了解和认同现代民主制度的基础上，进一步深入理解我们国家的政权组织形式。

教学内容	教学设计及课程思政
b. Necessary to life in Egypt. c. None of these choices. d. Frequent, destructive floods. （2）Egyptians believed Pharaoh to be a god. He was the reincarnation of：（　　　） a. Menes. b. Herodotus. c. Zeus. d. Horus. （3）The first Pharaoh of Egypt：（　　　） a. both was called Menes and may have been a legend. b. may have been a legend. c. was called Menes. d. none of these choices. （4）Which of the following did NOT enable Pharaoh to retain his power for so long? （　　　） a. Belief in the gods' protection. b. Enforcement of law by a large army. c. Belief in the divinity of the Pharaoh. d. Natural abundance due to climate and geography. 3.交流解惑 4.预习	培养学生古今互鉴的能力，以及中英文文献检索能力、阅读能力和学术研究能力。 【说明】 课后拓展思考题发布在"超星学习通"平台上，需要学生在查阅文献的基础上，形成提纲或思维导图，以及口头报告（语音）一起提交至平台。 在"超星学习通"平台上完成本单元测试题（选择题）。

【板书设计】

本节课板书设计见图 2-31 所示。

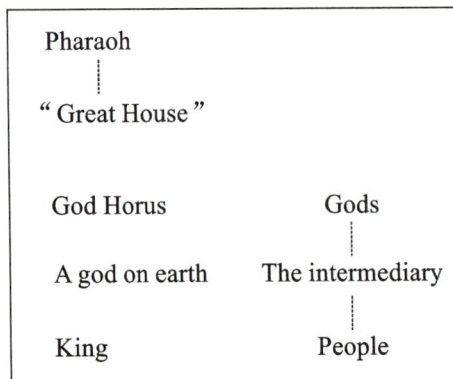

图 2-31　板书设计

2.3　吠陀文明

所在章节	第 4 章第 2 节内容	课时安排	1 课时（45 分钟）

（本节课教学过程详情见二维码）

云麓课堂

教学设计

【教学目标】

1. 知识目标

（1）了解雅利安人对印度文明的奠基作用。

（2）对印度种姓制度的起源有一定的认识。

2. 能力目标

（1）用英语阐述种姓制度的结构和特点，培养学生的英语思维和表达能力。

（2）比较分析 castes（种姓）与 classes（阶级），培养学生的思辨能力，中英文文献检索、阅读能力和学术研究能力。

3. 价值目标

（1）培养学生的探究热情、问题意识，以及良好的思维习惯。

（2）从不同文明中寻求智慧、汲取营养，提供精神支撑和心灵慰藉，引导学生学会携手共同面对各种挑战。

【教学内容】

（1）主要知识点：吠陀文明。

（2）重点：种姓制度。

（3）难点：种姓制度的特点。

【课程思政】

（1）印度种姓制度使社会成员分为若干等级森严的集团，阶级固化、思维僵化，下层民众长期受到歧视与压迫。借对种姓制度特点的分析，倡导民主、平等的价值观。

（2）印度的种姓制度在 1947 年被废除之后，仍在实际社会生活中发挥影响。通过让学生思考如何铲除印度种姓制度的余毒，引导学生树立正确的价值观。

（3）通过提升学生的人文素养，拓宽其认知视野，为他们未来积极参与世界文明的交流和互鉴打好坚实基础。

【教学方法】

1. 课前准备

（1）课前预习。提前一周推送课前预习内容，分享 MOOC 资源、拓展视频等学习资源，进行多维度导学，使学生初步了解将要学习的内容。

（2）课前讨论。要求学生在网络资源检索和文献阅读的基础上，谈谈对印度种姓制度的理解，形成口头报告，提前两天提交至"超星学习通"平台。通过对学生课前讨论情况的分析，确定教学难点和重点。

（3）课前测。在课前十分钟推送"课前测"试题，以正误判断的形式考查学生的课前学习情况。

2. 课堂教学

"五步"教学法，辅之以"超星学习通"学习管理平台。

（1）课程目标。明确提出本节课的知识目标和能力目标，以便学生课后对应学习目标进行自我评测。

（2）课程导入。以一段街头采访视频导入，通过印度人自己对各种姓现状的描述，激发学生的探究兴趣。

（3）讲授与互动。重点及难点内容详讲，辅以启发、探讨、合作等方式进行互动式讲授，强化学习目标，活跃课堂氛围，加深内容理解，拓展认知思维。

（4）拓展思考。以头脑风暴的形式，通过与其他社会等级制度的比较，总结印度种姓制度的特点，提升学生的学习积极性和参与度，相互激发，开拓思维。拓展思考完成情况将作为过程学习考核的一部分。

（5）教学总结。总结本节课的主要内容，通过设置问题，引出下次课教学内容。

3. 课后复习拓展

（1）通过"超星学习通"平台布置课后作业，学生以文档加语音的形式上传，教师线上批阅作业。

（2）鼓励学生积极参与"超星学习通"平台的师生交流与讨论。

（3）布置拓展阅读资料，鼓励学生提出挑战性或批判性问题。

2.4 米诺安与迈锡尼文明

所在章节	第 8 章第 2 节内容	课时安排	1 课时(45 分钟)

（本节课教学过程详情见二维码）

云麓课堂
教学设计

【教学目标】

1. 知识目标

(1) 了解古希腊历史的三个时期。
(2) 了解米诺安文明与迈锡尼文明。

2. 能力目标

(1) 阐述迈锡尼时期的神话与史诗，培养学生中英文文献检索、阅读能力和英语表达能力。
(2) 阐明特洛伊战争的起因，培养学生的世界历史意识及其对世界历史事件的思辨能力。

3. 价值目标

(1) 培养学生的探究热情、问题意识及良好的思维习惯。
(2) 从不同文明中寻求智慧、汲取营养，给学生提供精神支撑和心灵慰藉，引导学生学会携手共同面对各种挑战。

【教学内容】

(1) 主要知识点：米诺安与迈锡尼文明。
(2) 重点：迈锡尼文明。
(3) 难点：特洛伊战争的起因。

【课程思政】

(1) 通过反思特洛伊战争（"No winner in the war"），援引"无论是冷战、热战还是贸易战，都不会有真正的赢家"的表述，揭示战争的残酷，教导学生珍视和平。
(2) 通过探知特洛伊战争的历史原因，反思"特洛伊的海伦"现象，并通过类比中国历史上的"红颜祸水"等谬论，引导学生尊重历史，尊重女性，学习和践行男女平等的价值观。
(3) 通过提升学生的人文素养，拓宽其认知视野，为他们未来积极参与世界文明的交流和互鉴打好坚实基础。

【教学方法】

1. 课前准备

(1) 课前预习。提前一周推送课前预习内容，分享影视资源、网页链接等学习资源，进行多维度导学，使学生初步了解将要学习的内容。

（2）课前讨论。要求学生在网络资源检索和文献阅读的基础上，谈一谈对荷马及其史诗的了解，并形成口头报告，提前两天提交至"超星学习通"平台。通过对学生口头汇报情况的分析，确定教学难点和重点。

（3）课前测。在课前十分钟推送"课前测"试题。

2. 课堂教学

"五步"教学法，辅之以"超星学习通"学习管理平台。

（1）课程目标。明确提出本节课的知识目标和能力目标，以便学生课后对应学习目标进行自我评测。

（2）课程导入。以中文的"希腊"与英文的"Greece"的对比问题导入，启发学生对语言现象背后的文化历史成因的探究。

（3）讲授与互动。重点及难点内容详讲，辅以启发、探讨、合作等方式进行互动式讲授，强化学习目标，活跃课堂氛围，加深内容理解，拓展认知思维。

（4）拓展思考。以小组为单位开展讨论，分析"特洛伊的海伦"现象，并引导学生类比中国历史上的"红颜祸水"论，开拓学生思维，培养合作精神与思辨能力。拓展思考完成情况将作为过程学习考核的一部分。

（5）教学总结。总结本节课的主要内容，通过设置问题，引出下节课教学内容。

3. 课后复习拓展

（1）通过"超星学习通"平台布置课后作业，学生以文档加语音的形式上传，教师线上批阅作业。

（2）鼓励学生积极参与"超星学习通"平台的师生交流与讨论。

（3）布置拓展阅读资料，鼓励学生提出挑战性或批判性问题。

2.5　古希腊宗教

所在章节	第 9 章第 3 节内容	课时安排	1 课时（45 分钟）

（本节课教学过程详情见二维码）

云麓课堂
教学设计

【教学目标】

1. 知识目标

（1）对古希腊诸神有一定的了解。
（2）理解古希腊宗教的特质——"神人同形同性"。

2. 能力目标

（1）用英语阐述古希腊宗教对文学、艺术的影响，培养学生的英语表达能力和学术研究能力。
（2）通过对比古希腊神话与中国古代神话中的神—人关系，培养学生的思辨能力、中英文文献检索能力、阅读能力和学术研究能力。

3. 价值目标

（1）培养学生的探究热情、问题意识及良好的思维习惯。
（2）从不同文明中寻求智慧、汲取营养，给学生提供精神支撑和心灵慰藉，引导学生学会携手共同面对各种挑战。
（3）培养中国文化意识，弘扬中国文化，增强文化自信。

【教学内容】

（1）主要知识点：古希腊宗教。
（2）重点：古希腊宗教的特质。
（3）难点：希腊宗教呈现出"神人同形同性"特质的原因。

【课程思政】

（1）分析古希腊宗教所呈现的人本主义精神，可为我们今天所提倡的"以人为本"的价值观念提供一定的借鉴意义。
（2）通过对古希腊神话与中国古代神话中的神—人关系的比较研究，反观中国文化特质，提升中国文化自信。
（3）通过提升学生的人文素养，拓宽其认知视野，为他们未来积极参与世界文明的交流和互鉴打好坚实基础。

【教学方法】

1. 课前准备

（1）课前预习。提前一周推送课前预习内容，分享影视资源、网页链接及神话、史诗等文献资料，进行多维度导学，使学生初步了解将要学习的内容。

（2）课前讨论。要求学生在网络资源检索和文献阅读的基础上，谈一谈对古希腊诸神的了解，并形成口头报告，提前两天提交至"超星学习通"平台。通过对学生口头汇报情况的分析，确定教学难点和重点。

（3）课前测。在课前十分钟推送"课前测"试题。

2. 课堂教学

"五步"教学法，辅之以"超星学习通"学习管理平台。

（1）课程目标。明确提出本节课的知识目标和能力目标，以便学生课后对应学习目标进行自我评测。

（2）课程导入。以图片导入，用一些熟悉的绘画、雕塑作品，结合问答、讨论等形式，激发学生的学习兴趣。

（3）讲授与互动。重点及难点内容详讲，辅以启发、探讨、合作等方式进行互动式讲授，强化学习目标，活跃课堂氛围，加深内容理解，拓展认知思维。

（4）拓展思考。以小组为单位，探讨希腊神话在文学、艺术等方面的影响，以及对于我们今天的意义；形成口头报告，培养学生的表达能力、合作精神，以及跨学科的学术研究能力；拓展思考完成情况将作为过程学习考核的一部分。

（5）教学总结。总结本节课的主要内容，通过设置问题，引出下次课教学内容。

3. 课后复习拓展

（1）通过"超星学习通"平台布置课后作业，学生以文档加语音的形式上传，教师线上批阅作业。

（2）鼓励学生积极参与"超星学习通"平台的师生交流与讨论。

（3）布置拓展阅读资料，鼓励学生提出挑战性或批判性问题。

金融市场学

肖紫琼，中南林业科技大学经济学院教师，湖南省普通高校教学能手，2020年湖南省普通高校教师课堂教学竞赛一等奖获得者；所授课程被认定为湖南省线上线下混合式一流本科课程、中南林业科技大学首批"放心课程"。

课 程 概 述

一、课程基本信息

金融市场学课程基本信息见表 3-1。

表 3-1　金融市场学课程基本信息

课程名称	金融市场学	课程性质	专业必修课
学时	40 学时	开课时间	大二第二学期
先修课程	高等数学、西方经济学、货币银行学		
适用专业	金融学、保险学、金融学(CFA)		
使用教材	张亦春，郑振龙，林海. 金融市场学[M]. 10 版. 北京：高等教育出版社，2020.		
参考教材	马杜拉. 金融市场和金融机构[M]. 北京：北京大学出版社，2013.		

二、课程的性质和作用

"金融市场学"是研究市场经济条件下，金融市场运行机制及各主体行为规律的科学。随着中国改革开放的日益深入和社会主义市场经济体系的日臻完善，金融市场愈益成为整个经济体系的核心，金融市场的地位也愈益重要。"金融市场学"作为金融类学科的专业基础课，是金融学专业本科生必修课程之一。

"金融市场学"是一门专业基础课程，是整个金融学专业课程的概要和纲领，可以帮助学生疏通并了解金融市场所涵括的内容，了解各个子市场之间的区别和联系，它的理论、概念、方法对后续课程的学习是必不可少的，在专业的教学计划中占有重要的地位，为后续将要学到的金融市场的各个子市场的专业课程(如"商业银行经营管理""金融衍生工具市场""证券投资学"等)打下一个坚实的理论基础。课程要求学生在掌握基本概念、基本方法的基础上，具有一定的解决实际问题及创新的能力，同时培养学生一定的科学研究素养和职业技能。

三、学情分析

本课程主要面向金融学专业本科二年级学生，该阶段的学生兼具优势和不足，教学设计应当予以充分重视并妥善应对。根据本人近几年授课的经验、对学生的观察，以及综合作业与考卷反馈情况和与学生代表谈话等素材，分析了本课程的学情(如图 3-1 所示)。

1.学生年龄特点

该年龄阶段的学生在身心发展和成长过程中的情绪、情感、思维、意志、能力及性格既不稳定也不成熟，具有很大的可塑性和易变性。同时，大学的专业课程学习在内容、形式及学习方法上都和高中的学习及大学一年级基础课程的学习有很大区别。该年龄阶段学生的特点体现在两方面。

(1)学习动机不强，学习兴趣不浓厚，缺乏学习意志。

应对策略：

①教学目标上，设置情感、态度、价值观目标，将增强学生的学习兴趣与动机置于关键位置上。

②教学内容上，尽力安排贴近生活和市场实践的教学内容，使学生领会到金融市场学时刻影响着他

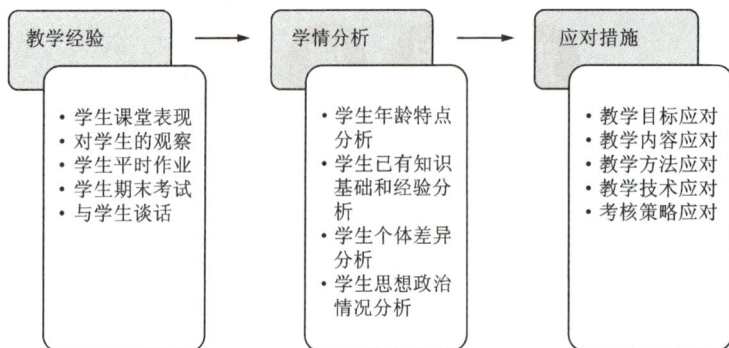

图 3-1　学情分析

们的学习、生活及今后所从事的工作，引起学生的重视。

③教学方法上，讲授式教学中融入具体的金融市场案例，力争做到讲授时深入浅出。改变传统单向输出的教学方式，采用启发式教学、案例教学、项目教学、小组探究和情景模拟等多种教学方法，为学生提供有趣、有料和有味的金融市场实践案例，增强学生的兴趣与动机。

④考核策略上，以激励学生课堂发言和积极思考为主，适时表扬学生的进步，激发学生的学习兴趣与动机。

⑤教学技术上，运用多媒体教学辅以"腾讯会议""泛雅在线课程"和"超星学习通"等多元化及信息化的教学手段，增强学生的课堂参与积极性，提高课堂的趣味性。

（2）自我意识增强，但思维方式与能力尚未成熟。

应对策略：

①教学目标上，应当着重培养学生的思维方式，明确辩证思维、批判思维、创新思维、探究思维、理论思维等思维培养目标，对学生积极引导。

②教学内容上，应当注重培养学生分析问题、归纳总结方法和要点的能力。

③教学方法上，应当重视学生在学习中的主体地位，还教于学，教师从知识的传授者转变成学习的引导者，为学生预设问题，与学生探究问题，对学生思维方式的培养形成有力引导。

④考核策略上，考试题目应当将经典基础理论的记忆性考核的比重控制在 20%～30%，大比重突出思维方式的考查，设置辨析题、资料分析题等开放式题型，在论述题中通过"新观点""你自己的观点"等鼓励学生培养创新思维，强调"用某理论分析某实践问题"以增强学生理论和实践相结合的思维方式。

2. 学生已有知识基础和经验

学生在此之前已经学习了"西方经济学"及"货币银行学"等专业基础课，已经具备了学习和理解金融市场学基本知识的能力。他们对理论课学习积极性较高，热衷于考取各种从业资格证书，严重缺乏在各金融市场的实践操作。实践操作的匮乏，导致他们不能真正领会各金融工具的特点，无法实现系统整合，无法为自己和将来的客户做出合理的资产配置。

（1）已具备金融学基础知识。

应对策略：

①教学目标上，应当不仅仅局限于基础知识的掌握，而应在掌握重难点的基础上予以拓展，加入能力目标、情感目标和价值取向目标。

②教学方法上，因为学生已经具备了一定的基础知识，可以在讲授式教学的基础上，合理运用案例研究、问题讨论、情景模拟、翻转课堂等多种教学方法。

（2）重理论轻实践，缺乏实际操作经验。

应对策略：

①教学内容上，带领学生温故知新，注意课程内容的衔接，通过复习之前学过的基础理论导入将要教授的新知识；为加深学生对内容的感受和把握，明确指出重点和难点，在课程讲解中应充分分析知识点的内容及难度系数。

②教学方法上，要注意引导学生发现兴趣点，提高对金融市场的兴趣；针对金融市场学课程教学内容和学生特点，坚持理论与实践相结合，做到深入浅出、通俗易懂；采用举例、动画视频演示和示意图、实物凭证图片等方式帮助学生理解难度系数大的内容，把握金融学前沿动态，鼓励学生在日常生活中发现与课程相结合的问题。

③在教学技术上，引入金融市场的模拟交易软件，如网上银行、证券交易软件、期货期权交易软件等；在传授理论知识的基础上，补充金融市场的实践操作讲解，鼓励学生模拟金融市场的实际操作；指导学生参加全国证券交易大赛和投资分析大赛及相关实践活动；指导学生考取与专业相关的从业证书，如证券从业资格证书、期货从业资格证书等。

3. 学生个体差异

学生来自全国各地，有着不同的地域特征和家庭背景，还由于学习习惯、学习兴趣、知识基础、学习能力、智力因素、非智力因素等原因形成了较大的个体差异。

(1)抽象的理论与形象的实践相联系能力有差异。

应对策略：

①教学方法上，突出案例教学，适当采用情景模拟式教学，用形象生动的案例和现实场景启发学生，引导学生将抽象思维与形象思维相联系，推进理论与实践相结合。

②教学内容上，注重经典理论教学的同时培养理论抽象思维。

(2)学习能力和思维方式个体差异性较大。

应对策略：

①教学方法上，采用分组讨论和 PBL 项目等方式，通过团队协作，让学习能力强的学生带动学习能力较弱的学生。

②教学目标上，可明确各种思维方式与能力的具体内容，引导学生培养科学的思维方式，逐渐自觉提升各种思维能力。

③考核策略上，尊重学生的个体差异，给予学生充分自由的学习空间，注重过程考核，鼓励学生积极、主动地参与学习，让他们发挥各自的优势自主选题或者自拟题目完成 PBL 项目。通过不限题材、不限形式来充分挖掘每个学生的学习兴趣，发挥他们各自的特长，以此激发他们的创新能力。

4. 学生思想政治情况

有些学生不重视思想道德情感的培育，没有认识到世界观、人生观、价值观在人生发展中的关键统领作用。

应对策略：

①教学目标上，将思想政治教育和"三观"教育作为课程的核心目标，培养德才兼备的金融从业人员。

②教学内容上，金融市场学的内容涉及经济、政治、职业操守、价值判断等诸多问题，正确的世界观、人生观、价值观在经济现象中发挥着极其关键的"隐性统领"作用。因此，本课程会全面挖掘这些思政育人因素，将学生的思想道德与"三观"教育融入专业知识的学习之中。

四、课程教学设计

1. 教学设计思路

在充分分析课程性质、学情、教材和人才培养要求等因素的基础上，本课程设置了知识传授、能力培养、价值塑造三位一体的教学目标。根据课程的目标体系调整和重构教学内容，在教材相关理论知识的基础之上，加入市场实践、模拟操作及操作分析，并融入前沿理论和实践成果。以建构主义、情景认知、ARCS、PBL等理论为指导，采用案例分析、情景模拟、小组讨论、翻转课堂和模拟交易等多种教学方式，根据课程内容性质辅以"线下为主，线上为辅"的轻度混合式教学模式；将项目化教学法与混合教学法优化整合，发挥各自原有优势，以实现还教于学，充分发挥学生在学习中的主观能动性。为保证育人成效的落实，本课程采用过程考核和结果考核、理论考试和实践考核、线上和线下考核相结合的多维度考核评价体系，并根据考核反馈结果，不断优化和调整教学内容和教学方法。具体教学设计思路如图3-2所示：

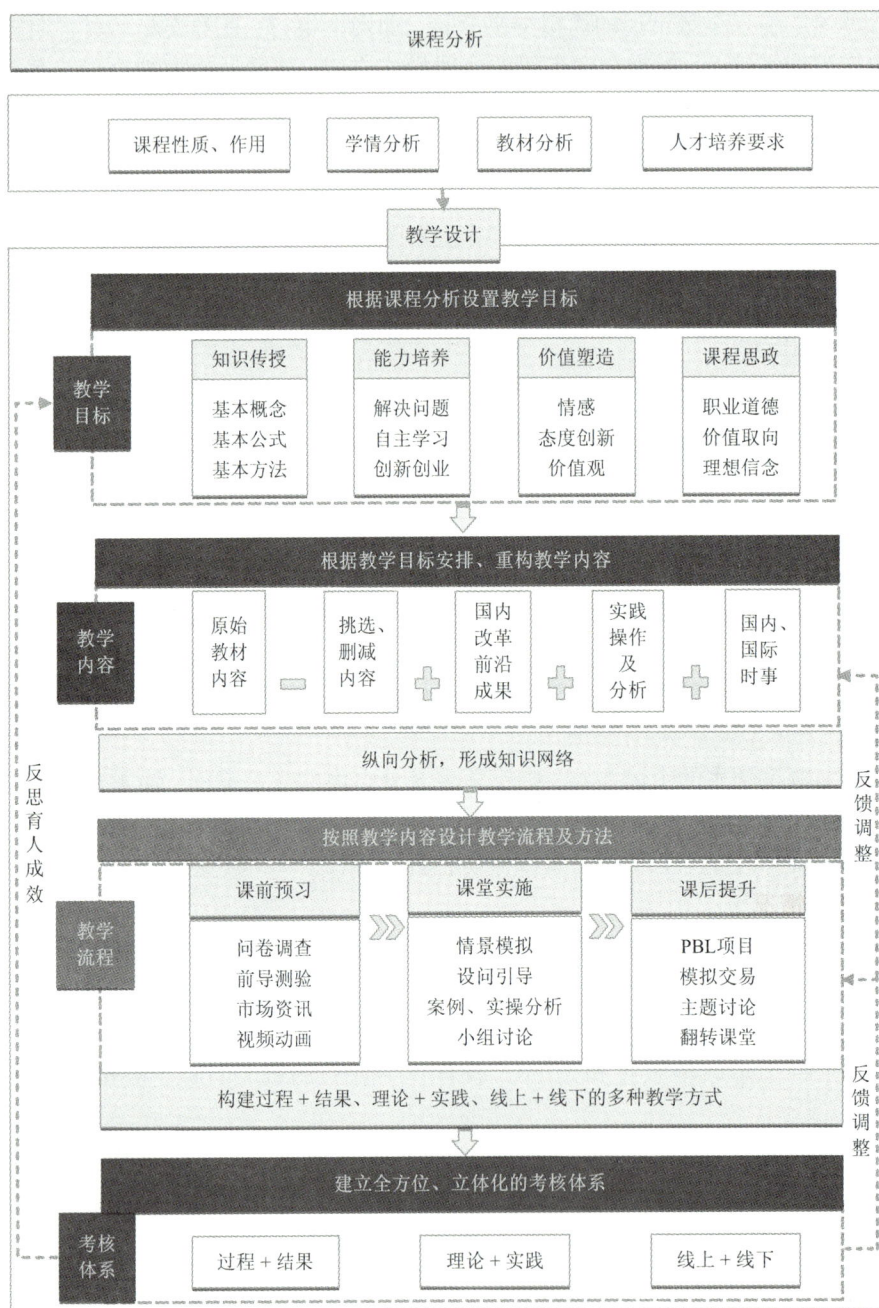

图3-2　教学设计思路

2. 教学目标

本课程的总体教学目标主要包括三个方面(如图 3-3 所示):知识传授、能力培养、价值塑造。以这三个目标为导向,培养学生能够运用所学理论知识和方法进行分析和解决金融市场的相关问题,达到金融学专业培养目标的要求,为今后进一步学习、开展理论研究和进行实际工作奠定扎实的基础,培养学生成为具有社会责任感和使命感的金融从业人员。

(1)知识传授。

知识目标是要使学生掌握金融市场学中的基本概念、基本方法和基本公式。

①基本概念:掌握金融市场学中的基本概念和专业术语。

②基本方法:通过对金融市场中各种运行机制(包括汇率机制、风险机制和证券价格机制等)、主要金融变量的相互关系和各主体的行为(包括筹资、投资、套期保值、套利、政策行为和监管行为)等内容的学习,加强学生对数学和计量经济学、运筹学等现代分析方法的应用。

③基本公式:通过学习金融资产的定价
(包括货币资金、外汇、风险资产、股票、债券、远期、期货、期权等),理解和掌握金融市场中的相关计算公式。

图 3-3　金融市场学的教学目标

(2)能力培养。

培养与提高学生利用所学的理论知识解决实际金融问题的能力;培养学生自主学习并具备一定的科学研究的能力与批判性思维;增强学生从事金融实务的实际操作能力与金融创新能力。

①解决问题能力:通过案例教学、分组讨论等形式激发学生学习金融学的兴趣和热情,形成将所学知识应用于生产和生活实践的意识,能够对与金融学有关的社会问题和生活问题做出合理的判断,并组织学生分析问题、解决问题,培养和提高学生理论联系实际的能力。

②自主学习能力:通过线上课程的建设,充分利用学生的碎片化时间,随时随地自主展开预习和复习;鼓励和组织学生参与金融学前沿、热点问题的专题讨论,提高选题、查找、收集和整理专业信息的能力,具备查阅专业文献和撰写科研报告的能力,培养学生批判性思维、自主学习和初步科研工作的能力。

③创新创业能力:组织学生分组展开 PBL 项目研究,并提供相对宽松的学习和研究氛围,鼓励学生大胆创新,不拘泥于特有的固定形式及内容,且对具有创新点的研究项目予以额外加分。通过项目研究培养学生的批判性思维、洞察力、决策力、组织协调能力与领导力等各项创新创业素质,使学生具备必要的创业能力;鼓励和指导学有余力的学生参加创新创业大赛和证券模拟投资大赛,启迪学习智慧,感受金融知识在社会中的应用和发展;引导学生认知金融行业环境,了解创业风险,把握创业机会,掌握商业模式开发的过程,学习设计应对策略及技巧等;启蒙学生的创新意识和创业精神,使学生了解创新型人才的素质要求。

(3)价值塑造。

①学习兴趣:通过对教学内容进行情感处理,创设情知交融的教学氛围,激发学生学习金融学的兴趣和热情;通过设问、案例等方式导入,吸引学生的好奇心,使其能主动关注金融市场的最新资讯。

②团队意识:精心设计探究活动,不拘泥于某一种方式,使学生能在自由、宽松的探究过程中不断创新和提高,通过亲身体验获得感悟;重视协作共处的过程与方法,增强合作精神和团队意识。

③社会责任感和使命感:通过在教学过程中穿插讲解经济环境的变化对金融市场和个人的影响,培养学生关注时事政治、国家经济政策的意识,帮助学生树立为中华民族复兴、为人类文明和社会进步而

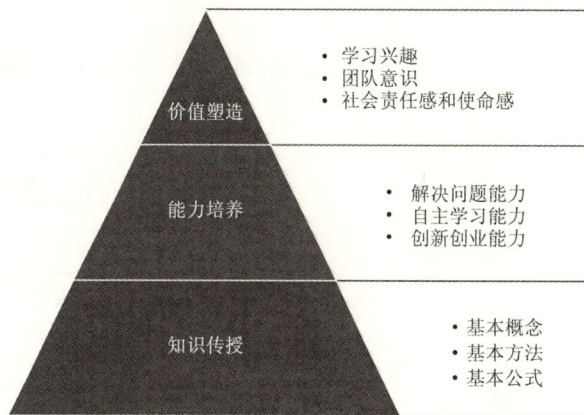

努力学习的责任感和使命感。

(4)思政目标。

大学教育对学生的培养不仅是传授知识,更为重要的是培养能力,塑造健全的人格,培养学生投身社会建设的热情和能力。每一节课,不仅是知识传递的过程,也是思想交融的过程;不仅是观点的碰撞,更是价值的引导;不仅是专业教育,更应该凸显德育。基于这样的课程思政教学改革理念和认识,融入德育后课程思政则主要从以下几个方面来展开(见图3-4):

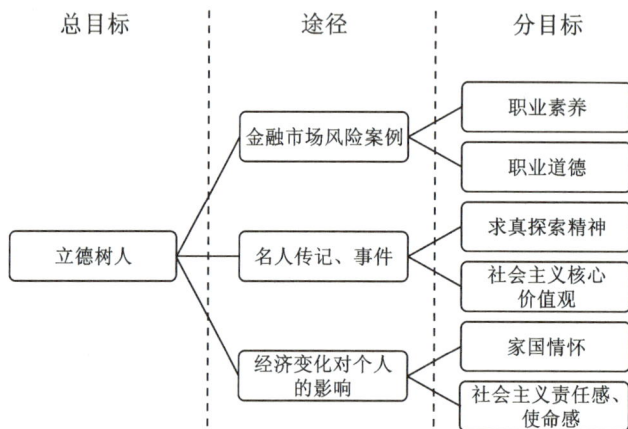

图3-4 课程思政设计

①职业道德:在进行金融市场学理论教学的同时,跟学生分享老师的实际金融从业经验,让学生认识到金融行业既是高收入的行业,也是高风险的行业。作为一个合格的金融市场的从业者必须掌握专业基础知识,时刻保持风险意识,具有职业敏感度;培养学生树立爱岗敬业、忠于职守、团队协作、严谨细致和吃苦耐劳的工作态度;结合课程内容补充相关金融风险案例,提醒学生在工作时必须严格遵守相关操作规程,恪守职业道德,重点防范操作风险和道德风险。

②价值取向:通过讲述金融市场发展过程中的名人事迹,让学生们认识到金融工具本身是没有对错的,但是不同的人对金融工具的不同运用是有高下之分的,我们不应该做金融强盗,通过金融工具掠夺他人财富,而应该以达则兼济天下作为我们的终极目标。从案例中潜移默化地给学生传授做人、做事的道理,引导学生将小我融入大我,把国家、社会、公民的价值要求融为一体,并体现在实际行动中。引导学生认知并领悟社会经济现象的积极内涵,启发学生树立爱国、敬业、诚信、友善等信念;引导学生把社会主义核心价值观落实到个人的具体行动上,成为社会主义核心价值观的积极践行者。

③理想信念:培养学生的家国情怀,帮助学生树立为中华民族复兴、为人类文明和社会进步而努力学习学科知识的责任感和使命感。

3. 教学内容

本课程以金融市场的各个子市场为主线,分别介绍各个金融子市场中的二级子市场,以及其中具体的金融工具。通过纵向分级的阐述,将金融市场中各级子市场串联起来,形成清晰的逻辑结构,便于学生了解金融市场的整体运行;通过横向对比分析各种金融工具的特点,了解其各有优劣、互为补充,各个金融市场的子市场相互关联、相互影响。

在教材相关理论知识的基础上,本课程结合实际金融市场和金融工具的应用,进行了实践部分的补充和阐述,加入了市场实践、模拟交易操作及操作分析,并融入前沿理论和实践成果,为学生考取相关从业证书、适应将来工作打下良好基础(具体教学内容如图3-5所示)。

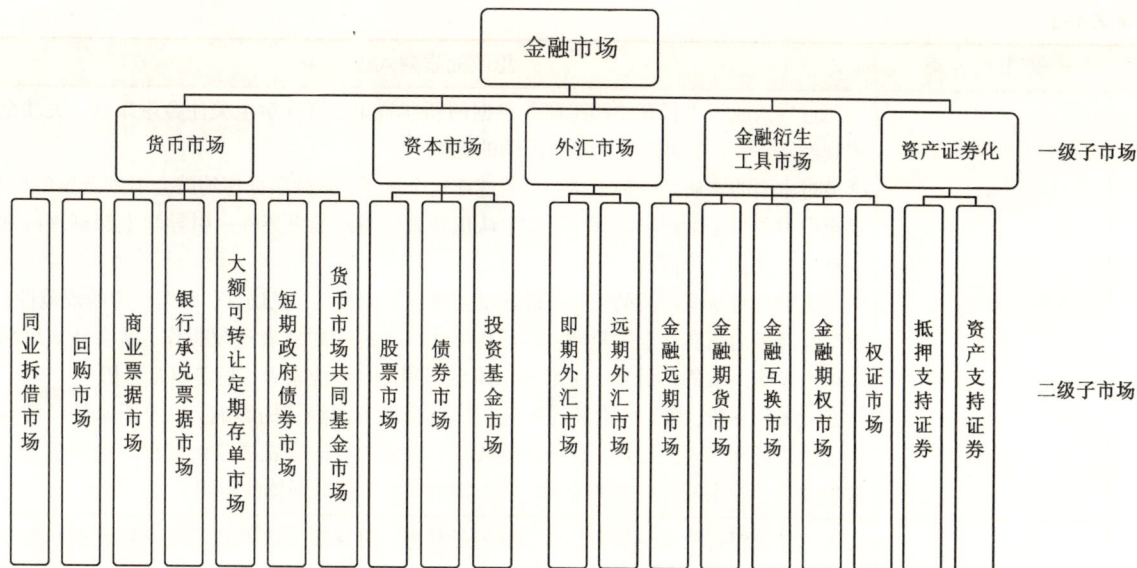

图 3-5 "金融市场学"教学内容

4. 课程思政

"金融市场学"课程思政设计见表3-2。

表 3-2 "金融市场学"课程思政设计

序号	章节内容	思政元素融入思路
1	金融市场的发展趋势	①通过学习金融全球化和自由化的有利影响和不利影响,让学生认识到事物的双面性,培育学生辩证唯物主义的世界观和方法论 ②从索罗斯狙击泰铢的案例中,讲述金融工具的巨大威力,一旦金融市场存在的漏洞被投机者抓住则有可能引发大的危机。引导学生认识到增强风险意识和提高职业素养的重要性,也从中认识到国家的经济发展不能仅依赖他国资本,自身壮大才是硬道理;通过索罗斯在金融市场屡战屡胜,但在狙击香港时失利的案例,让学生认识到祖国的强大,增强学生对国家的自豪感 ③通过了解不同专家的观点和辩论,让学生认识到社科知识没有标准答案,在不同的时期、不同的经济环境中,同一个问题会有不同的解答。培养学生不唯理论、不唯专家,要有求是、创新的科学精神
2	同业拆借市场	①从贵阳银行未按比例缴存存款准备金遭央行罚款的新闻资讯中,让学生了解到遵守规则的重要性,形成风险意识 ②通过学习同业拆借的形成和发展,让学生认识到同业之间有相互竞争的关系,良性竞争可以通过相互合作实现共赢 ③通过"6·20钱荒"事件让学生认识到诚信履约的重要性,引导学生深刻理解和践行社会主义核心价值观
3	回购市场	①通过从回购市场交易双方的不同角度去看待回购协议可以分为正回购和逆回购,让学生认识到事物的双面性,培育学生辩证唯物主义的世界观和方法论 ②通过国债逆回购的"乌龙指"事件,引导学生认识到增强风险意识和提高职业素养的重要性 ③通过回购利率的变化,引导学生认识到风险和收益是对等的,高收益永远对应的是高风险。不管是学习还是投资,都要注重长期的积累和由质变到量变的过程,不要妄想一蹴而就

续表3-2

序号	章节内容	思政元素融入思路
4	商业票据市场	①通过导入欧洲央行开始购买商业票据的新闻资讯，培养学生关注金融市场、关注全球宏观经济，培养学生人类命运共同体的意识 ②通过本票的本质是一种承诺，必须遵守这个承诺，否则票据违约就会引发严重的后果，甚至引发整个金融市场动荡，让学生认识到诚信履约的重要性。引导学生深刻理解和践行社会主义核心价值观 ③通过对自身从业经验的分析，讲述票据要素的完整性、正确性，票据行为的规范性，以及交易背景的真实性至关重要，一旦某个环节出现问题或者违规操作，就会造成巨额损失或引发重大案件。引导学生增强风险意识和提高职业素养，坚守职业道德 ④通过案例分析，切实体会新冠肺炎疫情对全球各国经济的影响，以及国家的经济政策对金融市场和个人的影响，引导学生认清个人成长与国家发展紧密依存。培养学生关注时事政治和国家经济政策的意识，增强学生人类命运共同体的意识
5	银行承兑票据市场	①通过导入银行汇票伪造案和课后探究的任务，引导学生认识到增强风险意识和提高职业素养的重要性，通过风险警示教育引导学生恪守职业道德 ②通过银行承兑汇票在国际贸易中的应用，来讲解信用在国际贸易中的重要作用；通过明确承兑的票据行为要承担相应的责任，让学生认识到诚信履约的重要性，引导学生深刻理解和践行社会主义核心价值观
6	大额可转让定期存单市场	①通过大额可转让定期存单市场在我国的发展来讲述金融市场的改革对银行和个人的影响，引导学生认识到个人成长与国家发展是紧密依存的；培养学生关注时事政治、关注国家经济政策的意识，引导学生将"小我"融入"大我"，把国家、社会、公民的价值要求融为一体 ②通过分组讨论，让学生深入理解银行调低可转让定期存单的利率能为实体经济注入低成本的资金，有助于推动我国后疫情时期经济的快速复苏；培养学生的家国情怀，帮助学生树立为中华民族复兴、为人类文明和社会进步而努力学习学科知识的责任感和使命感
7	股票市场（上）	①通过导入股神巴菲特的视频，让学生感受到榜样的力量，认识到学习和了解金融市场的最终目的是"达则兼济天下"，培养学生的家国情怀 ②对比巴菲特和索罗斯，从投资的角度来说两者都是非常成功的，可索罗斯却被称为"金融大鳄"。究其原因就是索罗斯进行金融投机，引发金融危机。引导学生树立正确的人生观、价值观，而不是凡事向"钱"看 ③通过科创板和创业板的注册制改革，讲述金融市场的改革对于市场和投资者的影响，引导学生认识到必须时刻关注国家的相关政策变化，紧跟市场发展趋势，才能投资成功。培养学生关注时事政治、关注国家经济政策的意识，引导学生将"小我"融入"大我"，把国家、社会、公民的价值要求融为一体 ④通过讲述普通股和优先股权利的区别，引导学生认识到"鱼与熊掌不可兼得"，凡事应有取舍，培养学生豁达的人生观
8	股票市场（下）	①通过取消维持保证金比例的改革，讲述金融市场的改革对于市场和投资者的影响，引导学生认识到必须时刻关注国家的相关政策变化，紧跟市场发展趋势，才能投资成功 ②通过信用交易案例，让学生认识到要善于借助外力，同时也要控制好风险，杠杆要在自己能力承受范围之内。信用交易放大收益的同时，也放大了风险，风险与收益永远对等，要时刻保持风险意识 ③通过总结选股分析，讲述投资即做人，要永远敬畏市场、尊重市场、顺应市场，严格执行投资纪律，不贪心、不怯懦，杀伐果断。不要热衷于短期的投机，要注重长期的价值投资，为市场注入活力

续表3-2

序号	章节内容	思政元素融入思路
9	债券市场	①通过情景导入和特别抗疫国债认购纪念凭证的展示，让学生认识到购买国债不仅是自身投资的需要，还能支持国家的发展建设，为国家的经济发展做出一份贡献。培养学生的家国情怀 ②讲解不同的担保品划分证券的种类，强调对于信用度高的企业，可以仅凭信用发行债券。让学生认识到信用的价值，对于个人和企业乃至国家，信用都尤为重要。引导学生把社会主义核心价值观落实到个人的具体行动上，成为社会主义核心价值观的积极践行者 ③通过信用等级的评定关系到企业发行债券成本的高低和发行的顺利与否，讲述信用的价值，让学生认识到诚实守信的重要性。同时提示信用评级较低的债券尽管债券利率高，但是债券违约的风险性也很高，引导学生增强风险意识和提高职业素养
10	投资基金市场	①通过投资基金的特点让学生认识到投资基金需要专业性。作为一个合格的从业者必须打牢专业基础知识，时刻保持风险意识，具有职业敏感度。同时认识到规模效应和集聚效应，认识到团队合作的力量 ②讲解根据不同投资目标划分基金类型，让学生了解到不同的投资基金有不同的特点，必须保证自己的专业性，才能根据投资者不同的风险偏好给予投资建议，构建合理的投资组合。培养学生树立爱岗敬业、忠于职守、严谨细致和吃苦耐劳的工作态度 ③通过余额宝的案例分析，讲解整个经济环境的变化对金融市场和对个人的影响，引导学生认识到个人成长与国家发展紧密依存
11	外汇市场概述	①通过展示当前人民币兑美元的汇率行情，联系国内外经济形势分析人民币走强的原因。总结我国在新冠肺炎疫情防控和经济复苏上取得的重大成绩，树立学生的民族自信心和民族荣誉感 ②通过回顾金融全球化带来的问题，分析当代外汇市场的特点，讲述仅依靠一国中央银行干预外汇市场势单力薄，需要多国"联合干预"。引导学生认同对外开放，理解人类命运共同体的思想内涵和新时代意义 ③通过留学、境外旅游、海外投资等需要兑换外币来讲解外汇市场的作用；并通过近些年来外汇制度的变化，引导学生认识到个人成长与国家发展紧密依存
12	外汇市场交易方式	①通过讲述即期外汇交易方式时穿插教师的从业经验，因为粗心大意导致境外操作错误，最后外汇被退回再重汇，耽误了客户的时间，赔偿了高额的电汇手续费。让学生认识到工作中必须严谨细致，时刻提高警惕，否则就可能造成风险或者巨额损失。一定要树立爱岗敬业、忠于职守、团队合作、严谨细致和吃苦耐劳的工作态度 ②通过交叉汇率计算的案例，让学生亲身体会到扎实的专业基础知识能帮助我们在眼花缭乱的金融市场中找到最有利的投资方式。引导学生认识到作为一个合格的金融市场从业者必须打牢专业基础知识，保持职业敏感度 ③通过人民币国际化的稳健进程案例，培养学生关注时事政治、关注国家经济政策的意识，提高学生的民族自信心和民族自豪感
13	金融远期合约	①分析远期合约特点，介绍非标准化的场外合约，既成就了它的优点，也为其带来了相应的缺点，让学生认识到事物的双面性，培育学生辩证唯物主义的世界观和方法论 ②通过FRA的情景模拟，让学生认识到人们基于自身看问题角度的不同，对资讯的掌握、解读就不同，所以每个人对风险有不同的看法。我们要接纳、包容不同的观点，遇上有不同观点和立场的人，不需要针锋相对，甚至还可以合作共赢 ③通过FRA的作用，强调金融创新带来的正面影响，引导和培养学生的创新创业意识；通过其风险性，引导学生提高职业素养和增强风险意识

续表3-2

序号	章节内容	思政元素融入思路
14	金融期货	①通过导入"期神"四天赚一亿和"中行原油宝"的巨亏事件，让学生认识到杠杆的威力，放大收益的同时也放大了风险。引导学生重视风险意识和职业素养的培养，让他们认识到事物的双面性，培育学生辩证唯物主义的世界观和方法论 ②通过期货的案例，引导学生认识到合理利用期货市场进行套期保值能帮助企业减少汇率波动所带来的风险和损失。应增强学生的风险管理意识和培养学生的职业素养 ③通过索罗斯狙击香港失利的案例，让学生认识到外汇储备的重要性，以及我国外汇储备全球第一的现状，树立学生的民族自信心和民族荣誉感
15	金融互换	①通过人民币已成为世界上最大的货币互换圈的案例，让学生了解人民币国际化的进程，认识到人民币的国际地位和影响力，树立学生的民族自信心和民族荣誉感，培养学生关注时事政治、关注国家经济政策的意识 ②讲述从平行贷款、背对背贷款到金融互换的发展过程，帮助学生认识到事物的发展有其循序渐进的过程，不能一蹴而就。在创新创业的过程中要坚持和不断突破，培养学生的创新创业意识 ③通过比较优势理论，让学生认识到"尺有所短，寸有所长"，即使具有绝对优势和处于绝对劣势的双方只要在合作过程中坚持"两优取其重，两劣取其轻"，也可以通过合作实现互赢，培养学生的团队合作意识 ④通过金融互换的作用，引导学生认识到创新创业的重要性，增强学生的创新创业意识
16	金融期权	①通过50ETF期权合约暴涨的案例，让学生认识到杠杆的威力，放大收益的同时也放大了风险。引导学生重视风险意识和职业素养的培养，并让他们认识到事物的双面性，培育学生辩证唯物主义的世界观和方法论 ②通过期权的盈亏分布分析，让学生了解到期权投资不是一夜暴富的神话，而应有扎实的基础知识和日积月累的对市场的关注和分析，收益无限大只是小概率的事件。引导学生认识到增强风险意识和提高职业素养的重要性 ③通过新的期权品种上市交易的案例，分析其意义，引导学生认识到个人成长与国家发展紧密依存
17	权证	①通过导入当年权证市场的疯狂景象，体现杠杆的作用和风险。让学生认识到事物的双面性，培育学生辩证唯物主义的世界观和方法论。引导学生认识到风险与收益永远对等，要时刻保持风险意识 ②讲述权证在我国的发展历程，引导学生认识到金融创新需要有成熟的市场投资者和有效的监管机制，否则只能面临失败。过度的投机，虽然带来一时的交易活跃，但最终只会增加市场的风险。引导学生懂得吸取经验教训，以史鉴今，为即将推出的个股期权给出一些启示
18	可转换债券	①通过可转债的价值分析，帮助学生认识到可转债是极其复杂的金融衍生工具，含有多项期权，只有具备扎实的专业知识，才能正确地分析其价值。引导学生若作为一个合格的金融市场从业者则必须打牢专业基础知识，时刻保持风险意识，具有职业敏感度 ②通过泰晶转债翻车事件的案例，让学生感受到市场规则的无情，培养学生尊重市场、敬畏规则的意识。并引导学生认识到在投资过程中不可盲目追随市场情绪，要始终坚持马克思的价值规律，对于价格明显偏离合理区域的转债，不要盲目追高，抱有侥幸心理，否则将可能面临巨额亏损。作为一个合格的投资者，应当提高自身专业素养，时刻保持风险意识

续表3-2

序号	章节内容	思政元素融入思路
19	资产证券化概述	①通过笑话导入，引发学生思考，面对困难的时候，要相信"柳暗花明又一村"，保持乐观的态度，转变自己的思维模式，换一个角度考虑问题，化危机为机遇 ②通过结合实际资产计划说明书讲解资产证券化的各个参与者及其各自的职责，引导学生认识到在资产证券化的过程中，各个参与者要各司其职、通力合作，才能保证资产证券化的顺利进行。引导学生树立爱岗敬业、忠于职守、团队合作、严谨细致和吃苦耐劳的工作态度 ③通过美国次贷危机的案例，让学生认识到对创新型的金融工具要及时更新和改变监管的措施，控制风险。通过次贷危机对全球的、对我国的、对个人的影响，培养学生人类命运共同体的意识
20	抵押支持证券和资产支持证券	①通过蚂蚁花呗和京东白条的案例，指出理论知识其实都是和自己身边的事物紧密相连的。金融创新不仅改变了企业的融资模式，也改变了每个人的生活方式，比如刺激了消费、拓宽了投资理财的渠道等。培养学生的创新创业意识 ②通过讲解CMO的特点，指出在总的风险不变的前提下，通过重新分配风险，就能满足不同投资者的需求。培养学生对提高风险管理能力和识别客户风险偏好的重视，让他们认识到必须打牢专业基础知识，时刻保持风险意识，具有职业敏感度 ③通过讲解抵押支持证券的提前偿付风险，培养学生的风险意识和职业敏感度，激励他们加强专业知识的学习，提高职业素养 ④通过互联网+资产证券化的案例，培养学生关注行业动向和前沿资讯的习惯；通过案例了解金融创新的双面性，金融创新既推动经济发展也带来新的风险。让学生认识到事物的双面性，培育学生辩证唯物主义的世界观和方法论

5. 教学方法

本课程充分开发和建设相关课程资源(如图3-6所示)的同时，以课堂多媒体教学为主，结合学生课后网络在线课程和移动教学端的学习，并辅以相关金融市场的实操软件。在教学过程中采用案例分析、情景模拟、小组讨论、翻转课堂和模拟交易等多种教学方式，将项目化教学法与混合教学法优化整合，发挥各自原有优势，以实现还教于学。通过过程考核、项目评分、组间PK等方式，激发学生的学习积极性和团队荣誉感，充分发挥学生在学习中的主观能动性。

(1)混合教学法。

根据课程内容性质采用"线下为主，线上为辅"的混合式教学法，将每节课内容分为线上课前准备、线下课堂实施和线上课后提升三个环节，并在各个环节中依次设置从低阶到高阶不同层次的教学任务，以便更好地完成教学目的和要求(见图3-7)。

①课前准备：

在"超星泛雅"平台中建设"金融市场学"在线课程，通过在线课程的市场资讯、相关视频、前导测试、问卷调查等预热新知，提高学生的学习兴趣，了解学习的难点，完成课前准备。

②课堂实施：

在课堂实施中，根据在线课程的反馈情况，有的放矢地将各种教学方法融入各个教学环节。在讲解教学难点时通过教具、实物凭证图片、动画及视频等方法使学生对讲授内容有一定感性认识，并将实际遇到的问题及相关研究前沿资讯等融入基本理论的讲解，使学生更好地熟悉和掌握金融市场的基本原理和研究方向，提高学生对金融市场的兴趣，熟悉本课程的理论体系、思维方式和研究方法。难点内容的讲解主要采用情景式教学、启发式教学和案例式教学，通过设置不同情景，以层层设问来启发学生思维，并通过对实际案例的讨论，实现"发现问题、分析问题、解决问题"的教学方式，帮助学生提高批判性思维及综合分析能力。

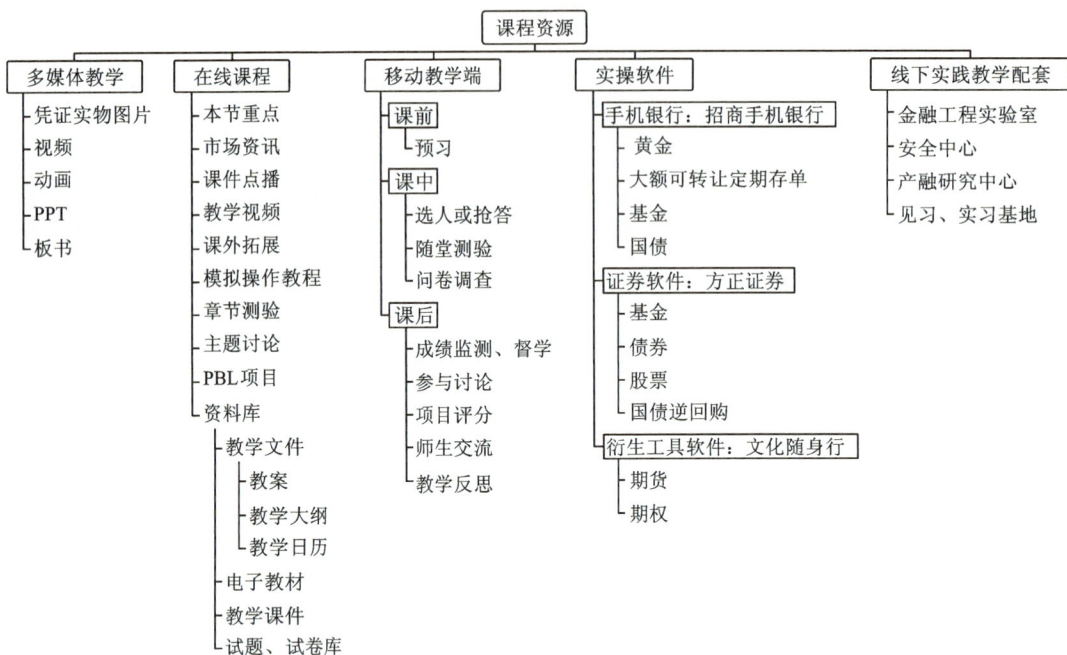

图 3-6　课程资源

图 3-7　混合教学法的流程设计

③课后提升：

在课后提升阶段，通过在线课程的单元测验巩固所学知识；通过 PBL 项目、主题讨论、模拟操作来提升学生自主学习和创新创业的能力；通过拓展阅读和视频为学有余力的同学提供更多的学习资源。

在线课程的模拟分析中加入了各子市场的模拟或实际操作的讲解视频（如黄金交易、国债逆回购交易、股票交易、期货交易、期权交易等金融工具的实际交易或模拟交易视频），指导学生理论联系实际，并布置相关模拟操作分析任务，要求学生进行金融市场的模拟交易练习，尝试投资带来的乐趣。通过一系列实际金融市场提供的资讯和操作作为补充，使学生不单单局限于学习课本上的理论和概念，还要锻炼他们敢于在模拟操作大赛或实际的交易操作中去应用。

（2）项目教学法。

针对章节的重点内容，结合实际金融市场的前沿、热点问题，每一章设置一个主题讨论或模拟交易（共 7 个），提前发布在线上课程的 PBL 项目中。将 2 个行政班各分为 7 组，每个主题每班各指派一组针对该主题进行讨论或模拟交易，并制作 PPT 进行论述或交易分析，也可以采取其他更有创意的方式来展示本组的研究成果。每位成员都有细项分工（选题、材料收集、PPT 制作、演讲陈述）及团队合作，在线课程的 PBL 项目能详细记录项目完成过程中各成员的发言情况、所上传的资料，以及最终成果的修订情况，从而为项目评分提供非常客观的依据，真正做到过程化管理（见图 3-8、图 3-9）。同时，通过所学理论知识在实际案例分析和交易中的运用，能提升学生对所学知识的理解和应用能力；并通过 PPT 的制作及讲解，提高学生资料收集整理能力、语言表达能力、团队协作能力和创新思维能力及求是求真的科学探索精神。

评价指标	分值
内容：分析问题深入、有针对性或者比较全面	20 分
制作：字体清晰、版面简洁干净、动画设置合理	20 分
展示：讲解思路清晰，表达流畅	20 分
创意：研究形式或内容上具有创意	20 分
团队合作：团队分工明确、相互协作	20 分
合计	100 分

图 3-8　PBL 项目的评分权重截图　　　　图 3-9　PBL 项目的评分指标

6. 课程考核

为保证素质教育要求的落实，避免出现仅为应付考试而学，本课程考核改变单一的终结性评价方法，采用过程考核和结果考核、理论考试和实践考核相结合的评价方法，全面测评学生学习的全过程，并有效掌控学生的学习效率。成绩评定方式采用百分制，其中，过程考核和结果考核两部分的比例为 5∶5。过程考核包含课堂表现、线上课程学习和模拟软件应用三部分（如表 3-3 所示），涵盖了对学生课堂互动、课后学习、PBL 项目研究、软件实操及实操分析等平时表现的全方位考核（每部分的比例设置和考核标准在每学期开始前以表格的形式向学生公布）。

表 3-3　"金融市场学"考核评价

	权重项	分值		权重项	分值
线下	出勤	1%	线上	预习任务	5%
	随堂测验	1%		在线活跃度	3%
	课堂互动	2%		PBL 项目	10%
	讨论	2%		小组互评	2%
	模拟操作及分析	4%		主题讨论	10%
	考试	50%		单元测验	10%

3.1 大额可转让定期存单市场

所在章节	第二章：货币市场/第五节	课时安排	1课时(45分钟) (附15分钟教学视频)

云麓课堂

教学实录

【教学目标】

1. 知识传授

(1)了解大额可转让定期存单市场的概念。
(2)掌握大额可转让定期存单的特点及其应用。

2. 能力培养

(1)布置预习任务，培养学生自主学习和从事科学研究的能力，养成批判性思维。
(2)通过情景分析，激发学生学习大额可转让定期存单的兴趣和热情，形成将所学知识运用于生产生活实践的意识；组织学生对大额可转让定期存单的价值进行总结，培养学生理论联系实际的能力。
(3)通过分组讨论和课后探究任务，培养学生的洞察力、决策力、组织协调能力与领导能力等各项创新创业素质，使学生具备必要的创业能力。

3. 价值塑造

(1)通过手机银行、情景设置和剧情走向选择，创设情知交融的教学氛围，激发学生学习大额可转让定期存单的兴趣和热情。
(2)通过无领导小组讨论，使学生能在更自由、更宽松的探究过程中不断创新和提高，并通过亲身体验获得感悟，在协作共处过程中增强合作精神和团队意识。

【教学内容】

(1)重点：大额可转让定期存单的特点及其应用。
(2)难点：大额可转让定期存单的应用及价值分析。
(3)解决方法：首先，围绕教学的重点和难点，设置问卷调查，通过不同投资方式的优劣对比，引出大额可转让定期存单的相关问题，激发学生的学习兴趣；然后，分别从大额可转让定期存单的概念、特点、种类、发展这四个方面展开专业基础教学；最后，设置情景展开分析，帮助学生理解大额可转让定期存单的价值和实践操作。在达成知识传授目标之后，为培育学生的自主学习能力并深化教学，针对所给问题进行分组讨论，使学生更好地掌握学习的难点，提高理论联系实际的能力。

【课程思政】

(1)通过导入各投资工具的对比，说明任何投资品种都各有优劣，没有完美的或最好的产品，只有根据客户特征或风险偏好选择的最适合的产品。因此，我们要筑牢专业知识并提高职业素养，才能掌握各种投资工具的特点，以满足客户的需求。同时，我们每个人也像这些投资工具一样，有着各自的优点

和缺点，要正确认识自己，找到适合自己的职业领域，扬长避短才能最大化地发挥自己的潜能。

（2）通过大额可转让定期存单市场在我国的发展历程，阐明改革不是一蹴而就的，需要总结失败的教训，顺应市场的发展，选择合适的时机。通过讲授金融市场的改革对于银行和个人的影响，引导学生认清个人的成长与国家发展的紧密依存关系；培养学生关注时事政治，关注国家经济政策的动态，把国家、社会和公民的价值要求融合，引导学生将小我融入大我。

（3）通过分组讨论，可从以下几方面达到思政育人之目的：①让学生深入理解改革和创新给市场带来新活力；②银行调低可转让定期存单的利率，能为实体经济注入低成本资金，有助于推动我国疫情后时期经济的快速复苏，培养学生的专业自豪感；③帮助学生认识到个人成长、投资与国家发展密不可分；④正确解读国家的经济政策，培养学生的逆向思维，化挑战为机遇。

【教学方法】

1. 混合式教学法

整体上采取以"线下面授为主，线上自学为辅"的轻度混合式教学法。线上活动包括课前预习、课后合作探究、拓展学习、答疑、小组作品提交、互评和微课巩固等。

2. 情景教学法

从商业银行和投资者的角度出发，利用自制的卡通动画创设更形象和生动的情景，并通过和学生的互动，完成银行和投资者的选择，推动故事的发展，帮助学生了解大额可转让定期存单的发行、转让和受让的整个流程，进而引导学生完成大额可转让定期存单的价值分析。

3. 其他

讲授法、演示法、讨论法、项目教学法和小组探究等。

【教学策略】

整体设计上，以三个情景假设为主线，层层递进，实施"提出问题—分析问题—解决问题"的教学过程；通过情景案例，引导学生分析和总结大额可转让定期存单的价值；通过课后探究，运用已学的知识分析和解决实际投资问题，巩固所学的知识。

（1）情景创设：①银行为什么要发行大额可转让定期存单？②客户为什么会选择购买大额可转让定期存单？③在大额可转让定期存单的未到期，该如何转让变现？

（2）确认概念：通过情景案例，引导学生分析和总结大额可转让定期存单的价值。

（3）强化练习：组织小组讨论，进行大额可转让定期存单的利率变动分析。

（4）合作探究：以"构建平衡型的投资组合"为主题的 PBL 项目。

（5）发展思维：课外拓展阅读。

【教学媒体】

（1）主要教学媒体：动画、PPT、"超星学习通"平台、在线课程、板书、投影、计算机。

（2）板书设计：用黑板的左边绘制提纲式的思维导图，体现出课程内容的结构体系，便于学生牢记，并使学生对本课内容的掌握形成体系化，板书内容包括定义及特点、投资者和价值分析等；用黑板的右边绘制关键词、符号和公式等，体现演绎和归纳等过程。

【教学流程】

教学流程见表3-4。

表3-4　教学流程

课前	通过线上平台完成预习任务：了解本节课知识结构					
	教学环节	回顾	导入	新知讲解	小组讨论	总结	课后探究
课堂	教师行为	复习重难点，梳理知识结构	问卷调查导入，提出问题	通过新知讲授、情景分析、师生互动分析问题	理论联系实际，解决问题	归纳、总结	布置任务
	教学形式及内容	发布随堂测验，检测上几节课内容的掌握情况，查漏补缺	①为什么大部分同学都不选择投资银行存款？②有没有一种投资工具能兼顾流动性、安全性和收益性？	概述→种类→我国发展→价值分析	①为什么当下各大银行纷纷下调了CDs的利率？②当前是不是CDs的合适投资时机？	归纳教学理论；总结重、难点内容	在线课程PBL项目：构建一个平衡型的投资组合
	学生行为	回顾复习	产生好奇	获取信息、通过回答问题与老师互动	自行组织分组讨论陈述观点	获得结论	知晓任务
课后	通过线上平台完成复习、课后探究和反思					

教 学 过 程

教学环节	教师活动	学生活动	设计意图
预习	要求学生完成在线课程中的预习任务节点(见图 3-10 所示),提前了解本节课的知识结构,并完成相关问卷调查。 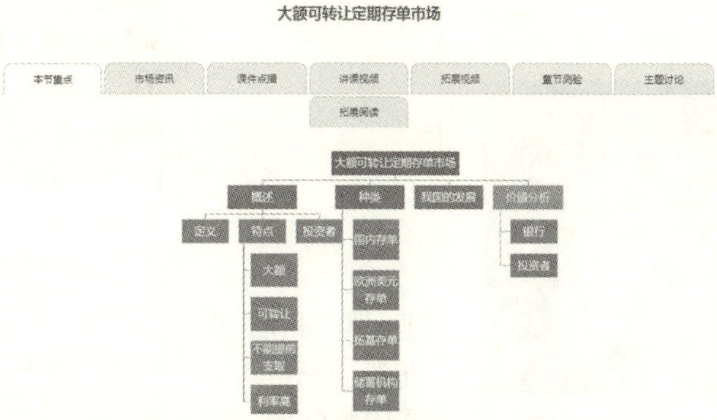 图 3-10　在线课程知识结构图截图	完成上节课布置的预习任务。	【课前预习】 通过预习任务提高学生的学习兴趣和自主学习能力。 【技术手段】 "超星泛雅"在线课程。
回顾 (3 分钟)	**(一)位置签到(1 分钟)** 变换签到的方式,改用"超星学习通"中的普通签到(见图 3-11 所示)。通过多种签到方式的转换,增加学生的新奇感,从而提升学生的到课率,并展示已签到和未签到的页面,让学生感受到老师对他们的关注。 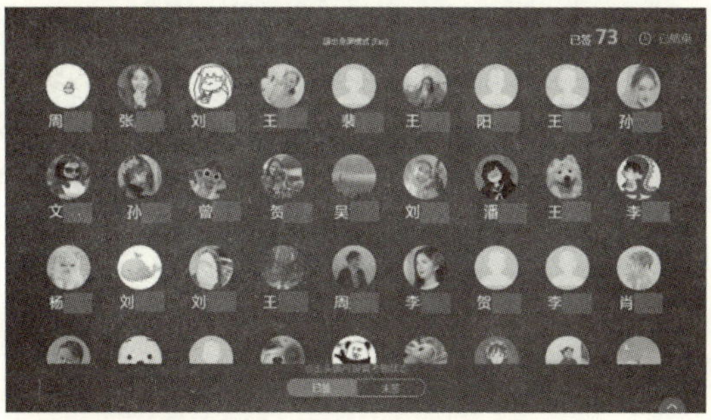 图 3-11　学习通签到截图 **(二)随堂测验(2 分钟)** 通过"超星学习通"中的随堂测验,对上一堂课的重点和难点内容进行复习,并展示测验结果,激发学生学习的积极性,加深对知识的记忆和理解(见图 3-12 所示)。 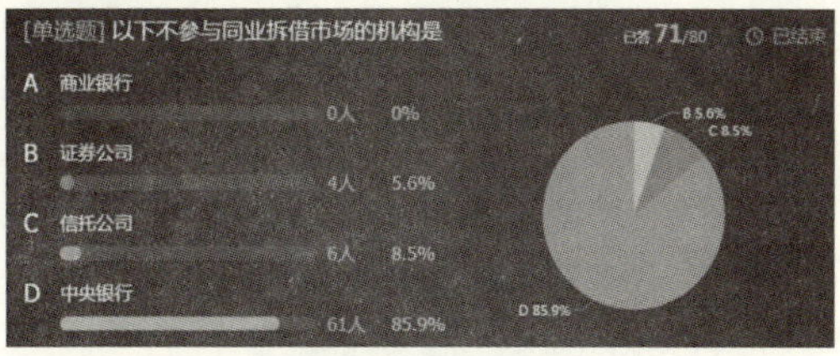 图 3-12　"超星学习通"随堂测验截图 (篇幅有限仅展示其中一道测试题)	①签到。 ②完成随堂测验。 ③查漏补缺。	【师生互动】 ①掌握学生到课情况。 ②引导学生温故知新,根据测验结果有针对性地查漏补缺。 【技术手段】 "超星学习通"软件。

教学环节	教师活动	学生活动	设计意图
导入 (1分钟)	**(一)问卷调查(0.5分钟)** 对问卷调查结果进行分析,得出各投资工具在安全性、流动性和收益性等方面各有优劣的结论(见图3-13所示)。因此,投资结果几乎平分秋色,并针对选择投资存款的同学较少的现象,引出问题。 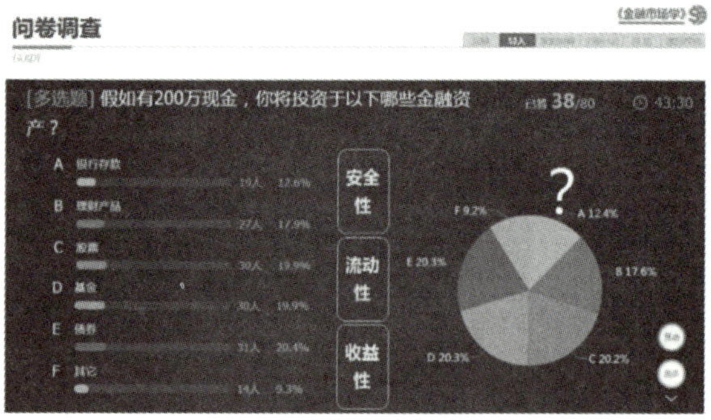 图3-13 "超星学习通"问卷调查随堂测验截图 **(二)问题导入(0.5分钟)** 【设问】 为什么大部分同学不选择投资银行存款? 【解析】 利率低。 【设问】 有没有一种投资产品能兼顾安全性、流动性和收益性? 【解析】 创新型银行存款产品——大额可转让定期存单。 【思考】 安全性、流动性和收益性兼顾的大额可转让定期存单是不是完美无缺的投资工具?	① 填写调查问卷。 ②回答问题。 ③思考并产生好奇心。	【问卷调查和问题导入】 ①通过问卷调查提高学生的学习兴趣。 ②温故知新,进行知识的衔接和扩展。 ③使学生产生好奇心,拓展思维,并导入关于大额可转让定期存单的问题。 ★【思政育人】 ①职业素养。 ②扬长避短。 【逻辑照应】 埋下伏笔:"三性"兼顾的大额可转让定期存单有何缺点? 【技术手段】 "超星学习通"平台。 ★【课程思政】 任何投资品种都各有优劣,没有完美的或最好的产品,只有根据客户特征或风险偏好选择的最适合的产品。因此,我们要筑牢专业知识,提高职业素养,才能掌握各种投资工具的特点,合理地匹配客户特征和风险偏好。我们每个人也像这些投资工具一样,有着各自的优点和缺点,要正确认识自己,找到最适合自己的职业,扬长避短,才能最大化地发挥自己的潜能。

教学环节	教师活动	学生活动	设计意图
新知讲解(30分钟)	**(一)概述(7分钟)** 1.定义和特点(4分钟) 【设问】 "三性"兼顾的新型存款产品——大额可转让定期存单究竟是什么? 【概念讲解】 通过大额可转让定期存单与学生熟悉的普通定期存单进行比较,帮助学生理解其概念和特点。然后,从大额可转让定期存单拓展到大额可转让定期存单市场的概念。 【实践操作】 要求学生打开自己的手机银行,查找当前的 3 年期定期存款利率水平,并找到大额存单界面;区分哪些是大额可转让定期存单,查找其 3 年期利率,并与普通 3 年期定期存款利率进行比较。 2.投资者(3分钟) 【设问】 这么好的投资产品,我们个人能否参与其中进行投资呢? 【知识讲授】 通过设问吸引学生兴趣,简述市场的大企业、金融机构、其他机构和个人四类投资者;结合我国大额可转让定期存单市场的行情,给出机构投资者和个人投资者的投资门槛,机构 1000 万元起购,个人 20 万元起购。 **(二)种类(4分钟)** 【知识讲授】 从发行者和发行地的不同,简要介绍大额可转让定期存单的四个种类及其区别。 **(三)我国市场的发展(5分钟)** 【知识讲授】 通过在线课程中的课外拓展板块播放动画视频(见图 3-14 所示),让学生了解我国大额可转让定期存单市场的发展,并总结其发展节点(推出—暂停—重启)。	①查找和比较普通定期存款和大额可转让定期存单的利率水平。 ②接受新知识。 ③回答问题。 ①接受新知识。 ②回答问题。 ③观看视频。 ④总结我国市场的发展现状。	【讲授的作用】 传授知识、启发思维。 【市场前沿】 ①让学生通过亲身体验,获得感悟。 ②符合学生"理性认识依赖于感性认识"的认知规律,通过实际操作强化对概念的理解和记忆。 【技术手段】 手机银行。 【逻辑照应】 与导入阶段埋下的思考伏笔相互照应,说明其缺点是起购门槛高。 【思维与能力】 提高学生的创新思维能力和口头表达能力,增强学生的自信心。 ★【思政育人】 ①成功需要经验的累积。 ②个人成长与国家发展紧密依存。

教学环节	教师活动	学生活动	设计意图
新知 讲解 (30分钟)	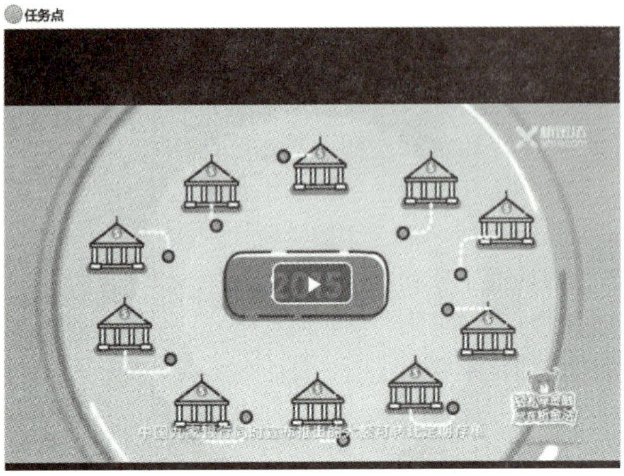 **图 3-14　在线课程截图** (视频来源于析金法 http://www.xijinfa.com/video/294) **(四)价值分析(14 分钟)** **【设问】** 大额可转让定期存单究竟有何魅力,吸引各大银行纷纷发售,同时投资者也热衷参与其中呢? **【情景分析】** 通过动画设置情景(见图 3-15 所示):银行拟投资债券项目,但资产负债结构不合理。让学生选择后续的情节发展:①放弃该项目投资;②发行大额可转让定期存单。 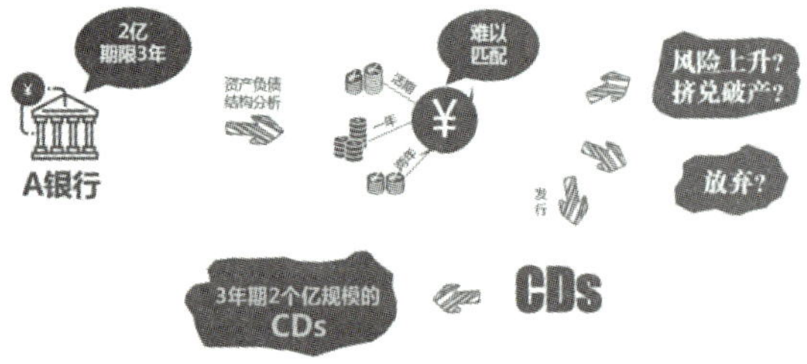 **图 3-15　设置情景截图** **【学生选择】** 发行大额可转让定期存单。 **【情景分析】** 该存单引起投资者关注,对比投资房产和投资该大额可转让定期存单的区别,让学生选择后续的情节发展。 **【学生选择】** 投资大额可转让定期存单。 **【情景分析】** 通过动画设置情景:持有存单两年半,想要提前兑现转投股市。让学生选择后续的情节发展:①提前支取;②发起存单转让。	①进入情景,与老师互动,学生选择情节发展。 ②打开手机银行,熟悉存单购买、转让和受让的操作界面。 ③分析存单的价值。	★**【课程思政】** 通过大额可转让定期存单市场在我国经过"推出—暂停—重启"的发展节点,阐明改革不是一蹴而就的,需要总结失败的教训,顺应市场的发展,选择合适的时机;讲述金融市场的改革对于银行和个人的影响,引导学生认清个人成长与国家发展的关系。 **【情景分析】** ①理论联系实际。 ②使理论内化到学生思维当中,为今后本课程的学习奠定基础。 **【思维与能力】** ①促进学生对教学重点和难点的掌握。 ②提高学生的创新思维能力和口头表达能力,增强学生的自信心。 **【理论升华】** 鼓励学生参与金融市场进行投资理财,提高学生理论联系实际的能力。 **【技术手段】** ①PPT 动画。 ②手机银行。

教学环节	教师活动	学生活动	设计意图
新知讲解(30分钟)	【学生选择】 发起存单转让。 【情景分析】 通过动画设置情景：转让存单吸引了下一个投资者。让学生选择后续的情节发展：①购买新存单；②购买转让存单。 【学生选择】 购买转让存单。 【要点总结】 根据对上述情景的分析，使学生熟悉大额可转让定期存单市场发行、购买和转让的全部过程。要求学生根据情景分析，从银行和投资者两个角度对大额可转让定期存单的价值进行总结。		
小组讨论(8分钟)	【小组讨论】 为什么当下各大银行纷纷下调了 CDs 的利率？当前是不是 CDs 的合适投资时机？ 【讨论小结】 ①CDs 的推出，是我国利率市场化改革的一个重大突破。 ②通过调低 CDs 的利率，能为实体经济注入低成本资金，有助于推动我国疫情后时期经济的快速复苏。 ③当前是购买 CDs 的合适时机，可以帮助我们提前锁定高收益，提高二级市场的活跃度，从而推动 CDs 市场的发展。	①参与讨论。 ②形成观点。 ③小组代表发言。	【实践与学术前沿】 融入最新金融市场改革实践举措。 【思维与能力】 ①提高学生分析问题、解决问题的能力。 ②培养学生组织能力和口头表达能力。 ★【思政育人】 ①创新推动改革。 ②专业自豪感。 ③家国情怀。 ★【课程思政】 ①CDs 的推出，是我国利率市场化改革的一个重大突破，通过创新推动改革，培养学生的创新意识。 ②通过调低 CDs 的利率，能为实体经济注入低成本的资金，有助于推动我国疫情后时期经济的快速复苏，培养学生的专业自豪感。 ③通过金融市场和经济政策的变化影响个人投资，让学生认识到个人成长、投资与国家发展密不可分。

教学环节	教师活动	学生活动	设计意图
总结 (2分钟)	【知识总结】 回顾大额可转让定期存单市场的理论和实践内容，帮助学生形成知识点的结构体系，总结重点和难点内容。	巩固重点，整理笔记。	【理论升华】 掌握知识脉络，加深和巩固所学的内容。
课后探究 (1分钟)	【在线课程PBL项目】(见图3-16所示) 请根据已学的知识分析：按月付息型的CDs，如何利用每个月的利息收入构建一个平衡型的投资组合。 项目说明： 　请根据已学的知识分析：按月付息型的CDs，如何利用每个月的利息收入构建一个平衡型的投资组合。 　以小组为单位，合作探究，形成不少于600字的小组报告，于在线课程的PBL项目中上传相关资料和最终研究报告，并开展互评。 研究时间：2020-07-01 至 2020-12-01 评价时间：2020-12-01 至 2020-12-03 评价指标： 研究内容：分析问题深入、有针对性或者比较全面 —— 20分 PPT制作：字体清晰、版面简洁干净、动画设置合理 —— 20分 成果展示：讲解思路清晰，表达流畅 —— 20分 设计创意：研究形式或内容上具有创意 —— 20分 团队合作：团队分工明确、相互协作 —— 20分 图3-16　在线课程PBL项目要求及评分指标	小组合作，完成在线课程PBL项目，并开展互评。	【技术手段】 在线课程。 【课后深化】 对理论知识的补充、深化和升华。 【思维与能力】 ①自主学习能力。 ②研究能力。 ★【思政育人】 ①团队意识。 ②求真探索精神。 ③创新创业能力。 ★【课程思政】 通过PBL项目小组合作，培养学生的团队意识和求真探索精神，并鼓励学生对项目的内容和形式进行创新，培养学生的创新创业能力。

【作业与反思】

以小组为单位进行合作探究，形成不少于600字的小组报告，在线上课程的PBL项目中上传相关资料和最终研究报告，并开展互评。

【拓展学习】

要求学生进入线上课程中的课外拓展板块，观看大额可转让定期存单的相关视频及推荐阅读材料。

3.2 银行承兑票据市场

所在章节	第二章：货币市场/第四节	课时安排	1 课时(45 分钟)

【教学目标】

1. 知识传授

(1)了解银行承兑票据市场的概念：银行承兑汇票和银行承兑汇票市场。

(2)理解银行承兑票据的市场交易和票据行为：一级市场、二级市场及其票据行为。

2. 能力培养

(1)通过对自助贴现的市场新趋势和实际案例的计算，锻炼学生解决问题的能力和创新创业的能力。

(2)要求学生预习和观看在线课程的课外拓展中承兑的动画视频，提高学生的自主学习能力。

(3)完成课后探究任务，总结银行承兑业务有哪些风险，该如何防范这些风险，锻炼学生搜集与查找资料的能力、解决问题的能力和理论联系实际的能力。

3. 价值塑造

(1)通过视频、动画和计算等设置，激发学生对银行承兑汇票市场的研究兴趣。

(2)通过电子票据和自助贴现等最新市场动向，让学生认识到金融市场瞬息万变，只有不断学习并时刻关注市场和学术前沿，才能把握市场的发展趋势，确保在实际操作中处于有利地位。

【教学内容】

(1)重点：银行承兑汇票的概念；贴现金额的计算。

(2)难点：票据的行为；贴现金额的计算。

(3)解决办法：首先围绕教学的重点和难点，设置情景引出银行承兑汇票的相关问题，激发学生的学习兴趣；然后，分别从银行承兑汇票市场的概念、市场交易和贴现金额计算这三个方面展开专业基础教学，在达成知识传授目标后，为培育学生的自主学习能力和深化教学，将进行银行承兑汇票贴现的案例计算，使学生能通过具体的案例和计算，更好地掌握教学难点；接着，通过组织讨论，引导学生展开对银行承兑汇票的价值分析；最后，通过风险案例分析，引导学生认识银行承兑汇票业务的风险并总结风险防范的措施。

【课程思政】

(1)讲解信用在商品交易和金融市场发展中的重要作用，让学生认识到诚信履约的重要性和责任感，引导学生深刻理解并践行社会主义核心价值观。

(2)通过经验分享，让学生认识到专业素养的重要性，增强风险意识。

(3)通过市场前沿，培养学生不断学习的习惯，养成随时更新知识储备的意识。

(4)通过小组讨论，增强学生的团队合作意识，培养他们的求真探索精神和职业道德。

【教学方法】

1. 混合式教学法

整体上采取以"线下面授为主，线上自学为辅"的深度混合式教学法。线上活动包括课前预习、课后合作探究、拓展学习、答疑、小组作品提交、互评与微课巩固等。

2. 案例教学法

以学生熟知的"余额宝"案例进行设问导入，激发学生的兴趣。然后结合该案例从货币市场共同基金概述和市场运作这两个方面展开新知教学。最后，组织学生阅读"余额宝"案例的相关材料，并针对其市场前沿变化展开小组讨论。帮助学生完成知识的运用和内化。

3. 其他

演示法、启发式教学法、讨论法、项目教学法和小组探究法等。

【教学策略】

整体设计上，以三个情景假设为主线，层层递进，实施"提出问题—分析问题—解决问题"的教学过程；通过实际案例计算，掌握实付贴现金额的计算；通过不法案例，揭示银行承兑业务的风险。

(1)情景创设：

①缺乏信任导致商品交易无法顺利进行，引出银行承兑汇票的概念。

②银行承兑汇票未到期，但需要资金购买棉花，引出承兑票据的二级市场。

③需要将未到期的银行承兑汇票兑换成现金，引出贴现这一票据行为。

(2)确认概念：引导学生从银行承兑汇票的理论知识和情景设置中，归纳银行承兑票据市场的价值。

(3)强化练习：实付贴现金额的计算。

(4)合作探究：合作完成小组 PBL 项目——"银行承兑业务的风险归纳和风险防范措施"。

(5)发展思维：课外拓展阅读。

【教学媒体】

(1)主要教学媒体：凭证图片、动画、PPT、"超星学习通"平台、在线课程、板书、投影、计算机。

(2)板书设计：用黑板的左边绘制提纲式的思维导图，体现课程的内容结构，便于学生掌握本课程内容的体系化结构，板书内容包括概述、应用和功能等；用黑板的右边绘制关键词、符号和公式等，体现演绎和归纳等过程。

【教学流程】

教学流程见表 3-5。

表 3-5　教学流程

课前	通过线上平台完成预习任务：观看关于承兑的课外拓展视频						
	教学环节	回顾	导入	新知讲解	案例计算	讨论	总结	课后探究
课堂	教师行为	回顾随堂测验，温故知新	通过课程提要和情景导入提出问题	通过新知讲授、案例教学、启发式教学分析问题	理论联系实际，解决问题	引导学生分析和总结问题	归纳、总结	布置任务
	教学形式及内容	商业票据市场包括（　） A.汇票 B.支票 C.本票 D.股票	①什么是银行承兑汇票? ②银行承兑汇票如何产生和流通? ③流通中银行承兑汇票的价值计算	概念→市场交易→贴现金额计算	对承兑情景中的案例进行计算	为何要发行和使用银行承兑汇票，其有何价值?	归纳教学理论；总结重、难点内容	总结银行承兑业务有哪些风险，该如何防范这些风险
	学生行为	回顾复习	产生好奇	获取新知、通过回答问题、观察凭证、填写凭证与老师互动	巩固公式计算结果	自行组织分组讨论并陈述观点	获得结论	观看视频，查找资料，小组合作完成 PBL 项目
课后	通过线上平台完成复习、课后探究和反思						

教　学　过　程

教学环节	教师活动	学生活动	设计意图
预习 （线上 完成）	要求学生完成在线课程中的预习任务，提前了解承兑的含义（见图 3-17 所示）。 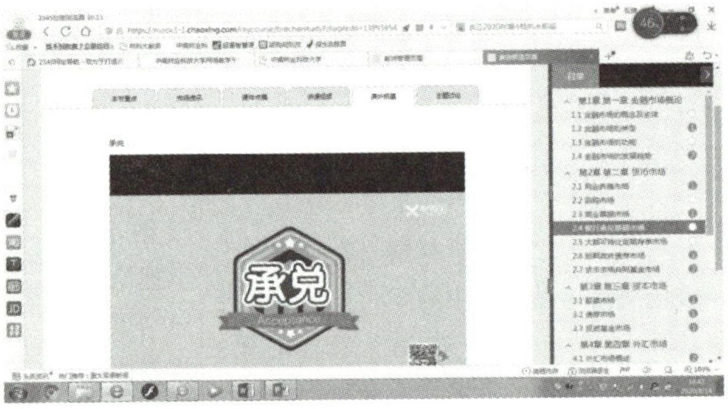 **图 3-17　在线课程截图** （视频来源于析金法 http://www.xijinfa.com/video/651）	完成预习任务。	【课前预习】 通过预习任务，提高学生的学习兴趣和自主学习能力。 【技术手段】 "超星泛雅"在线课程。
回顾 （2 分钟）	**(一)位置签到(1 分钟)** 变换签到的方式，改用"超星学习通"中的位置签到（见图 3-18 所示）。通过多种签到方式的转换，增加学生的新奇感，增加教师对他们的了解，从而提升学生的到课率，并展示已签到和未签到的页面，让学生感受到老师对他们的关注。 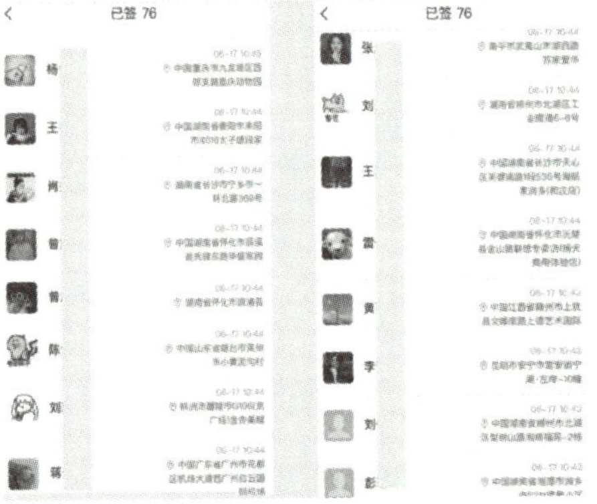 **图 3-18　"超星学习通"位置签到截图** **(二)随堂测验(1 分钟)** 通过随堂测验，回顾上节课的内容（见图 3-19 所示）。 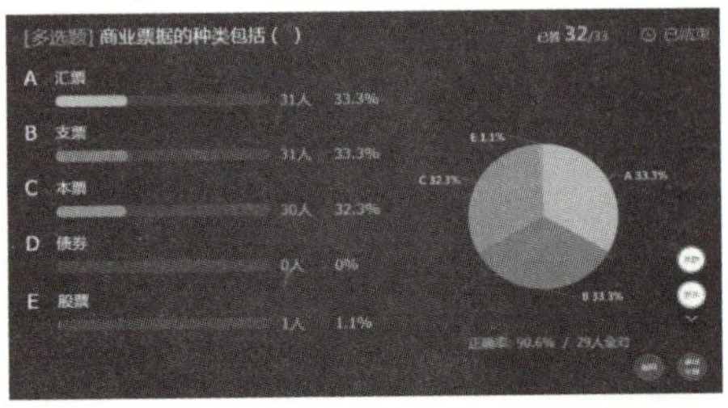 **图 3-19　"超星学习通"随堂测验截图**	①签到。 ②完成测验。 ③查漏补缺。	【师生互动】 ①掌握学生到课情况。 ②引导学生温故知新，并根据回答问题的情况有针对性地查漏补缺。 ③预热银行承兑汇票的知识点。 【运用辅助技术】 "超星学习通"软件。

教学环节	教师活动	学生活动	设计意图
导入 (2分钟)	(1)提出三个问题,介绍今天的主要内容: ①什么是银行承兑汇票?（概念） ②银行承兑汇票如何产生和流通?（市场交易） ③银行承兑汇票在流通中如何定价?（贴现金额的计算） (2)通过购货双方在缺乏信任和无法顺利交易的情景,切入银行承兑汇票的主题;讲解诚信的重要性,进行课程思政育人。	①产生好奇心。 ②进入情景。	【问题和情景导入】 提出问题,激发学生的好奇心;拓展思维,引导学生通过接下来的学习寻找答案。 ★【思政育人】 诚信履约。 ★【课程思政】 讲解信用在商品交易和金融市场发展中的重要作用,让学生认识到诚信履约的重要性和责任感,引导学生深刻理解和践行社会主义核心价值观。
新知讲解 (20分钟)	**(一)概念(5分钟)** 【设问】 银行会为谁的汇票承兑? 【解析】 银行非常了解的、信誉度高的和资信状况良好的客户。 【设问】 银行承诺兑现什么? 【解析】 无条件支付确定的款项给持票人或者收款人。 【设问】 银行为什么要为汇票承兑? 【解析】 出借信用获得收入。 【概念讲解】 引导学生联系情景导入中的设问及解析,梳理和总结银行承兑汇票的概念;从银行承兑汇票和金融市场的概念拓展到银行承兑汇票市场的概念。 **(二)市场交易(15分钟)** 1.初级市场(8分钟) 【概念讲解】 通过动态流程图,梳理开立银行承兑汇票的流程,理清人物关系和票据行为。	①回答问题,归纳概念。 ②产生好奇心,接受新知,回答问题,接收并观察票据。	【思维启发与导引】 通过层层设问,启发学生思维,提高自主学习的能力。 【讲授的作用】 讲授知识,启发思维。 【逻辑照应】 回答导入中的第一个问题。 【思维与能力】 由形象思维向抽象思维转变。 【运用辅助技术】 实物凭证。

教学环节	教师活动	学生活动	设计意图
新知讲解(20分钟)	【知识讲授】 阐述初级市场的定义,并结合实物票据讲授初级市场的票据行为——出票和承兑;将承兑这样的抽象概念,具体化到票据的签章上,帮助学生理解和记忆;通过讲解银行承兑汇票的发行市场,来回答下面的问题。 【设问】 银行承兑汇票是如何产生的? 【解析】 由出票和承兑两个环节构成,其中出票一定要按法定格式制票,并交给收款人。 【经验分享】 拿出已填写好的票据凭证,并展示相关要素;分享银行工作时,有会计将背书理解为背诵课文的笑话,并结合银行工作的实践经验,提示学生票面要素的相关风险点,然后提问。 【设问】 我(服装厂)作为出票人,现在是否完成了全部出票行为?(引导学生观察凭证要素,并回答问题。) 【解析】 未完成。应将票据交给学生(学生作为票据的收款人)才完成所有的发行环节。 【设问】 拿到票的蓝天布料有限公司何时能获得这笔货款? 【解析】 三个月后。 【设问】 找谁索要这笔货款? 【解析】 中国工商银行北京分行。 通过情景二,引出银行承兑汇票如何转让的问题。 【设问】 如果急需资金购买棉花生产布料,蓝天布料有限公司该怎么办? 【解析】 通过二级市场转让。 2.二级市场(7分钟) 【知识讲授】 讲授二级市场的定义;通过纸质和电子票据形象的展示背书转让的流程(见图3-20所示)。	①接受新知。 ②填写凭证。 ①接受新知。 ②回答问题。	【逻辑照应】 回答导入中的第二个问题。 【运用辅助技术】 实物凭证及图片。 【经验分享】 ①理论联系实际。 ②活跃课堂气氛,提升学生兴趣。 ③消除学生对凭证的陌生感,为今后的从业打下基础。 ★【思政育人】 专业素养的重要性。 ★【课程思政】 通过经验分享,让学生认识到专业素养的重要性,增强风险意识。 【讲授的作用】 传授知识、启发思维。

教学环节	教师活动	学生活动	设计意图
新知讲解（20分钟）	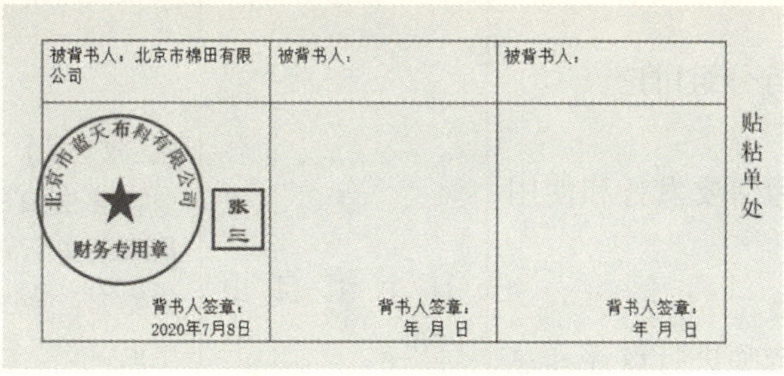 图 3-20　纸质票据背书 【实操练习】 填写凭证，完成背书转让。		【逻辑照应】 回答导入中的第二个问题。 【运用辅助技术】 实物凭证及图片。 【市场实操】 提高学生的市场实际操作能力和职业素养。
案例计算（6分钟）	【知识讲授】 通过情景三，引出如何将未到期票据兑换成现金，即贴现的概念和计算。 【案例】 结合宏观经济学中贴现的概念和计算，讲解银行承兑汇票贴现的计算公式，并通过案例计算，帮助学生巩固和理解计算公式。 该票据的贴现利息：$1500×30×(3\%/360)=3.75$（万元）。 实付贴现金额为：$1500-3.75=1496.25$（万元）。	熟悉公式，计算得出结果。	【思维与能力】 培养学生的逻辑思维能力、分析问题和解决问题的能力。 【逻辑照应】 回答导入中的第三个问题。
市场前沿（3分钟）	【知识讲授】 通过图片展示自助贴现的两种方式（见图 3-21 所示），让学生理解贴现的理论概念，并进一步了解贴现的渠道和方式，加深对理论的掌握并了解市场的最新动向。 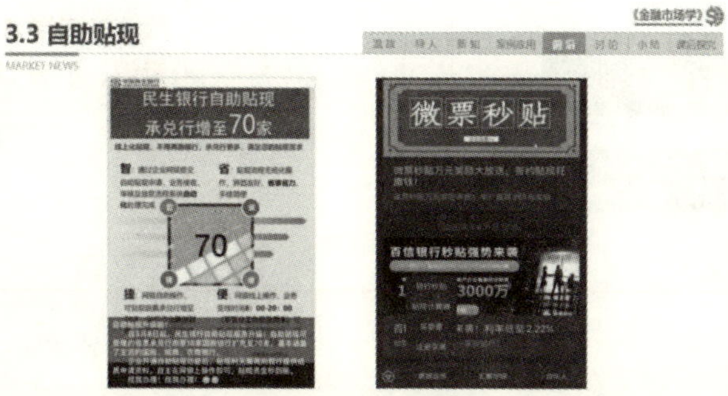 图 3-21　自助贴现 （图片元素来源于微票宝和民生银行广告截图）	了解市场的最新动向。	【实践前沿】 融入最新金融市场的变化和资讯，理论联系实际，深化理论。 ★【思政育人】 随时更新知识储备。 ★【课程思政】 不断学习才能紧跟市场的发展。

教学环节	教师活动	学生活动	设计意图
小组讨论 (8分钟)	【提出问题】 组织学生结合所学的理论知识进行分组讨论。 【设问】 请从银行和企业的角度来分析，为何要发行和使用银行承兑汇票，其有何价值。 【解析】 各组派代表陈述本组观点，然后老师进行点评和总结(见图3-22)。 价值分析——从借款人角度看{ 比较银行贷款 / 比较发行商业票据 } 从银行角度看{ 增加经营效益 / 增加其信用能力 / 不要求缴纳准备金 } 从投资者角度看{ 收益性 / 安全性 / 流动性 } 图3-22　价值分析	① 小组自由讨论。 ②各组派代表发言陈述本组观点。 ③教师引导、总结、升华。	【还教于学】 锻炼学生独立思考、理论联系实际和口头表达的能力；通过无老师的小组讨论，锻炼学生的组织能力。 ★【思政育人】 ①团队意识。 ②求真探索精神。 ★【课程思政】 通过小组讨论，培养学生的团队合作意识和求真探索精神。
总结 (2分钟)	【知识总结】 回顾银行承兑汇票市场的理论内容，帮助学生形成知识点体系(见图3-23)；总结重点和难点内容，回顾银行承兑票据市场的概念、交易原理和计算公式；最后从借款人、银行和投资者这三个角度总结银行承兑汇票的价值。 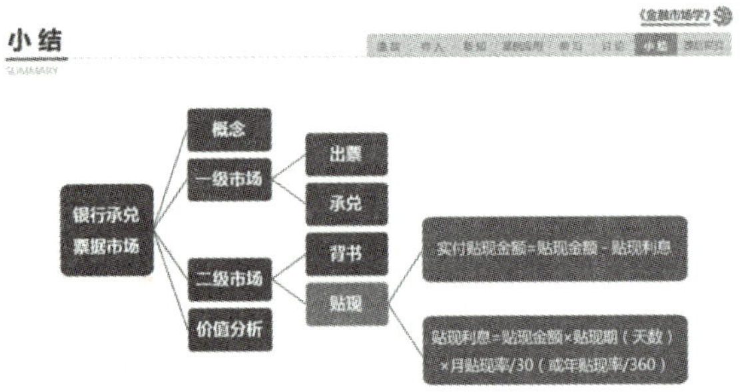 图3-23　小结	①巩固重点。 ②整理笔记。	【内容巩固】 掌握知识脉络，加深和巩固所学内容。 ★【思政育人】 风险意识。 ★【课程思政】 总结银行承兑汇票的风险，引导学生增强风险意识，不盲目参与市场交易。

教学环节	教师活动	学生活动	设计意图
课后探究（2 分钟）	**（一）拓展学习(1.5 分钟)** 观看在线课程的市场案例视频，并通过扫码，阅读在线课程中的推荐阅读。 **（二）PBL 项目(分组任务)(0.5 分钟)** **【在线课程 PBL 项目】**（见图 3-24） 请根据拓展学习资料，总结银行承兑业务有哪些风险，该如何防范这些风险。 项目说明： 　根据上述案例，总结银行承兑业务的风险，以及该如何防范这些风险。 　以小组为单位，合作探究，形成不少于 600 字的小组报告，于在线课程的 PBL 项目中上传相关资料和最终研究报告，并开展互评。 研究时间：2020-07-01 至 2020-12-01 评价时间：2020-12-01 至 2020-12-03 评价指标： 研究内容：分析问题深入、有针对性或者比较全面　20分 PPT 制作：字体清晰、版面简洁干净、动画设置合理　20分 成果展示：讲解思路清晰，表达流畅　20分 设计创意：研究形式或内容上具有创意　20分 团队合作：团队分工明确、相互协作　20分 **图 3-24　在线课程 PBL 项目要求及评分指标**	①观看视频。 ②阅读推荐资料。 ③小组合作，完成在线课程 PBL 项目。 ④开展互评。	【技术手段】 在线课程。 【课后深化】 理论知识的补充、深化和升华。 【思维与能力】 自主学习能力，研究能力。 ★【思政育人】 ①团队意识。 ②求真探索精神。 ③恪守职业道德。 ★【课程思政】 通过课后探究 PBL 项目，培养学生的团队意识和求真探索精神；并通过风险案例的学习，警示学生增强风险意识，恪守职业道德。

【作业与反思】

以小组为单位进行合作探究，形成不少于 600 字的小组报告，在线上课程的 PBL 项目中上传相关资料和最终研究报告，并开展互评。

【拓展学习】

要求学生进入线上课程中的课外拓展板块，观看银行承兑汇票的相关视频和所推荐的阅读材料。

3.3 货币市场共同基金市场

所在章节	第三章：资本市场/第三节	课时安排	1课时(45分钟)

（本节课教学过程详情见二维码）

云麓课堂
教学设计

【教学目标】

1. 知识传授

(1)掌握货币市场共同基金的概念及特点。
(2)了解货币市场共同基金的运作流程。

2. 能力培养

(1)布置预习任务，培养学生自主学习能力、从事科学研究的能力与批判性思维。

(2)通过案例分析，激发学生学习货币市场共同基金的兴趣和热情，形成将所学知识应用于生产和生活实践的意识；组织学生对货币基金的特点进行总结，培养和提高学生的自主学习能力。

(3)通过分组讨论和课后探究任务，培养学生的洞察力、决策力、组织协调能力与领导力等方面的创新创业素质，使学生具备必要的创业能力。

3. 价值塑造

(1)通过情景视频、案例、实操截图和经验分享等，提升学生对货币市场共同基金市场的兴趣和热情。

(2)通过无领导小组讨论和PBL项目研究，使学生能在更自由、更宽松的探究过程中不断创新和提高，并通过亲身体验获得感悟，在协作共处过程中增强合作精神和团队意识。

【教学内容】

(1)重点：货币市场共同基金的概念；货币市场共同基金的特点。

(2)难点：货币市场共同基金的市场运作。

(3)解决办法：首先，围绕教学重点和难点，通过视频设问导入，引出货币市场共同基金的相关问题，激发学生的学习兴趣；然后，结合实际生活中大家熟悉的货币基金案例——"余额宝"，分别从货币市场共同基金概述和市场运作这两个方面展开专业基础教学，在达成知识传授目标后，组织学生对"余额宝"案例进行小组讨论，以深化学生对知识的理解和掌握，培育学生的自主学习能力，在此基础上，引导学生根据理论知识和案例分析总结货币市场共同基金的特点；最后，通过课后探究任务，引导学生运用所学的理论知识并结合市场前沿趋势，探究货币市场共同基金未来的创新和发展方向，使学生更好地掌握教学的难点，提高理论联系实际的能力。

【课程思政】

(1)通过共同基金的概念，让学生了解规模效应和集聚效应，认识到团队合作的力量。

(2)通过对基金经理的素质要求,让学生认识到一名合格从业者必须筑牢专业基础知识、时刻保持风险意识并具备职业敏感度。

(3)讲解共同基金的收益分配方式,让学生理解享受权利的同时也要履行义务,培养学生的责任感。

(4)通过经验分享,引导学生认识到投资和学习都是一个积少成多、积沙成塔的过程。

(5)通过对"余额宝"的案例分析,讲解整个经济环境的变化对金融市场和对个人的影响,引导学生认清个人成长与国家发展的紧密依存关系,培养学生的家国情怀,具备关注时事政治和国家经济政策的意识;引导学生树立为中华民族复兴、为人类文明和为社会进步而努力学习学科知识的责任感和使命感。

【教学方法】

1. 混合式教学法

整体上采取以"线下面授为主,线上自学为辅"的轻度混合式教学法。线上活动包括课前预习、课后合作探究、拓展学习、答疑、小组作品提交、互评和微课巩固等。

2. ARCS 注意动机模型

以情景视频和设问吸引学生的注意力,并关联教学内容与学生已有知识;通过小组探究完成在线课程 PBL 项目并形成报告,增强学生的学习信心及满意感。

3. 其他

讲授法、启发式教学法、案例教学法、项目教学法和小组探究法等。

【教学策略】

以如何打理闲散资金为主线,层层递进,完成"提出问题—分析问题—解决问题"的教学全过程,从而实现从低阶到高阶的教学任务;通过案例分析引导学生认识货币市场共同基金的作用;通过课后探究引导学生应用理论知识分析和解决实际问题。

(1)情景问题:①什么是货币市场共同基金?②如何购买货币市场共同基金?③为何选择购买货币市场共同基金?

(2)确认概念:通过"余额宝"的案例分析,引导学生认识到货币市场共同基金在实际中的应用。

(3)强化练习:通过知识讲解和案例分析,引导学生总结货币市场共同基金的特点。

(4)合作探究:通过 PBL 项目,引导学生关注市场前沿,研究货币市场共同基金未来的创新和发展的方向。

(5)发展思维:课外拓展阅读。

【教学媒体】

(1)主要教学媒体:动画、PPT、"超星学习通"软件、在线课程、板书、投影、计算机。

(2)板书设计:用黑板的左边绘制提纲式的思维导图,体现内容结构,便于学生牢记并掌握本课内容的体系结构,板书内容包括概述、应用和功能等;用黑板的右边绘制关键词、符号和公式,体现演绎和归纳等过程。

【教学流程】

教学流程见表3-6。

表3-6　教学流程

课前	通过线上平台完成预习任务：观看投资基金的拓展视频					
	教学环节	导入	回顾	新知讲解	案例计算	总结	课后探究
课堂	教师行为	通过视频导入提出问题	复习重、难点，梳理知识结构	通过新知讲授、情景分析、师生互动分析问题	理论联系实际，解决问题	归纳、总结	布置任务
	教学形式及内容	①如何打理自己的闲散资金？②"余额宝"和货币市场共同基金有什么联系？	随堂选人，回顾货币市场的概念和货币市场工具的特点，为新知铺垫	概述→市场运作→特点	①试分析"余额宝"属于哪一类基金？风险如何？②为什么近期"余额宝"的收益破"2"？	归纳教学理论和实践；总结重、难点内容	在线课程PBL项目：探讨货币基金未来的创新和发展的方向
	学生行为	产生好奇	温故知新	获取信息、通过回答问题与老师互动	自行组织分组讨论，陈述观点	获得结论	知晓任务，课后完成
课后	通过线上平台完成复习、课后探究和反思					

3.4　货币互换

所在章节	第七章：金融远期、期货和互换/第三节	课时安排	1 课时(45 分钟)

（本节课教学过程详情见二维码）

云麓课堂
教学设计

【教学目标】

1. 知识传授

(1)掌握货币互换的定义。
(2)理解货币互换的流程。
(3)掌握货币互换的功能。

2. 能力培养

(1)布置预习任务，培养学生自主学习能力、从事科学研究的能力与批判性思维。
(2)通过情景案例，激发学生学习货币互换的兴趣和热情，形成将所学知识运用于实践的意识。
(3)通过课后探究任务，引导学生梳理知识网络，培养和提高学生的自主学习能力和理论联系实际的能力。

3. 价值塑造

(1)通过理论知识结合实际市场资讯的讲解，提升学生对货币互换合约的兴趣和热情。
(2)培育学生敢于质疑、理性求证、敢为人先的科学精神，培养辩证唯物主义的世界观和方法论，推动创新意识及思维的形成及发展。

【教学内容】

(1)重点：货币互换的定义；货币互换的功能。
(2)难点：货币互换的筹资分析。
(3)解决办法：首先，围绕教学重点和难点，通过相关视频导入，引出货币互换的相关问题，激发学生的学习兴趣；然后，分别从货币互换的概述、货币互换的应用这两个方面展开专业基础教学，培育学生的自主学习能力，深化教学成果，引导学生针对案例进行小组讨论，运用所学理论知识解决金融市场中的实际问题；最后，通过课后探究任务使学生更好地理解货币互换的功能，提高理论联系实际的能力。

【课程思政】

(1)通过比较优势理论，让学生认识到"尺有所短，寸有所长"，具有绝对优势和处于绝对劣势的双方可以通过"两优取其重，两劣取其轻"实现合作共赢，从而培养学生的团队合作意识、辩证唯物主义的世界观和方法论。
(2)通过货币互换的作用，引导学生认识到创新创业的重要性，增强学生的创新创业意识。

（3）通过人民币已成为世界上最大的货币互换圈的资讯，让学生了解人民币的国际化进程，认识人民币的国际地位和影响力，树立学生的民族自信心和民族荣誉感；同时培养学生关注时事政治、关注国家经济政策的意识。

【教学方法】

1. 混合式教学法

整体上采取以"线下面授为主，线上自学为辅"的轻度混合式教学法。线上活动包括课前预习、课后合作探究、拓展学习、答疑、小组作品提交、互评、微课巩固等。

2. 问题教学法

通过情境创设吸引学生注意，并根据情境，层层递进的提出相关问题，引导学生从筹资成本的角度出发，分析筹资双方如何利用货币互换发挥比较优势，实现合作共赢。

3. 其他

讲授法、启发式教学、案例教学法、项目驱动法。

【教学策略】

整体设计上，以三个情景假设为主线，层层递进，实现"提出问题—分析问题—解决问题"的学习过程；通过情景案例分析，讲述货币互换的流程及应用；通过情景分析，总结货币互换的功能。

（1）情景创设：①两家公司直接筹资的成本是多少？②是否存在比较优势？能否合作共赢？③究竟如何通过互换来降低筹资成本？

（2）强化练习：通过情景分析总结货币互换的功能。

（3）确认概念：通过人民币货币互换圈的案例理解货币互换的概念和应用。

（4）合作探究：合作完成小组 PBL 项目——"外汇期货和货币互换的比较"。

（5）发展思维：课外拓展阅读。

【教学媒体】

（1）主要教学媒体：动画、PPT、"超星学习通"软件、在线课程、板书、投影、计算机。

（2）板书设计：黑板左边用于提纲式思维导图的绘制，体现内容结构，便于学生掌握本课内容的体系化结构，板书内容包括概述、应用、功能等；黑板右边用于关键词、符号、公式的绘制，体现演绎、归纳等过程。

【教学流程】

教学流程见表 3-7。

表 3-7　教学流程

课前	通过线上平台完成预习任务：观看课外拓展视频和新闻资讯，了解金融互换相关概念					
	教学环节	回顾	导入	新知讲解	案例分析	总结	课后探究
课堂	教师行为	复习重难点，梳理知识结构	通过视频导入提出问题	通过新知讲授、情景分析、师生互动分析问题	理论联系实际，解决问题	归纳、总结	布置任务
	教学形式及内容	通过上一节的知识结构图梳理知识结构，并提问。巩固重难点内容	①什么是货币互换？②货币互换又是如何深化贸易关系？	概述→应用→功能	了解我国货币互换协议签订情况，并结合所学理论知识谈谈货币互换的作用和影响	归纳教学理论和案例；总结重、难点内容	在线课程PBL项目：对比通过外汇期货和货币互换规避汇率风险的区别
	学生行为	回答问题，复习巩固	产生好奇	获取信息、通过回答问题与老师互动	师生互动，案例分析	获得结论	知晓任务，课后完成
课后	通过线上平台完成复习、课后探究和反思					

3.5 资产证券化

所在章节	第九章：抵押和资产证券化/第一节	课时安排	1 课时(45 分钟)

（本节课教学过程详情见二维码）

云麓课堂

教学设计

【教学目标】

1. 知识传授

(1)掌握资产证券化的概念。

(2)了解资产证券化的流程。

(3)正确区分资产证券化的类别。

2. 能力培养

(1)布置预习任务，培养学生的自主学习能力、从事科学研究的能力与批判性思维。

(2)组织学生对资产证券化和其他融资方式进行对比，总结各自的优势，培养和提高学生的自主学习能力和理论联系实际的能力。

(3)通过分组讨论和课后探究任务，培养学生的洞察力、决策力、组织协调能力与领导力等各项创新创业素质，使学生具备必要的创业能力。

3. 价值塑造

(1)通过情景分析和理论知识结合市场实例的讲解，激发学生学习资产证券化的兴趣和热情，形成将所学知识运用于生产生活实践的意识。

(2)通过无领导小组讨论和 PBL 项目研究，使学生通过亲身体验获得感悟，在更自由、更宽松的探究过程中不断创新和提高，并在协作共处过程中增强合作精神和团队意识。

【教学内容】

(1)重点：资产证券化的一般程序；资产证券化的主要类型；SPV 的主要功能。

(2)难点：SPV 的主要功能。

(3)解决办法：首先，围绕教学重点和难点，通过视频设问导入，引出关于资产证券化的相关问题，激发学生的学习兴趣；然后，结合实际资产证券化案例、实际生活中常见的住房贷款证券化，分别从资产证券化的定义、参与者、一般程序和分类这四个方面展开专业基础教学，在达成知识传授目标后，引入次贷危机案例并组织小组讨论、获得启示，深化教学，培育学生的自主学习能力；最后，通过课后探究任务引导学生运用所学理论知识去分析"蚂蚁花呗"和"京东白条"资产证券化的问题，使学生更好地掌握教学难点，提高理论联系实际的能力。

【课程思政】

(1)通过讲解资产证券化的各参与者及其各自职责,引导学生认识到在资产证券化过程中,各参与者要各司其职、通力合作才能保证资产证券化的顺利进行;引导学生树立爱岗敬业、忠于职守和团队合作的工作态度。

(2)通过对美国次贷危机的案例进行分析,让学生认识到事物的两面性,要用辩证的方法看待问题,处理好创新和风险的关系,加强监管,防患于未然。通过分析次贷危机对全球的影响、对我国的影响、对个人的影响,培养学生的人类命运共同体意识。总结次贷危机的经验教训,教导学生遇到困难时保持乐观态度、转变思维模式,化危机为机遇。

【教学方法】

1. 混合式教学法

整体上采取以"线下面授为主,线上自学为辅"的轻度混合式教学法。线上活动包括课前预习、课后合作探究、拓展学习、答疑、小组作品提交、互评、微课巩固等。

2. 案例教学法

以"花呗"资产证券化的案例创设情境,并通过设问导入,围绕该案例,展开新知传授。然后,组织学生对美国次贷危机的经典案例进行分析,实现知识的运用。最后,通过 PBL 项目展开拓展学习,完成市场前沿案例的研究。

3. 其他

讲授法、启发式教学、讨论法、项目教学法、小组探究法。

【教学策略】

整体设计上,以企业如何获得融资为主线,层层递进,从而实现从低阶到高阶的教学任务,完成"提出问题—分析问题—解决问题"的教学过程;通过分析案例,引导学生归纳资产证券化的优点并认识到其可能带来的风险,提高学生辩证分析能力;通过课后探究,提高课程挑战难度,巩固学生所学知识,并锻炼学生运用相关知识分析和解决身边的实际问题。

(1)情景问题:①什么是资产证券化?②资产证券化如何解决企业的融资问题?③资产证券化会带来什么新的问题?

(2)确认概念:通过案例分析引导学生理解资产证券化在实际中的应用。

(3)强化练习:通过小组讨论引导学生发现资产证券化可能带来的风险。

(4)合作探究:通过 PBL 项目引导学生关注市场前沿,发现资产证券化在身边的实际应用。

(5)发展思维:课外拓展学习。

【教学媒体】

(1)主要教学媒体:动画、PPT、"超星学习通"软件、在线课程、板书、投影、计算机。

(2)板书设计:黑板左边用于提纲式思维导图的绘制,体现内容结构,便于学生掌握本课内容的体系化结构,板书内容包括定义、参与者、一般流程、分类等;黑板右边用于关键词、符号、公式的绘制,体现演绎、归纳等过程。

【教学流程】

教学流程见表 3-8。

表 3-8　教学流程

课前	通过线上平台完成预习任务：查看资产证券化的最新资讯					
	教学环节	回顾	导入	新知讲解	案例分析	总结	课后探究
课堂	教师行为	复习重、难点，梳理知识结构	通过视频导入提出问题	通过新知讲授、设问启发、师生互动分析问题	理论联系实际，解决问题	归纳、总结	布置任务
	教学形式及内容	发布抢答题，检测上一节课的内容的掌握情况，查漏补缺	什么是资产证券化？	定义→参与者→程序→优势→分类	请根据过度资产证券化引发的次贷危机案例，谈谈次贷危机带给我们的启示	归纳理论知识和案例；总结重、难点内容	①在线课程 PBL 项目：分析"互联网+"资产证券化出现的原因、存在的风险和解决对策②完成章节测验
	学生行为	回顾复习	产生好奇	获取信息、通过回答问题与老师互动	师生互动，案例分析	获得结论	知晓任务，课后完成
课后	通过线上平台完成复习、课后探究和反思						

财务管理

扫描二维码

周良，湖南财政经济学院会计学院教师，2020年湖南省普通高校教师课堂教学竞赛三等奖、2021年湖南省普通高校教师教学创新大赛暨首届全国高校教师教学创新大赛(湖南赛区)选拔赛三等奖获得者。

课　程　概　述

一、课程基本信息

财务管理课程基本信息见表 4-1 所示。

表 4-1　财务管理课程基本信息

课程名称	财务管理	课程性质	专业必修
学时	64	开课时间	大二下学期
先修课程	会计基础、财务会计、统计学		
适用专业	会计学、财务管理、会计学（职高）、审计学专业		
使用教材	陶新元. 财务管理[M]. 北京：中国财政经济出版社，2018.		
参考教材	注册会计师全国统一考试研究中心. 财务成本管理[M]. 北京：人民邮电出版社，2015.		

二、课程的性质和作用

　　财务管理作为专业核心课程，是研究企业如何组织财务活动、协调财务关系、提高财务效益的一门实用性课程，在经管类专业人才培养中发挥着重要作用。本课程主要讲授四个部分：投资管理、筹资管理、营运资金及利润分配。

　　通过本课程的学习，可以有效提高学生的专业技能和职业素养，特别是在国家鼓励创新创业政策的推动下，财务管理作为"双创"中的重要一环，很多非经管类专业学生也对这门课程产生了浓厚兴趣。随着互联网、大数据、人工智能、虚拟现实等新技术的迅速发展，引发了高等教育教学领域新一轮的改革浪潮，财务管理课程教学也必须顺应时代潮流，进行改革与创新。

三、学情分析

1. 学生原有知识

　　本课程一般在大二下学期开设，通过前面的学习，学生已基本掌握管理学、经济学、金融学、经济应用数学等基础课程，以及中级财务会计、成本会计等专业课程，并具备了会计专业的专业知识，同时对生活中的投融资活动有了初步的认识。在此基础上，再来接触这门课程，是站在微观主体的角度上学习企业如何有效地进行资本的筹措、运用与积累。

2. 学生现有认知能力

　　作为大二的学生已经具备了良好的自学能力，有较强的阅读能力、观察能力、思维能力、分析问题的能力，教材中的基础内容可以让学生通过课前自学达到教学目的。对于学生能够理解掌握的内容，教师可少讲，多给学生提供一些自学的机会；而对于教学中的难点、重点，教师应在课堂讲授上多费些工夫，并组织学生一起研讨学习，提高学生的专业能力。

3. 学生原有生活经验

　　每名学生在来到学校学习的同时，也带来了各自不同的生活经历和不同的观点看法。这种已有的经历、经验和对待社会的观点，对于即将进行的课堂学习生活具有深刻的影响。现在的大学生对新事物的接受能力很强，我们必须考虑学生原有生活经验，教师的教学方法与手段也必须与时俱进，通过线上线下结合的教学模式来激发学生的学习兴趣，提升教学效率。

4.学生学习风格

按以往的教学经验，也需要教师对班级整体学习风格有一定的了解。一个班级的孩子在一起时间长了会形成"班级性格"，有些班级思维活跃、反应迅速，但往往思维深度不够、准确性稍微欠缺；有些班级则较为沉闷，只有个别同学思维活跃，但可能具有一定的思维深度。在以往的教学实践中确实存在这些差异，不同的学生个体也是如此，教师应该结合教学经验和课堂观察，敏锐捕捉相关信息，通过提出挑战性的问题和团队合作等方式取学生之长、补其之短，通过不同的教学手段，启发学生积极思考，打破沉闷的学习状态，充分发挥和调动学生学习的主动性，激发和引导他们的学习兴趣，让学生们在课程学习中获得成就感。

综上所述，通过学情分析，教师应从学生的知识结构、认知能力、生活经验和学习风格入手，这样才能引导学生进入积极的学习状态，自由翱翔于知识的海洋之中。

四、课程教学设计

1.教学设计思路

总体教学设计思路主要包括教学准备工作和教学实施过程两个阶段。

(1)教学准备工作：复习相关知识，并引出本节课内容；通过"超星学习通"平台推送课前案例（课前老师已进行案例资料的收集与整理，准备了充分的、实用的案例库素材）。

(2)教学实施过程主要包括三个环节。

环节一：问题导入。通过新闻事件、公司案例或情景设计导入问题，激发学生的学习兴趣，培养学生从财务视角观察、分析现实问题。

环节二：新课内容讲授。新课内容根据教材章节内容设计，教学过程中始终突出学生的中心地位，并基于教学目标，融入思政育人理念，不断优化教学内容，改进教学方法。具体方法如下：①理财目标，结合企业不同成长阶段及时代背景下财务目标的选择；②资金时间价值和风险价值，借助大数据分析量化风险；③在"双创"背景下讲筹资选择，以互联网金融、上市公司的筹资现状为分析案例，开展案例式教学；④以"互联网+"大学生创新创业大赛为背景和情景，讲授如何进行投资决策，并鼓励学生积极参赛，以激发学生的创造力，力图培养"大众创业、万众创新"的主力军。

环节三：课堂总结和布置作业。

2.教学目标

立足我国经济发展对高层次财经人才的需求，培养新时代背景下服务区域经济建设的具有较高"财商、情商、创商"的复合应用型人才，本课程注重理论和实践的有机结合，教学内容与时俱进，融入思政教育，具有丰富的课程资源和创新的教学方法。

(1)知识目标。树立财务管理的基本观念，扎实掌握融资、投资、利润分配和营运资金管理等基础理论知识，并拓展相关前沿理论知识。

(2)能力目标。能将所学知识灵活应用于企业具体财务管理活动，利用财务大数据和人工智能为财务决策提供支持，提高决策的效率和效果。

(3)素质目标。具备良好的职业道德和勤勉务实、追求卓越的精神，具有爱国主义情怀和责任担当，能为国家经济建设做出应有的贡献。

(4)思政目标。基于课程思政"引大道、启大智"的先进理念，结合公司案例及现实情况，把"信心、责任、担当"等思政元素融入课程。比如，在学习财务管理目标时，通过茅台和华为的案例让学生认识到积极履行社会责任、遵守商业道德可以帮助企业更好地实现财务目标，有利于企业的长远发展；通过瑞幸咖啡财务造假，会计诚信缺失，教导学生要敬畏市场、遵守市场规则，树立良好的职业道德；通过学习时间价值，让学生明白"复利+时间"是世界上最强大的武器，从而培养学生珍惜时间，每天进步一点点的学习思维；结合"校园贷"等事件，向学生揭示"校园贷"的本质及危害，教育学生要理性消费，切勿盲目攀比，追求奢靡，应增强金融素养和树立信用意识；在 JIT 存货管理的学习中，从央视主持直播带货，拔地而起的火神山、雷神山医院，再到阿里菜鸟"战疫"，让学生真切感受到中国精神的凝聚力和制度优势，培养学生的家国情怀和社会责任意识。

3. 教学内容

（1）知识点一：财务管理目标。包括：①财务管理的产生与发展；②财务管理的内容；③财务管理的目标；④财务管理的环境。

教学重点：财务管理内容，财务管理目标的主要观点。

教学难点：财务管理目标涉及的利益相关者的矛盾与协调。

（2）知识点二：财务管理的价值观。包括：①资金的时间价值；②资金风险价值。

教学重点：资金时间价值的概念及计算，风险与报酬的基本关系及资本资产定价模型。

教学难点：资金时间价值的应用，资金风险价值的计量及应用。

（3）知识点三：负债筹资管理。包括：①银行借款筹资；②商业信用筹资；③公司债券筹资；④租赁筹资。

教学重点：短期借款信用条件与实际利率、商业信用资金成本、公司债券发行价格。

教学难点：商业信用资金筹资决策分析。

（4）知识点四：股权筹资管理。包括：①吸收直接投资；②发行股票；③留存收益筹资。

教学重点：股票的概念及种类，股票筹资的优缺点，留存收益筹资的渠道及其优缺点。

教学难点：普通股与优先股的比较，股票与债券的比较。

（5）知识点五：资本成本与资本结构。包括：①资本成本；②风险与杠杆效应；③资本结构决策。

教学重点：资本成本的计算与应用，各杠杆指标的计算与应用，资本结构决策评价方法。

教学难点：资本结构理论，杠杆原理及作用。

（6）知识点六：项目投资管理。包括：①投资项目现金流量；②投资项目财务评价；③固定资产租赁投资。

教学重点：投资项目的现金流量分析，投资决策财务评价指标的计算与应用。

教学难点：投资项目各期现金流量分析。

（7）知识点七：证券投资管理。包括：①股票投资；②债券投资；③证券投资组合。

教学重点：股票估价及收益率计算，债券估价及收益率计算。

教学难点：证券投资组合管理。

（8）知识点八：营运资金管理。包括：①现金管理；②应收账款管理；③存货管理；④营运资金管理。

教学重点：现金的持有动机与成本，最佳现金持有量的确定，应收账款的功能与成本，信用政策的制定，存货的功能与成本，最佳持有量确定。

教学难点：现金与存货持有量确定的假设条件，营运资金政策。

（9）知识点九：收益分配管理。包括：①收益分配的相关法律规范；②股利理论；③股票股利与股票分割。

教学重点：收益分配内容、顺序，股利支付程序、方式，股利政策类型，股票股利计算。

教学难点：剩余股利政策，股票股利后的所有者权益数据确定。

（10）知识点十：资金需求与销售增长。包括：①销售百分比法；②内涵增长率；③可持续增长率。

教学重点：销售百分比法。

教学难点：内含增长率，可持续增长率。

4. 课程思政

课程思政设计见表 4-2 所示。

表4-2　财务管理学课程思政设计

序号	章节内容	思政元素融入思路
1	财务管理目标	结合案例，融入思政元素，让学生认识到积极履行社会责任、遵守商业道德可以帮助企业更好地实现财务目标，有利于企业的长远发展
2	资金时间价值	结合"校园贷"事件，通过学习资金的时间价值，使学生明白了复利威力的同时，也教育学生理性消费，切勿盲目攀比，追求奢靡，增强学生的金融素养和树立信用意识
3	资金风险价值	通过新闻事件解析，结合突发疫情的情况，增强学生的风险意识；通过分析演示资金风险与收益的关系，帮助学生树立正确的资金风险价值观
4	经营杠杆分析	弘扬社会主义核心价值观，教导学生正确看待经营杠杆与经营风险的关系，通过持续学习提升专业技能及职业素养，帮助企业创造价值
5	财务杠杆分析	通过供给侧结构性改革的介绍，引导学生关注政策导向，教导学生正确看待财务杠杆与财务风险的关系，让学生认识到诚信经营、遵纪守法对于企业负债经营的重要性
6	发行股票筹资	通过学习与案例讨论，引导学生关注时事政治、财经要闻；让学生了解我国科创板推出的战略意义，培养创新创业精神
7	股利政策	通过学习，使学生认识到利润分配的合理性和合法性；引导学生关心财经要闻，关注资本市场动态，拓宽学生的专业视野并提高其职业素养
8	资本成本概述	引导学生树立成本意识，在筹资过程中要考虑帮助企业节省筹资成本、合理安排资本结构，同时注意开源节流、勤俭节约
9	股权资本成本	通过股权资本成本的计算与分析，一方面有助于了解如何帮助企业做出正确的筹资决策，另一方面也让学生认识到募集股东的资金是有成本的，并且应该尊重资本市场，对股东负责，不能做出损害股东利益的事情，同时也应该积极分红，给股东以合理的回报，才有利于企业长期稳定的发展
10	资本结构决策	以万科回购计划为例导入，通过学习资本结构决策，引导学生关注资本市场动态，拓宽专业视野，培养财务思维，学会从财务的角度来观察、思考现实问题，增强学生应用专业知识分析和解决实际问题的能力
11	投资项目现金流量分析	通过"互联网+"大学生创新创业大赛背景的情景设计，强化创新创业理念，激发学生创造力；帮助学生树立正确的投资观念，并运用专业知识进行科学财务评价，以提升其职业素养。教学中注重将项目现金流量分析与企业经营过程结合起来，并适当学习最新的创新创业相关政策，加深学生对企业创建和运作的理解
12	净现值法	投资奶茶店的情景设计可以引起学生学习的兴趣，增强学生的投资意识；通过介绍一些企业家的创业经历，引导学生学习吃苦耐劳的创业精神和讲究诚信的道德品质。以奶茶店示例计算净现值，使学生基本掌握净现值的计算过程及解题思路，必须考虑现金流量、时间价值及折现率等要素，根据计算结果做出判断，该投资方案是否可行
13	互斥项目决策	通过情景设计引出问题，让学生在专业知识的学习过程中深入思考作为一个财务人的使命和责任，潜移默化地实现知识教授与价值引领相统一的教育目标。引导学生认识到不同类型的项目在决策中考虑的问题不一样，决策方法的应用也有差别，正确辨别项目类型是做好投资决策的基础
14	债券投资与估值	通过公募债券违约事件，引导学生关注债券市场动态，拓宽专业视野，培养财务思维，正确认识投资风险，有效树立风险价值观

续表4-2

序号	章节内容	思政元素融入思路
15	信用政策决策	通过情景设计提出问题，组织学生分组讨论，讨论中有效将思政要素贯穿在专业课程的教学过程中。详细讲解单个信用政策和多个信用政策决策实例，要求学生重点掌握信用净收益的计算，并能应用结果进行信用政策的选择。教授学生分析客户的付款能力和信用状况，避免给企业造成较大的坏账损失，引导学生树立工作责任感
16	存货管理	通过讲解突发事件对企业财务决策的影响，引出运用专业知识及信息手段帮助企业分析存货管理的问题，为企业有效改进决策及降低经营风险提供支持。通过分组讨论丰田管理模式，鼓励学生积极表达个人观点，培养学生的沟通能力和团队协作精神，更好地发挥专业课协同育人的作用
17	营运能力分析	通过企业应收账款管理的案例，运用专业知识进行科学财务评价，及时发现企业存在的财务问题，并积极提出解决的方案，为企业的健康发展保驾护航
18	资金需求预测	以创新创业大赛为背景，融入创新创业理念，激发学生思维；创建学生创业的情景，引导学生对筹集资金及筹资管理的思考，有利于培养学生的沟通能力和团队协作精神，增强学生的职业素养

5. 教学方法

课堂教学中以学生为中心，教师起引导作用，采用启发式教学、案例式教学和情景式教学等方法，激发学生的学习兴趣，调动学生的积极性和主动性。

（1）启发式教学。通过新闻事件、公司案例或情景设计提出相关问题，启发学生主动思考，使其产生求知欲。

（2）案例式教学。教学过程中通过"案例导入—理论讲解—案例讨论"的形式，由案例引出主题内容，形象生动地讲解课程内容，最后回到案例中解决问题。

（3）情景式教学。通过情景设计，提出问题，组织同学们分组积极发言讨论，启发学生运用本堂课所学的知识来解决实际问题。在讨论中有效挖掘思政要素，将思政元素贯穿于专业课程的教学过程中，更好地发挥专业课协同育人的作用。

6. 课程考核

考核要求由简到繁分为"基本概念与原理""基本方法的初级应用""概念、原理与方法的综合应用"三个层次。"基本概念与原理"部分以客观题形式考核，要求学生能对基本概念和原理正确理解，抓住其关键点和相关理论依据，能在相关问题中认识和再现它们；"基本方法的初级应用"部分以计算题形式考核，要求学生能理清概念和原理所对应的方法的关联关系，学会选用恰当的方法解决较为直观的问题；"概念、原理与方法的综合应用"部分以综合题形式考核，要求学生对相关概念、原理、方法有较为透彻的理解，并能将其进行综合应用，解决一些本课程中最重要且较复杂的问题。

考核内容在"考核知识点及考核要求"中注明"识记"和"掌握"的内容占85%左右，注明"应用"的内容占15%左右。

课程实行从考勤、课堂表现、作业及期末考试四个方面对学生学习本课程的情况进行全面考核，最后得出总成绩（总分为100分）。其中，期末考试成绩占50%，考勤、作业各占15%，课堂表现（笔记及案例讨论）占20%。

7. 知识结构图

财务管理知识结构图如图4-1所示。

投资管理的主要内容
投资项目财务评价指标
项目投资管理
证券投资管理
投资管理

企业与企业财务管理
财务管理目标
财务管理环节
财务管理体制
财务管理环境
总论

营运资金管理的主要内容
现金管理
应收账款管理
存货管理
流动负债管理
营运资金管理

资金时间价值
风险与收益
成本性态
财务管理基础

财务管理

成本管理的主要内容
量本利分析与应用
标准成本控制与分析
作业成本与责任成本
成本管理

预算管理的主要内容
预算的编制方法与程序
预算编制
预算的执行与考核
预算管理

收入与分配管理的主要内容
收入管理
纳税管理
分配管理
收入与分配管理

筹资管理的主要内容
债务筹资
股权筹资
筹资管理（上）

财务分析与评价的主要内容与方法
基本的财务报表分析
上市公司财务分析
财务评价与考核
财务分析与评价

衍生工具筹资
资金需要量预测
资本成本与资本结构
筹资管理（下）

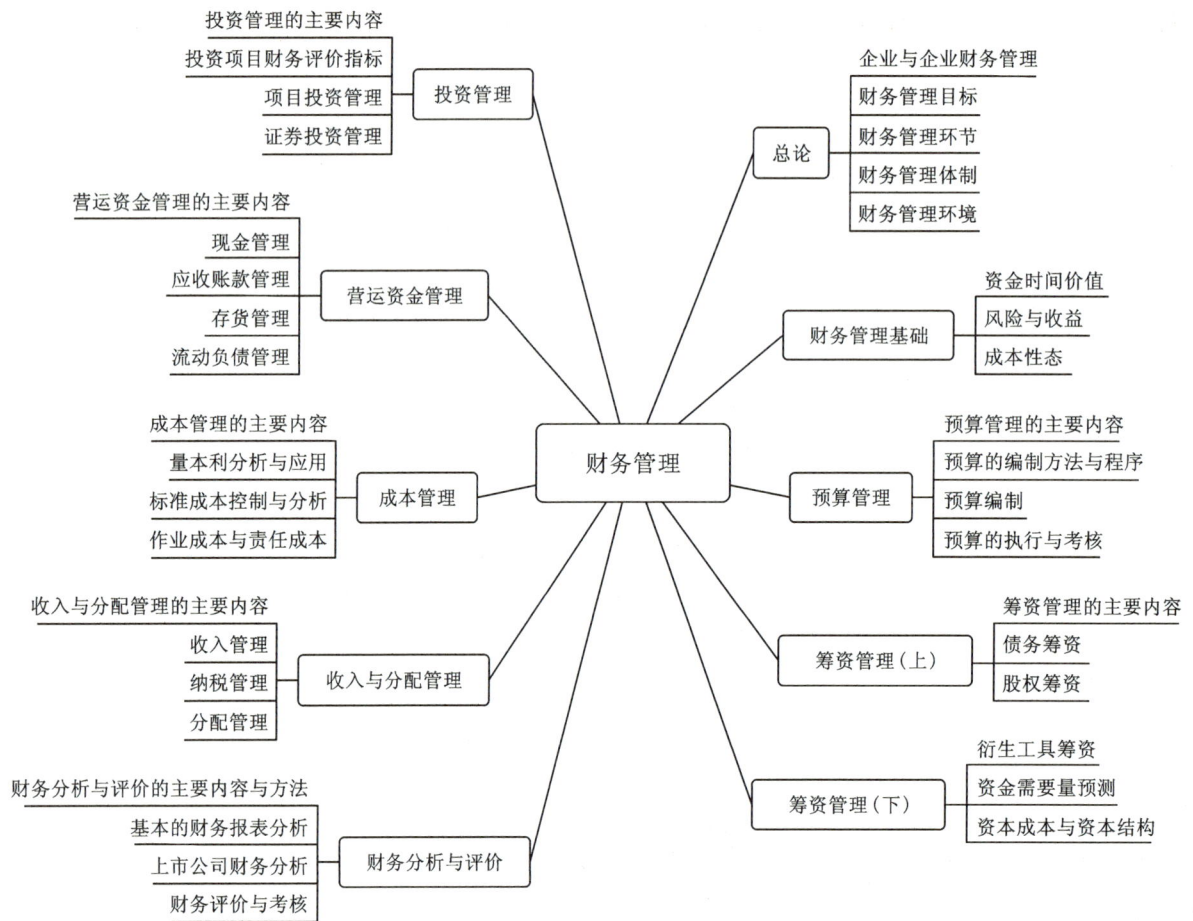

图 4-1 财务管理知识结构图

4.1 复利终值和现值

所在章节	第 2 章第 1 节	课时安排	1 课时（45 分钟）（附 15 分钟教学视频）

云麓课堂

教学实录

【教学目标】

1. 知识目标

理解资金时间价值的基本含义；掌握复利终值和复利现值的计算及应用。

2. 能力目标

能够运用资金时间价值进行简单的财务决策。

3. 价值目标

树立正确的资金时间价值观；认清"校园贷"的本质及危害，树立理性消费观，增强金融素养和信用意识。

【教学内容】

(1) 教学重点：资金时间价值的含义，复利终值和现值的计算及应用。
(2) 教学难点：资金时间价值的应用。

【课程思政】

通过学习时间价值，让学生懂得珍惜时间，培养学生每天进步一点点的学习思维；结合"校园贷"事件，向学生揭示"校园贷"的本质及危害，教育学生要理性消费，切勿盲目攀比，追求奢靡，引导学生增强金融素养和树立信用意识。

【教学方法】

(1) 情景式教学：设置生活中买房的现实情景，教会学生计算贷款利息及各类月供还款金额的计算方法，激发学生的学习兴趣。
(2) 案例式教学：以学生因向"校园贷"借款而背负巨额欠款的新闻，让学生展开讨论，警醒学生认识"校园贷"的危害，避免上当受骗，引导学生树立正确的消费观念。

教 学 过 程

一、教学准备工作

通过"超星学习通"平台推送课前案例(课前老师已进行案例资料的收集与整理,准备了充分的、实用的案例库素材)。

二、教学实施过程

环节一:问题导入(5分钟)

【情景设计】

小王刚刚大学毕业参加工作,面对日益高涨的房价,他再也按捺不住了,准备举全家之力购买一套房。小王到了售楼处得知,目前房价为1万元/米²,贷款利率为5%,首付三成。小王想知道,如果购买100平方米的房子,贷款20年,那月供是多少?

【提出问题】

(1)住房按揭等额本息法下的每月还款额是怎样计算出来的?实际支付总额又是多少?与相同金额的银行定期存款本利和有什么差别?

(2)如果你可以选择现在领取1万元或一年后领取1万元,你会怎么选择?

(3)现在的1万元等价于一年后的多少元钱呢?

【导入】

情景设计中提出的问题都可以用资金时间价值来解答,那什么是资金时间价值呢?

【情景设计】

通过设置生活中买房的现实情景,教会学生掌握利息的计算,从而引发学生的学习兴趣。

【目的】

通过情景设计引入买房的现实问题,培养学生应用专业知识分析实际问题的能力,从而增强其理财素养。

环节二:新课内容讲授(27分钟)

(一)资金时间价值的含义及实质

1.含义

资金经历一定时间的投资和再投资所产生的价值增值就是资金的时间价值。

一定量的资金在不同的时点上具有不同的价值,资金时间价值也称为货币时间价值。

2.实质

资金时间价值通常表现为无风险、无通胀的社会平均利润率,一般可以使用同期国债利率作为参考标准。

【例题】

如果将10000元存入银行,年利率10%,那么一年后将得到:

$10000 \times (1+10\%) = 11000$(元)(现在的10000元等价于一年后的11000元)

将11000元再存入银行一年,将得到:

$11000 \times (1+10\%) = 12100$(元)(现在的10000元等价于两年后的12100元)

【目的】

通过举例,既解答了之前提出的问题,也让学生进一步理解时间价值的含义。

【记住】

同样一笔钱，在过去、现在、将来，其经济价值都是不一样的。

(二)资金时间价值的计算

资金时间价值正确地揭示了不同时点的资金价值不相等。如何正确计算资金时间价值呢？首先我们要考虑利息的计算。

1. 计算利息的方法：单利和复利

(1)单利计算法：只有本金计算利息，利息不计算利息。

(2)复利计算法：不仅本金计算利息，利息也要计算利息，俗称"利滚利"。

2. 相关概念：终值与现值

(1)终值：一定量资金在一定利率水平下相当于若干期后的价值，即本利和。

(2)现值：若干期后的一定量资金在一定利率水平下相当于现在的价值。

3. 现金流量时间示图的运用

【思考】

什么是时间示图？怎么绘制呢？

【解析】

第一步，画一个从左向右带箭头的直线，代表时间轴从现在开始到未来。

第二步，画出等间隔的时间段，并用阿拉伯数字标注。如：$t=0$ 表示现在时点或第一期期初，$t=1$ 表示第一期期末或第二期期初，$t=2$ 表示第二期期末或第三期期初，依次类推，n 表示第 n 期期末或 $n+1$ 期期初。通常情况下，时间间隔是一年，但有的时候也可以表示为半年、季度、月或固定的天数，根据题目要求或实际情况而定。

第三步，在各时点上标注现金流量。如图 4-2 所示，0 时点（即现在）上方的数字 1000，表示现在的现金流量为 1000 元，1 时点上方的数字 600 表示第一期期末或第二期期初的现金流量为 600 元，依次类推。

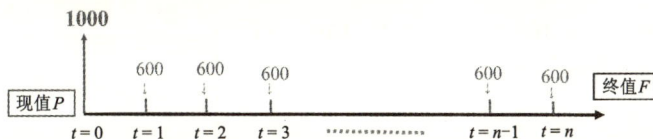

图 4-2　现金流量时间示图

4. 单利终值和现值

【例题 1】

某人 2020 年初购买 10000 元四年期公司债券，按年利率 5% 单利计息，每四年年末一次还本付息。则第四年年末的本利和应为多少？

【解析】

$$F = P \times (1 + i \times n) = 10000(1 + 4 \times 5\%) = 12000(元)$$

【例题 2】

某人拟存入一笔资金以备 3 年后使用。假定银行 3 年期存款年利率为 10%，3 年后需要的资金总额为 39000 元，则在单利计息情况下，现在应存入多少钱？

【解析】

$$P = F/(1 + i \times n) = 39000/(1 + 3 \times 10\%) = 30000(元)$$

【运用】

为加深学生对相关概念的理解，提出可以借助"时间示图"工具。

【运用】

现金流量时间示图可以帮助我们更好地理解和计算时间价值，鼓励学生在今后的学习中能灵活运用这一工具来解决复杂问题。

【目的】

通过介绍和演示时间示图，并强调其重要性，为后续教学做好铺垫。

【目的】

通过例题讲解，学生能很快掌握单利终值和现值的计算。

【讲解】

虽然按照单利计算资金时间价值比较简单，但它未考虑利息在周转使用中的资金时间价值因素，不便于不同财务决策方案之间的比较与评价，所以在财务管理课程学习中通常采用复利计算资金时间价值。

5. 复利终值和现值

(1)普通复利终值：现在一定的本金在将来一定时间按复利计算的本利和。

复利终值(按复利计算的本利和)：

$$\blacklozenge \quad F = P \times (1+i)^n = P \times (F/P, i, n)$$

(2)普通复利现值：未来一定时间的特定资金按照复利计算的现在的价值，或者说为取得将来一定本利和现在所需要的本金。

复利现值(为取得将来一定本利和现在所需要的本金)：

$$\blacklozenge \quad P = F \times (1+i)^{-n} = F \times (P/F, i, n)$$

【例题 1】

某人 2020 年年初购买 10000 元四年期公司债券，按年利率 5% 复利计息，第四年年末一次还本付息。第四年年末的本利和应为多少？

【解析】

先看清题目，转化成公式对应的相关条件，即 2020 年年初表示现在，计息期 $n=4$，计息利率 $i=5\%$，求第四年年末的本利和及求终值。所以：

$$F = P(1+i)^n = 10000(1+5\%)^4 = 10000 \times (F/P, 5\%, 4)$$
$$= 12155.1(元)$$

【例题 2】

某人在 5 年后需要 10 万元，他委托投资公司代理投资，投资公司保证每年最低收益率为 10%，为保险起见，他应交给投资公司多少资金？

【解析】

已知终值求现值，则

$$P = F \times (1+i)^{-n} = 10000 \times (1+10\%)^{-5} = 100000 \times (P/F, 10\%, 5)$$
$$= 62100(元)$$

【讲解】

复利终值系数	复利现值系数
$(F/P, i, n)$	$(P/F, i, n)$
$F = P \times (F/P, i, n)$	$P = F \times (P/F, i, n)$

【注意】

复利终值系数与复利现值系数互为倒数。

【课堂练习】

某人有 1200 元，拟投入报酬率为 8% 的投资机会，经过多少年才可使现有货币增加 1 倍？

【解析】

$F = 1200 \times 2 = 2400(元)$

$2400 = 1200 \times (1+8\%)^n = 1200 \times (F/P, 8\%, n)$

$(F/P, 8\%, n) = 2$

查表得 $(F/P, 8\%, 9) = 1.999 = 2$

$\therefore \ n = 9(年)$

【目的】

通过推导公式+例题讲解+课堂练习，帮助学生掌握复利终值和现值的计算及应用。

★**【课程思政】**

课堂上通过单利与复利的例题讲解，让学生明白"复利+时间"的威力，教导学生珍惜时间，培养学生每天进步一点点的学习思维。

环节三：案例讨论："校园贷"事件（10 分钟）

【导入】

链接文章（新闻截图如图 4-3 所示）。

文中提到："近年来，学生因向"校园贷"借款而背负上巨额欠款的新闻屡屡被爆出，学生因还不上欠款辍学自杀的事件也时有发生。"在老师引导下，可以让一至两个学生谈谈自己的看法。

"校园贷"事件中，其中有一笔借款：本金 6000 元，借贷 7 天，利息 1500 元。

让学生在课堂上通过讨论和计算得出，"校园贷"借款的实际利率是同期银行一年期存款利率的 700 多倍。

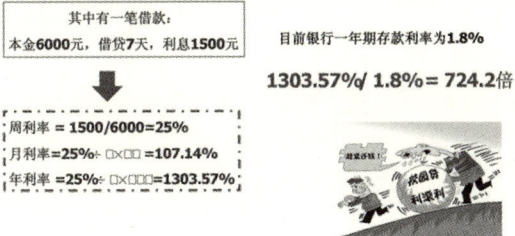

图 4-3 "校园贷"事件

【目的】

通过现实案例，让学生参与课堂讨论，一是让学生认识到理论学习的重要性；二是结合实情，鼓励学生从财务的角度观察和分析问题。

★【课程思政】

"校园贷"事件让学生既感受到了"利滚利"的威力，也充分认识到了"校园贷"的本质和危害，从而教育学生培养理性消费观念，切勿盲目攀比，追求奢靡生活。

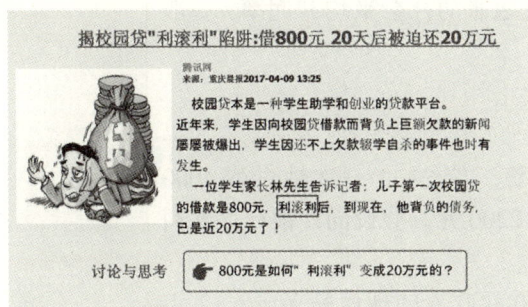

环节四：课堂总结+布置作业（3分钟）

（一）课堂总结

（1）通过"校园贷"事件，教育学生树立理性消费观念，切勿盲目攀比，追求奢靡生活。资金时间价值的学习，可以帮助学生认识到复利的威力，教导学生珍惜时间，培养学生每天进步一点点的学习思维。

（2）资金时间价值的含义与本质。

含义：资金经历一定时间的投资和再投资所产生的价值增值就是资金的时间价值。

一定量的资金在不同的时点上具有不同的价值，资金时间价值也称为货币时间价值。

实质：资金时间价值通常表现为无风险、无通胀的社会平均利润率，一般可以使用同期国债利率作为参考标准。

（3）掌握复利终值和现值的计算及应用。

（二）布置作业

（1）某企业购买一项设备，有两种付款方案。方案一，一次性付款 4000 元；方案二，首次付款 2000 元，2 年后付款 2200 元。假设同期银行存款利率为 8%，该企业应如何选择？

（2）假定年利率为 12%，则 6 年后一笔 1000 元收入的现值是多少？12 年后一笔 1000 元收入的现值是多少？为什么时间越长现值越小？

4.2　财务管理目标

所在章节	第 1 章第 3 节	课时安排	1 课时（45 分钟）

【教学目标】

1. 知识目标

理解财务管理目标的含义；掌握财务管理目标的主要观点。

2. 能力目标

能够理解并分析财务管理目标涉及的利益相关者的矛盾与协调。

3. 价值目标

树立正确的价值观；树立良好的职业道德。

【教学内容】

（1）教学重点：财务管理目标的主要观点。
（2）教学难点：财务管理目标及利益相关者的矛盾与协调。

【课程思政】

基于课程思政"引大道、启大智"的先进理念，结合案例，把"信心、责任、担当"等思政元素融入课程。通过茅台和华为的案例让学生认识到积极履行社会责任、遵守商业道德可以帮助企业更好地实现财务目标，有利于企业的长远发展；通过瑞幸咖啡财务造假，会计诚信缺失，教导学生要敬畏市场、遵守市场规则，树立良好的职业道德；通过三鹿奶粉事件看到商业道德的丧失对企业目标及财务目标的影响，引导学生树立正确的价值观。

【教学方法】

（1）启发式教学：通过相关提问启发学生思考，使其产生求知欲。
（2）案例式教学：教学过程中通过"案例导入—理论讲解—案例讨论"的形式，由案例引出教学内容，形象生动地讲解课程内容，最后回到案例中解决问题。
（3）讨论式教学：结合案例提出问题，组织同学们分组积极发言讨论，启发学生运用本堂课所学的知识来解决实际问题。在讨论中有效挖掘思政要素，将思政元素贯穿于专业课程的教学过程中，更好地发挥专业课协同育人的作用。

教　学　过　程

一、教学准备工作	
通过"超星学习通"平台推送案例(老师课前已进行案例资料的收集与整理,准备了充分的、实用的案例库素材)。	
二、教学实施过程	

环节一：案例导入(3分钟)

【案例】

(1)上市公司贵州茅台净利润高达每股 17.99 元,其股价也从 40 元一路涨到突破千元大关,成为 A 股市场上第一支千元股。

(2)华为不上市。其创始人任正非曾经说过："华为不轻易允许资本进来,因为资本贪婪的本性会破坏我们理想的实现。我们只为理想而奋斗,不为金钱而奋斗。"

(3)瑞幸咖啡财务造假,美国退市摘牌。

(4)当年的"三聚氰胺奶粉事件"不仅导致三鹿企业倒闭,还导致国内奶粉无人问津,国内奶业一蹶不振,国外超市华人抢购奶粉等现象,严重影响国家形象。

【思考】

以上企业的经营目标是什么？企业目标就是财务管理目标吗？

【目的】

通过学生熟悉的知名企业及社会影响较大的财务案例,既可以引起学生的学习兴趣,又可以导入本节课的内容"财务管理目标"。

环节二：新课内容讲授(29分钟)

(一)企业目标对财务管理的要求

1.企业的目标

企业的目标是生存、发展和获利。

2.企业目标对财务管理的要求

不同的企业目标对财务管理的要求不同。

(1)妨碍生存的原因：长期亏损(内在原因),不能偿债(外部原因)。

对财务管理的要求：以收抵支,到期偿债。

(2)妨碍发展的原因：缺乏资金。

对财务管理的要求：筹集企业发展所需要的资金。

(3)妨碍获利的原因：资金使用效率不高。

对财务管理的要求：合理使用,提高资金使用效率。

(二)财务管理目标的主要观点

1.利润最大化

利润代表企业新增财富,利润越多,企业新增财富越多,越接近企业的目标。

【思考】

A 企业今年获利 500 万元，说明企业的市场竞争力强，新创造的价值较大，对吗？

【解析】

答案是肯定的，这是"利润最大化"目标的优点。

【思考】

A 企业今年获利的 500 万元，与去年获利的 500 万元，价值相等吗？

【解析】

今年获利 500 万元不等于去年获利 500 万元。

【思考】

A 企业投入 1500 万元，获利 500 万元，但均为应收账款；B 企业投入 1000 万元，积极开发新产品，培训技术人才，改进设备，当年获利 500 万元，且均为现款。试从投入与产出、收益与风险、眼前利益与长远利益等关系分析 A、B 企业的利润目标。

【解析】

考虑投入产出、风险与收益的关系，B 企业的获利 500 万元要大于 A 企业的获利 500 万元。

【归纳】

"利润最大化"目标的缺点：

①没有考虑利润所得与投入资本之间的关系。

②没有考虑利润实现的条件及项目报酬的时间价值。

③没有考虑风险因素。

④可能导致财务决策的短期行为。

⑤利润可能未反映企业的真实业绩。

2. 每股利润最大化

◆每股利润＝净利润/流通在外的普通股股数

【归纳】

主要缺点是没有考虑每股利润取得的时间和风险。

【思考】

每股利润最大化与利润最大化目标的关系。

【解析】

相比利润最大化，每股利润最大化目标考虑了利润所得与投入资本之间的关系，但是每股利润的计算仍然是基于利润指标，其缺点与利润最大化目标基本相同。

3. 股东财富最大化——主流观点（重点）

◆股东财富＝股价×股数

◆企业价值＝债务市场价值+股权市场价值

◆股东财富的增加＝股东权益的市场增加值
＝企业价值−债务市场价值−股东投资资本

①假设股东投资资本不变，股价最大化与增加股东财富具有同等意义。

②假设股东投资资本和债务价值不变，企业价值最大化与增加股东财富具有相同的意义。

【小结】

实务中，虽然很多企业仍然将利润最大化作为财务目标，但是站在财务管理的角度，我们主要通过分析其缺点来强调利润最大化目标的不足。

【思考】

如何计量股东财富？假如你手上现有 100 股茅台的股票，你的财富是多少？

【解析】

假设茅台今天的收盘价是 1020 元，则 100 股茅台的价值 = $100 \times 1020 = 102000$（元），则你的财富将达到 10.2 万元；但若是明天股价下跌到 1000 元，则你手中的股票价值预计为 10 万元。在持股数不变的情况下，股东财富与股价的高低直接相关。

【归纳】

(1) 优点：

①概念清晰。

②考虑了资金的时间价值。

③考虑了风险因素。

④一定程度上能克服企业在追求利润上的短期行为。

⑤股东财富最大化目标易于量化，便于考核和奖惩。

(2) 缺点：

①只适用于上市公司，很难适用非上市公司。

②股东财富最大化要求金融市场有效。

③股票价格并不能准确反映企业业绩。

4. 企业价值最大化

企业价值就是指企业自身的含金量，即企业值多少钱。

企业价值最大化是指通过财务上的合理经营；采用最优的财务策略；充分考虑资金时间价值和风险与报酬关系；在保证企业长期稳定发展的基础上，使企业总价值达到最大化。

【归纳】

(1) 优点：

①考虑了时间价值和风险因素。

②能克服企业在追求利润上的短期行为。

③用价值代替价格，克服了过多受外界市场因素的干扰，有效规避了企业的短期行为。

(2) 缺点：

①企业价值的概念过于理论，不易操作。

②未来现金流量难以准确估算。

③对于非上市公司，只有对其进行专门的评估才能确定其价值，而评估很难做到客观准确。

(三)知识拓展

1. 财务管理目标与利益冲突

【思考】

企业的利益相关者有哪些？

【解析】

①最主要的利益相关者：经营者、债权人。

②其他利益相关者：员工、主要顾客、供应商、社区和工会组织等。

【小结】

实际工作中，投资者往往通过资产评估来确定资产的价值，既包括企业已获得利润水平的评价，也包括更为重要的企业潜在获利能力的评价。

企业是多边契约关系的总和，股东、债权人、经理、员工等缺一不可。各方都有各自的利益，大家的共同参与构成企业的利益制衡机制。企业在寻求企业价值最大化的过程中，必须考虑和兼顾相关利益者之间的利益并使之达到平衡，从而保证企业长期、稳定、健康的发展，具有深刻的现实意义。

【总结】

不管选择哪一种财务管理目标，都是以股东财富最大化目标为基础，企业应该在承担应尽社会责任前提下，以股东财富最大化为目标。

2.股东与经营者的矛盾冲突与协调

【思考】

股东与经营者矛盾冲突的原因是什么？

【解析】

两者的实际地位和具体行为目标等不同。

【思考】

股东与经营者矛盾冲突的表现是什么？

【解析】

①道德风险：不尽最大努力实现股东目标，如不卖力工作。

②逆向选择：经营者背离股东利益的行为，增加职务消费(如装修豪华办公室，购置高档汽车)，随意开支费用，贪污，挪用公款等。

【思考】

股东与经营者的矛盾冲突该如何协调？

【解析】

①监督：通过委派、审计等方式获取信息，发现背离时对其施以降薪、降职甚至解雇等手段。

监督意义：形成威慑，例如国企巡视。

监督局限：无法全面监督，监督不能解决全部问题(监督需要成本；信息不对称，花钱也不能解决问题)。

②激励：使经营者分享企业增加的财富，鼓励经营者财富符合股东利益最大化的行动。激励手段主要有给予现金奖励和股票期权奖励等。

激励意义：促使经营者努力工作，增加公司业绩，增加股东财富。

激励局限：激励需要成本。

3.股东与债权人的矛盾冲突与协调

【思考】

股东与债权人矛盾冲突的原因是什么？

【解析】

①股东的目标：股东财富最大化。

②债权人的目标：按期收回本息。

【思考】

股东与债权人矛盾冲突的表现是什么？

【解析】

①股东不经债权人同意投资比预期风险更高的项目。

②股东不经债权人同意发行新债，致使旧债券的价值下降。

【思考】

股东与债权人的矛盾冲突该如何协调？

【解析】

①借款合同中加入限制性条款，如规定贷款用途、规定不得发行新债或限制发行新债的规模等。

②发现公司有损害其债权意图时，拒绝进一步合作，不提供新的贷款或提前收回贷款。

环节三：案例讨论（10分钟）

【讨论1】

贵州茅台的企业目标、财务目标及股价的关系。

贵州茅台公布2020年三大经营目标：一是实现营业总收入较上年度增长10%左右；二是完成基本建设投资53.71亿元；三是安全生产实现"双百双零三低"，符合国家环境保护规定的要求。

【讨论目的】

通过组织讨论，让学生认识到茅台在实现2020年经营目标的同时注重安全生产，并严格按照国家规定积极履行环境保护的社会责任，这将大大促进企业财务管理目标的实现。

【讨论2】

华为的愿景与追求对财务管理目标有什么影响？

华为的愿景：丰富人们的沟通和生活。

华为的追求：实现客户的梦想。

【讨论目的】

通过华为的愿景及追求就是企业的目标，让学生了解企业目标决定了财务管理的目标。华为不上市的原因是其主张坚守底线、用心服务好每一位用户。

【讨论3】

瑞幸咖啡美国市场财务造假的启示。

【讨论目的】

通过讨论，让学生明白盲目追求短期利润最大化的弊端，业绩不好或造假违规会有退市的风险，遭受市场的惩罚。

【讨论4】

从"毒奶粉事件"看商业道德的丧失对企业目标及财务目标的影响。

【讨论目的】

组织学生讨论商业道德丧失的反面案例，帮助学生加深树立正确财务管理目标的重要性。

★【课程思政】
让学生认识到积极履行社会责任、遵守商业道德可以帮助企业更好地实现财务目标，有利于企业的长远发展。

★【课程思政】
以近期华为被美国禁止进口芯片事件，引出华为遭遇危机却自强不息、自主研发、永不放弃的奋斗精神，引导学生通过学习"华为精神"树立正确的价值观。

★【课程思政】
通过"瑞幸咖啡财务造假，会计诚信缺失"的案例讨论，教导学生要敬畏市场、遵守市场规则，树立良好的职业道德。

★【课程思政】
帮助学生认识到财务管理目标的导向性，错误的目标会导致企业偏离经营方向；现代企业必须合法经营，不得损害国家利益及消费者权益，引导学生树立正确的价值观。

环节四：课堂总结+布置作业(3分钟)

(一)课堂总结

(1)财务管理目标具有导向性，以"华为被美国禁止进口芯片事件"，引出华为遭遇危机却自强不息、自主研发、永不放弃的奋斗精神，引导学生通过学习"华为精神"树立正确的价值观。而从瑞幸咖啡财务造假、"三鹿毒奶粉事件"的反面案例，教导学生要敬畏市场、遵守市场规则，树立良好的职业道德，同时积极履行社会责任、遵守商业道德也可以帮助企业更好地实现财务目标，有利于企业的长远发展。

(2)财务管理目标是企业进行财务活动所要达到的根本目的，它决定着企业财务管理的基本方向。财务管理的目标是一切财务活动的出发点和归宿，是评价企业理财活动是否合理的基本标准。

(3)财务管理目标的主要观点包括利润最大化、每股利润最大化、股东财富最大化、企业价值最大化。

(二)布置作业

(1)股东财富最大化的定义是什么？与企业利润最大化相比，它有哪些优点？

(2)结合案例，请谈谈社会责任的履行对企业财务管理目标的影响。

4.3 风险的含义与量化

所在章节	第 2 章第 3 节	课时安排	1 课时（45 分钟）

（本节课教学过程详情见二维码）

云麓课堂

教学设计

【教学目标】

1. 知识目标

理解风险的含义及类型；掌握风险的量化；理解风险与价值的关系；掌握资产风险价值的估算。

2. 能力目标

能够运用资产风险的价值计量分析实际问题。

3. 价值目标

客观分析收益背后隐藏的各类风险，不要盲目地追求高收益，引导学生认清"投资有风险、入市需谨慎"的现状，以防发生难以承受的损失。

【教学内容】

（1）教学重点：正确理解风险的含义；掌握不同类型风险的特点。
（2）教学难点：资产风险的价值计量。

【课程思政】

基于课程思政"引大道、启大智"的先进理念，把"信心、责任、担当"等思政元素融入课程。通过新闻事件解析，结合近年突发的疫情，增强学生的风险意识；通过分析演示风险与收益的关系，帮助学生树立正确的风险价值观。

【教学方法】

（1）启发式教学：导入新闻事件。从戴姆勒公司的 2020 年二季度发生巨额亏损的新闻出发，启发学生思考出现巨额亏损的原因，警示学生企业经营存在的客观风险，包括外部不确定性因素，比如疫情带来的不可抗力等，从而引出本堂课的主题内容。
（2）案例式教学：教学过程中通过多个"案例导入—理论讲解—案例讨论"的形式，介绍企业经营和投资中所面临的各种风险，以及如何量化这些风险，做出及时、正确的投资决策。在财务风险分析的案例中提醒学生树立风险防范意识，培养学生诚信经营的道德品质。

4.4 投资项目的现金流量分析

所在章节	第 6 章第 2 节	课时安排	1 课时(45 分钟)

(本节课教学过程详情见二维码)

【教学目标】

1. 知识目标

掌握投资项目现金流量的构成及估算。

2. 能力目标

能够进行简单投资项目的现金流量分析。

3. 价值目标

强化学生对投资决策方法的掌握,提升其职业素养和创新能力。

【教学内容】

(1)教学重点:投资项目各期现金流量的构成及估算。
(2)教学难点:投资项目现金流量分析时应注意的事项。

【课程思政】

基于课程思政"引大道、启大智"的先进理念,把"信心、责任、担当"等思政元素融入课程。通过"互联网+"大学生创新创业大赛背景的情景设计,强化创新创业理念,激发学生创造力;帮助学生树立正确的投资观念,并运用专业知识进行科学财务分析,以提升其职业素养。

【教学方法】

(1)启发式教学:引入创新创业大赛背景,通过提问启发学生思考与主题相关的内容,使学生产生求知欲。

(2)案例式教学:教学过程中通过"案例导入—理论讲解—案例讨论"的形式,由案例引出内容,形象生动地讲解课程内容,最后回到案例解决问题。

(3)情景式教学:通过情景设计,提出问题,组织学生分组积极讨论,启发学生运用本堂课所学的知识来解决实际问题。在讨论中有效挖掘思政要素,将思政元素贯穿于专业课程的教学过程中,以便更好地发挥专业课协同育人的作用。

4.5 信用政策决策

所在章节	第8章第4节	课时安排	1课时(45分钟)

（本节课教学过程详情见二维码）

云麓课堂

教学设计

【教学目标】

1.知识目标

理解赊销产生的应收账款的优点和成本；理解企业信用政策的内容；掌握信用政策决策方法——比较信用收益法。

2.能力目标

能够应用比较信用收益法进行信用政策决策。

3.价值目标

管理好企业的应收账款，减少坏账损失，具备良好的财务决策能力。

【教学内容】

(1)教学重点：掌握信用政策决策方法及其应用。
(2)教学难点：多个信用政策决策的选择。

【课程思政】

基于课程思政"引大道、启大智"的先进理念，把"信心、责任、担当"等思政元素融入课程。通过某电脑公司的销售案例，帮助企业制订合理的赊销政策，引导学生树立正确的账款管理观念，运用专业知识进行科学财务评价。

【教学方法】

(1)启发式教学：引入某企业的销售案例，通过相关的提问启发学生思考如何制订信用政策，管理好企业的应收账款，使学生产生求知欲。

(2)案例式教学：教学过程中通过"案例导入—理论讲解—案例讨论"的形式，由案例引出内容，形象生动地讲解课程内容，最后回到案例并解决问题。

(3)情景式教学：通过情景设计，提出问题，组织学生分组积极讨论，启发学生运用本堂课所学的知识来解决实际问题。在讨论中有效挖掘思政要素，将思政元素贯穿于专业课程的教学过程中，引导学生充分发挥专业特长，分析客户的付款能力和信用状况，避免给企业造成较大的坏账损失，树立起工作的责任感。

管理学原理

黄纵，湖南信息学院管理学院教师，长沙市优秀教师，2020年湖南省普通高校教师课堂教学竞赛二等奖获得者，曾指导学生参加省级学科竞赛并获奖4项。

课　程　概　述

一、课程基本信息

"管理学原理"课程基本信息如表 5-1 所示。

表 5-1　"管理学原理"课程基本信息

课程名称	管理学原理	课程性质	专业群基础课
学时	48	开课时间	大一二学期
先修课程	无		
适用专业	管理学类专业		
使用教材	《管理学》编写组. 管理学[M]. 北京：高等教育出版社，2019.		
参考文献	雷金荣. 管理学原理[M]. 北京：北京大学出版社，2012.		

二、课程的性质和作用

"管理学原理"是管理学类专业的学科基础课，是一门系统地研究各种社会组织中管理活动普遍规律、基本原理和一般方法，并将这些原理和方法应用于指导管理实践的科学，具有综合性、多学科交叉性、历史性与实用性并重的特点。

本课程以管理与管理者、管理思想、管理六大职能为主线开展教学活动，通过理论学习、能力训练和管理实践活动，使学生掌握管理学基本原理、工具和方法，树立现代管理的思想观念，培养管理者的素质，能够运用管理学知识解决管理实践问题，为后续专业课程的学习及学生未来从事相关行业的管理工作奠定基础。

三、学情分析

本课程授课对象为工商管理、经济管理、公共管理、旅游管理等管理类专业学生，范围较广，开设时间也因专业不同有所区别，主要以大学一年级第二学期开设为主。

1. 学生学前基础学习情况调查与分析

本课程对逻辑思维、资料收集整理、沟通协调、语言表达、数学运算方面的能力要求较高，这五方面的能力对学生学习效果的影响也较大。针对此情况，本课程开发设计了五项能力测评软件。通过分析学生五项能力测评的数据，发现学生之间五项能力差异值较大，而课中的企业管理实践活动和课后的管理分析调研活动都要求具备五项综合能力，因此以个人为单位，或随机分组的小组为单位，难以完成这些学习活动。

为解决学生各项能力存在差异性的问题，本课程开发设计了信息化分组软件，根据每次教学活动的要求，进行智能分组，最大限度保障组内成员能力均衡搭配，小组间能力差异值最小，确保学习效果。

2. 不同专业学习习惯情况调查与分析

不同专业的学生，其学习方式和行为习惯存在明显差异。如：旅游管理、电子商务、国际贸易等专业学生，思维活跃、反应敏捷、善于独立思考、敢于标新立异，具有较好的探索精神，但自觉性较差，需要教师花费更多精力和时间督促学生的课前和课后学习；财务管理、会计学等专业学生相对学习扎实，大部分都能较好地完成教师布置的各项学习任务，学习主动性高，但课堂上循规蹈矩，分析问题时容易思维固化，缺乏新意，需要教师设计更多发散性的问题，以多种方式鼓励其独立思考。

综上所述，只有把学生置于教学的出发点和核心地位，做好学前学习数据测评、学中和学后的学习数据统计，在教学课堂中把握"专业差异"与"个体差异"，在教学方法和手段上"因材施教"，才能最大限度保障"管理学原理"课程的教学成效。

四、课程教学设计

1. 教学设计思路

"管理学原理"是管理类专业的理论基础课程，其教学内容一般是具有普适意义的基本规律，是在大量实践基础上经过概括归纳的重要思想和理论。因此，教学过程中，教师往往十分重视学生是否能掌握这些基础知识和理论，而忽视学生知识应用能力的培养，使得学生不但不能正确认识课程对实际工作的重要意义，还会因为单一生硬的教学方式对学习产生抗拒感，也不利于学生融会贯通地运用知识解决实际问题。

因此，在教学设计时，一方面，在管理学教学内容中糅合中国传统国学文化的管理思想，将国学中蕴含的哲学智慧与现代管理理念相结合，弘扬中国传统文化，在丰富课堂趣味性的同时，让学生在中西方管理思想的碰撞里，实现多学科交叉、互补、共融与发展。另一方面，在教学设计中注重培养学生实际知识应用能力的培养，采取"线上线下混合+翻转课堂"为主的教学方法，基础理论知识部分的教学放在课外线上完成，课堂的宝贵时间主要用于解析重难点知识和锻炼学生将知识应用于实际工作和生活场景的能力。

2. 教学目标

(1)知识目标。通过本课程的学习，了解管理学的体系结构、管理的含义及基本要素，理解基本的管理理论，熟悉管理过程的主要工作内容及其组织方法，掌握决策、计划、组织、领导、激励、控制、创新等基本职能和方法。

(2)能力目标。通过管理的主要职能的学习，使学生具备运用不同的决策方法做出合理决策的能力；具备根据实际情况做出合理计划的能力；具备组织结构图识别能力和组织结构设计能力；具备一定的沟通、激励及领导能力；能够运用所学的理论知识解决管理过程中的实际问题，提高管理决策能力。

(3)素质目标。通过管理学基础知识的学习，培养学生运用管理学逻辑理性思考问题、解决问题的思维习惯。通过学习管理学重要的职能，通过实际管理工作案例的情景影响力，使学生养成良好的职业习惯，具备较好的全局观和良好的协作交流意识，培养创新精神，最终促进学生综合职业素质的提高。

(4)思政目标。通过课堂教学中与中国传统管理智慧的结合，让学生了解中国传统文化的智慧与魅力，增强民族自豪感和文化自信；坚持立德树人，树立正确的"义利"观；正确认识自我和外部环境，进行积极向上的人生规划；贯穿"以人为本"的理念，形成诚信、友善、合作共赢的意识；培育并践行社会主义核心价值观；培养学生成为具有使命感和社会责任感以及创新创业意识的应用型管理人才。

3. 教学内容

本课程内容分为两大篇章，管理基础和管理职能(见图5-1)。第一篇章管理基础包含管理导论和管理理论演变两部分；第二篇章为管理的六大职能，包含决策、计划、组织、领导、控制和创新，以管理的六大职能为主线来展开分析和讨论，分别阐明各项基本职能的概念、内容、理论、原则、程序和方法等。

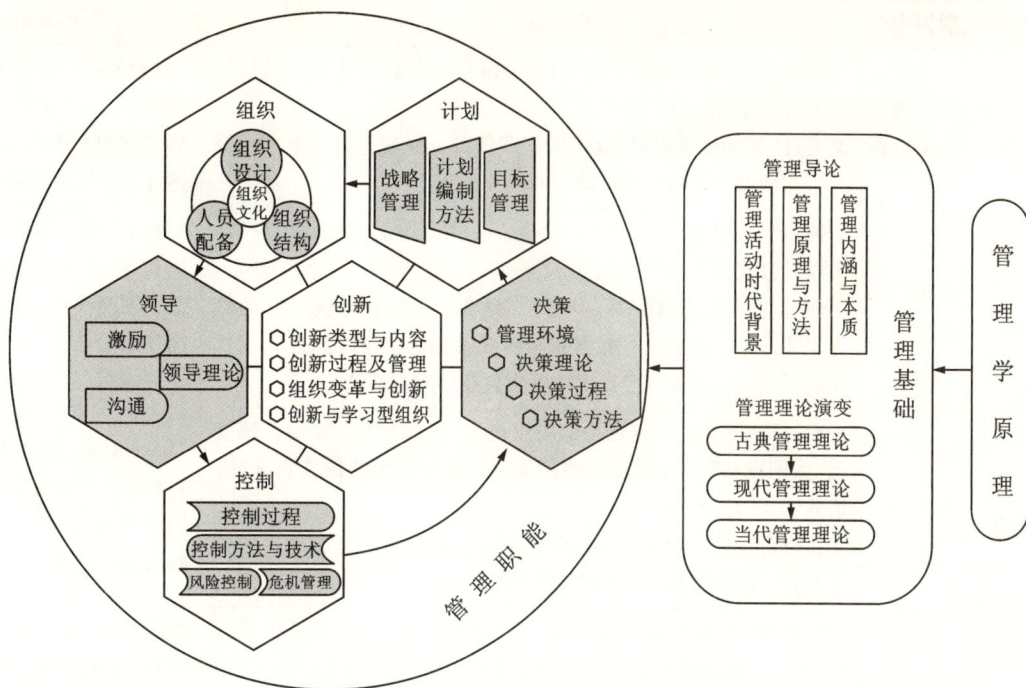

图 5-1　"管理学原理"教学内容

4. 课程思政

通过课堂教学中与中国传统管理智慧的结合，让学生了解中国传统文化的智慧与魅力，增强民族自豪感和文化自信；坚持立德树人，树立正确的"义利"观；正确认识自我和外部环境，进行积极向上的人生规划；贯穿"以人为本"的理念，形成诚信、友善、合作共赢的意识；培育并践行社会主义核心价值观；培养学生成为具有使命感和社会责任感，以及创新创业意识的应用型管理人才（表 5-2）。

表 5-2　"管理学原理"课程思政设计

序号	教学章节	授课主题	思政融入点	国学元素融入点
1	第一章 管理导论	管理的基本原理	①通过"陈光标高调行善的争议"案例，培养学生正确的社会责任感和使命感 ②通过"华为 200 万元年薪聘请应届毕业生"的案例，培育学生"学习至上""知识无价"的价值观 ③通过理论与实践关系课堂讨论活动，使学生深入理解马克思主义哲学中理论与实践的辩证关系	"道可道，非常道。"选自《道德经》，阐述理论与实践的关系
2	第二章 管理理论演变	科学管理理论	①通过以科学管理理论细致、科学和规范的工作流程的要求，激发学生认可并学习工匠精神 ②通过"顺丰"案例传递平等、友善、共赢的核心价值观 ③通过对古典科学管理理论在现代企业的运用探析，培养学生运用马克思哲学唯物辩证法提倡的"用全面的、发展的眼光去研究、观察和解决问题"的习惯	"有道之君，行治修制，先民服也。"选自《管子》，阐述科学的制度与管理效率之间的关系

续表5-2

序号	教学章节	授课主题	思政融入点	国学元素融入点
3	第三章 决策	组织微观 环境分析	①通过分析"美国封杀中兴事件",树立"富强"的社会主义核心价值观,传递爱国之情 ②通过"帮助小米逆境翻盘"的实践任务,营造逆境中不放弃努力奋斗的课堂氛围,培养学生的抗挫折能力	"故善战者,求之于势,不责于人,故能择人而任势。"选自《孙子兵法》,阐述外部环境分析的重要性
4	第三章 决策	组织内部 环境分析	①通过个人职业核心竞争力分析,帮助学生正确地认识自我,为以后自我提升找准方向 ②通过"美国封杀 TikTok(抖音),抖音是否能良好应对?"的管理实践活动,让学生了解当前国际政治形势,深入剖析我国优秀高科技民族企业,培养学生民族自豪感和自尊心	"善用兵者,不以短击长,而以长击短。"选自《史记·淮阴侯列传》,阐述内部环境分析的作用是为了扬长避短
5	第三章 决策	决策过程	①通过"三峡水利工程建设的决策过程"实践活动,让学生感受到"大国重器"背后彰显的中国实力,激发学生的民族自豪感,培养学生的民族自信心 ②通过讲述求职决策的理性分析过程,培养学生形成理性的思维方式,遇事能做出理性的决策判断	"疑行无成,疑事无功。"选自《商君书·更法》,是战国法家商鞅名言,阐述果断决策的重要性
6	第三章 决策	盈亏平衡 分析法	①以案例"会泽洋芋西施炸洋芋一年收入上百万"中"洋芋西施"从无到有的奋斗过程,培养学生敢于奋斗、拼搏的核心价值关键 ②运用盈亏平衡分析法理性指导投资行为的学习过程,培养学生理性决策的习惯和行为,养成学生创业、投资等风险时期理性思考的基础	"务完物,无息币。以物相贸易,腐败而食之货勿留,无敢居贵。"选自《史记·货殖列传》,是战国时期范蠡名言,阐述量本利之间的关系
7	第四章 计划	目标管理	①通过对"为何火神山医院十天建成"的案例分析,让学生感受"中国速度"背后祖国强大的综合实力以及中华人民团结一心抗击疫情的精神,培育学生的家国情怀 ②通过"制订英语四六级考级学习目标管理流程"管理实践的练习,培养学生积极主动、理性专注的学习工作素养	"凡事预则立,不预则废。"选自《礼记·中庸》,阐明目标对成功的重要性
8	第四章 计划	差异化 战略	①差异化战略类型的分析中引导学生正确认识自身发展特点,抓住自身特色,"精准发力",跳出"千篇一律" ②通过"比亚迪新能源汽车"差异化分析,传递比亚迪企业工匠精神和创新精神及低碳社会节能环保观念	"凡战者,以正合,以奇胜。"选自《孙子兵法》,阐述作战中出其不意,与常规想法不同的奇效
9	第五章 组织	组织设计	①选用《孙子兵法》的名言,从国学中学习东方管理智慧,传承和弘扬中华优秀传统文化 ②从学习组织设计要素的工作专业化和正规化等知识内容中,传扬工匠精神,培育敬业这一社会主义核心价值观	"凡治众如治寡,分数是也;斗众如斗寡,形名是也。"选自《孙子兵法》,阐述军队建制的规律
10	第五章 组织	无领导 小组讨论	①通过毛泽东任用罗荣桓的党史故事,加强对学生的党史学习教育 ②从无领导小组讨论法中的能力测评分析,使学生了解未来岗位对管理人才能力素质需求的倾向,帮助学生树立自我提升的目标,努力成为德智体美劳全面发展的新时代人才	"其择人宜精,其任人宜久。"选自苏轼的《策别》,阐述选拔和任用人才的规律

续表5-2

序号	教学章节	授课主题	思政融入点	国学元素融入点
11	第五章 组织	组织文化	①通过"海尔企业文化"实践分析，向学生传递爱国、敬业、友善的社会主义核心价值观，培养社会责任感 ②通过"华为的雷锋、焦裕禄精神与南泥湾计划"案例，向学生传递逆境中不放弃，为实现中华民族伟大复兴的中国梦而努力奋斗的精神	"为天地立心，为生民立命，为往圣继绝学，为万世开太平"，是北宋大家张载的名言，表达了精神价值确立、文化传承对于治理国家的重要性
12	第六章 领导	领导特质理论	①优秀领导核心特质分析活动，解析优秀领导人才必须具备的素质和能力，帮助学生找准自我提升的方向 ②通过《人民的名义》热点电视剧管理实践分析任务，传递平等、公正、法治等正确的社会主义核心价值观 ③结合汉代名著《申鉴》人才观念，实现中华优秀传统文化与管理学的融合	"人之性，有山峙渊渟者，患在不通；严刚贬绝者，患在伤士……"选自仲长统的《昌言》，阐述管理人才的优缺点及如何任用
13	第六章 领导	领导特质理论	①"副总家失火后"的管理实践分析，引领学生形成社会责任感，培养学生人文关怀的精神 ②通过结束语的解析，传扬中华优秀传统文化的同时，使学生了解国家对广大领导干部加强政治素质和个人修养的要求，增强学生的政治认同意识	"政者，正也。""其身正，不令而行；其身不正，虽令不从。"选自《论语》，阐述领导行为对管理的重要性
14	第六章 领导	激励理论	①从马斯洛需求层次理论学习中延伸思考自我激励方式，了解自我需要的倾向，实现自我激励和超越 ②从中国著名史书《资治通鉴》中总结激励管理的精华，传承弘扬中华优秀传统文化的精粹	"故赏必行，罚必信。"选自《资治通鉴·梁纪》，阐述如何激励士兵奋勇作战
15	第六章 领导	冲突管理	①引用《周恩来教育文选》中关于冲突的名言，学习周恩来总理的思想精髓与精神，加强学生的党史学习教育 ②通过学习冲突管理的策略，引导学生学会调控自身情绪，培养学生健康的情绪管理能力	"事物总是有矛盾的，有矛盾就能促进事物发展，如果停止发展，就会灭亡。"选自《周恩来文选》，阐述冲突的意义
16	第七章 控制	控制过程	①针对"期初制订的学习计划为何无法如期实现"展开讨论，培养学生自我控制、自我管理的能力 ②以"史上最严重航空事故"案例，培养学生严谨、负责的职业道德观 ③通过"大学生互联网+创新创业大赛"的情景讨论，激发学生的创新创业思维与动能	"先其未然谓之防，发而止之谓之救，行而责之谓之戒。"选自荀悦《申鉴》，阐述预防控制工作的重要性
17	第七章 控制	平衡计分卡	①通过对平衡计分卡"学习和成长"维度指标意义的分析，使学生意识到保持终身学习和成长的习惯的重要性，培养学生自我成长的意识 ②通过开篇案例"互联网帝国阿里的核心竞争力"，引发学生对民族企业的认同感和自豪感，并鼓励学生为中国梦的实现而努力奋斗	"故计国事者，则当审量权。"选自《鬼谷子》，阐述了权衡利弊得失对国家大事稳定的重要性

续表5-2

序号	教学章节	授课主题	思政融入点	国学元素融入点
18	第八章 创新	创新概述	①通过"港珠澳大桥专利"、中国创新指数排名情况等导入资料，让学生了解"中国制造"背后祖国日新月异的创新科技实力，培养学生爱国、为祖国奋斗的精神 ②通过"故宫一年文创收入15亿元"的案例分析，了解祖国传统文化如何通过创新焕发新的活力，用中华传统文化结合创新元素的美感染学生	"国弈不废旧谱，而不执旧谱；国医不泥古方，而不离古方。"选自纪昀《阅微草堂笔记》，阐述创新与循旧的关系
19	第八章 创新	组织变革	①通过"华为不死鸟，磨难后更辉煌"案例，分析华为面临危机时如何在组织变革中让公司焕发新的生机，传递不屈不挠、逆境中仍然努力奋斗的精神 ②通过源自《周易》的"穷则变，变则通，通则久"结束语，让学生将中国古代朴素唯物主义思想与现代管理学理论知识结合起来理解，弘扬中华优秀传统文化	"穷则变，变则通，通则久"选自《周易》，阐述事物都是在不断变化中发展的客观规律
20	第八章 创新	学习型组织	①通过"学习型组织"知识解析，使学生认识到在当前快速变化发展的互联网时代背景下，学习对于个人和组织的重要性，激发学生保持不断学习的内驱力 ②通过"中国女子短道速滑队包揽四项金牌"的案例，传递运动员努力奋斗、不断超越自我的精神，将大学生的"德育"融入专业课堂	"情况是在不断的变化，要使自己的思想适应新的情况，就得学习"选自《毛泽东文集》，阐述学习的重要性

5. 教学方法

基于"管理学原理"省级在线精品课程线上教学资源建设，本课程全面采用翻转课堂、线上线下混合式教学方法。

课前，根据学习导航的提示，学生线上完成微课视频观看、课前资料阅读和领取课前任务并展开初步分析等学习任务。

课中，教师通过"智慧教室"和线上"超星学习通""雨课堂"等在线教学软件，采取小组协作分析、小组间对抗辩论、学生作品及观点展示、学生互评、教师点评、集体投票评分、弹幕评论、连线外场专家点评等教学方式实现重难点知识的深度解析和管理知识的实践应用。

课后，借助线上企业沙盘推演软件、调研、报告撰写等方式，进一步验证、完善、内化知识，实现管理学知识的内化。

翻转课堂和线上线下混合的教学方法，可以加强课堂的深度和宽度，激发学生学习的能动性，提升学生学习兴趣，强化学生将知识应用于实际的能力，体现"以学生为中心"的教学思想(图5-2)。

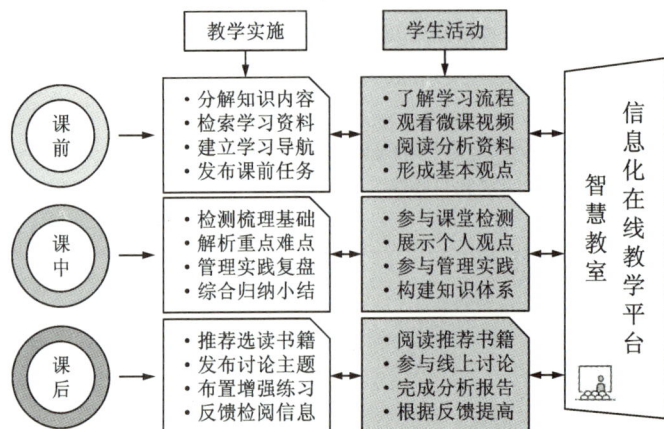

图5-2 "管理学原理"教学活动设计

6. 课程考核

为了能更好地实现"以考促学、以学促能、以能促用"，我们通过线上线下混合、过程性评价与综合性评价相结合的方式对学生进行考评。课程总成绩由过程性考评成绩和综合性考评成绩两部分构成，分别占比 60% 和 40%。过程性考评成绩由出勤、课堂活动表现、作业测评、阶段性测试和线上综合测试五部分构成，分别占总成绩比例的 6%、9%、9%、6% 和 30%。综合性考评方式也有变革，由传统试卷考试变为模拟企业组建方案拟定，与"互联网+创新创业大赛"实现对接，全面提升学生的综合素质。

线上线下混合的"过程性+综合性"考评方式，能督促学生保持持久的学习动力，实现教学过程的有效监控，保证学生知识、能力和素质均衡发展。

5.1 管理航程的灯塔
——目标管理

所在章节	第 4 章第 3 节	课时安排	1 课时(45 分钟) (附 15 分钟教学视频)

云麓课堂

教学实录

【教学目标】

1. 知识目标

了解目标管理的定义,掌握目标管理的要素及过程。

2. 能力目标

具备运用目标管理法提升管理和工作绩效的能力。

3. 价值目标

培养学生坚持不懈实现目标的学习、工作精神。

【教学内容】

(1)重点:目标管理的要素。
(2)难点:目标管理的过程。

【课程思政】

(1)通过开篇案例——"为何火神山医院十天就能建成?"让学生感受"中国速度"背后祖国强大的综合实力及中华人民团结一心抗击疫情的精神,培育学生的家国情怀。

(2)通过管理实践练习中"制定英语四六级考级学习目标管理流程",培养学生积极主动、理性专注的学习工作素养。

(3)将《礼记》中蕴含的哲学智慧与管理学目标管理理论结合起来,弘扬中国优秀传统文化。

【教学方法】

案例分析法、研讨法、练习法。

【教学流程】

本课教学流程见图 5-3 所示。

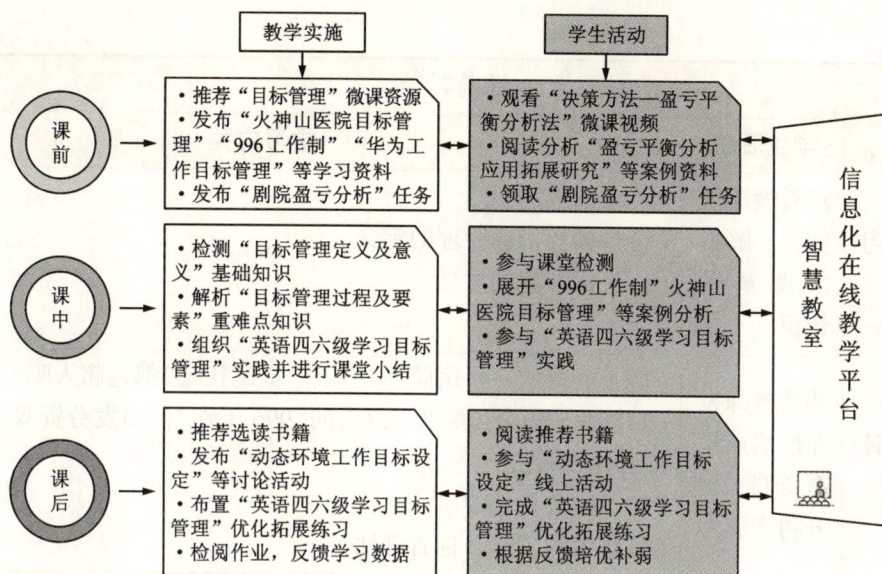

教学实施	学生活动

课前
- 推荐"目标管理"微课资源
- 发布"火神山医院目标管理""996工作制""华为工作目标管理"等学习资料
- 发布"剧院盈亏分析"任务

- 观看"决策方法—盈亏平衡分析法"微课视频
- 阅读分析"盈亏平衡分析应用拓展研究"等案例资料
- 领取"剧院盈亏分析"任务

课中
- 检测"目标管理定义及意义"基础知识
- 解析"目标管理过程及要素"重难点知识
- 组织"英语四六级学习目标管理"实践并进行课堂小结

- 参与课堂检测
- 展开"996工作制"火神山医院目标管理"等案例分析
- 参与"英语四六级学习目标管理"实践

课后
- 推荐选读书籍
- 发布"动态环境工作目标设定"等讨论活动
- 布置"英语四六级学习目标管理"优化拓展练习
- 检阅作业，反馈学习数据

- 阅读推荐书籍
- 参与"动态环境工作目标设定"线上活动
- 完成"英语四六级学习目标管理"优化拓展练习
- 根据反馈培优补弱

信息化在线教学平台

智慧教室

图 5-3　教学流程

教　学　过　程

课前导学		
教学实施	**学生活动**	**学习内容**
（一）视频学习任务发布	观看微课视频，了解本次课基础知识	（1）目标及目标管理的定义。 （2）目标管理的意义。
（二）资料阅读任务发布	阅读教师发布的热点学习资料，展开初步思考	（1）十天落成一所医院，中国的"基建狂魔"都是超人吗？ （2）阿里、华为、腾讯三巨头的"996工作"制引发劳资双方争议，对此你有什么看法？ （3）子贱放权的故事。 （4）华为的工作目标管理法。
（三）资料检索任务发布	结合微课所学知识，对资料进行思考，按要求完成资料检索任务	1.思考问题 （1）设立目标对组织和个人有何作用？ （2）"996工作制"中企业与员工双方的矛盾源自什么地方？ （3）为何子贱放权更能管理好地方？ （4）华为能开展高效目标管理的原因在哪里？ （5）火神山医院是如何运用目标管理在10天内建成的？ 2.资料检索任务 搜索整理英语四六级考试题型分布和学习攻略等资料。

课中教学		
教学实施	**学生活动**	**学习内容**
（一）案例导入引发思考（5分钟） ★【课程思政】通过开篇案例"十天建成火神山"，让学生感受"中国速度"背后祖国强大的综合实力及中华人民团结一心抗击疫情的精神，培育学生的家国情怀	回顾案例，思考问题，参与讨论	【案例分析】 中国"基建狂魔"，十天建成"火神山" ——为何火神山医院十天就能建成? 火神山医院由中建三局牵头，武汉建工、武汉市政、汉阳市政3家企业共同参与建设，方翔负责项目现场总协调工作，需要协调资源、补给、施工等多个方面的上下员工，使每个施工人员都能按照目标，在十天内完成施工进度(图5-4)。  图5-4　武汉火神山医院建设实录 (图片来源: http://baijiahao.baidu.com/s? id=1657691437666061660&wfr=spider&for=pc) 【思考讨论】 火神山医院是如何运用目标管理在10天内建成的?
（二）组织预习检测梳理基础知识（5分钟）	结合导入案例思考，参与检测	1.【单选题】从火神山医院修建过程的目标管理来看，目标管理是一个全面的(　　)，它用系统的方法，使许多关键活动结合起来。 A.激励手段　　　　　　　　B.评估工具 C.指标体系　　　　　　　　D.管理系统 2.【单选题】火神山医院建设的目标体系基础和起点是(　　)。 A.员工制定目标　　　　　　B.领导分配任务 C.最高管理层制订出"总目标"　D.员工执行任务 3.【单选题】要使员工目标与总目标和部门目标相配合，必须注意(　　)。 A.员工目标要有挑战性　　　B.员工目标数量不可多 C.上下沟通，员工参与讨论　D.员工目标要力求量化和具体化

教学实施	学生活动	学习内容
	根据案例综合检测，深入理解基础知识内容	**知识点1——目标管理的定义** 目标管理（management by objective，MBO）亦称成果管理，是指由组织成员自上而下地确定工作目标，并通过对目标完成情况的检查和奖惩的手段，自下而上地实现组织经营管理目标的一种管理方法。 **知识点2——目标管理的意义** ◇定位——为管理工作指明方向依据。 ◇激励——使成员树立信心，调动工作热情。 ◇凝聚——使成员方向一致，利益共同。 ◇考核——目标可用来衡量实际绩效。
（三）重点难点解析 （23分钟） 1.组织学生讨论分析，梳理归纳知识点	对案例进行思考，参与讨论，理解知识点	**重点知识——目标管理的要素及过程** 1.目标管理的要素 【案例分析】 "996工作制"争议：为何辛苦工作没有成效？ 所谓的"996工作制"，是一种流行于互联网企业的加班文化，意思是每天早上9点上班，晚上9点下班，每周工作6天。虽然该制度并未被明文写进合同里，但在很多互联网公司却是约定俗成的事。 以互联大佬为首的"996"拥护派提出"幸福是奋斗出来的""混日子的人不是我的兄弟"等言论，和以广大工薪阶层为主的抵制派所提出来的"996不能和奋斗划等号""比起工作时长，工作效率才更能体现员工能力"等观点，显然水火不容（图5-5）。 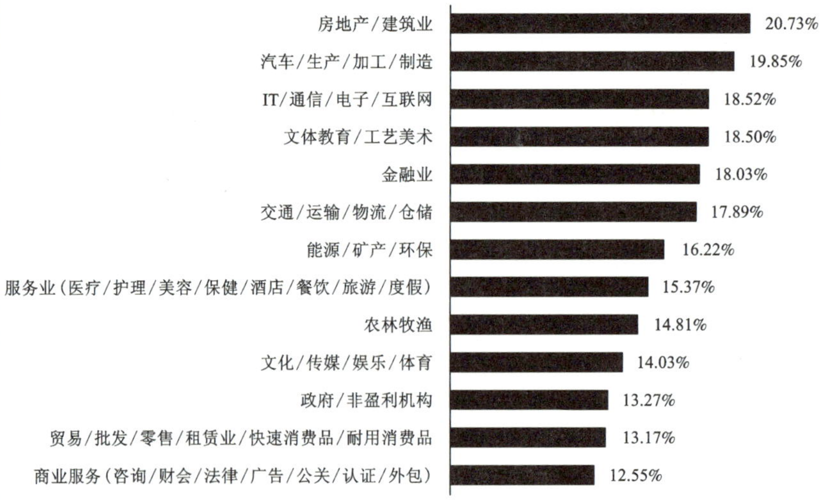 房地产/建筑业 20.73% 汽车/生产/加工/制造 19.85% IT/通信/电子/互联网 18.52% 文体教育/工艺美术 18.50% 金融业 18.03% 交通/运输/物流/仓储 17.89% 能源/矿产/环保 16.22% 服务业（医疗/护理/美容/保健/酒店/餐饮/旅游/度假）15.37% 农林牧渔 14.81% 文化/传媒/娱乐/体育 14.03% 政府/非盈利机构 13.27% 贸易/批发/零售/租赁业/快速消费品/耐用消费品 13.17% 商业服务（咨询/财会/法律/广告/公关/认证/外包）12.55% **图5-5　各行业实行996/995工作制比例** （图片来源：https://www.163.com/dy/article/ED5MR2S405129QAF.html） 【点评】 "996工作制"劳资双方的矛盾核心点在于企业与员工目标未统一，员工工作目标不明确，上班时间磨洋工，工作效率低下，管理层为实现预定绩效，强制员工"996"加班。 【案例分析】 为何子贱放权还能治理好地方？

教学实施	学生活动	学习内容
2.组织学生讨论分析，梳理归纳知识点	对案例进行思考，参与讨论，理解知识点	孔子的学生宓子贱有一次奉命治理单父（今山东省菏泽市单县）。他到任以后，却时常弹琴自娱，似乎不管政事，可是他所管辖的地方却治理得井井有条，民兴业旺。接替他的巫马期每天起早贪黑，从早忙到晚，也没有把地方治理得更好，于是他请教子贱："为什么你能治理得这么好？" 【点评】 因为子贱正确地利用了部属的力量，让下属都参与到目标的制订与决策的实施中来，发挥团队协作精神，运用团队力量来治理地方。 【案例分析】
3.组织学生讨论分析，梳理归纳知识点	对案例进行思考，参与讨论，理解知识点	华为高效管理原因分析。 华为实行严格的PBC（个人业务承诺）计划，采取自上而下分解目标的方式进行制订。华为每年从10月至次年2月，企业都要层层实行战略解码，形成目标及指标集，然后全员签署PBC，之后个人和部门的绩效评价和结果反馈都以年初设定的目标为基准进行。 【点评】 目标层层分解，落实到人，注重在规定时间内完成目标分解、实施、反馈的全过程，注重目标管理的绩效评价和结果反馈。 【知识小结1】 目标管理的四要素。 明确目标、参与决策、规定期限、反馈绩效。
4.分步骤以火神山医院修建过程为例，引导学生解析并理解知识点	结合案例，解析、理解知识点	2.目标管理的过程 【案例分析】 火神山医院目标管理的过程。 （1）确定目标。 10天内建成一所可容纳1000张床位的救命医院。 （2）目标分解（图5-6）。 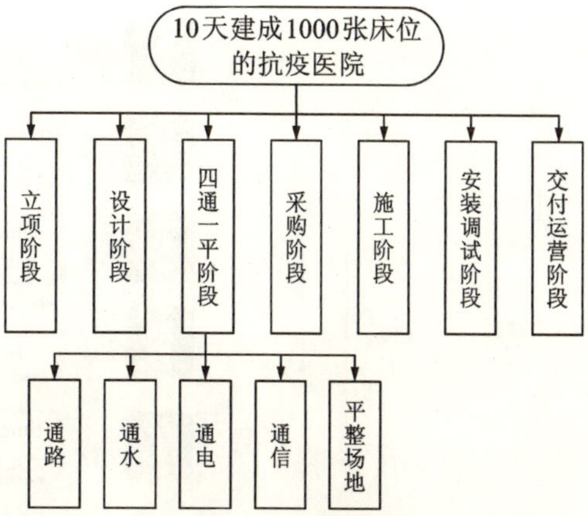 图5-6 目标分解 （3）目标执行管理。 ◇项目自我管理——项目组经理每半日一次审核项目组半天目标完成情况。

教学实施	学生活动	学习内容
5. 组织课堂投票，归纳学生观点，小结知识点	参与投票，表述观点，深入理解知识点	◇总部管理——工程信息管理总部每天两次对现场各单位施工目标完成进度通报考核。 ◇群众监管——数亿网友"云监工"。 (4)评定结果。 2020 年 2 月 2 日，武汉火神山医院举行交付仪式，标志着火神山医院按时按质完成建设任务，正式交付人民军队医务工作者。 【知识小结 2】 目标管理的过程： 确定目标——目标分解——执行目标——评定结果。 3. 目标设定的原则 【课堂投票】 从火神山医院电力项目组的三对目标设定中选择你认为更好的那一个，并谈谈为什么。 A. 完成建设场地电力建设与供应工作。 B. 1 月 31 日之前，由 260 名电力职工分小组划分区域完成电力建设与供应工作。 A. 完成 10 千伏线路改迁、箱式变压器落位及电力电缆铺设工作。 B. 完成建设场地通信搭建工作。 A. 完成 10 千伏线路改迁、箱式变压器落位及电力电缆铺设工作。 B. 7 天内完成 2 条 10 千伏线路改迁、24 台箱式变压器落位工作，8000 米电力电缆铺设。 【点评】 目标设定要符合 SMART 原则（图 5-7）。 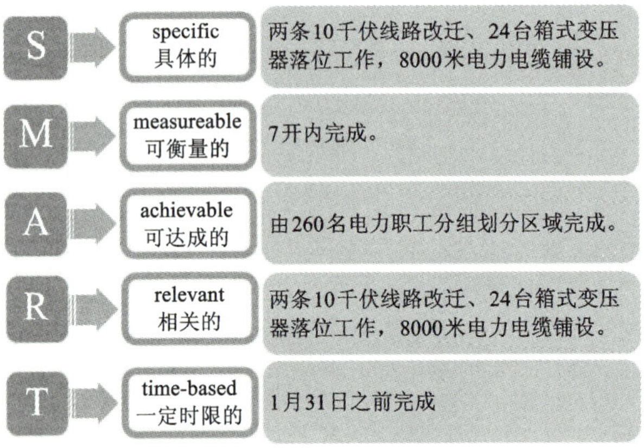 图 5-7　SMART 原则

<table>
<tr><th>教学实施</th><th>学生活动</th><th>学习内容</th></tr>
<tr><td></td><td></td><td>【知识小结 3】
目标设定的原则(图 5-8)。
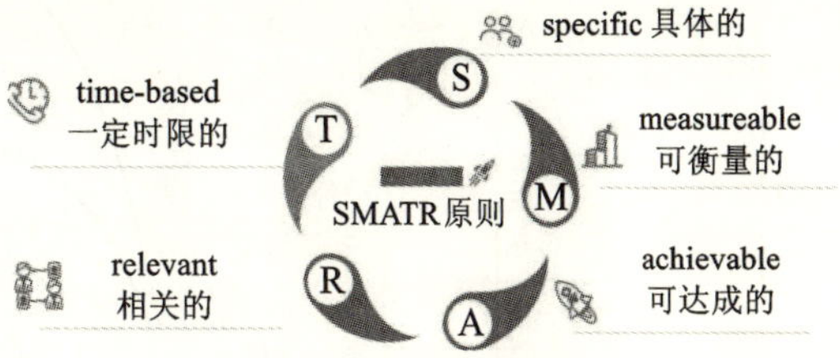

图 5-8　目标设定原则</td></tr>
<tr><td>(四)管理实践深化知识
(10 分钟)

★【课程思政】
通过英语四六级学习目标管理流程制定的实践活动，培养学生积极主动、理性专注的学习工作素养</td><td>根据所学关键知识，撰写目标管理方案，参与课堂在线投稿及互评，学会应用知识解决实际问题。
组织学生撰写英语考级目标管理方案初稿，并通过“雨课堂”投稿，选取具有代表性稿件展示，组织学生互评，教师综评</td><td>【实践任务】
结合目标管理的过程和原则，制订英语四六级考级学习目标管理流程。
【分析示例】
1. 确定目标
12 月通过英语四级考试(6 个月内)。
2. 目标分解与设定(SMART 原则)
英语四级考试分析如图 5-9 所示。
<table>
<tr><th>试卷结构</th><th>测试内容</th><th>测试题型</th><th>题目数量</th><th colspan="2">分值比例</th><th>考试时间</th></tr>
<tr><td>写作</td><td>写作</td><td>短文写作</td><td>1</td><td colspan="2">15%</td><td>30分钟</td></tr>
<tr><td rowspan="3">听力理解</td><td>短篇新闻3段</td><td>选择题（单选）</td><td>7</td><td>7%</td><td>每题1分</td><td rowspan="3">30分钟
(5分钟收卷时间)
(至少对14个)</td></tr>
<tr><td>长对话2篇</td><td>选择题（单选）</td><td>8</td><td>8%</td><td>每题1分</td></tr>
<tr><td>听力篇章3篇</td><td>选择题（单选）</td><td>10</td><td>20%</td><td>每题2分</td></tr>
<tr><td rowspan="3">阅读理解</td><td>词汇理解</td><td>选词填空</td><td>10</td><td>5%</td><td>每题0.5分</td><td rowspan="3">40分钟
(至少对18个)</td></tr>
<tr><td>长篇阅读</td><td>匹配</td><td>10</td><td>10%</td><td>每题1分</td></tr>
<tr><td>仔细阅读</td><td>多项选择</td><td>10</td><td>20%</td><td>每题2分</td></tr>
<tr><td>翻译</td><td>汉译英</td><td>段落翻译</td><td>1</td><td colspan="2">15%</td><td>30分钟</td></tr>
<tr><td>总计</td><td></td><td></td><td>57</td><td colspan="2">100%</td><td>130分钟</td></tr>
</table>
图 5-9　英语四级考试分析
(图片来源：https://www.zhihu.com/question/345021761/answer/865011840)
(1)词汇目标(S)。
4000 词汇量，单词 App 进行单词记忆，1 天 1 次(M)，每次 20 个，1 月一周期循环(T)(A)。
(2)测试目标。
每周测试 2 次，每次测试后进行错题分析(A)：
听力目标(R)：25 分钟内 25 题，得分 149～248.5 分。
阅读目标(R)：40 分钟内 30 题，得分 149～248.5 分。
翻译目标(R)：30 分钟内 140～160 个汉字翻译，得分 64～106.5 分。
写作目标(R)：30 分钟内不少于 120 个词语，得分 64～106.5 分。
3. 目标执行管理
每天/每周/每月自查、同学互查、请教师督查。
4. 评定结果
每月一次历年真题模拟测试，评估预定目标完成如何，哪些地方需要加强。</td></tr>
</table>

教学实施	学生活动	学习内容
（五）综合小结 （3分钟） ★【课程思政】 将《礼记》中蕴含的哲学智慧与管理学目标管理理论结合起来，弘扬中国优秀传统文化	回顾课前、课堂所学的知识点，形成整体印象	目标管理课堂小结如图5-10所示。 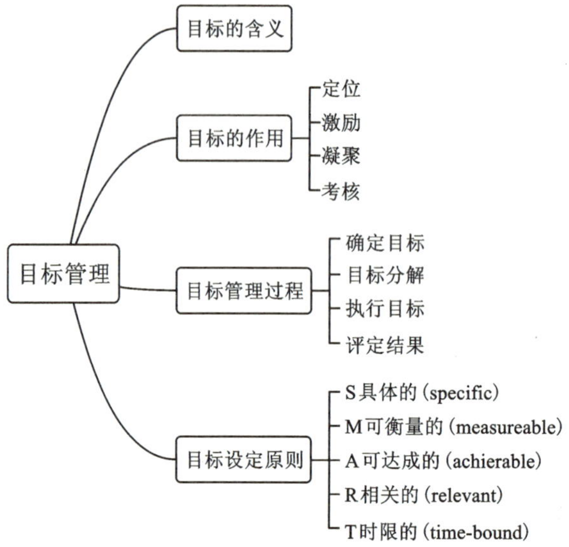 图5-10　目标管理课堂小结 【结束语】 凡事预则立，不预则废。——《礼记·中庸》 【释义】 凡事有目标、有准备就能成功，没有准备和目标就会失败。 【教师小结】 通过本堂课，我们了解到只有设立详细具体、可衡量可操作的目标，并坚持实施，管理工作才能取得最终的成功。 【课程思政小结】 火神山医院的火速落成，除了运用了科学的目标管理方案，其背后是祖国强大的综合实力和人民团结一心抗击疫情的精神在支持。实现中华民族的伟大复兴，离不开这样的家国情怀。 同时希望大家能将所学的知识转化成为实际学习工作的动力源泉，让一个又一个的目标不仅成为我们航行路上的灯塔，也成为人生路上的里程碑。

课后巩固		
教学实施	学生活动	学习内容
（一）推荐课外选读书籍	根据能力，阅读推荐书籍，拓展知识宽度	书名：坚毅·培养热情、毅力和设立目标的实用方法 作者：[美]卡洛琳·亚当斯·米勒 出版社：机械工业出版社 ISBN：9787111614036
（二）发布课后讨论主题	参与课后线上讨论，通过思考延伸知识深度	（1）目标对于个人来说，具有导向性作用，分享一下个人在大学阶段的主要学习及生活目标如何实现。 （2）在动态的环境下管理者如何有效的设定工作目标？
（三）发布课后拓展任务	结合讨论观点，撰写目标管理方案	将课堂管理实践的"英语四六级学习"目标管理方案进行优化，采用图文并茂的方式，上传至"超星学习通"平台。

【教学反思】

从管理实践任务的完成过程（"雨课堂"中的投稿）可以看出，大部分学生能较好地运用所学知识解决实际问题。但由于课堂时间有限，因此不能展示班级学生所有的实践成果，只能从完成速度较快、完成效果较好的同学中选取代表进行展示，对全面激发学生的学习积极性存在一定的不利因素。

对于这一问题，可通过课后"超星学习通"的作业反馈系统，对每位同学的作业做出详细的点评，让学生感受到老师对主动思考、认真学习的肯定。同时还可以挑选完成度较好的同学在 QQ 群进行公开表扬，对于作业完成度不佳的同学，也应进行一对一的交流和督促。

【信息化教学应用说明】

1. 课前

（1）运用已有的省级精品在线开放课程资源，开展微课学习。

（2）在"超星学习通"上发布课前阅读资料、新闻网站链接及思考任务。

（3）在"超星学习通"后台检查学生课前学习任务领取情况及微课视频观看情况。

（4）线上督促自觉性较差的学生完成课前学习要求。

2. 课中

运用"雨课堂""超星学习通"和"智慧教室"在线签到、随机选人、在线抢答、课堂投票、过程分析及结果投屏展示等信息化教学功能，开展课堂教学互动。

3. 课后

通过"超星学习通"主题讨论和作业上传及评阅功能，巩固并延伸知识。

5.2 高效管理的秘密武器——科学管理理论

所在章节	第2章第2节	课时安排	1课时(45分钟)

【教学目标】

1. 知识目标

了解科学管理理论的产生，并掌握其主要内容。

2. 能力目标

具有运用科学管理理论指导管理实践工作的能力。

3. 价值目标

培养学生科学严谨地工作学习。

【教学内容】

(1)重点：科学管理理论的主要内容。
(2)难点：科学管理理论的局限性。

【课程思政】

(1)通过科学管理理论细致、科学和规范化的工作流程要求，培养学生科学严谨的学习与工作态度。
(2)通过顺丰速运的案例，传递顺丰速运"可持续发展""企业价值与社会价值相统一"等价值观念。
(3)通过古典管理理论中科学管理理论在现代企业的运用探析，培养学生运用马克思哲学唯物辩证法提倡的"用全面的、发展的眼光去研究、观察和解决问题"的习惯。
(4)将中国先秦时期学术著作《管子》中的著名观点与管理学科学管理理论进行对照解析，弘扬中国传统哲学文化。

【教学方法】

案例分析法、研讨法、讲练结合法。

【教学流程】

本课教学流程见图 5-11 所示。

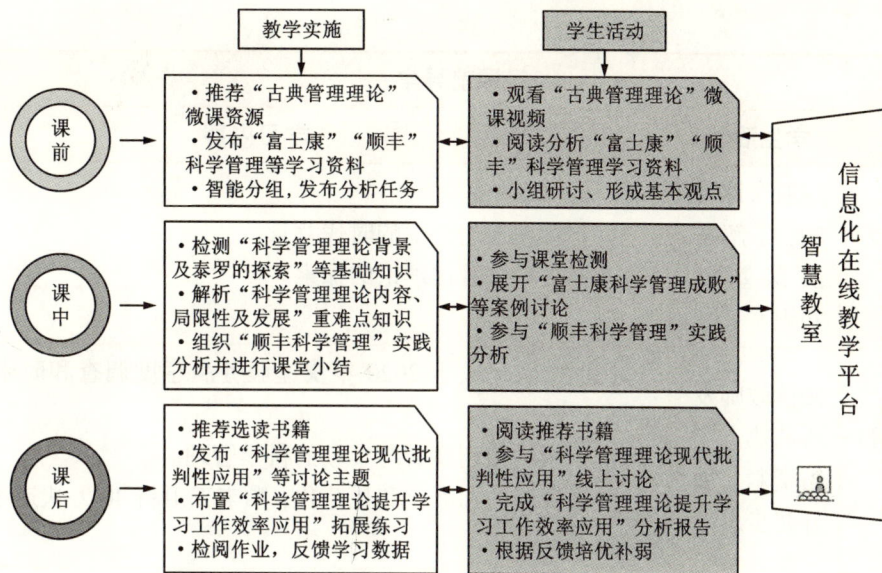

图 5-11　教学流程

教　学　过　程

课前导学		
教学实施	**学生活动**	**学习内容**
（一）视频学习任务发布	观看微课视频，了解本次课基础知识	（1）科学管理理论产生的时代背景。 （2）泰罗对科学管理理论的探索。
（二）资料阅读任务发布	阅读教师发布的热点学习资料，展开初步思考	（1）国家邮政局关于2020年快递服务满意度调查和时限测试结果的通告。 （2）富士康的盈利模式与泰勒的科学管理。 （3）重视管理的标准化和规范化，顺丰王卫将40万快递小哥打造成正规军。
（三）小组分析任务发布	结合微课所学知识，对资料进行分析，按要求完成小组讨论，并撰写解说词	1.思考问题 顺丰速运在人员管理等方面应用了什么古典管理理论？这些理论分别是由谁提出来的？ 顺丰速运成为消费者满意度最高的快递公司原因为何？ 你认为富士康的科学管理是否成功？成功在何处？失败在何处？ 2.分组并领取小组任务 （1）查看个人分组状况，以3人小组为单位，分别负责查阅资料、撰写分析报告、上台解说观点这三部分工作内容。 （2）根据给定资料，分析顺丰速运是如何运用科学管理原理的六大内容开展企业管理，并使其成为一家成功的快递公司的。

课中教学		
教学实施	学生活动	学习内容
（一）案例导入 引发思考 （3分钟）	回顾案例， 思考问题， 带着问题进 入学习	**【案例分析】** 中国快递显示"中国速度"——"最快快递"顺丰速运成功的秘诀在哪里？ 2020年1月17日晚，顺丰控股发布2019年12月快递服务业务经营简报。数据显示，2019年12月顺丰速运物流及供应链营收为118.46亿元，同比增长33.31%。这也是顺丰在2019年年内第四次月度营收突破百亿元。 2021年2月，国家邮政局通告2020年快递服务满意度调查结果和时限准时率测试结果。顺丰速运以六个单项排名均居第一位成为2020年度消费者满意度最高的快递公司（表5-3）。

表5-3 2020年快递服务品牌主要时限指标排名表

快递品牌	全程 时限	寄出地 处理时限	运输 时限	寄达地 处理时限	投递 时限	72小时 准时率
顺丰速运	1	1	1	1	1	1
邮政EMS	2	3	2	2	5	2
京东快递	3	6	3	4	2	3
中通快递	4	5	4	6	4	4
韵达快递	5	2	5	3	6	5
百世快递	6	4	6	5	7	6
申通快递	7	8	7	8	3	7
圆通快递	8	7	8	7	8	8
天天快递	9	9	9	10	9	9
德邦快递	10	10	10	9	10	10

【思考讨论】
(1)顺丰速运在人员管理等方面应用了哪些古典管理理论？这些理论分别是由谁提出来的？
(2)顺丰速运成为最快捷、最安全、消费者满意度最高的快递公司的原因在哪？

（二）组织预习 检测梳理基础 知识 （5分钟）	结合导入案 例思考，参 与检测	1.【单选题】现代管理科学发展的起点是（　　　） A. 泰罗的科学管理理论　　　　　　B. 泰罗的时间研究 C. 20世纪初美国大规模生产运动　　D. 吉尔布雷斯夫妇动作研究 2.【多选题】科学管理相信，从每个工人的每项操作中，都可以归纳出（　　　）。 A. 最佳方法　　　B. 简单规则　　　C. 最佳顺序　　　D. 科学规律

教学实施	学生活动	学习内容
（二）组织预习检测梳理基础知识（5分钟）	根据案例综合检测，深入理解基础知识内容	3.【分析题】根据你了解到的泰罗个人经历，分析科学管理理论产生的背景。 **基础知识1——科学管理理论产生的时代背景** 19世纪末20世纪初，资本主义的经济竞争开始向垄断阶段过渡，生产力得到较快的发展，企业规模不断扩大、生产技术更加先进、市场迅速扩展，竞争日益激烈，传统的经验管理远远满足不了社会进步的要求。 **基础知识2——泰罗对科学管理理论的探索** ①问题：效率低下、"磨洋工"现象。 ②原因：工人的认识问题——"劳动总额"谬论； 　　　　管理问题——管理制度存在严重的缺陷； 　　　　工人问题——使用单凭经验的工作方法。 ③实验：搬运生铁、铁砂和煤炭的铲掘及金属切削实验。 ④观念：效率源于标准。
（三）重点难点解析（18分钟） 1.组织学生投票，选取正方学生阐述观点，归纳学生观点，引入重点学习内容 ★【课程思政】通过富士康企业运用科学管理理论制定的细致、科学和规范化的工作流程要求案例，培养学生科学严谨的学习与工作习惯	参与投票，从正面分析和讨论富士康科学管理的长处，理解重点知识内容	**重点知识——科学管理理论的内容、局限性及发展** 1.科学管理理论的主要内容 （1）作业管理： ①为作业挑选"第一流工人"。 ②制定科学的工作方法。 ③实行激励性的报酬制度。 （2）组织管理： ①把计划职能与执行职能分开。 ②职能工长制。 ③例外原则。 【案例分析】 透过富士康看泰罗的科学管理（图5-12）。  图5-12 （图片来源：http://mo.techweb.com.cn/phone/2014-06-17/2121822.shtml） 【集体投票】 你认为富士康的科学管理是否成功？ 【辩证思考1】 根据给定资料分析，富士康的管理在哪些方面成功地运用了科学管理思想？

教学实施	学生活动	学习内容
		【参考答案】 ◇对工人科学管理：如苹果电脑主板生产线，对每道加工工序进行了细致的拆分，至少需经过 33 个工站，每个工站至少要一个工人，每道流水线工作时间精确到秒。 ◇实行"线长制"：每一道流水线由一名专职线长负责管理生产。 ◇实行"基本工资+加班工资"激励薪酬：基本薪酬低，但加班工资高，收入主要靠加班工资。
2. 组织反方学生阐述观点，培养学生的辩证思维习惯，结合知识点归纳学生观点	从反方角度分析和讨论富士康科学管理的不足之处，理解重点知识内容	【辩证思考 2】 富士康的管理在应用泰罗科学管理理论时是否有不科学的地方？ 【解析】 泰罗的科学管理是通过培训工人作业时去除多余动作，进而标准化工人的工作，提高工作效率，而不是以损害工人的身体为代价。 泰罗的激励性报酬制度是建立在一个整的劳动日的基础上计算的，而不是建立在加班时间上的薪酬激励。 【小结】 富士康仅考虑了前半段的标准化管理与生产，未考虑后半段员工的健康等因素。 2. 科学管理理论的局限性 (1)对工人的看法是错误的，把人看作是纯粹的"经济人"。 (2)仅重视技术因素，没有重视人的社会因素。
3. 组织学生展开更深层次的思考和辨析讨论，归纳重点知识内容	透过富士康案例，进一步深入思考科学管理理论的局限性	【辩证思考 3】 富士康的管理体现了科学管理理论的哪些局限性？ 3. 科学管理理论的其他代表人物 (1)卡尔·巴思：其研究的许多数学方法和公式为泰罗的公式研究、动作研究、金属切削试验等研究工作提供了理论依据。 (2)亨利·甘特：是泰罗在创建和推广科学管理时的亲密合作者，他与泰罗密切配合，使科学管理理论得到了进一步的发展(图 5-13)。
4. 讲授科学管理理论的其他代表人物，拓展知识宽度	系统、全面地理解科学管理理论发展历程	单位工程施工计划横道图 图 5-13　甘特图 (图片来源：https://baike.baidu.com/pic/%E7%94%98%E7%89%B9%E5%9B%BE/113232/1/72f082025aafa40f0a1a552ea964034f79f01960? fr = lemma&ct = single # aid = 0&pic = c87c6ecf6225cd04f9dc6138)

教学实施	学生活动	学习内容
		(3)吉尔布雷斯夫妇：在动作研究和工作简化方面做出了特殊贡献（图5-14）。 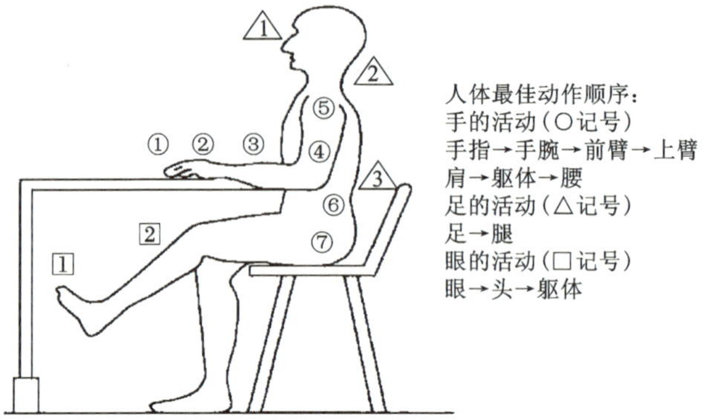 图 5-14　人体最佳动作顺序图 （图片来源：https://www.jianshu.com/p/ce7999b0a551） (4)哈林顿·埃默森：对效率问题做出了较多的研究和实践，提出了提高效率的12条原则。 (5)亨利·福特：主要贡献是时间测定，创建流水线、标准化和专业化。
（四）管理实践深化知识 （10分钟） 对学生的阐述进行总结归纳，巩固所学知识 ★【课程思政】 通过对顺丰企业科学管理的解析，引导学生感受顺丰企业"可持续发展""企业价值与社会价值"相统一等价值观念	根据所学知识，参与课堂解析，理解并整合知识。 随机抽取6个小组从科学管理的6个方面解释顺丰速运是如何进行科学管理并获得成功的	【实践任务】 根据给定资料，分析顺丰速运是如何运用科学管理原理成为快递行业最快捷、最安全、消费者满意度最高的快递公司的。 【问题解答】 Q1：顺丰速运在人员管理等方面应用了哪些古典管理理论？这些理论分别是由谁提出来的？包括哪些具体内容？ A1：科学管理理论，泰罗。 Q2：顺丰速运成为最快捷、最安全、消费者满意度最高的快递公司的原因在哪？结合科学管理理论内容分析。 A2：(1)工作定额和刺激性工资报酬制度。顺丰速运对快递员采取计件工资制度，由"基本工资+绩效工资"构成，送得越多，挣得越多，上不封顶，平均工资5000元/月，最高工资达到24500元/月。 (2)挑选"第一流工人"。顺丰招聘强调"德才兼备，以德为先"，且是快递行业中公认快递员平均学历最高的。 (3)标准化的工作流程。 ◇收费标准化——千克内不超过20元，全国联网，36小时内到达。 ◇服务时效标准化——当天发件，第二天收件。 ◇业务员服务标准化——上岗前进行专业培训，对仪容、着装、日常服务用语都有详细具体的规定。 ◇信息服务标准化——统一采用信息监控系统，使用HHT手持终端设备和GPRS技术全程监控快递运送过程。

教学实施	学生活动	学习内容
		（4）相互协作的意愿。顺丰速运采取承包制，每个快递员都有自己负责的片区，收入与片区业务量直接挂钩，既要收件也要派件，这一制度将员工个人意志和企业统一意志相结合，实现了雇主和雇员为了达到共同的目标自愿合作、共同努力。 （5）计划职能与执行职能相分离。顺丰速运部门划分明确，不同的人从事不同的岗位，更能发挥个人所长（图5-15）。 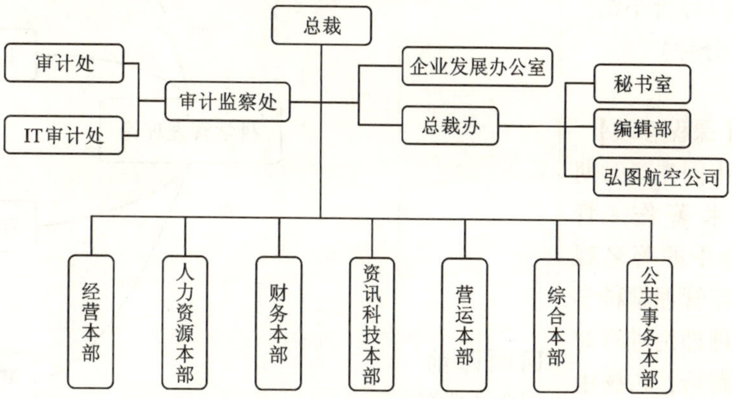 图5-15 （图片来源：http://www.sbvv.cn/chachong/1543.html） （6）例外原则。例外原则是指企业的高级管理人员把一般日常事务授权给下属管理人员，而自己保留对例外的事项（一般是重要事项）的决策权和控制权。如2018年顺丰速运推进农村市场布局，多地网点开放招标，规定已合作的供应商或经营快递、物流等同业人员不得投标。

教学实施	学生活动	学习内容
（五）综合小结 （2分钟） ★【课程思政】 将中国先秦时期学术著作《管子》中的著名观点与管理学科学管理理论进行对照解析，弘扬中国传统哲学文化 ★【课程思政】 总结时强调要从科学管理理论的效率观念角度和马克思主义哲学唯物主义辩证法角度去思考分析问题	回顾课前、课堂所学的知识点，形成整体印象	科学管理理论课堂小结如图5-16所示。 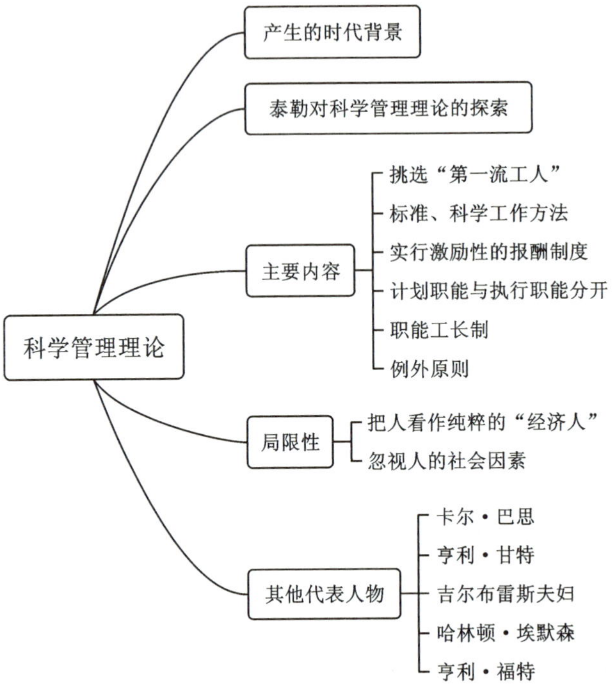 图 5-16　科学管理理论课堂小结 【结束语】 有道之君，行治修制，先民服也。——《管子》 【译文】 善于治国理政的人，通过制定有效制度来管理国家，以达到众民皆服的目的。 【教师小结】 科学管理理论的核心是通过制定科学的工作方法和管理制度来改进工作效率。因此，正确地运用科学管理理论能有效提高管理和生产的工作效率，达到高效管理的目的。 【课程思政小结】 一百多年前泰勒的科学管理理论运用到现代企业的经营管理中，会存在一定"水土不服"的现象，因此，我们必须坚持学习借鉴与革新创造相结合，边学习，边实践，边探索，边总结，边创新，才能发挥科学管理思想的强大力量，实现企业的高效管理。

科学管理理论：
- 产生的时代背景
- 泰勒对科学管理理论的探索
- 主要内容
  - 挑选"第一流工人"
  - 标准、科学工作方法
  - 实行激励性的报酬制度
  - 计划职能与执行职能分开
  - 职能工长制
  - 例外原则
- 局限性
  - 把人看作纯粹的"经济人"
  - 忽视人的社会因素
- 其他代表人物
  - 卡尔·巴思
  - 亨利·甘特
  - 吉尔布雷斯夫妇
  - 哈林顿·埃默森
  - 亨利·福特

课后巩固		
教学实施	学生活动	学习内容
（一）推荐课外选读书籍	根据学生学习能力，阅读推荐书籍，拓展知识宽度	书名：中国企业科学管理模式 作者：李华刚 出版社：时事出版社 ISBN：9787802323179
（二）发布课后讨论主题	参与课后线上讨论，通过思考延伸知识深度	（1）谈谈你对科学管理原理的评价，它在现代是否仍是有效的管理方法？ （2）对比分析富士康和顺丰速运在科学管理原理运用上的差异点。 （3）面对现代企业的管理工作，应怎样批判性继承科学管理原理的精髓？
（三）发布课后拓展任务	结合观点讨论，撰写分析报告	查阅相关资料，结合课中所学的科学管理原理的内容，以个人为单位，分析如何在日常生活、学习和工作中运用科学管理原理优化改进学习和工作效率？ 要求：①字数 1500~3000 字，按照学校论文标准格式，上传至"超星学习通"平台。 ②分析报告中所陈述的观点必须有例证支持，可以是实际生活或自己查阅的资料中的实例。

【教学反思】

富士康案例的正反方辩论过程中，部分表达能力和表现欲较强的学生参与积极性较高，能较好地实现辩证思考的目的，课堂氛围也相对比较活跃，但在课堂管控方面和表达能力较差的学生的学习积极性的激发方面还有待加强。

【信息化教学应用说明】

1. 课前

（1）运用自主开发信息化分组软件，根据本次课程实践学习要求智能分组。

（2）运用已有的省级精品在线开放课程资源，开展微课学习。

（3）在"超星学习通"上发布课前阅读资料、新闻网站链接及思考任务。

（4）在"超星学习通"后台检查学生课前学习任务领取情况及微课视频观看情况。

（5）线上即时督促自觉性较差的学生完成课前学习要求。

2. 课中

运用"雨课堂""超星学习通"和"智慧教室"在线签到、随机选人、即时投票、在线抢答、观点分析并展示投屏等信息化教学功能，开展课堂教学互动。

3. 课后

通过"超星学习通"开展主题讨论和作业上传及评阅功能，巩固并延伸知识。

5.3 知己知彼，百战不殆 ——组织微观环境分析

所在章节	第 3 章第 1 节	课时安排	1 课时(45 分钟)

(本节课教学过程详情见二维码)

云麓课堂

教学设计

【教学目标】

1.知识目标

掌握波特五力分析模型的内涵以及五种竞争力量。

2.能力目标

具备文献资料查阅能力及行业竞争环境分析能力。

3.价值目标

培养学生团队协作的精神。

【教学内容】

(1)重点：波特五力分析模型中的五种竞争力量。
(2)难点：供应方议价能力与潜在进入者威胁的分析。

【课程思政】

(1)通过"美国封杀中兴事件"，树立"只有祖国富强，人民和企业才有尊严"的社会主义价值观，传递爱国之情。
(2)通过主题实践任务"帮助小米逆境翻盘"，宣扬逆境中依然不放弃努力奋斗的精神，鼓励学生面对困难敢于迎难而上，不轻易退缩，培养学生的"逆商"。
(3)将中国古典军事著作《孙子兵法》中的著名观点与管理学的微观环境分析理论进行对照解析，弘扬中国传统哲学文化。

【教学方法】

小组研讨法、案例分析法、讲授法等。

【教学流程】

本课教学流程见图 5-17 所示。

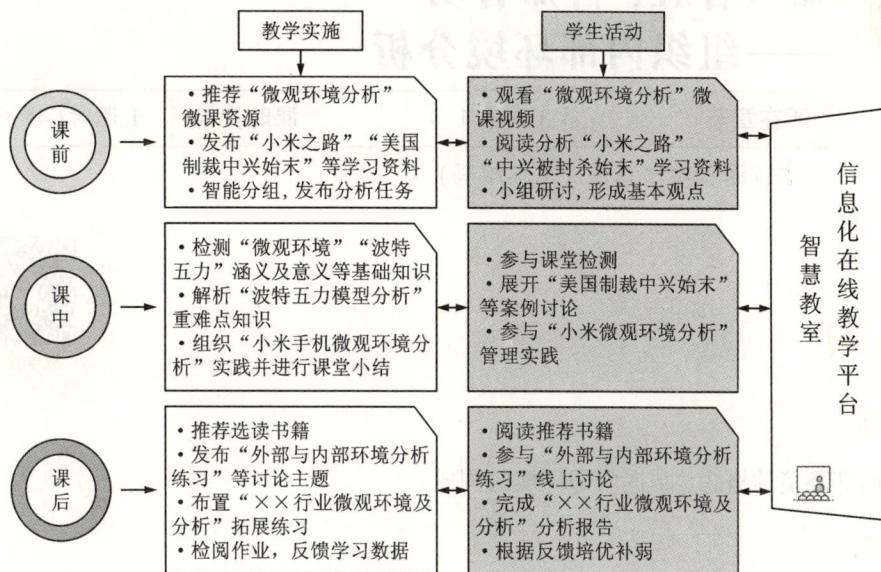

图 5-17　教学流程

5.4 知人者胜，自知者明
——组织内部环境分析

所在章节	第 3 章第 1 节	课时安排	1 课时(45 分钟)

(本节课教学过程详情见二维码)

云麓课堂

教学设计

【教学目标】

1. 知识目标

了解组织内部环境的概念，掌握内部环境的构成。

2. 能力目标

能从组织经营条件出发分析组织的内部环境状况。

3. 价值目标

培养学生的全局思维观念。

【教学内容】

(1)重点：组织内部环境分析。
(2)难点：组织核心竞争力分析。

【课程思政】

(1)通过"个人职业核心竞争力分析"，帮助学生正确地认识自我，为以后自我提升找准方向。

(2)通过"美国封杀 TikTok(抖音)，抖音是否能良好应对?"的管理实践活动，让学生在了解当前的国际政治形势的同时，深入剖析我国优秀的高科技民族企业，培养学生的民族自豪感和自尊心。

(3)将中国传统文学作品《史记》中的著名观点与管理学的内部环境分析理论进行对照解析，弘扬中国传统哲学文化。

【教学方法】

讲授法、案例分析法、研讨法。

【教学流程】

本课教学流程见图 5-18 所示。

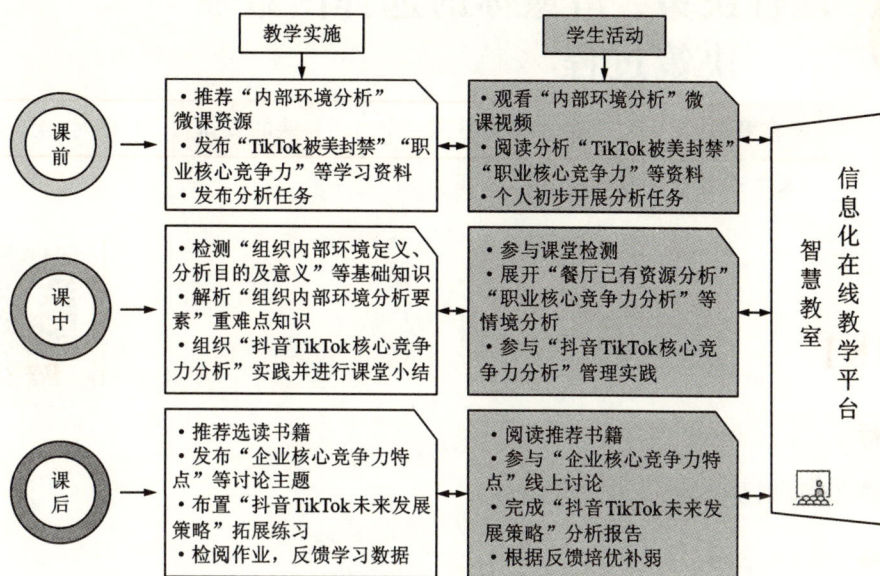

图 5-18　教学流程

5.5 理性决策，治愈你的选择困难症 ——决策过程

所在章节	第 3 章第 3 节	课时安排	1 课时（45 分钟）

（本节课教学过程详情见二维码）

云麓课堂

教学设计

【教学目标】

1. 知识目标

了解决策涵义、原则及分类，掌握决策流程。

2. 能力目标

具备对管理中存在的问题进行决策的基本能力。

3. 价值目标

培养理性分析问题、解决问题的管理思维观念。

【教学内容】

（1）重点：决策过程的六大步骤。
（2）难点：决策过程中问题的识别、目标的确定及决策结果的评估。

【课程思政】

（1）通过深入解析预习案例"创多项世界之最——三峡水利工程建设的决策过程"，让学生感受到"大国重器"背后彰显的中国实力，从而激发学生的民族自豪感，培养学生的民族自信心。

（2）通过课堂学生求职决策的理性分析过程，培养学生形成理性的思维方式，遇事能做出理性的决策判断。

（3）将战国法家代表人物商鞅的名言与现代管理学的决策过程进行对照解析，弘扬中国传统哲学文化。

【教学方法】

案例分析法、练习法、探究教学法。

【教学流程】

本课教学流程见图 5-19 所示。

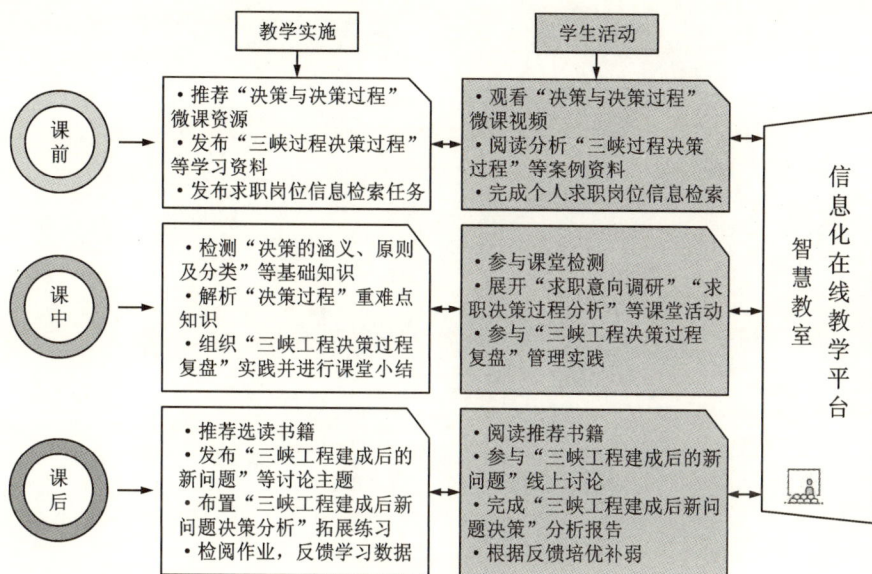

图 5-19　教学流程

基础心理学

扫描二维码

赖颖慧，湖南理工学院教育科学学院教师，湖南省普通高校教学能手，2020年湖南省普通高校教师课堂教学竞赛一等奖、北京市青年教师基本功比赛二等奖获得者。

课 程 概 述

一、课程基本信息

基础心理学课程基本信息见表 6-1。

表 6-1　基础心理学课程基本信息

课程名称	基础心理学	课程性质	专业必修课
课时	48 课时	开课时间	大一第一学期
先修课程	大学生心理健康		
适用专业	人力资源管理专业		
使用教材	黄希庭，郑涌. 心理学导论[M]. 3 版. 北京：人民教育出版社，2015.		
参考教材	彭聃龄. 普通心理学[M]. 5 版. 北京：北京师范大学出版社，2019. 费尔德曼，黄希庭. 心理学与我们[M]. 2 版. 黄希庭，等译. 北京：人民邮电出版社，2020. 桑特罗克. 心理学导论[M]. 吴思为，等译. 上海：上海社会科学院出版社，2011. 丹尼斯·库恩，等. 心理学导论：思想与行为的认识之路[M]. 13 版. 郑钢，等译. 北京：中国轻工业出版社，2014. 理查德·格里格，菲利普照·津巴多，等. 心理学与生活[M]. 19 版. 王垒，译. 北京：人民邮电出版社，2016.		

二、课程的性质和作用

　　基础心理学是心理学专业的基础课程、核心课程，也是心理学相关专业，如人力资源管理、教育学等专业的基础课程。该课程力求为入门者建立科学心理学的学习框架，为学习各心理学分支课程夯实知识基础、提供思维范式。

　　本课程的主要讲授内容包括认知与学习、行为调节与控制、个性特征等三个部分，引导学生完整认识正常个体心理的主要特征与规律，并依据规律探寻幸福人生的心灵密码。

　　通过本课程的教学，学生将掌握心理的生物基础与环境基础，认识个体最基本的各种心理现象，理解心理现象的实质。在认知神经科学、人工智能、信息技术等与心理学不断融合的时代背景下，本课程整合国内外心理学家分析个体心理的前沿思路与方法，可有效帮助学生建立对心理学及心理现象较为清晰而灵活的认知构架，激发专业兴趣，拓展学术视野，以心理学知识求真求善求美。

三、学情分析

　　"基础心理学"课程主要面向人力资源管理专业本科一年级学生。教学过程既要遵循教学规律也要遵循学生的心理发展规律，从学生的知识准备与心理准备两方面出发来认识与分析学情，思于繁、行于简，注意把握教学深度，帮助学生运用心理学知识研习心理学，提高学习与工作效能。下面分别从学生基本情况，知识储备，认知能力和情感、态度、价值观四点进行学情分析。学生的知识储备、认知与情绪情感能力等处于发展变化中，需要观察、了解与跟进学生心理变化，及时调整教学方法与教学策略。

1. 基本情况

　　（1）心理学渗透于生活点滴，学生对心理活动有感触，但缺乏系统认知。

(2)新时代青年关注内心成长，重视心理健康，对心理过程充满好奇。

2. 知识储备

(1)通过生活事件、课外阅读、媒体传播等对心理学知识有常识性认识。

(2)在修大学生心理健康课程，对心理健康相关理论与应用知识有一定掌握。

3. 认知能力

(1)心理活动的生理机制与理论解释等有一定认知难度，学生的注意易动摇。

(2)结合心理学理论，学生的观察、体验与分析现实心理活动的能力有待培养。

4. 情感、态度、价值观

(1)大一学生的学习动机、学习兴趣、学习方式等有较强的可塑性。

(2)学习积极性存在波动，需要外力助推；学生需求要重视与理解。

(3)对社会发展热点问题的关注度存在个体差异，需要价值引领。

四、课程教学设计

1. 教学设计思路

本课程贯彻以下三条教学设计总思路。

思路一：教学全程贯穿思政育人思想。"为学须先立志。志既立，则学问可次第着力。立志不定，终不济事。"思政教育与专业教育如鸟之两翼、车之双轮，须协同前行，方可相得益彰。"基础心理学"课堂教学始终将立德树人作为根本任务，每课每讲均明确思政教育的内容与方法，广泛收集思政素材，从教学设计到教学实施，在教学全过程中进行思政教育。教学设计以中华优秀传统文化为根基，将诗词歌赋、诗情画意、中华传统文化融入课程内容中，提升学生文化素养，培养学生家国情怀；以时代精神为依托，将我国经济社会高速发展过程中展现出的崭新科技面貌、优秀人物、先进事例等引入课程教学，寓"中国梦"教育于课堂教学中，进一步坚定学生的理想信念；以心理学知识与身心健康的天然联系为基础，结合教学主题，融入心理健康教育、生命教育等，引导明确自我价值，提升思政教育亲和力与针对性。

思路二：以学生为主体的教学设计思路。本课程以分析学生心理需求、激发学生学习动机为前提，促进学生思维发展，以引导学生理解与灵活运用知识为宗旨，重构教学内容，进行主题式教学，通过情景设计、游戏互动、系列问题探究等活动展开教学。

思路三：线上、线下融合式教学设计思路。本课程依托"超星泛雅"线上教学平台、"问卷星"平台等线上资源，设置主题讨论、线上调查、拓展视频、文献导读、课堂作业、习题库、试卷库等栏目，将线上、线下教学有机融合，完成课前、课中和课后教学整体布局。课前教师线上发布任务（思维导图先行组织、微视频等），学生借助平台做好课前准备，课中借助该平台辅助教学，课后通过教学平台完成课堂延伸。实时分析掌握教学状态，及时调整教学策略。

2. 教学目标

贯彻落实"三全"育人理念，根据"基础心理学"教学大纲，力求从知识、能力和价值这三方面分别实现教学目标。

(1)知识目标

①正确理解认知过程所包含的具体成分、特点、认知规律及发展特点。

②正确理解自我和他人的情绪与动机，掌握情绪与动机调控的方法。

③掌握个性心理特征的组成、理论解释与测评方法。

④学会用心理学理论视角与研究范式，分析自我与他人心理特点。

(2)能力目标

①学习表达能力。通过问题研讨、自主探究和小组探讨，培养学生自主学习、探究学习和合作学习能力；通过课堂分享交流，提高语言表达能力等。

②知识应用能力。通过知识讲解、探究活动、释疑启发等，多方位帮助学生融会贯通所学知识，学以致用。

③问题研究能力。通过游戏互动、研讨活动、案例分析等，培养学生发现问题、分析问题和解决问题的能力。

④创新创业能力。引导学生阅读文献与观看视频材料等，拓展学术视野；启发学生用心理学理论视角观察与体验生活、用心理学研究方法分析心理活动，将心理学与人力资源管理理论结合，进行综合实践创新，提升创新创业能力。

（3）价值目标。

①运用中国优秀传统文化与时代精神案例，紧密结合本土化心理学研究成果，进行优秀传统文化教育，培育学生的科学文化素养，增强文化自信，涵养家国情怀。

②在传递心理学知识的同时，担当心理育人的责任。在知识讲解过程中进行心理健康教育；引导学生形成积极人格特质，不断完善自我。

③通过游戏互动与分组讨论等，培养学生的团队意识和合作精神，通过教学情景创建，激发与培养学习动机；跟踪学科前沿，依据新近研究成果开辟教学专题，培养学生的科学精神。

④通过线上、线下多媒体技术手段辅助教学，利用智慧课堂的数据呈现与分析优势，进行线上问卷调查、互动讨论；利用多媒体课件呈现心理学实验等，增强学生的学习代入感，努力提升学生的思维品质与专业竞争水平。

3. 教学内容

"基础心理学"课程共包含16章，本课程通过分析多本国内外优秀教材，根据学情分析，对教学内容进行重组，设计了由一条教学主线、一条教学支线、一条教学辅助线构成的教学内容框架，教学内容线索清晰，结构完整，结合实际应用，创建具体情景，全面剖析基础心理学知识（教学内容架构如图6-1所示）。

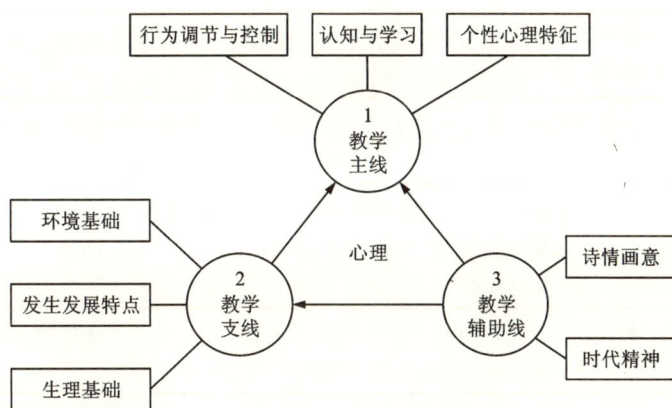

图6-1 教学内容架构

（1）教学主线从认知与学习（包括感知觉、意识与注意、记忆、思维与语言、智力、学习）、行为调节与控制（包括动机、情绪）、个性心理特征（人格）三个方面展开，进行模块化教学（如图6-2所示）。

（2）在教学主线进程中加入教学支线，探讨心理过程与个性特征的发生发展特点及其生理与环境基础，丰富教学主线，搭建立体化课程内容。

（3）设置教学辅助线，以我国优秀传统文化作品，如诗歌绘画等为引线；以科学巨擘、抗疫典型、平民英雄等为启发，激发学生学习动机，落实全过程、全员、全方位思想政治教育。

4. 课程思政

"基础心理学"课程思政设计见表6-2所示。

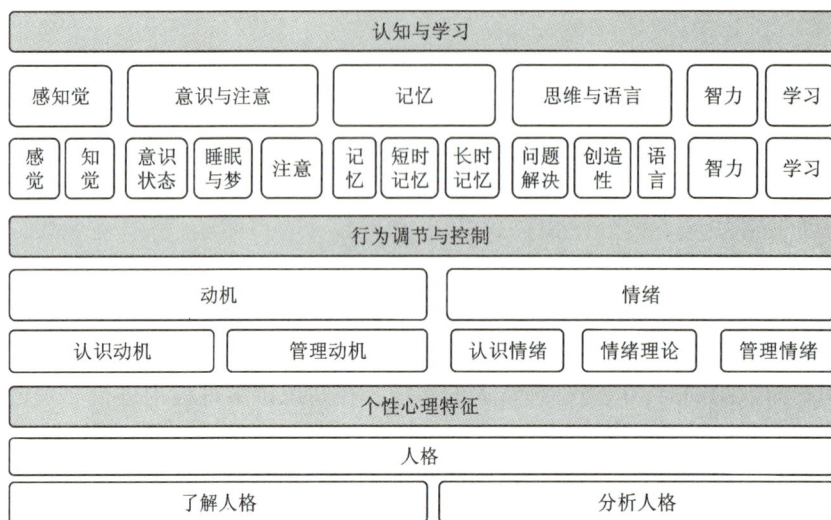

图 6-2 教学主线内容框架

表 6-2 "基础心理学"课程思政设计

序号	章节内容	思政元素融入思路
1	感觉	通过水墨中国画中的感觉现象与生活中的感觉现象应用,传播我国优秀文化,培养学生细心观察生活,理论联系实践,发现问题、分析问题与解决问题的能力
2	知觉	从祖国大好河山到优秀诗篇,从我国古代农耕文明到新时代乡村振兴,以及全息投影等高科技的发展,讲述知觉加工的方式与特性,激发学生的爱国热情。介绍阈下知觉等实验研究,延展课堂内容,培养科学精神
3	意识与注意	探讨药物与意识的关系,关注青少年身心健康。通过大学生睡眠现状分析与线上调查,引导学生科学睡眠。结合生活现象与科学研究,分析注意品质的特点与影响因素,培养研究性思维
4	记忆	将个体记忆与湖湘文化、人类文明联系,引导学生传承乡土文化、关注我国宝贵历史文化遗产,树立文化自信
5	问题解决	引导学生关注社会问题,激发解题热情。分析问题解决的非认知因素,引导学生重视情绪管理与人际建设。讲解审辩思维,培养学生善于提问、敢于质疑的思维品质。结合前沿研究,拓展学术视野,培养研究性思维
6	创造性	以我国当代创造性人格典型代表人物激活学生的创造热情。通过我国自主研发科技产品的真实案例,激励学生为实现中华民族伟大复兴的中国梦而不懈努力
7	语言	联系双语教学等语言教育实践问题,培养理论联系实践的思维方式
8	智力	始终关注并弘扬本土心理学研究成果,补充我国心理学家林崇德先生关于智力的三棱结构模型等;通过简介中医治疗新冠肺炎的独特经验,分析智力三元理论,引导学生树立文化自信
9	学习	将学习理论与教育实践紧密结合,增强学生的学习代入感,激发与培养内部学习动机,培养发散思维能力
10	动机	通过感动中国人物樊锦诗从青春到白发的文化苦旅等案例,引导学生守住前辈的火,开辟明天的路。激发为国家学习、为民族学习的热情与动力
11	情绪	依托情绪与心理健康的天然联系,本章教学各环节均注意引导学生理解积极情绪;将情绪管理能力培养的目标落实于教学各环节,坚持专业教育与思政育人协同前行,引导学生形成良好的情绪调节能力与和谐人际关系,促进心理健康发展

5. 教学方法

"基础心理学"兼具理论与应用特性，课程内容丰富多彩。通过设计启发式、探究式、游戏式、专题式、智慧课堂辅助式等多种教学方法，合理选择和综合运用多种教学方法，使抽象概念与理论形象化，紧密联系心理学应用，营造良好课堂氛围，激发学生内部学习动机，保持学生课堂注意力集中，培养学生观察生活、探究问题的思考习惯，提高学生的学习能力和综合素质。

（1）启发式教学法。

①问题导向—案例研讨。广泛涉猎心理学与生活的典型案例、跟进心理学研究动态，通过动画、视频、图画等方式设置情景导入，设计问题时注重趣味性、生活性与启发性，将针对实际案例研讨的教学贯穿课堂始终。

②苏格拉底式提问教学法。秉承国际先进教学理念，从"老师讲，学生听"的教学模式转变为"我要学，所以老师讲"的教学模式，使学生积极参与课程教学。以学生为主导，随着老师启发性提问的导入，学生会发现案例设定的情景越来越复杂，解决问题的变数越来越多，从而主动探究解决方法；在学生探究解决方法的过程中，教师再逐步引入更深层次的知识点，这将有利于培养学生主动探究知识、解决问题的学习能力，提升审辨思维能力。

（2）探究式教学法。

①自主探究—相互探讨—深入理解。学生通过自主思考、分组讨论等方式，主动探寻，获取知识，然后进行方案探讨和交流，深入理解相关知识，并学会应用。

②图画演示—启发类比—知识讲解。结合图画演示直观讲解心理现象与心理规律，利用熟悉的内容做类比分析，可激发学习的兴趣，加强对知识的理解，提高学习的效率；通过知识讲解、疑难解析，深化学生对知识的理解，使课堂教学更有效。

③探究活动—课后思考—拓展阅读。注重知识的内化与应用，始终将心理学与生活实践紧密联系，课后设置探究活动、思考活动与拓展阅读，培养学生的研究能力与创新意识。

（3）游戏式教学法。

①以问题为中心，学生为主体，将经典心理学现象、实验范式改编为互动游戏，摒弃"填鸭式"理论灌输；用视觉化教学，让学生在互动中体验、感悟、思考相关理论问题，拓展学术视野。

②将心理测量引入课堂，适当设置课前、课中或课后心理量表调查，引导学生深入理解知识的同时，促进学生自我认知，增进教师对学生心理特点的了解与分析，提升教学效果。

（4）专题式教学法。

跟踪学科前沿，设置小专题，不断更新教学内容，给学生介绍新近研究成果，培养科学精神。

（5）智慧课堂辅助式教学法。

①课前，在教学平台发布每章思维导图与相关教学资料，供学生进行学习准备。

②课中，渗透行动学习理念，利用教学平台发布课堂测试、研讨话题，进行主题互动，通过教学平台的大数据实时分析功能，实现翻转微课堂教学，激活学生思维，促进教学相长。

③课后，利用智慧课堂空间设置探究活动、课后讨论与思考，拓宽学生视野，深化学习效果。

6. 课程考核

"基础心理学"课程考核方式为形成性评价（占比50%）与结果性评价（占比50%）结合。其中，形成性评价成绩由线上与线下成绩组成；结果性评价中基础知识题约占40%，能力题约占60%。

形成性评价（100分）=考勤（10分）+课堂互动（25分）+随堂作业（20分）+小组研讨任务（45分）。

结果性评价（100分）=单选题（20分）+辨析题（20分）+简答题（20分）+材料分析题（40分）。

课堂互动包括线上、线下两部分，线上部分依托"超星泛雅"线上教学平台与"问卷星"平台，记录课程访问次数、任务点完成率、讨论积分、线上调查完成率等；线下互动主要为学生的KWL表格完成度。

6.1 你好，旧时光
——长时记忆

所在章节	第 10 章/4~5 节	课时安排	1 课时(45 分钟)(附 15 分钟教学视频)

【教学目标】

1. 知识目标

(1)理解并掌握长时记忆的含义与种类。
(2)理解并掌握长时记忆的心理过程。
(3)理解并能解释遗忘的原因。

2. 能力目标

(1)综合运用所学知识分析长时记忆的心理加工过程。
(2)能寻找合适的方式促进长时记忆的存储与提取，减少遗忘。

3. 价值目标

(1)结合当代与古代经典案例，培养科学精神，激发学生的民族情怀。
(2)通过"你好，旧时光"的主题阐发，培养学生对生活的积极态度。

【教学内容】

(1)重点：①长时记忆的含义与种类。②长时记忆的心理过程。
(2)难点：长时记忆的遗忘。
(3)重难点处理：采用游戏互动、案例分析与问题启发等，结合举例讲解、视频互动、专题拓展等多种手段，注重理论联系实际，解析重点，破解难点。

【课程思政】

(1)从中国元素漫画导入，传递社会主义核心价值观，唤起学生的民族自豪感与爱国情怀；融入传统文化元素，设计互动游戏，增强学生的文化素养。
(2)将湖湘饮食融入教学过程，呼应"你好，旧时光"的教学主题，引发学生共鸣；渗透乡土人文知识，培养学生对"生我养我"的这片土地的热爱与感恩之情。
(3)设置遗忘的原因等专题，结合前沿研究，拓宽视野，培养研究性思维。

【教学方法】

1. 游戏教学法

本讲设置了情景记忆游戏、"传画"游戏、"八仙过海"游戏等互动环节，寓教于乐，以问题为中心，学生为主体，启发学生思维，引导学生理解长时记忆的心理过程。

2. 案例教学法

通过我国优秀网络创意漫画案例等，在怀旧的图片中激发学生学习动机，从儿时回忆过渡到长时记忆，引发学生思考什么是长时记忆，长时记忆的影响因素。

3. 智慧课堂辅助教学法

(1)结合智慧课堂，设置记忆方法分享等拓展专题，引导学生在生活中科学保持记忆。
(2)利用智慧课堂互动，分析遗忘的原因，促进知识的理解与应用。

【内容导入】

"此情可待成追忆，只是当时已惘然。""此情无计可消除，才下眉头，却上心头。"记忆给我们留下了无数美好的瞬间，充盈了我们的情感世界。长时记忆让我们能与旧时光中的那些景、那些事、那些人相遇。这些信息如何在我们头脑中编码加工？如何留存？又怎样被我们提取出来？为什么我们会不知不觉遗忘？"你好，旧时光——长时记忆"选自《心理学导论》第 10 章"记忆"第 4、5 节。本讲将和同学们共同探讨什么是长时记忆，长时记忆的编码、存储、提取和遗忘问题。

【教学思路】

(1)导入：通过我国优秀网络创意漫画导入，在怀旧的图片中激发学生学习动机，从儿时回忆过渡到长时记忆。引发学生思考什么是长时记忆及其影响因素。

(2)课中：①结合"初识记忆"一讲的内容与"图片展览馆"的内容，剖析长时记忆的种类。②采用游戏互动的方式解读长时记忆的编码形式与影响因素。③通过情景记忆游戏与"传画"游戏探讨长时记忆的存储特点。④设置虚假记忆、记忆恢复现象等拓展专题，结合智慧课堂，深入剖析长时记忆存储问题。⑤结合游戏与图片展览、视频分析等方法讲解长时记忆的提取方式。⑥再次利用智慧课堂结合经典实验讲解长时记忆的遗忘。⑦补充长时记忆的特殊形式内隐记忆的相关研究结果，拓宽学术视野。

(3)课后：以思维拓展为目标，通过智慧课堂，布置课后思考任务与拓展阅读任务，增强学生对知识的理解与应用。

【教学流程】

本节课教学流程如图 6-3 所示。

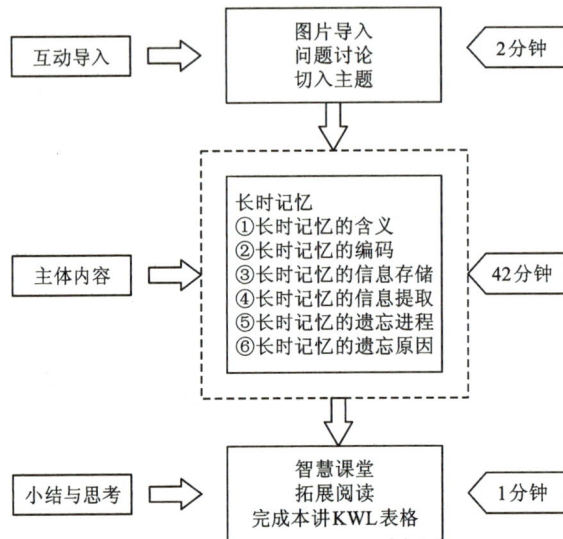

图 6-3　教学流程

教　学　过　程

教学环节	教师活动	学生活动	教学意图
	导入：你好，旧时光！（2分钟）		
导入 （2分钟）	【图片导入】 图片展览馆1（图6-4）：你好，旧时光！  图6-4　你好，旧时光！ （图片来源：https://www.zcool.com.cn/work/ZMjM1ODI5NDQ=.html） 图中文字（从上至下）：打陀螺，滚铁环。 【问题探究】 为什么我们能回忆起遥远的事物？这种记忆是否准确？	观看图片，积极互动，深入思考。	★【课程思政】 ①通过卡通图导入，激发学生学习动机，从儿时回忆过渡到长时记忆。 ②通过中国元素漫画导入，传递社会主义核心价值观，唤起学生的爱国之情。

教学环节	教师活动	学生活动	教学意图
主体内容：长时记忆（42分钟）			
（一）长时记忆的含义（1分钟）			
内涵（1分钟）	【承上启下】 回顾"初识记忆"的内容。 【图片分析】 图6-4中有哪些长时记忆？ ①我记得怎么玩陀螺——程序性记忆。 ②我记得熊猫有黑眼圈——陈述性记忆。 ③我记得熊猫的英文单词——语义记忆。 ④我记得某次跳绳的情景——情景记忆。 【类比】 长时记忆是存储时间在1分钟以上的记忆，既像无限容量的硬盘，又像井井有条的仓库，是有组织的知识系统。	回顾所学，前后联系。	剖析图片，知识类比。
（二）长时记忆的编码（5分钟）			
编码形式（3分钟）	【问题探究】 信息如何编码进入长时记忆？ 【游戏互动】 记词游戏。 (1)游戏方法：随机呈现长颈鹿、打印机、蛋糕等15个名词，让学生自由回忆。 (2)游戏关键：询问学生回忆的方法，从中提炼编码形式。 【知识讲解1】 可能的编码形式。 (1)按语义类别编码。将上述词语按语义归类。 (2)借语言特点编码。借语义、发音和字形等特征对词语编码。 举例：音韵和节律，如二十四节气歌。 (3)主观组织。把词表中的项目进行了主观意义组织。	参与游戏互动，分析长时记忆的可能编码方式。	通过游戏互动、问题探究和前后知识联系，分析长时记忆的编码形式。
影响因素（2分钟）	【前情回顾】 还记得短时记忆编码的影响因素吗？ 【互动讨论】 (1)编码时的意识状态。 ①有意编码效果好于自动编码。 ②组织活动参与可促进编码。 (2)加工深度。	前后联系，分析长时记忆编码的影响因素。	

教学环节	教师活动	学生活动	教学意图
	(三)长时记忆的信息存储(13 分钟)		
游戏导入(1 分钟)	【游戏互动】 情景记忆的详细程度多惊人? (1)游戏要求:回忆"三年前九月的第三个星期一下午你在做什么"。 (2)提示:根据时间线索一层层回忆,你会发现情节记忆的惊人详细度。 【问题探究】 你在回忆时是否发现你的记忆其实是有组织的? 引发下文:我们有强大的存储系统。	积极互动,深入思考。	设置游戏,引出长时记忆的组织方式。
组织方式(2 分钟)	【问题探究】 长时记忆是如何组织的? (1)猜想 1:分层组织。 例如根据教材目录组织知识记忆。 (2)猜想 2:语义网络。 【板书讲解】 教师根据学生在互动游戏中的回答,用板书画出回答的语义网络。	结合游戏互动的结果,分析长时记忆的可能组织方式。	结合游戏互动与板书,帮助学生梳理长时记忆的组织方式。
游戏互动(3 分钟)	【问题探究】 记忆存储一定准确吗? 【游戏互动】 "传画"游戏。 (1)游戏方法:教师在纸卡上绘制无意义图形,按教室座位顺序由第一位同学记忆该图像并画出来,然后向后面的同学传递所画图像,以此类推,传递到最后一名同学。 (2)游戏重点:观察记忆在传递过程中发生的扭曲变形。	游戏互动,思考游戏背后的记忆存储变化问题。	将巴特莱特的"接替画猫"经典实验进行变形,变为互动游戏,活跃课堂氛围的同时激发学生学习动机。
动态变化(2 分钟)	【游戏解说】 信息的存储是一个动态过程。 【知识讲解 2】 其变化表现在: (1)量变:信息的数量随时间迁移逐渐下降。 (2)质变:由于个体差异,人们的存储会产生不同形式的变化,包括简略概括、完形合理、具体夸张等方面。	承接游戏,思考记忆存储变化的特点。	总结提炼记忆存储的动态变化特点,导出虚假记忆等专题。

教学环节	教师活动	学生活动	教学意图
存储位置（2分钟）	【系统梳理】 梳理各类长时记忆在大脑中的主要存储位置（图6-5）。 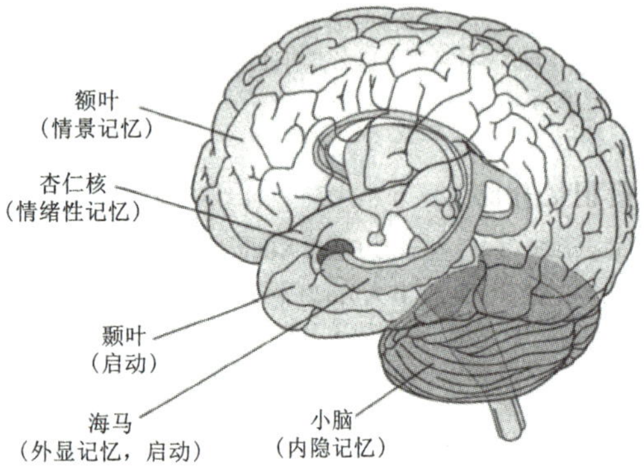 图6-5　长时记忆存储与大脑的关系 （图片来源：桑特罗克. 心理学导论[M]. 吴思为，等译. 上海：上海社会科学院出版社，2011.）	联系前面所学内容，了解记忆存储与大脑的关系。	注重知识前后联系，补充拓展记忆存储的生理机制。
智慧课堂（3分钟）	【线上讨论】 在线上讨论区分享一到两种你的复习方法。	登录"超星学习通"课堂空间，进行讨论，思考如何增强记忆存储。	利用智慧课堂的数据呈现与分析优势，实时互动，启发学生思考记忆存储的促进。

（四）长时记忆的信息提取（7分钟）

教学环节	教师活动	学生活动	教学意图
再认（4分钟）	【游戏互动】 再认过海八仙。 游戏方式：呈现若干名字，要求学生判断哪些名字是八仙的名字。 【知识讲解3】 再认的含义。 再认是指人们对感知过、思考过或体验过的事物，当它再度呈现时，仍能认识的心理过程。 【讨论归纳】 影响再认的因素。	参与游戏，积极思考，理解再认的含义。	★【课程思政】 融入传统文化元素，设计互动游戏，激发学生积极性，深入浅出地讲解"再认"与"回忆"的概念，同时增强学生的文化素养。
回忆（3分钟）	【图片导入】 图片展览馆2（图6-6）：回忆八仙排位。  图.6-6　八仙过海图	观看图片，积极互动，理解回忆的定义及其影响因素。	

教学环节	教师活动	学生活动	教学意图
	【师生互动】 仔细看图，从左往右回忆图中八仙排位。 【知识讲解4】 回忆的含义。 回忆是过去经历的事物形象或概念在头脑中重新出现的过程。 【互动探讨】 再认与回忆的区别。		
（五）长时记忆的遗忘进程（2分钟）			
遗忘 进程 （2分钟）	【问题探究】 时间如何影响我们的记忆？ 【知识讲解5】 （1）艾宾浩斯的研究。 （2）遗忘曲线。 （3）概念界定：记忆内容不能保持或者提取有困难就是遗忘。	根据经典实验，理解长时记忆的遗忘进程。	介绍经典实验，讲解长时记忆遗忘进程。
（六）长时记忆的遗忘原因（14分钟）			
导入 （3分钟）	【视频导入】 "画"说湖湘饮食（图6-7）。 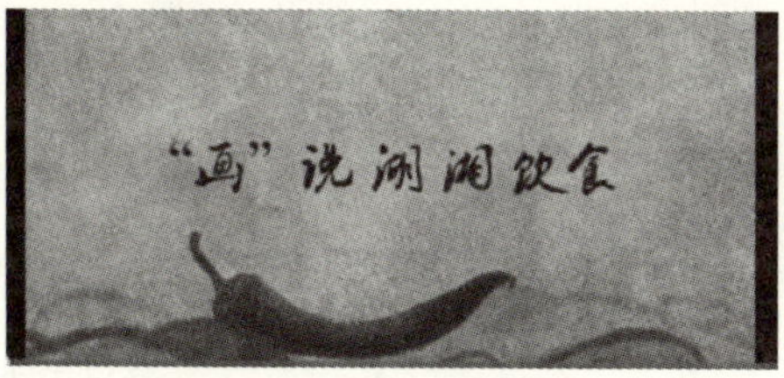 图6-7 "画"说湖湘饮食 （视频来源：https://www.zcool.com.cn/work/ZMTk3MDkyNDg=.html） 【师生互动】 请回忆刚才呈现了哪些美食。 【智慧课堂】 通过"超星学习通"平台上的主题讨论，分析学生答案，提炼遗忘原因。	观看视频，积极互动，分析遗忘的可能原因。	从湖湘饮食切入，设计互动活动，再次强调"你好，旧时光"的教学主题。 ★【课程思政】 传播湖湘文化，培养学生对这片土地的热爱之情。
编码 缺失 （2分钟）	【提出问题】 承接学生讨论，提出问题，解释"编码缺失"。	思考问题，并理解编码缺失如何造成遗忘。	通过问题启发，解释编码缺失引发的遗忘。

教学环节	教师活动	学生活动	教学意图
衰退 （2分钟）	【知识讲解6】 遗忘是记忆痕迹消退的结果。 从认知神经科学的角度进行简要解释。 【问题探究】 衰退理论无法解释哪些现象？ 【案例分析】 《我和我的家乡》（视频略）中患有阿尔兹海默病的老人仍能记住很早之前的事。	观看视频，积极思考。	辩证分析衰退假设。 ★【课程思政】 通过优秀国产电影片段展现老教师的人格魅力，引导学生形成正确价值观，激发学生的爱国热情。
干扰 （3分钟）	【知识讲解7】 （1）干扰：记忆项目或内容之间会相互干扰，造成提取失败。 （2）两种干扰类型。 ①前摄干扰：先学干扰后学。 ②倒摄干扰：后学干扰先学。 （3）学以致用：干扰说对记单词的启发（图6-8）。 图6-8 干扰示意图 （图片来源：https://ss0.baidu.com/6ON1bjeh1BF3odCf/it/u=730298120，1840209936&fm=27&gp=0.jpg）	联系实际，理解记忆项目相互干扰对遗忘的作用。	解释干扰引发的遗忘。 ★【课程思政】 以应用为目的，帮助学生将记忆干扰相关的规律应用于自身的学习过程中。
线索缺失 （2分钟）	【知识讲解8】 舌尖现象：明知道发生过某件事，就是回忆不起来的现象。 信息存放在记忆库中，但缺少提取线索。	结合新近研究成果，全面认识舌尖现象。	通过舌尖现象说明线索缺失引发的遗忘。 ★【课程思政】 介绍新近研究成果，培养学生的科学精神。
动机性遗忘 （2分钟）	【举例分析】 动机性遗忘。对某些极度痛苦、悲伤、尴尬等事件会主动遗忘。 【思维拓展】 利用教师所做的研究，探讨情绪对遗忘的影响。	结合案例，理解动机性遗忘。	结合社会热点话题与科学研究，探讨动机性遗忘现象。

教学环节	教师活动	学生活动	教学意图
	小结与思考(1分钟)		
小结 (0.5 分钟)	记忆承载了美好时光,塑造了文化;理解长时记忆的编码、存储与提取,用更好的方法留住时光。	积极思考总结。	总结并升华主题。
布置课后活动(0.5分钟)	【课后思考】 你有哪些好办法增强记忆?请在"超星学习通"课程空间说出你的金点子。 【拓展阅读】 记忆与遗忘。 登录"超星学习通",观看《探索心理学》视频9,进一步了解我们为什么会遗忘。	完成课后活动,梳理所学,完成本讲KWL表格。	★【课程思政】 ①设置探究活动,培养学生利用科学知识观察生活的能力。 ②提供拓展视频,帮助学生深入理解长时记忆的心理成分。

【教学反思】

本次课聚焦于长时记忆,视频互动的教学形式较受学生欢迎,通过声音、图像等信息营造了良好的课堂氛围;游戏互动可以达到预期教学效果;在讲解记忆的大脑结构时,需配合新近研究或案例,帮助学生更好地理解与记忆。

【板书设计】

本节课板书设计如图 6-9 所示。

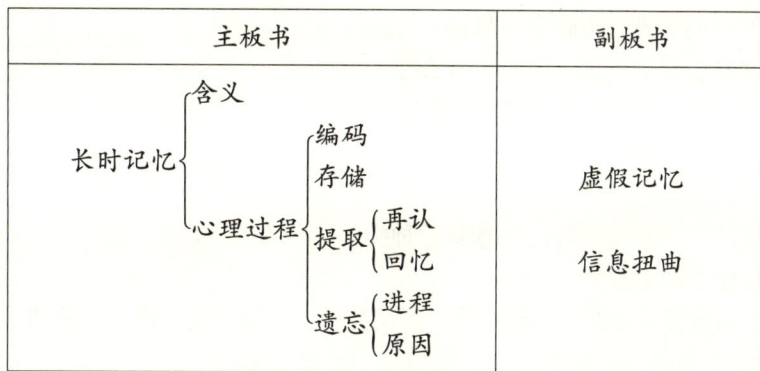

图 6-9　板书设计

6.2 醉心山水间
——知觉世界

所在章节	第 10 章	课时安排	1 课时(45 分钟)

【教学目标】

1. 知识目标

(1)理解并掌握知觉的加工方式。
(2)理解知觉特性。
(3)理解知觉种类。

2. 能力目标

(1)综合运用所学知识分析知觉特性。
(2)在理解时间知觉特点的基础上,能科学管理时间。
(3)能观察分析并利用生活中的错觉。

3. 价值目标

(1)帮助学生做好时间管理,明确奋斗目标。
(2)引导学生关注社会热点问题,培养积极心态。
(3)引导学生关注国情,激发学生的爱国热情。

【教学内容】

(1)重点:①知觉过程。②知觉特性。③知觉种类。
(2)难点:知觉特性与知觉种类。
(3)重难点处理:通过图片赏析、问题启发、案例分析、实验互动、线上讨论等多种方法,帮助学生理解教学重难点问题。

【课程思政】

(1)从祖国大好河山到优秀诗篇,从我国古代农耕文明到新时代乡村振兴,以及全息投影等科技的发展,讲述知觉的加工的方式与特性,激发学生的民族自豪和爱国热情。
(2)设置专题,介绍深度知觉、阈下知觉等心理学实验研究,延展课堂内容,培养学生的科学精神。
(3)设置专题,结合线上问卷调查,探讨时间管理现状与时间管理方法及错觉与生活的关系,引导学生珍惜光阴,培养学生理论联系实践,以及发现问题、分析问题与解决问题的能力。

【教学方法】

1. 启发式教学法

将系列图画与系列问题结合，启发学生思考知觉过程与知觉特性；结合生活现象与生活问题，讲解错觉类型与错觉成因；结合经典实验与问题探究，讲解深度知觉。

2. 智慧课堂教学辅助法

在课中利用学习平台进行教学主题互动，通过教学平台的大数据实时分析功能，实现教学监测，激活学生思维，促进教学相长。渗透行动学习理念，在课后利用智慧课堂空间提供相关视频，拓宽学生视野，深化学习效果。

3. 专题教学法

分别设置小专题，介绍知觉特性与新科技的关系，讨论时间管理的概念与方法，延展课堂内容。

4. 游戏教学法

将心理学实验改编为游戏互动，通过启发思考，探讨阈下知觉等问题。

【内容导入】

"遥望洞庭山水翠，白银盘里一青螺"讲述了知觉的理解性，"人闲桂花落，夜静春山空"体现了知觉的选择性，"深林人不知，明月来相照"提到了深度知觉，"竹喧归浣女，莲动下渔舟"说的是运动知觉，"野旷天低树，江清月近人"反映了看月亮的错觉。你是否惊叹于我国古代文人山水写意中的知觉世界，你又是否意识到知觉就在你身边？究竟什么是知觉？知觉会经历怎样的过程？知觉有哪些特性？有哪些种类？错觉有哪些？知觉如何影响人的生活？本讲"醉心山水间——知觉世界"选自《心理学导论》第10章"知觉"，将带领大家拨云见日，走进知觉世界。

【教学思路】

(1)导入：通过《洞庭天下水，岳阳天下楼》的图片分析，引导学生思考知觉的内容与作用。

(2)课中：①承接图片案例，提出问题，通过动画来展示知觉的神经通路。②以我国乡村巨变为话题导入，分析知觉与知识经验的关系。③采用"图片展览馆"的形式，结合问题启发，分析知觉特性的特点与影响因素。④通过设置小专题，介绍知觉特性与新科技的关系。⑤结合经典实验与问题探究，讲解深度知觉。⑥通过专题设置和智慧课堂讲解时间知觉的特点。⑦结合生活现象与生活问题，讲解错觉类型与错觉成因。

(3)课后：以思维拓展为目标，布置课后探究活动与拓展阅读，增强学生对知识的理解与应用。

【教学流程】

本节课教学流程如图 6-10 所示。

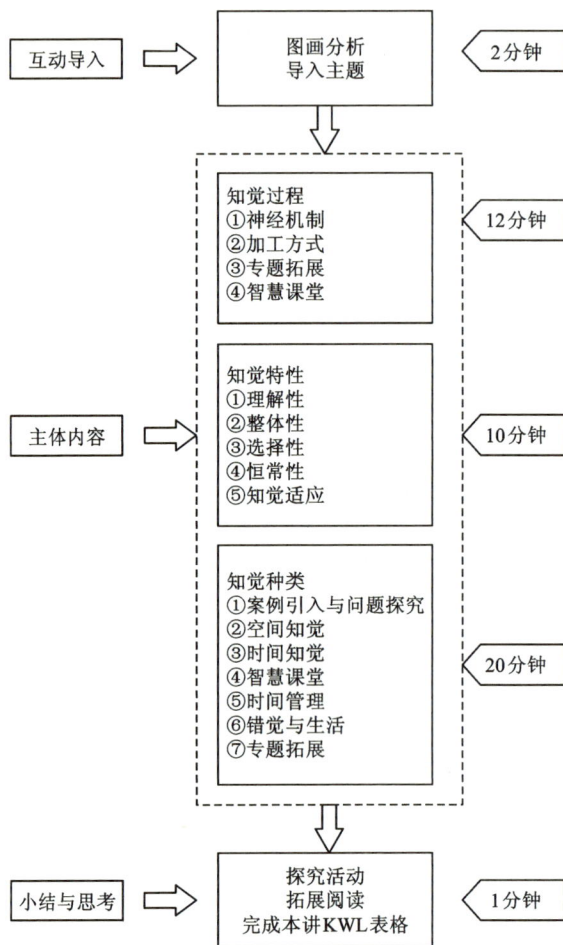

图 6-10　教学流程

教 学 过 程

教学环节	教师活动	学生活动	教学意图
导入：醉心山水间（2分钟）			
导入 （2分钟）	【图画导入】 《洞庭天下水，岳阳天下楼》（图6-11）。  **图6-11 《洞庭天下水，岳阳天下楼》** （图片来源：https://www.sohu.com/a/71963269_390682） 【问题探究】 你如何将一个视觉图像理解为你所认识的事物？ 【知识讲解】 知觉的含义。 知觉为感觉赋予意义，知觉的任务就是从环境中提取感觉信息，然后将其组织为稳定而有意义的事物。 知觉过程能将刺激与记忆中的图像匹配。	跟随问题，分析图片，思考知觉的含义，辨析感觉和知觉的概念。	【承上启下】 启发思考感觉与知觉的关系。 ★【课程思政】 联系本土名胜与乡村新貌，观赏神州美景，激发爱国热情，培养忧乐情怀。
主体内容：知觉世界（42分钟）			
（一）知觉过程（12分钟）			
神经机制 （2分钟）	【问题探究】 我为何知道照片描绘的是岳阳楼？ 【动画展示大脑通路】（图6-12） 辨识通路：眼睛—颞叶—色彩与形状。 空间通路：眼睛—顶叶—物体位置。 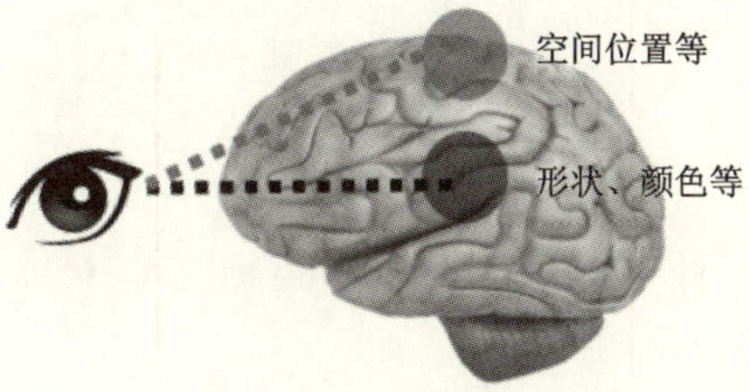 空间位置等 形状、颜色等 **图6-12 大脑通路**	听讲解，分析知觉赋予意义的神经机制。	【演示分析】 结合动画演示，简要讲解知觉过程的神经机制。

教学环节	教师活动	学生活动	教学意图
	【疑难解析】 解释大脑的特征捆绑功能。 同一物体不同特征的神经元族群放电模式同步；大脑将特征结合成单个知觉物。		
加工方式 (5分钟)	**【问题探究】** 把目光从风景名胜转移到农村，说到农村，你脑子里浮出什么画面？ **【图画导入】** 由乡村巨变展开(如图6-13所示)。 展示我国新旧农村照片。随着我国经济高速发展，我们对农村的知觉随经验而改变，引出自上而下加工的概念。  **图6-13 由乡村巨变展开** (图片来源：https://570909.nync.com/article/1278698.html；https://zhidao.baidu.com/question/1373092407314442819.html) **【知识讲解1】** 自上而下加工(概念驱动加工)(图6-14)。 经验、期望、动机引导知觉过程中的信息选择、整合和表征建构。 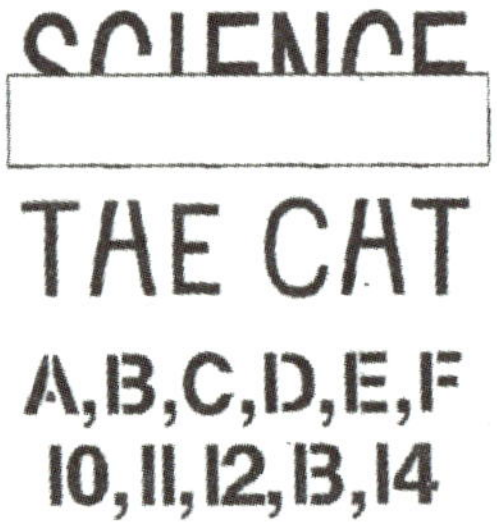 **图6-14 形象讲解自上而下的加工** (图片来源：黄希庭，郑涌.心理学导论[M].北京：人民教育出版社，2015.) **【知识讲解2】** 自下而上加工(数据驱动加工)。 知觉者从环境中一个细小的感觉信息开始，将它们以各种方式组合形成知觉。 情景互动：在杂乱的桌面上找一张便签。 图片互动：讲解自下而上的加工。	积极参与，发散思维的同时深入思考知觉经验对生活的影响，理解加工方式的特点。	**【比较分析】** 通过案例讨论，比较分析两种知觉加工方式。 ★**【课程思政】** 从新时代乡村振兴视角，引导学生体会知觉经验更新的意义，感受国家发展巨变，激发爱国热情。

教学环节	教师活动	学生活动	教学意图
专题 拓展 (3 分钟)	【专题】 人脸知觉(面孔识别)。 实验研究 1：人脸知觉准确性受文化、经验影响。 实验研究 2：自闭症儿童的人脸识别(图 6-15)。 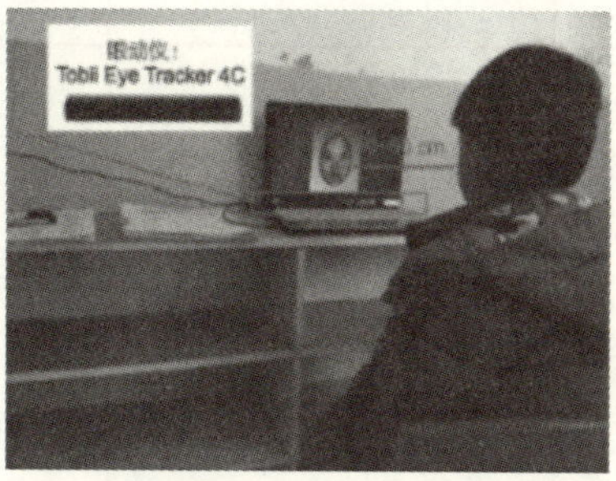 图 6-15　眼动仪：Tobii Eye Tracker 4C (图片来源：王广帅，等. 基于多重因素混合设计和眼动追踪的自闭症谱系障碍儿童情绪面孔识别[J]. 科学通报，2018，63(31)：3204-3216.)	了解眼动等技术在心理学研究中的应用；认识文化等对人脸知觉的影响。	【拓展讨论】 结合人力资源管理专业学生特点，讨论热点问题——"人脸识别"，助长专业能力。
智慧 课堂 (2 分钟)	【线上讨论】 举出你所了解的知觉加工受经验、期望、动机、文化等影响的例子。	在"超星学习通"上参与互动，获取课程积分。	【智慧课堂】 通过智慧课堂互动与大数据词云分析实现教学相长。
	(二)知觉特性(10 分钟)		
理解性 (4 分钟)	【问题探究】 为什么人能对山水赋予意义？ 【图片互动】 桂林的山水与石林(图 6-16)。  图 6-16　桂林的山水与石林 (图片来源：https://www. sohu. com/a/227531487_348725；http://www. glhyjd. com/show_content. php? id=220) 【知识讲解 3】 知觉的理解性。 知觉需要以经验、知识为基础，以便对知觉对象做出最佳解释、说明。 影响知觉理解性的因素： (1)知觉经验。 (2)言语指导。 (3)任务目的。	参与互动，认真听讲，积极思考，深入理解。思考知觉的理解性与其影响因素。	★【课程思政】 ①从桂林的山水与石林切入，说明人们对山水赋予意义源自知觉的理解性。 ②呼应"醉心山水间"的主题，渗透对祖国山水的热爱之情。

教学环节	教师活动	学生活动	教学意图
	【拓展专题】 眼见一定为实吗？ 【举例】 目击证人的知觉受多种因素影响。先前经验、假想和期望产生的知觉定势有时会导致极大的偏差，影响知觉的理解。	积极思考，分析知觉经验对知觉理解性的影响。	结合犯罪心理学研究成果，探讨知觉经验与知觉理解的关系。
整体性 (2分钟)	【图片互动】 在图中你看到了什么(图6-17)？  图6-17　在图中你看到了什么？ (图片来源：https://gimg2.baidu.com/image_search/src=http%3A%2F%2Fm3.auto.itc.cn%2Fsaa%2Ft%2F02%2F61%2FImg6946102_780.jpg&refer=http%3A%2F%2Fm3.auto.itc.cn&app=2002&size=f9999,10000&q=a80&n=0&g=0n&fmt=jpeg?sec=1614587312&t=b257ccf3512ce83c438bd8079576c85a) 通过系列图片，举例说明知觉组织定律。 【拓展思考】 (1)知觉组织规律对人际交往的启发： ①相似律——物以类聚，人以群分； ②临近律——别人根据你朋友来判断你； ③连续律——很久不见，我眼里你不会变； ④共命运律——一起移动的事物视为整体； ⑤完形律——我们喜欢知觉最简单的模式。 (2)知觉组织定律对PPT设计的启发。	认真听讲，积极思考。	【举例讲解】 结合例子讲解知觉的整体性，并拓展启发知觉组织规律在生活实践中的应用。

教学环节	教师活动	学生活动	教学意图
选择性 (2分钟)	【图片互动】 你看到了什么(图6-18、图6-19)？  图6-18 《奴隶贩卖市场与伏尔泰头像》 (图片来源：http://news. eastday. com/epublish/big5/paper181/11/class018100003/hwz379256. htm)  图6-19 《天与水》 (图片来源：黄希庭，郑涌. 心理学导论[M].北京：人民教育出版社，2015.) 【举例探究】 影响知觉选择性的因素。 (1)客观因素： ①对象与背景的差别性。 ②对象的活动性。 ③刺激物的新颖性。 ④刺激物的强度。 (2)主观因素： ①知觉目的和任务。 ②个体知识经验的丰富程度。 ③个人需要和兴趣。 ④定势与情绪状态。	互动讨论，寻找影响知觉选择性的因素，做好笔记与思考记录。	【举例互动】 引导学生思考知觉选择性的特点和影响因素。

教学环节	教师活动	学生活动	教学意图
恒常性（1分钟）	【游戏互动】 我如何知道你没变？ 通过教材中一系列经典图片，举例说明知觉恒常性。 【知识讲解4】 （1）大小恒常性：一定范围内不论观看距离如何，我们仍倾向于把物体看成特定大小。 （2）形状恒常性：物体角度发生变化，我们仍倾向于把它感知为一个标准形状。 （3）明度恒常性：照明亮度发生改变，我们仍倾向于把物体表面亮度知觉为不变。 （4）颜色恒常性：物体照明的颜色改变，我们仍把它感知为原先的颜色。	体验并理解知觉恒常性。	结合图片举例，说明知觉恒常性。
知觉适应（1分钟）	【举例分析】 （1）新换一副眼镜很快就会适应。 （2）衣服略紧但很快就没有感觉。	了解知觉适应现象。	简要讲解知觉适应。

（三）知觉种类（20分钟）

教学环节	教师活动	学生活动	教学意图
案例引入与问题探究（2分钟）	【知识导入】 "四全媒体"，即全程媒体、全息媒体、全员媒体、全效媒体。全程化，指互联网移动媒介对受众社会生活的全时空覆盖。疫情期间，人们利用VR技术可以满足居家购物对商品眼见为实的需求。 【问题探究】 为什么我们能在虚拟情景中建构立体世界（图6-20）？  图6-20　依托知觉特性打开新世界大门 （图片来源：https://zhuanlan.zhihu.com/p/110280607） （资料来源：在"大思政"格局下加强媒介素养教育 https://www.xuexi.cn/lgpage/detail/index.html? id=3501531612237667435&item_id=3501531612237667435）	结合实例，了解知觉特性的科技应用。	★【课程思政】 通过疫情期间的科技新闻，将思政教育与传媒教育结合，加强媒介素养教育。使学生感受我国科技的巨大进步。

教学环节	教师活动	学生活动	教学意图
空间知觉（3分钟）	【问题探究】 如何以三维方式感知世界？ 1. 解释： 双眼视差：双眼间有一定距离，投射到视网膜上的映像会形成细微差异。 单眼线索：只需要一只眼睛就能感受深度或距离。运动视差、线条透视等。 2. 探究：深度知觉是天性还是教养（图6-21）？  图6-21 视崖实验：婴儿的深度知觉 （图片来源：http://dy.163.com/v2/article/detail/FDBRPMEP0518KMNM.html）	结合经典实验，思考深度知觉的形成与应用。	通过经典实验讨论，分析空间知觉的特点。
时间知觉（3分钟）	【问题导入】 从我国农耕文明展开。时间知觉建立在周期性和非周期性变化的经验基础上，我国古代人民如何知觉时间。 【知识讲解5】 (1) 参考系：宇宙环境信息，计时工具，生物钟信息。 提出问题：你的生物钟正常吗？ (2) 影响时间知觉的因素： ①感觉通道的性质； ②一定时间内事件发生的数量和性质； ③内部变量，如兴趣、情绪等。 (3) 时间—空间知觉相互作用。 ①互动：灯泡闪烁时间间隔和摆放间隔的关系。 ②说明时间知觉受空间知觉的影响。	思考时间知觉的影响因素，反思自身时间管理情况。	解析时间知觉的内涵与影响因素等。 ★【课程思政】 通过古代计时方法的介绍，了解中国古人的时间管理智慧，提高文化素养。
智慧课堂（4分钟）	【线上问卷调查】 时间管理情况。 (1) 你的时间主要用来做哪些事情？ (2) 你的时间管理方法是什么？	积极参与线上调查。	通过问卷调查，了解学生时间管理现况。

教学环节	教师活动	学生活动	教学意图
时间 管理 (3分钟)	【时间管理方法专题】 结合专题用PPT来介绍时间管理方法。	根据讲解，比照自身情况调整时间管理策略。	【延伸课堂】 引导良好生活习惯。
错觉与 生活 (3分钟)	【图片互动】 错觉与空间(图6-22)。 (1)空间魔术：错觉在建筑设计中的应用。 (2)多角度墙面画：三维空间中的二维错觉。 (3)3D照相馆：你体验过吗？  图6-22　爱美斯小屋：大小错觉 (图片来源：http://m.osogoo.com/article/e18b9d43-c80b-495d-b86d-b17475cfc267.html) 【问题探究】 什么样的服装适合你？ 【知识讲解6】 (1)缪勒-莱耶错觉与长度。 举例：肩窄的人穿泡泡袖；个矮的人穿鱼尾裙。 (2)内容错觉与宽度。 举例：胖人穿竖条纹太密的衣服反而更显胖。 (3)密度、梯度与形状。 举例：塑造宽肩细腰，即"塔型线"。 【问题探究】 为什么会产生错觉？ 【知识讲解7】 (1)客观因素：知觉对象所处的环境变化。 (2)主观因素：错觉产生与过去经验有关。 举例：月在云中动——将小对象看成在大背景中移动；风声鹤唳——情绪产生错觉。	①结合生活，发散思维。 ②深入思考生活中的错觉现象、产生原因与应用价值。	通过生活中的错觉应用，增加讲解的生动性，培养学生细致观察、体验、思考生活的能力。

教学环节	教师活动	学生活动	教学意图
专题拓展（2分钟）	【游戏互动】 阈下知觉。闪现图像10毫秒，启动学生随后反应。 【知识讲解8】 阈下知觉：对没有觉察到的刺激的感知。 拓展：阈下知觉广告及其伦理问题。	积极参与互动，思考生活中的阈下知觉体验。	拓展知识，延伸课堂。
小结与思考（1分钟）			
小结（0.5分钟）	知觉理解性让我们醉心山水，知觉整体性带我们深入人心；我们带着经验、期待与动机看待世界，请试着认识他人的不同，求同存异。	积极思考总结。	总结并升华主题。
思考（0.5分钟）	【探究活动】 请用手机随手拍下你身边的知觉现象，传到"超星学习通"讨论空间，并分析这张照片体现的知觉特性，下次课讨论。 【拓展阅读】 课后观看《探索心理学》视频7，你将看到生物、认知、社会和环境如何塑造我们对现实的感知，以及心理学家如何利用知觉错误来研究知觉构建过程。	①完成探究活动。 ②梳理知识，形成本章学习情况的KWL表格。	★【课程思政】 通过探究活动与拓展阅读，深入分析知觉特性在生活中的体现与运用，启发学生以心理学视角观察生活，思考生活。

【教学反思】

本节课教学设计的亮点之一是将知觉现象与学生生活紧密联系，采用线上互动形式，要求学生实时上传了许多生活中观察到的知觉现象照片，激发了学生的学习兴趣，同时巩固了学生对知觉特性的认知；亮点之二是将物体知觉特性与人际知觉特性进行类比，契合学生专业所需的同时，拓展了学生思维，启发学生学以致用。本次课教学可结合虚拟现实科技发展等内容，尝试从沉浸式课堂角度思考教学方法创新与教育技术应用，并引导学生开展相关创新活动。

【板书设计】

本节课板书设计如图 6-23 所示。

主板书				副板书
知觉	知觉过程	神经机制 加工方式 人脸知觉		
	知觉特性	理解性 整体性 选择性 恒常性 知觉适应		特征捆绑 视崖 阈下知觉
	知觉种类	空间知觉 时间知觉 错觉与生活		

图 6-23　板书设计

6.3 朦胧到清晰
——意识状态

所在章节	第 6 章/1~5 节	课时安排	1 课时（45 分钟）

（本节课教学过程详情见二维码）

云麓课堂
教学设计

【教学目标】

1.知识目标

（1）理解并掌握意识的内涵。
（2）理解各意识水平的特点。
（3）了解药物引起的意识状态改变。

2.能力目标

（1）综合运用所学知识分析自身意识状态。
（2）能分析人才测评中的无意识现象。
（3）能分辨各类药物对精神状态的影响。

3.价值目标

（1）教育学生远离毒品与其他精神活性类药物，培养健康身心。
（2）引导学生关注社会热点问题，成为有大爱的人。
（3）从中国古诗词出发，引导学生欣赏优秀传统文化之美。

【教学内容】

（1）重点：①意识的内涵与意识水平。②意识的心理学研究方法。③药物与意识状态。
（2）难点：意识水平的分类，意识的研究方法。
（3）重难点处理：通过古诗赏析、问题启发、案例分析、实验互动、线上讨论等多种方法，帮助学生理解意识与意识水平，理解意识的研究方法，了解药物对意识状态的改变，剖析重难点问题。

【课程思政】

（1）用 PPT 制作动画，赏析宋代诗人林升创作的七绝《题临安邸》，分析其中蕴含的多重意识状态，灵活使用现代教育技术手段，进行中国优秀传统文化教育。
（2）回想新冠肺炎疫情期间所发生的记忆压抑行为与冲动购物行为，讲解无意识中被压抑的恐慌情绪对人的影响；引导学生关注社会热点问题，明辨是非，调控情绪。
（3）设置专题，介绍新近心理学实验研究，延展课堂内容，探讨人才测评中的无意识问题，培养学生的科学精神。
（4）设置青少年远离毒品专题，探讨药物与意识的关系，关注青少年身心健康。

【教学方法】

1. 情景教学法

采用 PPT 制作动画、插入音乐，设置情景，赏析宋代诗人林升创作的七绝《题临安邸》；通过设计问题情景，进行情景讨论，讲解前意识和边缘意识的概念。

2. 启发式教学法

结合社会热点，设置系列问题、线上调查、互动讨论等方法进行启发式教学。

3. 专题教学法

设置专题，介绍新近心理学实验研究，延展课堂内容。

4. 游戏教学法

将心理学实验改编为游戏互动，讲解意识的心理测量方法。

【内容导入】

"商女不知亡国恨，隔江犹唱后庭花"，流露出商女对自身处境、国家处境的危机意识不足；"西宫夜静百花香，欲卷珠帘春恨长。斜抱云和深见月，朦胧树色隐昭阳"，讲述了失宠妃子的怨与愁，隐含着自己不受重用的伤感；"酒入愁肠，化作相思泪"，描述了酒对意识的催化作用。人的意识状态总是渗透在字里行间，体现在生活细节上。意识究竟是何物？意识有哪些水平？意识如何测量？本讲"朦胧到清醒——意识状态"选自《心理学导论》第 6 章"意识状态"第 1 节与第 5 节，接下来将带领同学们深入认识意识状态。

【教学思路】

(1) 导入：赏析宋代诗人林升创作的七绝《题临安邸》，分析其中蕴含的多重意识状态，引导学生思考意识水平的分类。

(2) 课中：①承接古诗赏析，回到当下，关注己身，通过问题诱导，分析意识的含义。②通过视频分析、举例分析等，从不同角度理解意识内涵。③回想新冠肺炎疫情期间所发生的记忆压抑行为与冲动购物行为，讲解无意识中被压抑的恐慌情绪对人的影响；引导学生关注社会热点问题，明辨是非，调控情绪。④设置场景与互动话题，讲解前意识与边缘意识的概念。⑤设置专题，介绍新近心理学实验研究，延展课堂内容，探讨人才测评中的无意识问题。⑥将心理学实验改编为游戏，体验互动，讲解意识的心理测量方法。⑦将视频案例、线上讨论与问题启发结合，设置青少年远离毒品专题，探讨药物与意识的关系。

(3) 课后：以思维拓展为目标，布置课后思考任务与探究活动，增强学生对知识的理解与应用。

【教学流程】

本节课教学流程如图 6-24 所示。

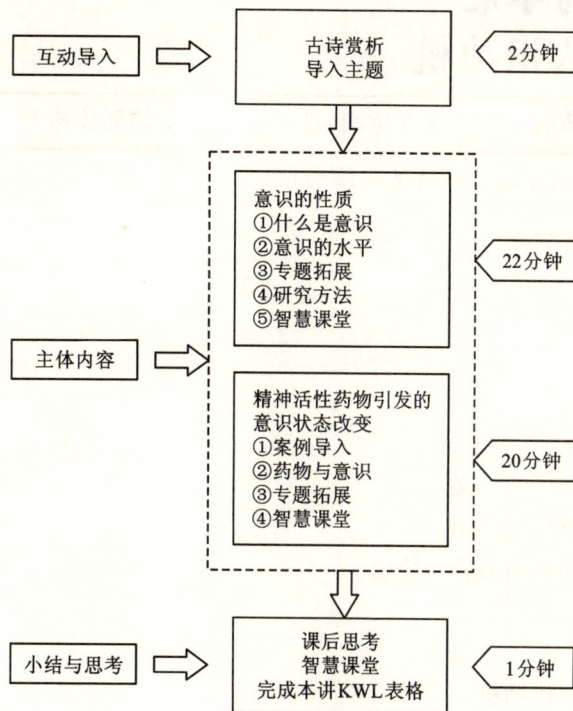

图 6-24　教学流程

6.4 给行为掌舵 ——认识动机

所在章节	第 7 章/1~3 节	课时安排	1 课时(45 分钟)

(本节课教学过程详情见二维码)

云麓课堂
教学设计

【教学目标】

1. 知识目标

(1)理解并掌握需要与动机的含义。
(2)理解生理性动机的类型与作用。
(3)理解并掌握社会性动机的内容与价值。

2. 能力目标

(1)综合运用所学知识分辨动机。
(2)能分析自身的行为动机及影响因素,并及时调节动机。

3. 价值目标

(1)关注网络热点话题,分析乱象背后的动机因素,引导正确价值观。
(2)介绍中国人的需要层次研究,渗透文化自信教育。
(3)通过正面榜样案例,激励学生并给学生的行为掌舵,驶入正确航道。

【教学内容】

(1)重点:①需要与动机的含义。②生理性动机的分类与作用。③社会性动机的分类与价值。
(2)难点:社会性动机的分类与价值。
(3)重难点处理:结合正面案例与反面案例,采用线上心理测量与讨论、系列问题、情景假设、案例分析与专栏拓展等办法,激活学生学习兴趣,注重理论联系实际,解析重点,讲明难点。

【课程思政】

(1)通过讲述樊锦诗从青春到白发的文化苦旅,引导学生守住前辈的火,开辟明天的路。激发学生为国家学习、为民族学习的热情与动力。
(2)授课过程中始终关注并传递本土心理学研究成果,加入了中国人的需要层次研究,渗透文化自信教育。
(3)一粥一饭,当思来之不易;半丝半缕,恒念物力维艰。关注社会热点问题,注意引领主流价值观。在讲生理性动机的过程中,通过经典照片、神经性暴食症、网络吃播乱象等,激发学生将饥饿与道德、社会发展等因素联系起来,巩固节约粮食的意识。
(4)结合成就动机、交往动机、学习动机等课程内容,进行心理健康教育,促进学生健康心态养成。

【教学方法】

1.案例教学法

结合正面案例与反面案例,展开深入讨论,引导学生理解动机类型。

2.提问式教学法

以问题为中心,学生为主体,通过设置系列问题,引导学生进行系统思考。

3.智慧课堂辅助教学法

采用智慧课堂测量学生的成就动机,结合调查结果讲解教学内容;进行线上讨论,利用线上实时分析功能,促进教学相长。

4.专题探索式教学

通过设置"神经性厌食与暴食""舌尖上的浪费""意志力与巧克力饼干""成就动机测量"等专题,结合热点话题与学科前沿,不断更新教学内容,给学生介绍新的研究成果,拓宽学术视野,培养学生的探究性思维。

【内容导入】

"春蚕到死丝方尽,蜡炬成灰泪始干",李商隐的无题诗句流传千古,为春蚕与蜡炬的行为赋予意义,也启示后人寻找自身行为的动机。的确,动机甚至可能决定一个人一生的走向。那么什么是动机?动机分为哪些类型?"给行为掌舵——认识动机"选自《心理学导论》第7章"动机"第1~3节,从需要与动机、生理性动机与社会性动机等视角探讨究竟是什么在激励我们的行为。

【教学思路】

(1)导入:本讲以2020年感动中国人物樊锦诗为典型案例,互动讨论,挖掘樊锦诗数十年如一日扎根大漠的背后动因,引导学生思考动机的含义与作用。

(2)课中:①以樊锦诗案例为线索,设置系列问题,分析需要的含义与类型。②通过系列问题探究讲解马斯洛需要层次理论,并介绍中国人的需要层次理论。③通过经典照片、设置专题等,运用头脑风暴深化对生理动机的理解。④引入网络热点话题,进行线上心理测验等,以学生为主体充分展开研讨,引导学生掌握社会动机的内容与价值。

(3)课后:以实践能力为导向,通过智慧课堂,要求学生分析自己从事某重要事件的行为动机,并测查成就动机水平。

【教学流程】

本节课教学流程如图 6-25 所示。

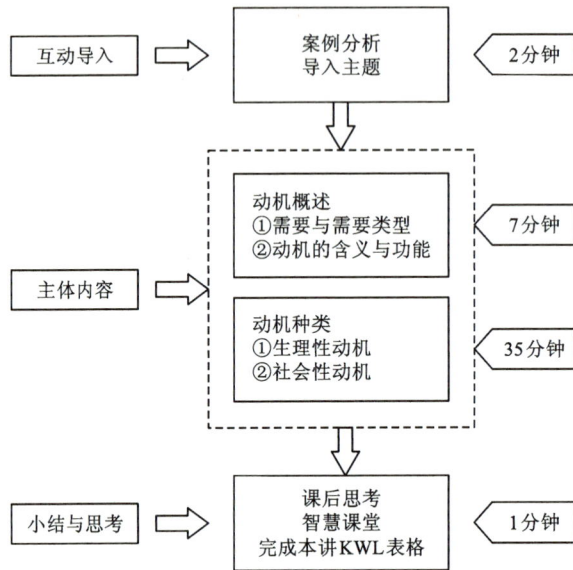

```
互动导入  ⇨  ┌─────────────┐  ⟨ 2分钟
              │  案例分析      │
              │  导入主题      │
              └─────────────┘
                     ⇩
           ┌ ─ ─ ─ ─ ─ ─ ─ ─ ─ ┐
           │ ┌─────────────┐   │  ⟨ 7分钟
           │ │ 动机概述       │   │
           │ │ ①需要与需要类型 │   │
           │ │ ②动机的含义与功能│  │
主体内容 ⇨  │ └─────────────┘   │
           │ ┌─────────────┐   │
           │ │ 动机种类       │   │  ⟨ 35分钟
           │ │ ①生理性动机    │   │
           │ │ ②社会性动机    │   │
           │ └─────────────┘   │
           └ ─ ─ ─ ─ ─ ─ ─ ─ ─ ┘
                     ⇩
小结与思考 ⇨ ┌─────────────┐  ⟨ 1分钟
              │  课后思考      │
              │  智慧课堂      │
              │ 完成本讲KWL表格 │
              └─────────────┘
```

图 6-25　教学流程

6.5 品心间五味
——认识情绪

所在章节	第 15 章/1~4 节	课时安排	1 课时(45 分钟)

（本节课教学过程详情见二维码）

云麓课堂
教学设计

【教学目标】

1. 知识目标

(1)理解并掌握情绪的构成与分类。

(2)了解情绪的生理机制。

(3)理解情绪状态对身心健康的影响。

2. 能力目标

(1)综合运用所学知识分析他人情绪体验。

(2)能分析自身情绪状态及影响因素，并及时调节。

3. 价值目标

(1)测查学生的主观幸福感，引导健康情感状态。

(2)分析心境、激情、应激与身心健康的关系，帮助学生形成良好心态。

【教学内容】

(1)重点：①情绪的构成。②情绪的分类。

(2)难点：①微反应。②情绪的生理机制。

(3)重难点处理：结合游戏互动、情景假设、互动讨论、设置专题、调查研究等方法处理重点问题，增强对情绪构成与分类的理解。通过游戏互动，结合视频动画等讲解经典实验，探讨情绪微反应和生理机制。

【课程思政】

(1)以社会热点问题"新冠肺炎疫情期间的典型情绪现象"导入，注重将学生个人情感发展与社会发展相联系，负起专业课程价值引领的责任。

(2)依托情绪与心理健康的天然联系，本讲教学各环节均注意引导学生理解积极情绪，形成健康生活方式与健康心态。

(3)将调查研究与智慧课堂结合，积极推进现代信息技术在课堂中的应用，结合前沿科学研究，培养学生的科学精神。

【教学方法】

1. 游戏互动法

采用游戏互动，情景讨论等，引导学生理解情绪的构成与分类。

2. 调查研究法

采用智慧课堂测量学生的情景情绪体验，使用"问卷星"网站线上调查学生的主观幸福感，结合调查结果讲解教学内容。

3. 专题模块化教学

通过设置"情绪调色盘""情绪连续体"与"情绪多面体"等专题，分解情绪状态，激活学生学习兴趣；跟踪学科前沿，不断更新教学内容，给学生介绍新的研究成果，如主观幸福感等，培养学生的科学精神。

4. 智慧课堂辅助教学

以实践能力为导向，结合身边事物，通过智慧课堂与课后小组研究，要求学生对 PPT 制作、文艺作品等的情绪元素进行分析。

【内容导入】

"对酒当歌，人生几何。""相顾无言，惟有泪千行。""孤帆远影碧空尽，唯见长江天际流。""商女不知亡国恨，隔江犹唱后庭花。"……我国古诗词或饱含壮志豪情，或流露相思之情，或满怀离愁别绪，或彰显报国热情。我们不难从字里行间看到遥远时空中诗词作者的表情、动作、语言，感受他们强烈的情绪。那么，情绪究竟由哪些成分构成？我们的情绪受到哪些生理因素的作用？又分成哪些类别？本讲"品心间五味——认识情绪"选自《心理学导论》第 15 章"情绪"第 1~4 节的内容，将带领大家走进情绪世界，探讨情绪构成、情绪的生理机制与情绪类别。

【教学思路】

（1）导入：紧扣"品心间五味"主题，通过分析疫情期间出现的典型情绪现象案例，结合教师做的相关调查研究，互动讨论，引入情绪的含义。

（2）课中：①围绕情绪构成，将情景假设与智慧课堂结合，测量情绪的主观感受。②通过游戏互动、图片讲解，进行表情识别、微反应观察等体验情绪的外部表现探讨。②结合经典实验与新近认知神经科学研究分析情绪的生理机制。④通过设置"情绪调色盘""情绪连续体"与"情绪多面体"等专题，分解情绪状态，激活学生学习兴趣。⑤理论联系实际，将情绪问题与心理健康教育紧密结合。

（3）课后：以实践能力为导向，结合身边事物，通过智慧课堂与课后小组研究，要求学生对 PPT 制作、文艺作品等的情绪元素进行分析。

【教学流程】

本节课教学流程如图 6-26 所示。

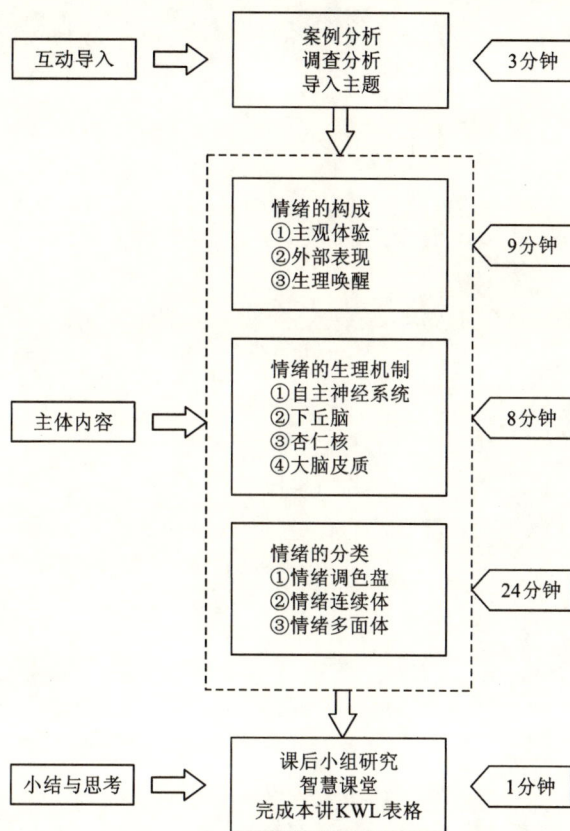

互动导入 ⟹ 案例分析／调查分析／导入主题 ⟸ 3分钟

主体内容 ⟹

情绪的构成
①主观体验
②外部表现
③生理唤醒 ⟸ 9分钟

情绪的生理机制
①自主神经系统
②下丘脑
③杏仁核
④大脑皮质 ⟸ 8分钟

情绪的分类
①情绪调色盘
②情绪连续体
③情绪多面体 ⟸ 24分钟

小结与思考 ⟹ 课后小组研究／智慧课堂／完成本讲KWL表格 ⟸ 1分钟

图 6-26　教学流程

犯罪心理学

扫描二维码

谢晴，湖南警察学院管理系教师，湖南省普通高校教学能手，2020 年湖南省普通高校教师课堂教学竞赛一等奖获得者。

课程7

课　程　概　述

一、课程基本信息

"犯罪心理学"课程基本信息见表 7-1。

表 7-1　课程基本信息

课程名称	犯罪心理学	课程性质	公安通识课
学时	24	开课时间	大一第二学期
先修课程	无		
适用专业	侦查学、治安学、刑事科学技术、交通管理工程、警务指挥与战术、网络安全与执法等公安类专业		
使用教材	林少菊，魏月霞. 犯罪心理学[M]. 北京：中国人民公安大学出版社，2015.		
参考教材	李玫瑾. 谁在犯罪[M]. 北京：中国人民公安大学出版社，2019. 汉斯·格罗斯. 犯罪心理学[M]. 南京：江苏凤凰文艺出版社，2019.		

二、课程的性质和作用

作为面向公安类本科专业学生的通识课程，"犯罪心理学"主要是教授学生分析犯罪现象背后的心理状态及行为规律，教学内容包括犯罪心理的影响因素、犯罪人的心理和行为特点，以及犯罪心理的打击、矫治和预防对策等，其目的是培养学生从心理视角分析犯罪人及犯罪现象的思维能力，并掌握相关心理对策。

在新时代背景下，"犯罪心理学"这一课程可以也应该承担更多的育人功能，不仅仅是帮助公安专业大学生提升专业素质，还应该帮助新时代大学生加深对人性的复杂性、规律性的理解，教会学生知恶向善，从而形成积极向上的阳光心态，促进人格的健康发展。

三、学情分析

1. 学生的原有知识基础

在开始学习这门课程之前，学生们已经学习过大学生心理健康教育的课程，有了一定的心理学基础知识；学生们还学习过与公安或法律专业相关的基础课程，这意味着他们对犯罪的认识或与法律相关的知识有了一些了解，所以在授课的过程中老师可以适当地进行知识迁移。

2. 学生的现有认知能力

该门课程授课对象为公安类专业本科大一学生，年龄在 18 岁左右，正处于思维活跃的阶段，具备一定的知识整合和运用能力，对事物的发展或突变有自己的认识和理解；也有一定的社会经验和分析判断能力，能够对社会上发生的犯罪问题进行分析。因此，对于一些较为简单的知识，可以通过学生自学达到教学目的；对学生能够理解、分析、归纳的内容，老师可以少讲，让学生多思考；对学生不易理解、不会分析的问题，老师便可多费些工夫讲授，帮助学生学懂学透。

四、课程教学设计

1.教学设计思路

(1)教学重点：犯罪心理的影响因素；犯罪人的心理和行为特点；犯罪心理的打击、矫治和预防对策；犯罪心理的复杂性、规律性及其启示。

(2)教学难点：课程对犯罪心理影响因素的分析涉及很多实际案例，也涉及精神分析理论、认知行为理论等各种心理学理论，学生理解起来可能比较吃力；针对犯罪人不同的心理和行为特点，课程提出相应的防范和打击对策，需要更深入地讲解和实际操作才能让学生加深理解和灵活运用；课程应该以已有知识点为基础，设计教学环节，促进学生精神成长，让课程更有感染力和引导性，从而帮助学生自我成长，达到引导学生知恶向善的目标。

(3)解决思路：采用专题式、启发式教学法，辅以实际案例和问题情景开展教学，通过问题引导，启迪学生思维，加深学生理解；对技能部分展开情景模拟和实训，让学生熟知自我防范、打击对策等方法，同时，在实践过程中发现问题，启发学生对已学知识的不足进行反思；根据不同的内容特色，结合相应的社会热点案件，利用魔术、心理测试、角色扮演等游戏小环节，开展理想信念、思想品德、人生观、价值观等方面的教育。

2.教学目标

(1)知识目标：通过课程的系统学习，让学生掌握犯罪心理的影响因素、犯罪人的心理和行为特点，以及犯罪心理的打击、矫治和预防对策等知识，具备从心理视角看待犯罪人及犯罪现象的思维能力，学会面对不同类型犯罪的自我保护方法，掌握犯罪心理画像、犯罪心理测试和心理应激微反应分析等具体技术。

(2)能力目标：通过课堂上启发式、研讨式教学法，结合社会热点案件和经典案例，引发学生对犯罪现象背后的心理和行为规律展开深入讨论、分析和思考，培养学生的逻辑思维、合作沟通和创新能力；通过课后作业和相关课题指导，培养学生创新创业的能力。

(3)思政目标：通过学习犯罪心理影响因素，以及对不同类型犯罪过程中犯罪人的心理和行为的分析，使学生理解犯罪心理和行为的复杂性、规律性，加深学生对人性的理解，引导学生形成积极向上的心态，促进人格的健康发展。

3.教学内容

(1)犯罪心理的影响因素：生理因素、环境因素和心理因素，以及这些因素如何影响犯罪心理的产生、变化和发展。

(2)犯罪心理的特点：盗窃、诈骗、贪腐、强奸、邪教、家庭暴力、校园暴力和连环杀人等不同类型犯罪中犯罪人的心理和行为特点，也包括受害者、旁观者的心理和行为特点。

(3)犯罪心理的打击对策：针对犯罪人在作案、被缉捕和被询问过程中的心理特点的相应打击对策，包括犯罪心理画像、犯罪心理测试和心理应激微反应分析等具体技术。

(4)犯罪心理的启示思考：包括自我保护的具体方法、犯罪心理打击对策的严谨性和科学性、犯罪心理的复杂性和规律性。

4.课程思政

"犯罪心理学"课程思政内容见表7-2所示。

表 7-2　"犯罪心理学"课程思政设计

序号	章节内容	思政元素融入思路
1	犯罪心理学的学习目标	通过犯罪案件引发学生对犯罪心理学学习目标进行思考和讨论。学习过程中使学生既有知识的增长，又有精神的成长，能从案例中获得启发，学会反思，引导学生构建良好的心理素质，理性面对生活中的各种负面因素
2	犯罪心理学的发展历史	通过对中国古代犯罪心理学思想的介绍，使学生认识到，西方很多的科学技术和理论观点都可以在中国古代找到雏形，从而加强学生的文化自信
3	虚假记忆的影响因素	通过介绍虚假记忆的影响因素及机制，使学生思考案件的侦查与讯问的过程。面对相关人员的陈述，一是要秉着实事求是的中立态度，不能有先入为主的想法，防止冤假错案的发生；二是要具备科学精神，不能偏听偏信，要依据案件证据进行综合判断
4	意志的半途效应	通过对意志的半途效应的讲解，告诉学生要警惕半途效应的影响。培养良好的意志品质，不仅要具有独立性、果断性，更应具有坚定性、自觉性，定下目标就应该坚定不移地走下去，这样才不愧对青春，不愧对人生
5	施普兰格尔对价值观的分类	通过介绍施普兰格尔价值观理论，结合专业选择的案例，引导学生思考"什么样的价值观是理想价值观"这一问题，最后引出社会主义核心价值观
6	弗洛伊德的人格阶段理论	通过对弗洛伊德人格阶段理论的分析，结合真实案例，揭示家庭教育对人的人格发展至关重要，引导学生重视家庭教育背景
7	影响犯罪心理的生理因素	通过讲解犯罪心理的生理因素，让学生对案例(莫布里枪击案中辩护律师的辩护理论)进行分析，引领学生认识到生理因素并不是决定性因素，人具有主观能动性，我们应掌握自己的命运，而不能被欲望左右
8	学校教育对犯罪心理的影响	通过分析学校教育对犯罪心理的影响，结合校园案例(马加爵和韩国大邱案件)，引导学生认识到生命教育和人性教育的重要性
9	影响犯罪心理的心理因素	通过介绍学者 Abrahamsen 提出的犯罪行为公式，引发学生对生理、环境和个人因素在犯罪中影响力大小的思考。最后总结："基因好比提供了枪支，环境如同装上了子弹，但扣响扳机的终究还是人自己！"
10	盗窃犯罪人的心理特点	通过对盗窃犯罪人心理特点的介绍，引发学生讨论案例(某"网红"事件)，让学生认识到网络"流量"的大小不应该成为价值判断标准，只有正确的三观才能走得长久
11	老年人被骗现象的心理分析	通过对死亡恐惧、正向偏误和社会情绪选择理论的介绍，让学生理解老年人群体独有的心理特点，加强大家对老年人的陪伴和关爱
12	盗窃犯罪的防范	通过对墨菲定律的介绍，让学生筑牢心理防线，"千防万防，不如心防"
13	贪污腐败犯罪的心理分析	通过对最后通牒博弈、权力效应、末端欺骗效应和心理绑架效应的介绍，让学生认识到政府腐败现象背后的问题，加深对人性复杂性和规律性的理解
14	强奸犯罪人的心理规律	通过对强奸犯罪人错误认知和归因的讲解，帮助学生树立健康平等的性观念
15	强奸受害人的心理规律	通过对创伤后应激障碍、紧张性不动和认知失调等理论的讲解，培养学生的同理心，多理解和关爱强奸受害人
16	受害者有罪论的心理学解释	通过对公平世界信念、基本归因错误和性别刻板印象等理论的解释，帮助学生正确认识受害者有罪论的心理特点，使学生意识到受害者有罪论不仅会给受害者及其家人造成二次伤害，还会导致犯罪事实被模糊，给犯罪者和潜在犯罪者可以侥幸逃脱的暗示
17	邪教犯罪心理	通过对邪教洗脑手段、邪教犯罪人心理和行为特点的讲解，帮助学生坚定反邪教的态度和立场，引导学生提升文化修养，崇尚科学精神，构建抵制歪理邪说的思想防线

续表7-2

序号	章节内容	思政元素融入思路
18	家庭暴力犯罪心理	通过对家庭暴力犯罪心理的讲解，结合一系列真实案件，坚定对家庭暴力零容忍的态度，树立正确的家庭观和爱情观
19	校园暴力的定义与类型	通过对校园暴力类型的讲解，让学生明晰校园暴力和"开玩笑"的区别，从而坚定反校园暴力的态度和立场
20	校园暴力中的旁观者	通过对校园暴力旁观者不作为现象的解析，加强学生的责任意识，认识到校园暴力的遏制离不开每一个人的努力
21	连环杀手异常的童年	通过真实案例和统计数据揭示出连环杀手大多有着异常的童年，让学生认识到家庭教育对个人成长的重要性。进一步提问"异常的童年能否成为犯罪理由"，让学生意识到个人主观能动性的重要作用，引导学生构建健康人格
22	犯罪心理画像	通过对犯罪心理画像的技术特点与方法的讲解，加深学生对犯罪心理规律的理解，坚定"正义不会缺席"的态度与立场
23	心理应激微反应的定义	我国古代早就有了关于心理应激微反应的记载（例如周朝的五听法、狼顾鹰视的典故等），从这一角度帮助学生更好地理解心理应激微反应的特点，感受中国古代传统文化的博大精深，坚定文化自信
24	犯罪心理测试技术的基本流程	通过对犯罪心理测试技术基本流程的介绍，结合真实案例，让学生认识到犯罪心理测试技术对测试人员的要求很高，不仅需要具备相关的专业知识和资质，还需要有丰富的实际工作经验，最重要的是要有一颗实事求是、满怀正义的责任心

5. 教学方法

基于金课建设标准和《高等学校课程思政建设指导纲要》文件精神，本课程构建了基于PBL（问题导向教学法）的"一导向、四模块、三目标"的精细化教学模式。

(1)一导向：教学全程以问题为导向。

(2)四模块：根据课程特色将教学内容细化为基础知识、影响因素、特点规律、打击对策四部分。

(3)三目标：将每节课的教学目标细化为知识、技能和思政三个目标。

依托于该教学模式，课程以学生为主体，以"问题导入—分析—解决—启发"为主线，突出问题意识，结合启发式、研讨式和情景式教学法等，提升学生的逻辑思维能力和创新能力，使学生"带着疑惑进课堂，带着收获出课堂"。

此外，本课程注重探索思政路径，基于"思政为魂、研究为核、知识为基"的理念，精心设计融入思政元素的内容，巧妙安排思政环节，实现课程思政的目的。

6. 课程考核

本课程考核采取过程性评价、形成性评价与终结性评价有机结合的方式，达到既关注知识的理解与技能的应用，又兼顾课程思政的成效。

(1)过程性评价（占总成绩的20%）：从"超星学习通"平台上了解学生的预习情况、课堂上记录学生回答问题的情况、学习过程中关注学生的参与度和完成度情况，综合以上情况对学生的学习效果进行评价。

(2)形成性评价（占总成绩的20%）：基于线上的课后小测验和学习成果展示。课后小测试包括客观题和主观题，题目内容包含思政类题目；学习成果包括相关课题申报、微电影拍摄和论文撰写等。

(3)终结性评价（占总成绩的60%）：以学生的犯罪心理分析报告和课堂考试成绩为考核依据，从业务能力与价值表达两个层面予以评分。

7.1 现实版"人民的名义"
——贪污受贿犯罪心理

所在章节	第 5 章第 1 节	课时安排	1 课时（45 分钟）（附 15 分钟教学视频）

云麓课堂

教学实录

【教学目标】

1. 知识目标

通过课程学习，帮助学生了解贪污受贿犯罪的定义及特点；理解贪污受贿犯罪人的犯罪动机；掌握贪污受贿犯罪人的行为特点。

2. 能力目标

通过启发式教学法，培训学生的创新思维能力；通过知识的讲授、案例的分析和讨论，培养学生的分析和归纳能力。

3. 价值目标

通过对贪污受贿犯罪人犯罪动机的分析，加强学生对人性的理解，同时也帮助学生理解政府制定一系列惩治贪腐的政策其背后的科学依据。

【教学内容】

（1）主要内容：贪污受贿犯罪的定义；贪污受贿犯罪人的犯罪动机；贪污受贿犯罪人的行为特点。
（2）教学重点：贪污受贿犯罪人的犯罪动机。
（3）教学难点：贪污受贿犯罪人的犯罪动机。

【课程思政】

（1）通过对最后通牒博弈、权力效应、末端欺骗效应和心理绑架效应的介绍，让学生理解政府出台腐败治理政策背后坚实的科学依据，坚定自信。
（2）通过对贪污受贿犯罪人的心理和行为规律的分析，加深学生了解人性的复杂性和规律性。

【教学方法】

1. 启发式教学法

通过现实版"人民的名义"引发学生思考，带着疑惑进入课程学习，提升学生学习的主动性和积极性。

2. 讲授式教学法

结合真实的贪污受贿案例和相关心理学理论知识，对贪污受贿犯罪人的心理和行为规律进行深入分析和讲解。

3. 讨论式教学法

结合案例抛出问题，让学生进行讨论，引导学生对腐败现象进行辩证思考，提升学生的逻辑思维能力。

一、课程导入(3 分钟)

【教师举例】播放视频：赵德汉"面币思过"(电视剧《人民的名义》片段)。

电视剧中赵德汉的出场：最高人民检察院反贪局侦查处处长侯亮平依法突击搜查国家部委某司项目处处长赵德汉家，经过一夜斗智斗勇辗转三处，最终查获了赵德汉私藏现金的别墅。

摆满整个房间的 2.3 亿余元现金的镜头，视觉震撼难以形容，"小官巨腐"令人唏嘘不已。

【教师举例】现实版"人民的名义"。

2020 年 8 月 11 日，天津市第二中级人民法院一审公开开庭审理了某资产管理股份有限公司原董事长赖某某受贿、贪污、重婚一案(贪污受贿 17.88 亿元)。判决结果新闻报道截图如图 7-1 所示。

2021年1月5日，天津市第二中级人民法院公开宣判由天津市人民检察院第二分院提起公诉的中国华融资产管理股份有限公司原党委书记、董事长赖××受贿、贪污、重婚一案，对被告人赖××以受贿罪判处死刑，剥夺政治权利终身，并处没收个人全部财产；以贪污罪，判处有期徒刑十一年，并处没收个人财产人民币二百万元；以重婚罪，判处有期徒刑一年，**决定执行死刑，剥夺政治权利终身，并处没收个人全部财产。**

图 7-1　判决结果新闻报道截图

(截图来源：https：//baijiahao.baidu.com/s？id=1688050583683069503&wfr=spider&for=pc)

【教师提问】作为官员，受人尊重，收入也不低，他们为何会选择贪污受贿，将自己送上绝路？

【学生活动】(回答)

【教师说明】
要学生积极思考问题，并提出问题。

二、贪污受贿犯罪的定义(7 分钟)

(一)什么是贪污受贿犯罪

贪污犯罪，指国家工作人员利用职务上的便利，侵吞、窃取、骗取或者以其他手段非法占有公共财物的行为。

受贿犯罪，指国家工作人员利用职务上的便利，索取他人财物，或者非法收受他人财物，为他人谋取利益的行为。

【教师提问】贪污犯罪和受贿犯罪有什么区别？

【学生活动】(回答)

【教师说明】
①行动性质不一样：贪污犯罪更多的是一种主动行为；受贿犯罪更多的是一种被动行为。
②财物来源不一样：贪污犯罪侵占的是本单位的财产；受贿犯罪侵占的是他人的财产。

(二)贪污受贿犯罪的特点

1.金额巨大

【教师举例】某市城市管理局原副调研员、某供水总公司原总经理马某某因涉嫌受贿、贪污、挪用公款被查处，在其家中搜出现金上亿元、黄金37公斤、房产手续68套(如图7-2所示)。

图7-2 马某某家中搜出的黄金与人民币

(图片来源:http://roll.sohu.com/20141117/n406079430.shtml)

2.群体化

【教师举例】破坏选举案(播放视频)。

2012年底至2013年初,某市在召开人大会议选举省人大代表过程中,76位省人大代表有56名存在送钱拉票行为,出席会议的527名市人大代表中有518名收受钱物,另有76名大会随团工作人员收受钱物,涉案金额达1.11亿余元。

【教师举例】某市查处19名公安民警。

2020年8月24日,根据某市公安局微信公众号消息,在政法队伍教育整顿工作中,公安局坚持刀刃向内,严字当头,坚决清除队伍中的害群之马,从严查处了19名违纪违法公安民警。根据公布的信息,其中18人被"双开",现已移送司法机关。

3.高官化

【教师举例】近些年落马的官员(新闻报道截图如图7-3、图7-4所示)。

公安部原副部长孙××被双开 几个细节值得一提

2021-10-01 06:16:09 北京青年报

图7-3 孙某某案件新闻报道截图

(截图来源:https://news.china.com/socialgd/10000169/20211001/40114910_2.html)

违规报销、为亲属经营活动谋利!上海市原副市长龚××被"双开"

2021-02-11 10:20:02 00:50 2.7万

图7-4 龚某某案件新闻报道截图

(截图来源:https://ent.ifeng.com/c/83kkk2xDOCN)

4.多样化

由收钱收物的"硬腐败"发展为接受各种服务、旅游出国等好处的"软腐败"。

三、贪污受贿犯罪人的犯罪动机（20 分钟）（重难点）

（一）最后通牒博弈

最后通牒博弈的基本范式：

由两名参与者分配一笔固定数目的金钱，其中一名作为提议者向另外一名回应者提出如何分配这笔钱，回应者可以接受也可以拒绝提议者的分配方案。若接受，则按提议者的方案分配；若拒绝，则二人均得不到任何金钱。

该任务中不公平方案的提出被视为违反了公平准则，因此拒绝不公平方案被视为一种维护公平的规范性决策。研究发现，面对高额的金钱刺激，人们会摒弃维护公平的规范性决策而选择接受不公平的分配方案。

最后通牒博弈告诉我们，贪污受贿犯罪人膨胀的贪欲、扭曲的价值观是其犯罪行为的重要动机之一。

【教师举例】中纪委点名批评的女贪官张某某。

【教师提问】最后通牒博弈对于贪污受贿治理工作有什么启示？

【学生活动】（回答）

（二）权力效应——"第四块饼干"

"第四块饼干"实验内容：

研究人员将学生分为三人一组，由其中两位学生共同撰写论文，由第三位学生负责评估这篇论文，最终由评估者决定写论文的两位学生分别会获得多少饼干。在合作的中段，研究人员拿来了一碟饼干，一共四块。然后观察三人是如何分配这些饼干的。

【教师提问】（邀请三位学生情景模拟）你们认为这四块饼干会如何分配（见图 7-5）？

【学生活动】（讨论、回答）

【教师讲解】前三块饼干很容易，一人一块，平均分配；随后，通常最后的那一块几乎是"评估者"吃掉了。

权力效应：当权力缺乏监督和制约时，就很容易滋生腐败。

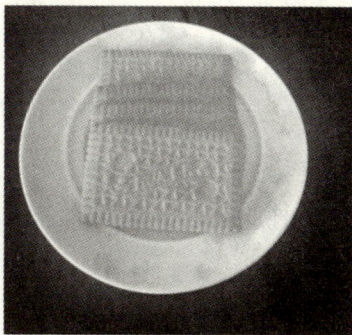

图 7-5 "第四块饼干"

【教师提问】权力效应对于贪污受贿治理工作有什么启示？

【学生活动】（回答）

【教师说明】
"不忘初心、牢记使命"。

★【课程思政】
最后通牒博弈聚焦于个体，从个体认知层面对贪污受贿现象进行了解释。通过案例与提问引领学生思考，从心理学视角更好地理解反腐对策。

【教师说明】
"把权力关进制度的笼子"。

★【课程思政】
权力效应聚焦于权力，从制度层面对贪污受贿现象进行了解释。通过提问引领学生思考，从心理学视角更好地理解反腐对策。

(三)末端欺骗效应

末端欺骗实验基本规则：

要求被试投掷硬币并报告朝上的一面；当朝上的一面符合实验预设的中奖面(比如"花")时，被试就能够拿到 0.1 美元的报酬。

实验邀请了三组被试，事先告知他们投掷硬币的机会分别为 7 次、10 次和 13 次，但其实三组都可以投掷 13 次。实验者希望收集的数据是三组被试在自我预期的最后一次投掷时，报告硬币朝向的情况。

【教师提问】从大数据来看，在被试预期的最后一次报告时，硬币符合中奖要求的概率应该是多少？

【学生活动】(回答)

【教师讲解】没错，应该是 50%左右。但实验结果发现，7 次组、10 次组在预期的最后一次汇报时，报告硬币中奖的人数大大增加，出现了最高峰值。

至于 13 次组为何没有出现末端欺骗，心理学家认为，可能因为他们觉得获利机会已经很充足了，就没必要再撒谎。

末端欺骗效应很好地解释了贪污受贿犯罪中的"59 岁现象"：不少犯罪人是趁着退休前的最后一年，也就是在 59 岁的时候，利用职权为自己狠捞一笔，从而导致他们"晚节不保"。

【教师举例】9 月 3 日是某银行分行原副行长鞠某某 59 岁的生日，不过，在这一天，他收到的不是生日的美好祝福，而是一份决定自己未来命运的刑事判决书——法院一审以受贿罪判处鞠某某有期徒刑 14 年，赃款予以追缴(案件新闻报道截图如图 7-6 所示)。

中国共产党新闻 >> 评论 >> 网评精粹

贪官晚节不保，59 岁生日收到判决书

林伟
2014年09月19日14:32　来源：人民网－中国共产党新闻网

图 7-6　"59 岁现象"新闻报道截图

(截图来源：http://cpc.people.com.cn/pinglun/n/2014/0919/c241220-25696257.html)

【教师提问】末端欺骗效应对于贪污受贿治理工作有什么启示？

【学生活动】(回答)

(四)心理绑架效应

心理绑架效应是指行贿者为了获取利益，以人情关系接近国家工作人员并建立紧密联结，最终以人情关系达成工具性目的的一种效应。心理绑架效应模型图如图 7-7 所示。

【教师说明】
末端欺骗效应：当人们以为只有最后一次机会时，他会更倾向于撒谎。

【教师说明】
"终身追责制"。

★【课程思政】
末端欺骗效应聚焦于机会，从个体和环境相结合的层面对贪污受贿现象进行了解释。通过案例和提问引领学生思考，从心理学视角更好地理解反腐对策。

【教师说明】
心理绑架途径的三个阶段中最关键的是第二阶段：关系巩固阶段，这时行贿者会采取"隐形"贿赂的方式，比如出国旅游、请吃请玩、投其所好等，从而降低官员的风险知觉，将"别有用心"看成是人情关系。

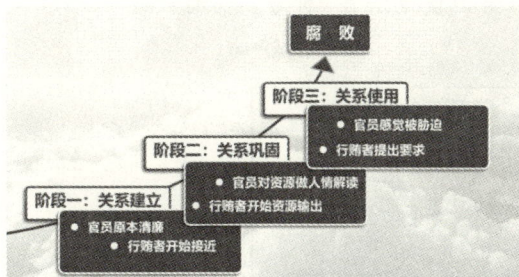

图 7-7　心理绑架效应模型图

（图片来源：论文《对腐败的"心理绑架"效应的验证性内容分析》）

【教师提问】心理绑架效应对贪污受贿治理工作有什么启示？

【学生活动】（回答）

【教师提问】学习完上述四个理论，大家有什么收获和思考？

【学生活动】（讨论、回答）

【教师讲解】

（1）人性有其复杂性和规律性，犯罪行为的产生绝不是单方面因素作用的结果。正如古斯塔夫·勒庞在《乌合之众：大众心理研究》中所强调的，人的行为机制是复杂的，是内外在多种因素共同作用的结果。

（2）政府制定的一系列反腐政策与措施都有着科学的依据，我们有理由也有信心相信，贪污受贿犯罪一定会得到有效遏制。

四、贪污受贿犯罪人的行为特点（13 分钟）

（一）隐蔽性

贪污受贿犯罪人的犯罪往往是经过深思熟虑的，表现出极强的隐蔽性。加之有的犯罪人利用其职业、职权的便利条件实施犯罪，很难引起人们的警惕和戒心。有的利用其职业的技术特长作案，很难被发现；有的担任一定领导职务，为他们的犯罪涂上了一层保护色。

【教师举例】贪官杨某某是如何暴露的？

2012 年 8 月 26 日，某高速公路发生一起特大交通事故。一张新闻图片拍摄到安监局原局长杨某某面带微笑出现在事故现场，引发网友愤怒声讨。后被网民发现杨某某佩戴名表的各类图片，引起了省纪委的高度关注，并及时进行调查（图 7-8）。

图 7-8　杨某某佩戴名表新闻报道截图

（图片来源：http://media.sohu.com/20130121/n364175335.shtml）

（二）伪装性

犯罪人在现实生活中表现为双重人格，在别人看来，他们工作积极、主动，有的甚至经常被评为"先进工作者""劳动模范""优秀党员"，头上有许多光环；而在他们的内心深处，则充满了贪欲和私心。

【教师说明】

净化社交圈、生活圈、朋友圈。

★【课程思政】

心理绑架效应聚焦于社交，从人际层面对贪污受贿现象进行了解释。通过提问引领学生思考，从心理学视角更好地理解反腐对策。

★【课程思政】

四个心理学理论分别从个体、权力、机会、人际层面对贪污受贿人的心理机制进行了全面分析。与此同时，基于这些研究，政府一系列治理贪污受贿犯罪的措施其背后也能找到相应的理论逻辑（心理学视角）。

通过讨论与总结来梳理思政要点，一是理解人性的复杂性和规律性，二是明白政府治理措施的科学依据并坚定信心。

【**教师举例**】李某某：因贪污受贿被撤销"全国模范法官"称号，获刑17年(新闻报道截图如图7-9所示)。

图7-9 李某某贪污受贿案新闻报道截图

(截图来源：http://news.sohu.com/20140624/n401238388.shtml)

(三)连续性

贪污受贿犯罪人一旦得手，有了成功的体验，就会强化其原有犯罪动机，犯罪行为呈现连续性。

【**教师举例**】"三只老虎"贪腐时间长达22年(新闻报道截图如图7-10所示)。

图7-10 "三只老虎"贪腐新闻报道截图

(截图来源：https://news.qq.com/a/20170928/001825.htm)

(四)应变性

贪污受贿犯罪行为人一般都有一定的政治嗅觉，善于观风辨向而选择应变措施。在犯罪行为有所暴露之后，他们会立即采取措施，订立攻守同盟，或消除作案罪证。有的还利用关系网，四处活动，求人说情开脱罪行，以逃避制裁。

【**教师举例**】百人红色通缉令(播放视频)。

国际刑警组织中国国家中心局集中公布了针对100名涉嫌犯罪的外逃国家工作人员、重要腐败案件涉案人等人员的红色通缉令，加大全球追缉力度。

五、小结(2分钟)

(一)回顾总结

1. 新知识

贪污受贿犯罪的定义和特点;贪污受贿犯罪人的犯罪动机;贪污受贿犯罪人行为特点。

2. 新技能

从心理角度分析贪污受贿犯罪人的动机。

3. 新视野

加深了对政府贪污受贿治理工作相关政策的理解,其背后都有心理学相关理论依据。

(二)布置作业

1. 思考题

学习了贪污受贿的犯罪动机,你有什么体会和收获?在你看来,我们应该如何看待权利?

2. 预习

登录"超星学习通"平台预习下一节课:强奸犯罪心理。

(三)推荐资源

(1)李玫瑾《犯罪心理研究:在犯罪防控中的作用》。
(2)徐瑞婕,许燕,冯秋迪,杨浩铿《对腐败的"心理绑架"效应的验证性内容分析》。
(3)电视剧《人民的名义》。

7.2 你容易被骗吗？
——诈骗犯罪心理

所在章节	第 5 章第 1 节	课时安排	1 课时（45 分钟）

【教学目标】

1. 知识目标

通过课程学习，了解诈骗犯罪的定义，掌握诈骗犯罪人的心理和行为特点；了解诈骗受害人的心理特点；掌握防范诈骗的一些具体方法。

2. 能力目标

通过体验式教学，培养学生的逻辑思维能力；通过案例分析和实验介绍，培养学生资料收集和分析资料的能力。

3. 价值目标

通过课程学习，让学生深入思考，分析诈骗犯罪人的心理和行为特点，树立正确的物欲观，学会自我保护，防范诈骗。

【教学内容】

（1）主要内容：诈骗犯罪人的心理和行为特点；诈骗受害人的心理特点；防范诈骗的技巧（心防与技防）。

（2）教学重点：诈骗犯罪人的心理和行为特点；诈骗受害人的心理特点。

（3）教学难点：诈骗受害人的心理特点。

【课程思政】

（1）通过对死亡恐惧、正向偏误和社会情绪选择理论的介绍，让学生理解老年人群体独有的心理特点，加强对老年人的关爱。

（2）通过对墨菲定律的介绍，让学生学会筑牢心理防线，防范诈骗。

【教学方法】

1. 启发式教学法

通过趣味测试和某例诈骗案引发学生思考，带着疑惑进入课程学习，提升学生学习的主动性和积极性。

2. 讲授式教学法

结合真实案例和相关心理学理论知识，对诈骗犯罪人的心理和行为特点，以及诈骗受害人的心理特点进行深入分析和讲解。

3. 讨论式教学法

结合案例抛出问题，让学生进行讨论，引导学生针对老年人被骗现象进行辩证思考，提升学生思维能力。

教 学 过 程

一、课程导入(2分钟)

【教师提问】哪只老鼠是两条腿啊?

【学生活动】(学生基本都会回答"米老鼠",见图7-11)

【教师提问】那么,哪只鸭子两条腿呢?

【学生活动】(部分同学会回答"唐老鸭")

图7-11 米老鼠和唐老鸭

(图片来源:https://www.sohu.com/a/365093335_120477138)

【教师引导】同学们再好好想一想,其实所有的鸭子都是两条腿,刚刚回答错误的同学要注意啦,你很可能就属于容易被骗的那一类人哦!今天,就让我们学习一下关于诈骗的那些事。

二、诈骗犯罪人的心理和行为特点(18分钟)(重点)

(一)诈骗犯罪的定义

诈骗犯罪是指以非法占有为目的,用虚构事实或者隐瞒真相的方法骗取他人财物的行为。

【教师提问】同学们,你们有没有被骗过?骗子用了什么样的手法呢?

【学生活动】(回答)

【教师提问】还记得那个被骗后昏厥离世的山东考生徐某某吗?一个年轻的生命因为诈骗而凋零(案件报道截图如图7-12所示)。在当今社会,诈骗犯罪已经深入我们生活的方方面面,给社会造成了极大的危害。

【教师说明】

不论是公安类专业的学生,还是其他普通个体,了解诈骗的相关知识是十分必要的。

山东女孩被骗光9900元大学学费 突然昏厥离世

http://gaokao.eol.cn　来源:沂蒙晚报　作者:　2016-08-24　字体:大 中 小

图7-12 徐某某被骗案案件报道截图

(截图来源:http://www.taihainet.com/news/txnews/cnnews/sh/2016-08-24/1758217.html)

(二)诈骗犯罪的类型

诈骗犯罪的常见类型有：地摊诈骗、传统诈骗和电信诈骗。

1. 地摊诈骗

地摊诈骗常见的有象棋残局(如图 7-13 所示)、扑克牌赌局、扑克牌魔术、弹球游戏等。

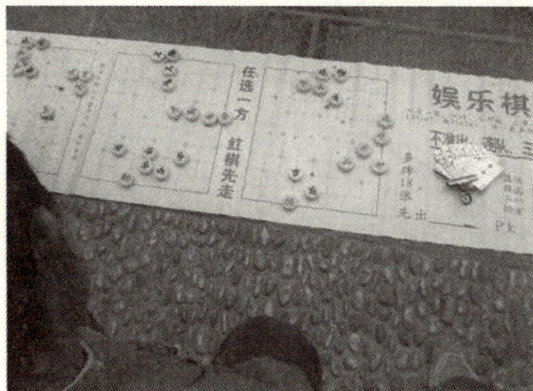

图 7-13　地摊诈骗之象棋残局

(图片来源：http://www.cnfirst.org/newsshow-31-1996.htm)

【教师说明】
地摊诈骗等这些游戏看起来极具吸引力，让人觉得一定可以赢得游戏，大赚特赚，可一旦掏钱参与，那就是“肉包子打狗——有去无回”，因为被骗者永远无法在骗局中获胜。

【教师提问】大家曾经见过这类诈骗吗？

【学生活动】(回答)

2. 传统诈骗

不同于地摊诈骗的被动等待，传统诈骗的诈骗犯会主动出击。这类骗子往往巧舌如簧，又善于察言观色，在与受害者的面对面接触和交流中不断设置陷阱，一步步诱导对方进入圈套。在行骗过程中诈骗犯通常会伪装自己的真实身份，扮演成受害人的老乡、朋友，或中介、警察、导演、贫困学生、受难群众等角色来获取信任，进而实施诈骗。

【教师举例】男子谎称认识领导，可帮人上名校(案件新闻报道截图如图 7-14 所示)。

男子谎称认识省纪委领导可帮人上名校 涉诈骗被起诉

2017-08-20 09:12　　来源：中安在线

男子谎称认识省纪委领导可帮人上名校

中安在线讯据安徽商报报道合肥一40岁左右的男子陈某某是某教育科技有限公司职员，他谎称认识安徽省纪委驻教育厅纪检组人员，表示可以托人为学生办理合肥一中入学。一男子信以为真，相信了陈某某，并按照陈某某的要求给了5万元运作费，结果可想而知。近日，陈某某涉嫌诈骗罪，被侦查机关移送庐阳区检方审查起诉。

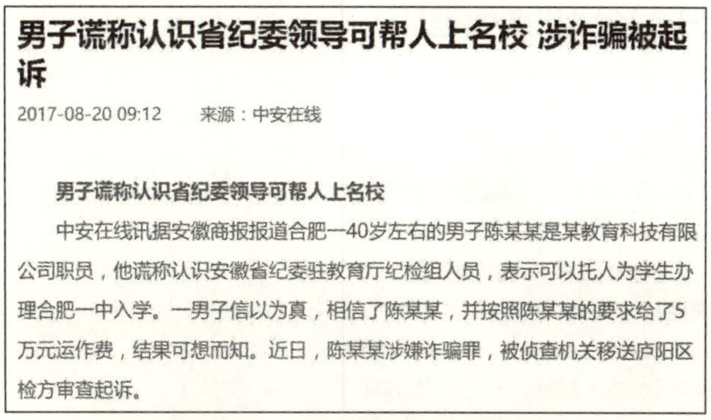

图 7-14　案件新闻报道截图

(截图来源：https://www.sohu.com/a/166020718_420076)

3. 电信诈骗

电信诈骗是近些年出现的一种新型诈骗类型，是指诈骗犯利用手机、

互联网等通信手段，采取远程、非接触的方式，通过虚构事实诱使受害人往指定的账号打款或转账，从而骗取他人财物的一种犯罪行为。

由于手机、互联网等现代通信手段的迅捷、便利，使得电信诈骗相比其他类型的诈骗覆盖面更广、受害者更多、犯罪金额更大，具有更大的社会危害性。电信诈骗手段层出不穷，更新速度快，导致难以追踪，并且以团伙作案居多，从而更加难以侦查。

【拓展阅读】"杀猪盘"是一种以恋爱交友为名，骗取信任后引诱受害人参与博彩理财的骗局。不同于其他骗局的"短平快"，"杀猪盘"最大的特点就是放长线"养猪"，养得越久，杀得越狠。"杀猪盘"常见流程如图 7-15 所示。

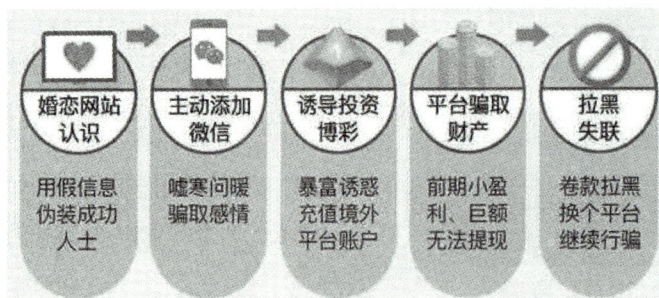

图 7-15 "杀猪盘"常见流程

（图片来源：https://www.sohu.com/a/319366551_100182850）

【教师说明】
"杀猪盘"是最近常见的典型电信诈骗。

（三）诈骗犯罪人的心理和行为特点

诈骗犯罪人的心理和行为特点可以总结为"两高一心"。

1."两高"：智商高、情商高

诈骗犯罪人往往头脑精明，精通某个领域，善于发现政策、制度或技术上的漏洞，从而为自己谋利，且他们心态稳定、心思缜密、巧舌如簧，善于察言观色和扮演各种社会角色。

【教师举例】腾讯公司被骗案（案件新闻报道截图如图 7-16 所示）。

贵阳南明区检察院提前介入"老干妈公司"被伪造印章案

2020-07-03 15:28

据贵阳市南明区人民检察院官方微信公众号消息，2020年4月，腾讯公司以贵阳南明老干妈风味食品有限责任公司（以下简称"老干妈公司"）拖欠广告费为由请求查封、冻结该公司1624万余元财产。6月30日，老干妈公司发布声明，称从未与腾讯公司进行过任何商业合作并已向贵阳警方报案。7月1日，贵阳市公安局双龙分局通报，犯罪嫌疑人曹某、刘某利、郑某君伪造老干妈公司印章，冒充该公司市场经营部经理，与腾讯公司签订合作协议，以便获取推广活动中配套赠送的网络游戏礼包码，后通过互联网倒卖非法获利。现三名犯罪嫌疑人已被采取强制措施。

图 7-16 腾讯公司被骗案案件新闻报道截图

（截图来源：https://www.sohu.com/a/405535292_116237）

2."一心"：善于利用心理弱点

从某种意义上讲，每个成功的诈骗犯罪人都是一位"心理学大师"。有人贪图钱财，有人贪恋美色，有人封建迷信，有人畏惧死亡，有人轻信他人，有人疏忽大意，有人毫无主见，每个人或多或少都有其心理弱点，诈骗犯罪人正是利用这些弱点，设计出一个个有针对性的诈骗陷阱，让人不知不觉上当受骗。

【教师举例】天上掉馅饼的骗局(案件新闻报道截图如图 7-17 所示)。

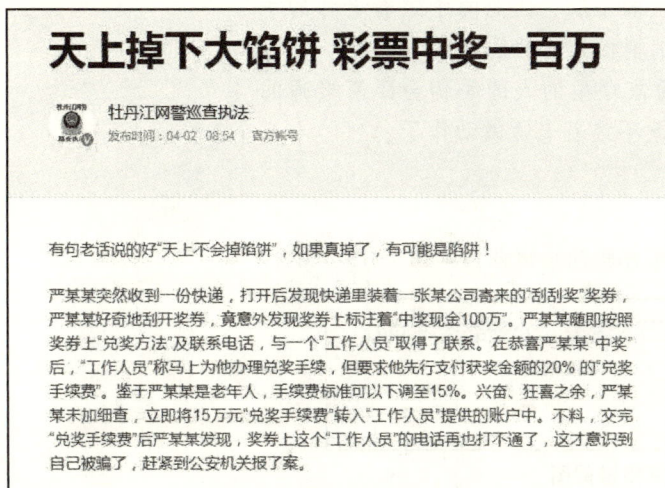

图 7-17 案件新闻报道截图

(截图来源：https://baijiahao.baidu.com/s？id=1662820176125818531&wfr=spider&for=pc)

三、诈骗受害人的心理特点(15 分钟)(重难点)

心理学研究发现，诈骗受害人的心理特点有以下几方面。

(一)思维：思维定势

思维定势也称惯性思维，是由先前的活动造成的一种对后续活动特殊的心理准备状态。在情景熟悉时，思维定势使人能够应用已掌握的方法迅速解决问题，而在情景发生变化时，它则会起到负面效果。

在诈骗犯罪中，思维定势会让我们更容易陷入诈骗陷阱而不自知。

【教师讲解】开头提到的米老鼠和唐老鸭问题，就是测量一个人是否容易被思维定势束缚的简易测验。

【教师举例】在 QQ、微信中冒充熟人，利用思维定势实施诈骗(案件新闻报道截图如图 7-18 所示)。

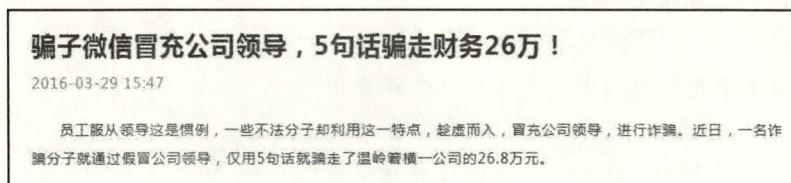

图 7-18 利用思维定势案件新闻报道截图

(截图来源：https://zj.zjol.com.cn/news/305522.html)

(二)性格：场依存型

场依存型性格是指个体对事物做出判断时倾向于以外部参照作为信息加工的依据，这类性格的人容易受周围环境的影响。

【教师讲解】之前我们在个性心理（性格）一节中曾经介绍过场依存型，场依存型性格有其优势，但相对来说也更容易被骗，因为这类性格的人更容易受他人影响。

【游戏互动】测测你是不是场依存型。

（邀请一位学生上台，老师抓住学生的手腕，让他的手跟着老师的手上下升降，做了十几次动作以后，老师悄悄松开他的手腕）

（游戏结果：当老师的手松开后，场依存型的人的手仍会跟着老师的手继续上下升降，而场独立型的人很快就不跟着老师做动作了。）

(三)年龄：老年人

【教师举例】广东邦家公司诈骗案（案件新闻报道截图如图7-19所示）。

起底广东邦家公司集资诈骗案：23万人受害，公安部挂牌侦办

新华社 2016-01-28 23:02

图7-19 案件新闻报道截图

（截图来源：http://static.nfapp.southcn.com/content/201601/28/c40989.html）

该公司将诈骗对象瞄准了老年人，通过举办免费健康讲座等活动形式吸引受害者关注，进而以融资租赁为噱头，以高回报为诱饵，吸引他们投资（案件诈骗手法新闻报道截图如图7-20所示）。10年多的时间，该公司通过这样的形式非法集资99.5亿余元，受害者达23万余人。

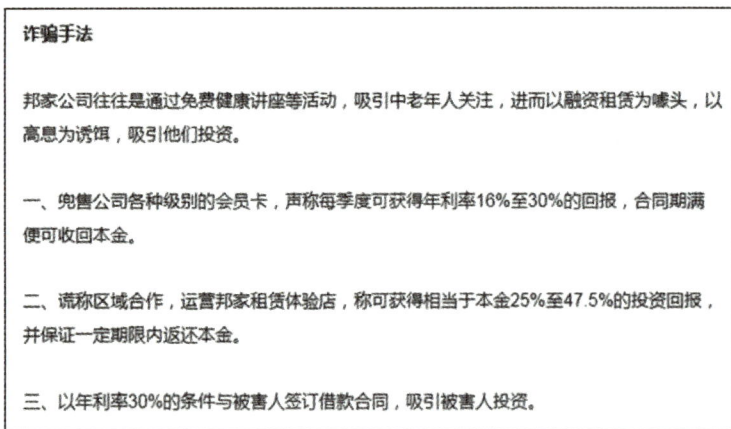

诈骗手法

邦家公司往往是通过免费健康讲座等活动，吸引中老年人关注，进而以融资租赁为噱头，以高息为诱饵，吸引他们投资。

一、兜售公司各种级别的会员卡，声称每季度可获得年利率16%至30%的回报，合同期满便可收回本金。

二、谎称区域合作，运营邦家租赁体验店，称可获得相当于本金25%至47.5%的投资回报，并保证一定期限内返还本金。

三、以年利率30%的条件与被害人签订借款合同，吸引被害人投资。

图7-20 案件诈骗手法新闻报道截图

（截图来源：https://www.sohu.com/a/270196036_775720）

【教师讲解】广东邦家公司诈骗案不是个例。中国青年报社会调查中心进行了一项关于老年人上当受骗情况的调查，结果显示，在受访的1963人中，仅36.6%的受访者家中未曾有老人被骗；有63.4%的受访者表示家中曾有老人被骗，其中14.7%曾多次被骗，48.7%有过偶尔几次。

【教师提问】为何老年人经常成为诈骗的受害者？

【学生活动】(讨论、回答)

【教师讲解】可以从以下三个理论解释老年人易成为诈骗受害人的现象。

1. 死亡恐惧

绝大多数人对死亡充满恐惧，年纪越大，也就意味着离死亡越近，恐惧感也就越强烈。如果老年时期不幸还患了某种疾病，他们对死亡的恐惧就愈发强烈。人的求生本能驱使老年人急需找到某种长寿的方法来安抚焦虑的情绪。

诈骗犯利用这种心理特点，针对年纪大的人推销各种保健品、养生品，将疗效吹得天花乱坠，还请来一些"托"现身说法，自然容易得手。

【拓展阅读】安慰剂效应，又称伪药效应，是由美国医学家毕阙博士于 1955 年提出，指的是服药者心怀期待地服用药物后，即使药物并没有起到任何作用，服药者依然会觉得症状有所改善的一种现象。有些老年人在服用虚假保健品后觉得疗效良好，对骗子的说辞坚信不疑，即使家人指明是骗局，老人却依然坚称自己并没有受骗，这正是安慰剂效应在起作用。

2. 正向偏误理论

年纪越大，越倾向于忽略负面信息，而选择接受正面信息，心理学家将这种心理现象称为正向偏误。换句话说，年纪越大的人越容易相信陌生人。

【教师举例】研究者收集了 30 幅人脸图片，根据表情的不同，邀请受访者将这些图片里的面孔分为可信赖、中性与不可信赖三类。例如，呈现出奸诈的笑容或游离的目光则归类为不可信赖的面孔。随后，研究者邀请不同年龄的人对这 30 副人脸的可信度进行评价，结果发现：与年轻人相比，老年人更容易相信那些不可信赖的面孔，打分更高。

【教师讲解】心理学家们认为，正向偏误有着积极的意义。因为大脑、躯体等生理功能的衰退，老年人在生活中难免会遇到各种困难，正向偏误让他们更容易相信他人，也就更倾向于主动向他人求助。但与此同时，这种心理特点自然也让老年人更容易被骗。

3. 社会情绪选择理论

【教师提问】同学们，在家人的微信群里，老一辈通常会转发哪一类的资讯？

【学生活动】(回答)"不转不是中国人！""请转发，让你的家人一生好运！""拜托各位转发一下，转一位，救一位！"

【教师讲解】这些标题都有一个共同点：打感情牌。

社会情绪选择理论指出，老年人在分析信息时，有重情感、轻内容的倾向。因为年龄的原因，他们不再以扩展知识、提升自我为人生目标，而是更多地追求积极的情感体验。

【教师举例】老人被骗案例(案件新闻报道截图如图 7-21 所示)。

【教师说明】

安慰剂效应的存在让保健品诈骗犯罪更加容易成功。

【教师说明】

在与老年人的沟通中，骗子们嘘寒问暖、甜言蜜语，一番糖衣炮弹攻击之下，受害者在不知不觉间就踏入了预设的陷阱。

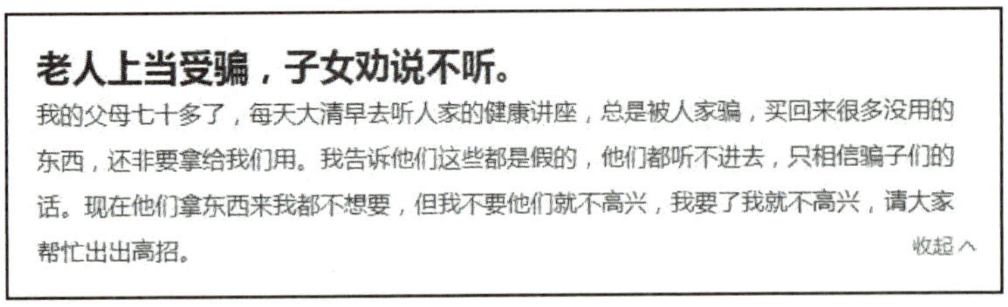

> **老人上当受骗，子女劝说不听。**
>
> 我的父母七十多了，每天大清早去听人家的健康讲座，总是被人家骗，买回来很多没用的东西，还非要拿给我们用。我告诉他们这些都是假的，他们都听不进去，只相信骗子们的话。现在他们拿东西来我都不想要，但我不要他们就不高兴，我要了我就不高兴，请大家帮忙出出高招。
>
> 收起 ∧

图 7-21　老人被骗案例新闻报道截图

（截图来源：https://wenda.so.com/q/1373730334065153）

【教师提问】碰到上面这种情况，我们应该怎么办？

【学生活动】（讨论、回答）

【教师讲解】社会情绪选择理论其实已经给了我们答案，当老年人诈骗案一次又一次发生时，我们与其去抱怨、指责甚至嘲笑，不如好好反思下自己，有哪些该做、能做却又没有做的事情！

有句话说得好：爱和关心，是对付骗子最好的武器（见图 7-22）！

图 7-22　爱和关心，是对付骗子最好的武器！

（图片来源：https://m.sohu.com/a/259886630_99965954）

四、诈骗犯罪的防范（8 分钟）

（一）心防

【教师举例】墨菲定律是一种心理学效应，由美国的工程师爱德华·墨菲提出，墨菲是美国爱德华兹空军基地的上尉工程师。1949 年，在一次火箭减速超重试验中，因仪器失灵发生了事故。墨菲通过调查发现，事故的原因是测量仪表被一位技术人员装反了。由此，他得出教训：如果做某项工作有多种方法，而其中有一种方法将导致事故，那么一定有人会按这种方法去做。

【教师提问】墨菲定律对于防范诈骗犯罪有何启示？

【学生活动】（讨论、回答）

【教师讲解】墨菲定律告诉我们，在日常生活中要克服侥幸心理，切勿麻痹大意，时刻保持怀疑精神，将所有可能的不利因素都考虑在内。

（二）技防

公安部提供的有关诈骗防范的六个"一律"、九个"凡是"。

★【课程思政】

三个心理学方面的理论告诉我们，老年人之所以成为上当受骗的高危群体，除了个体原因，还与老年人的群体心理特点息息相关。他们更害怕死亡，更愿意相信他人，也更加需要情感关怀。

通过对这一问题的分析与讨论，倡导社会主义核心价值观，加强对老年人群体的理解和关爱。

【教师说明】

只有做到万无一失，筑牢心理防线，才能真正预防被诈骗事件的发生。

★【课程思政】

作为著名的定律之一，墨菲定律有多种解读与应用。对于诈骗防范而言，墨菲定律带来的启示是：如果你疏忽大意，心存侥幸，诈骗就随时可能发生在你身上。

通过对墨菲定律的来源及内涵的介绍，帮助学生增强防范意识，筑牢心理防线。

1.六个"一律"

①只要一谈到银行卡，一律挂掉；②只要一谈到中奖了，一律挂掉；③只要一谈到"电话转接公检法"的，一律挂掉；④所有短信，让你点击链接的，一律删掉；⑤微信里不认识的人发来的链接，一律不点；⑥提到"安全账户"的，一律是诈骗。

2.九个"凡是"

①凡是自称公检法要求汇款的；②凡是叫你汇款到"安全账户"的、陌生网站要登记银行卡信息的；③凡是通知中奖、领取补贴要你先交钱的；④凡是通知"家属"出事要先汇款的、信用卡提额度要交钱的；⑤凡是在电话中索要银行卡信息及验证码的；⑥凡是叫你开通网银接受检查的、自称领导要求汇款的；⑦凡是网上刷单刷信誉、网上借贷款、冒充 QQ 好友要求转钱的；⑧凡是网上买游戏币、购物退款、裸聊要求转钱的；⑨凡是网友推荐网上投资、网上赌博类要求充值转钱的。以上都是电信诈骗，一概不要信！

五、小结(2 分钟)

(一)回顾总结

1.新知识

诈骗犯罪的定义与类型、诈骗犯罪人的心理和行为特点；诈骗受害人的心理特点。

2.新技能

从心理视角分析诈骗犯罪人的特点；对诈骗犯罪的防范。

3.新视野

了解诈骗受害人尤其是老年人的心理特征，加强对老年人的情感关怀。

(二)布置作业

1.思考题

针对老年人的年龄特点，请以小组为单位，为你的爷爷奶奶或其他长辈编写一部防骗简易手册。

2.预习

登录"超星学习通"平台预习下一节课：贪污受贿犯罪心理。

（三）推荐资源

（1）布洛赫《墨菲定律》。

（2）张根田《诈骗术识别与防范手册》。

（3）西南政法大学网课：犯罪心理学。

7.3　对性暴力说不
——强奸犯罪心理

所在章节	第 5 章第 2 节	课时安排	1 课时（45 分钟）

（本节课教学过程详情见二维码）

云麓课堂

教学设计

【教学目标】

1. 知识目标

通过课程的学习，帮助学生了解强奸犯罪的定义、特点；掌握强奸犯罪人、受害人的心理规律；学会从心理视角分析强奸犯罪。

2. 能力目标

通过启发式教学法，培养学生的创新能力；通过案例分析，锻炼学生的逻辑思维能力。

3. 价值目标

崇尚性别平等，树立健康的两性观；对性暴力说不，坚定嫉恶如仇的正义观。

【教学内容】

（1）主要内容：强奸犯罪的定义与特点；强奸犯罪人的心理规律；强奸受害人的心理规律。
（2）教学重点：强奸犯罪人的心理规律。
（3）教学难点：强奸受害人的心理规律。

【课程思政】

（1）通过对强奸犯罪人错误认知和归因的讲解，帮助学生树立健康平等的性观念。
（2）通过对创伤后应激障碍、紧张性不动和认知失调理论的讲解，帮助学生加强同理心，理解和关爱强奸受害人。

【教学方法】

1. 启发式教学法

通过设问和案例引发学生思考，带着疑惑进入课程学习，提升学生学习的主动性和积极性。

2. 讲授式教学法

结合真实犯罪案例和相关心理学理论，对强奸犯罪人、受害人的心理和行为规律进行深入分析和讲解。

3. 讨论式教学法

在讲解完强奸受害人的心理规律后抛出问题，让学生讨论，引领学生辩证思考，升华课程内容。

7.4 没有一片雪花是无辜的——校园暴力犯罪心理

所在章节	第7章第1节	课时安排	1课时(45分钟)

（本节课教学过程详情见二维码）

云麓课堂

教学设计

【教学目标】

1. 知识目标

通过课程教学，帮助学生了解校园暴力的定义与特点；掌握施暴者施暴行为的影响因素；理解旁观者不作为的心理机制与消极影响。

2. 能力目标

通过体验式教学，锻炼学生的逻辑思维能力和沟通交流能力；通过案例分析和讨论，提高学生的分析能力和表达能力。

3. 价值目标

通过课程教学，坚定反校园暴力的立场与态度，培养学生从我做起，从身边做起，营造安全校园环境，引导学生树立正确价值观。

【教学内容】

(1)主要内容：校园暴力的定义、特点；校园暴力施暴者施暴行为的影响因素；校园暴力旁观者不作为的心理机制与危害。

(2)教学重点：校园暴力旁观者不作为的心理机制与消极影响。

(3)教学难点：校园暴力旁观者不作为的心理机制与消极影响。

【课程思政】

(1)通过对校园暴力类型的讲解，让学生分析校园暴力和"开玩笑"的区别，从而坚定反校园暴力的态度和立场。

(2)通过对校园暴力旁观者不作为现象的解析，结合趣味小魔术，加强学生的责任意识，认识到校园暴力的遏制离不开我们每一个人的努力。

【教学方法】

1. 启发式教学法

通过旁观者不作为的现象引发学生思考，带着疑惑进入课程学习，提升学生学习的主动性和积极性。

2. 体验式教学法

通过角色扮演的活动，提升课堂趣味性，引领学生思考如何应对校园暴力。

3. 讲授式教学法

结合真实案例和相关心理学理论知识，对校园暴力旁观者的不作为现象进行深入分析。

4. 讨论式教学法

通过对校园暴力施暴者心理机制的讨论，锻炼学生的逻辑思维能力和理论应用能力，同时复习犯罪心理学的相关理论知识。

7.5 白银市上空的阴霾——连环杀手犯罪心理

所在章节	第 7 章第 3 节	课时安排	1 课时(45 分钟)

(本节课教学过程详情见二维码)

【教学目标】

1. 知识目标

通过课程教学，帮助学生了解连环杀手的定义与特点；掌握连环杀手的心理和行为规律；了解女性连环杀手的特点。

2. 能力目标

通过启发式教学，锻炼学生的创新能力；通过案例分析，提高学生的逻辑思维能力和问题分析能力。

3. 价值目标

通过课程教学，加强学生对人的心理规律的了解；引导学生树立正确的人生观，知恶向善，重视个人的主观能动性。

【教学内容】

(1)主要内容：连环杀手的定义与特点；连环杀手的心理和行为规律；女性连环杀手的特点。
(2)教学重点：连环杀手的心理和行为规律。
(3)教学难点：连环杀手的心理和行为规律。

【课程思政】

(1)通过真实案例引出连环杀手大多有着异常的童年，让学生认识到家庭教育对个人成长的重要性。
(2)通过进一步的提问、反思和分析，让学生意识到个人主观能动性的重要作用，引导学生知恶向善，构建健康人格。

【教学方法】

1. 启发式教学法

通过白银市连环杀人案引发学生对这一类犯罪现象的思考，让学生带着疑惑进入课程学习，提升学生学习的主动性和积极性。

2. 讲授式教学法

结合真实案例和相关心理学理论知识，对连环杀手的定义、心理和行为规律等进行深入分析和讲解。

3.讨论式教学法

　　针对"异常的童年"这一知识点抛出问题，让学生进行讨论，引导学生对负面家庭因素进行辩证思考，提升学生思维能力。

大学英语

扫描二维码

课程8

李婕，湖南中医药大学人文与管理学院教师，湖南省普通高校外语思政教学竞赛二等奖、2020年湖南省普通高校教师课堂教学竞赛三等奖获得者，曾指导学生获得全国大学生英语竞赛特等奖、"外研社"英语写作比赛全国二等奖等。

课 程 概 述

一、课程基本信息

大学英语课程基本信息见表 8-1。

表 8-1 大学英语课程基本信息

课程名称	大学英语	课程性质	通识英语课程
学时	32 学时	开课时间	大一、大二
先修课程	高中英语课程		
适用专业	非英语专业本科生		
使用教材	郑树棠. 新视野大学英语[M]. 3 版. 北京：外语教学与研究出版社，2015.		
参考教材	刘正光，彭珮璐. 新目标大学英语系列教材　综合教程第 1 版[M]. 上海：上海外语教育出版社，2017.		

二、课程的性质和作用

高校开设大学英语课程，在满足学生专业学习、国际交流、继续深造或就业等方面的需求的同时，还可以为国家改革开放和经济社会发展服务。大学英语课程对大学生的未来发展具有现实意义和长远影响。学习英语有助于学生提高人文核心素养，同时为知识创新、潜能发挥和全面发展提供基本工具，为迎接全球化时代的挑战和机遇做好准备。

《大学英语教学指南》明确指出，大学英语教学的主要内容可以可分为通识英语、专门用途英语和跨文化交际三个部分，由此形成相应的三大类课程。通识英语课程是高等学校人文教育的一部分，兼有工具性和人文性双重性质。就工具性而言，通识英语课程是基础教育阶段英语教学的提升和拓展，主要目的是在高中英语教学的基础上进一步提高学生英语听、说、读、写、译的能力。就人文性而言，通识英语课程面对非英语专业的所有本科生，其重要任务是帮助学生形成健全人格，给予学生人性关怀，弘扬正确的价值观，注重人的综合素质培养和全面发展。社会主义核心价值观应融入大学英语教学内容。因此，要充分挖掘大学英语课程丰富的人文内涵，实现工具性和人文性的有机统一。

三、学情分析

在每个单元学习之前教师要对学生进行"学习画像"分析，对于学生的"外在和内在"进行描绘。"外在"包括学习环境、语言水平、语言交际能力、文化背景等，"内在"包括思辨能力、创新能力、情感能力等。基于具体的"学习画像"，教师可以设计有针对性的、个性化的教学过程。

1. 基本外在问题

大学英语面对非英语专业所有层次的班级开设，有五年制班、八年制班、创新人才班，还有独立学院的专业班级。学生学习的材料相同，但他们学习的层次不同，学习能力也不同，这对老师的教学设计提出了"个性化"的要求。

2. 基本内在问题

（1）大部分学生都表示出对英语学习的渴望，但是在学习过程中，一些学生存在畏难情绪，学习主观能动性不强，如果老师不能给予及时的引导，极易浇灭学生的学习热情，最终导致一部分学生掉队，以至于自暴自弃。

（2）大学生是一个看似轻松，实际上却承担着各种压力的青年群体，比如学业、独立生活、人际交往、就业等，如果没有正确、及时的引导，很容易让"三观不稳"的青年们产生各种心理疾病，严重的甚至产生孤独、抑郁、社交恐惧等心理问题。

四、课程教学设计

1. 教学设计思路

本课程的教学设计遵循外语学习规律，根据教学内容的特点，充分考虑学生学习风格的个体差异，运用合适、有效的教学方法，体现以教师为主导、以学生为主体的教学理念，使教学活动实现由"教"向"学"的转变，使教学过程实现由关注"教的目的"向关注"学的需要"转变，形成以教师引导和启发、学生积极主动参与为主要特征的教学常态。

课程内容将英语知识和思政内容进行深度融合，让学生在学习过程中潜移默化地接受观念上的改变和创新。笔者在整个教学过程中，建立了动态评价框架，采用多种干预策略，从语言知识、教学方法、主题内容和情感（即 LMTE）四个层面进行教学设计。

（1）从语言知识层面切入。将语言学习、技能提高与思政元素相结合，比如，以课本上的语言知识作为起点，通过各种教学活动将新知识与旧知识相连接，设计"学而思"的程序性学习流程，实现"以练带学"的知识传递方式。并通过资源干预、教师干预、教学法干预等手段，将思政内容和思辨逻辑渗透到专业教学中。

（2）从教学方法层面切入。在教学过程中，采用多元化教学法干预，比如语言游戏教学法、情景式教学法、翻译实践教学法等，创建有趣的、愉悦的课堂学习氛围，增强师生交流互动、同伴合作，提高学生学习的积极性，并培养学生思辨能力、创新能力、团队合作能力。

（3）从主题内容进行延伸拓展。将中华民族优秀文化内容、民族精神、核心价值观与主题思想有机融合，培养学生健全的人格，引导其树立正确的三观。

（4）从情感视角思考学生的问题。设计任务，引导学生从实践中探寻问题的答案。让学生课后填写自我反馈表，看到自己的进步和不足，实现对学生学习情感、生活情感和价值观的引导，形成一种情感带动下的思想转变，最终实现学生三观的正确构建。

2. 教学目标

大学英语是针对所有非英语专业学生开设的通识英语课程，具有工具性和人文性双重特性，是我国学生学习英美语言和文化的重要窗口。

根据《大学英语教学指南》的要求，大学英语的教学目标是培养学生的英语综合应用能力，增强跨文化交际意识和交际能力，同时发展自主学习能力，提高综合文化素养，使他们在学习、生活、社会交往和未来工作中能够有效地使用英语，满足国家、社会、学校和个人发展的需要。根据我国现阶段基础教育、高等教育和社会发展的现状，大学英语教学目标分为基础、提高、发展三个等级。笔者设定的课程教学总目标遵循《大学英语教学指南》的分级要求。

（1）总目标：格物致知，知行合一，正心修身思天下。这是根据"三全育人"的要求，紧紧围绕立德树人根本任务，充分发挥中国特色社会主义教育的育人优势，以理想信念教育为核心，以社会主义核心价值观为引领，与语言学习特点相结合，设定三级思政育人目标。

（2）思政目标：辨明西方文化的精华与糟粕，输入本国文化精粹，帮助学生端正心态、修身养德、心怀天下。

3. 教学内容

根据《大学英语教学指南》的要求，通识英语课程为所有非英语专业的学生开设，其内容设置主要涵盖语言知识、语言技能应用、文化常识、跨文化交际能力及思政育人内容。本书的《大学英语》读写课程教学以教材为依托，以"U 校园""i-test""i-write"系统等为技术支持，采用课堂教学和学生自主学习的混合式教学模式。在进行教学内容重难点设计时，笔者主要考虑以下三个问题：如何引导学生进行有效学习和深度思考；如何深挖教材主题和其中的育人元素；如何实现教学内容与思政教育的有机融合。

第一册大学英语教材是高中到大学的过渡阶段，侧重语言基本素养的提升，培养学生听、说、读、写、译的基本能力，创设愉快的学习氛围，提升学生的学习兴趣。教学重点包含三个方面：核心词汇及重点句型讲解；读、写、译技巧的讲解和应用；课文主题理解和育人元素的渗透。

第二册和第三册大学英语教材重点引导学生完成学习角色认知的积极转变。单词、句式、基本语言点和拓展阅读等内容由学生通过学习平台和 App 自主完成，课堂教学侧重引导学生与教学材料深度"对话"。同时，关注学生的价值观和情感倾向，通过探究式提问、团队合作、对比阅读等方式引导学生深入理解课文主题，与作者的精神世界进行对话；通过课前、课中和课后的调查、讨论、反馈、评估等活动，实现对学生的全程关注，实践三全育人。

4. 课程思政

"大学英语"课程思政元素的融入思路见表 8-2 所示。

表 8-2　"大学英语"课程思政元素融入思路

序号	章节内容	思政元素融入思路	育人目标
1	B1U1 大学	①通过对中国高等教育历史的了解，树立学生的文化自信 ②通过分析大学生可能遇见的困难和挑战，引导学生换位思考，学会包容他人，疏解负面情绪，帮助学生走出焦虑困境 ③通过对大学生责任的讨论，启发学生思考教育的真谛	德育 智育 人文教育 文化自信教育
2	B1U2 亲情	①通过对课文故事的理解，引导学生思考如何听取父母的意见，正确处理与父母的关系 ②通过观看奥斯卡获奖动画哑剧《老奶奶与机器人》，引导学生讨论如何关怀逐渐老去的父母，弘扬孝道等传统美德	德育 智育 人文教育
3	B1U4 时代英雄	①通过观看 CGTN 的抗疫记录片片段，引导学生讨论时代的国家英雄及他们的宝贵品质，培养学生的家国情怀 ②通过阅读课文中"平民英雄"的事例，引导学生分组讨论平民英雄需要具有哪些特质，为学生树立正确的人生楷模，激发学生的志气	德育 智育
4	B1U5 体育精神	①通过中西方体育运动起源的介绍，了解"场地跑"和"君子六艺"的意义，培养学生的文化自信 ②通过观看纪录片《残奥精神：梦想高飞》和中国女排比赛视频，让学生去体会运动不仅给人强健的体魄，还能磨炼意志，塑造健全人格	德育 智育 体育 自信教育
5	B2U2 大学人文教育	①通过课前调查了解学生对自己所学专业的满意程度，以及他们对于英语等人文课程的喜好程度，倾听学生真实的想法，引导学生去发掘人文科学的重要性 ②通过拓展阅读《荷马史诗》中的《伊利亚特》，引导学生讨论阿喀琉斯几次重要的人生选择，启发学生思考人文教育的价值	德育 智育
6	B2U3 新的人生阶段	①通过拓展阅读《荷马史诗》第二部《奥德赛》，让学生深入理解课文主题"奥德赛岁月"的含义，学习奥德赛精神的内涵是不畏艰险、勇往直前 ②通过对 Y 时代和 Z 时代两代人在学习、工作、婚姻、社交、价值观等方面差异进行对比，让学生们去探索不同时代的人所面临的挑战，以及讨论怎么从容地面对这些挑战	德育 智育

续表8-2

序号	章节内容	思政元素融入思路	育人目标
7	B2U4 校园恋爱	①通过阅读马克思写给燕妮的信，结合《人民日报》刊登的文章《恋爱是大学必修课吗?》，引导学生们讨论什么是真正的爱情，培养学生们正确的爱情观 ②通过对课文的讲解，引导学生们思考爱情中的激情和责任 ③通过对"PUA"这个术语的讲解，结合网络诈骗的案例，给渴望爱情的学生们敲响警钟	德育 智育 "爱"的教育 法制教育
8	B2U5 金钱游戏	①通过"校园贷"漫画引导学生谈谈消费主义和享乐主义带给人的影响，培养学生树立正确的消费观和金钱观 ②通过对课文内容的讲解，让学生分组讨论"金钱可以买到幸福吗?"引导学生正确认识金钱与人生幸福的关系	德育 智育 法制教育
9	B3U1 成功之道	①通过课文内容的讲解，引导学生用积极的态度面对失败，永不言弃 ②通过拓展阅读诗歌《长征》，唤起学生对中国"苦难历史"的记忆，学习革命先辈坚决斗争、不怕牺牲、不屈不挠的精神	德育 智育
10	B3U3 电影人生	①通过优秀的中西方电影片段赏析，提高青少年对电影的审美能力，感受电影所传递出来的艺术魅力和人文情怀 ②通过口语对话训练，让学生把本民族的优秀经典电影进行语言输出，提升学生的民族自豪感和文化自信 ③通过阅读奥黛丽的自传《天使在人间》和德籍犹太人安妮撰写的《安妮日记》，引导学生们学习面对苦难时要有坚强的意志	德育 智育 美育 文化自信教育
11	B3U4 旅行	①通过制定旅行计划的任务，引导学生发现和探索中国的大好河山和日新月异的变化，培养民族文化自信 ②通过课文内容的讲解，引导学生讨论旅行的意义，以及旅途中可能遇到的风险	德育 智育 文化自信教育
12	B3U5 工作	①通过职业选择游戏，引导学生思考不同的职业对于社会的贡献，培养学生的公民责任意识 ②通过课文的讲解，引导学生讨论工作的真正意义，比如成就感、自豪感和幸福感 ③观看纪录片《大国工匠》，启发学生思考工作的自豪感因什么而获得，学习在工作中起到什么作用，让学生在讨论中形成积极的人生观和价值观	德育 智育 文化自信教育

5.教学方法

(1)动态评估。

动态评估又称学习潜能评估，是在评估过程中，通过评价者和学习者的互动，尤其是在有经验的评价者的帮助下，探索和发现学生潜在发展能力的一系列评估方式的统称。简言之，动态评估是一种视教学与评估为联合一体的诠释框架。

大学英语课程思政教学容易出现专业教育与思政教育"两张皮"的现象，不利于高校有效地实现课程育人目标。基于动态评估理论，笔者从教学设计层面对教学目标、教学流程、教学内容和教学评估进行优化设置。在大学英语课堂搭建动态评估框架，采用学习小组的形式(一个小组里面包含不同能力水平的学习者)，循序渐进地开展课堂教学活动，有利于实现"教、学、育、评"的深度融合(具体流程如图8-1所示)。

(2)产出导向法。

产出导向法理论体系是近年来我国著名外语教育教学与研究专家文秋芳教授致力于构建的具有中国特色的外语教学理论，其核心是"三个学说""三个假设"和"三个阶段"，其目标是促进外语课堂教学目

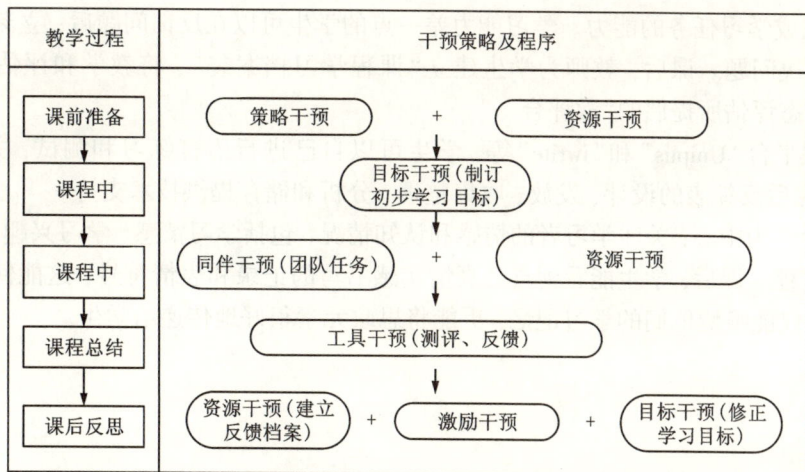

图 8-1 动态评估框架

标的实现和有效学习的发生。

笔者的教学设计中，在涉及具体阅读技巧、翻译技巧、写作技巧的教授时融合了 POA 教学法。一是因为产出导向法针对的是中高级外语学习者；二是因为产出和输出整个过程在课堂中完成，能促进教学效果的实现；三是其有益于开展"以学习为中心""以学生为主体"的教学活动。

(3) 游戏教学法。

在导入部分或者单词复习部分使用游戏教学法是为了在教学一开始就引起学生的兴趣，且在枯燥的单词学习当中增添乐趣。

(4) 情景教学法。

在导入部分和课文理解部分使用情景教学法，有一些课文内容过于抽象，比如"美和幸福"，运用这种方式能让学生更直观地体验美，感受幸福。

(5) 比较式教学法。

比较式教学法在文化背景介绍和主题拓展部分使用，对于主题进行东西方文化、历史、思想等方面的比较，使学生了解东西方文化的差异和共同点。也可在文章结构分析部分使用比较式教学法，采用对照比较方法写作的论说性文章特别适合此方法。

6. 课程考核

根据教育部《大学英语课程教学要求》和笔者所在学校《大学英语教学大纲》的规定，大学英语课程采取形成性评价和终结性评价相结合的多元考核方式，同时积极鼓励大学生参加各种英语能力竞赛和水平考试，以此检验学习成效。

其中，形成性评价一般包括课堂表现、平时小测、自主学习、作业等，主要考查学生的学习过程、协作能力、自主学习能力等，占总成绩的 60%。终结性评价一般指期末笔试，包括听力、完形填空、阅读、翻译、作文等题型，考查语言综合应用能力，占总成绩的 40%。从比重分配来看，学习过程和学习能力的培养被纳入考核范畴，且比重加大，这是为了强化学生的自主学习能力和培养学习习惯。

但是，形成性评价当中包含的课堂表现、自主学习、课外阅读、课后讨论等内容都属于质性评价，笔者引入动态评估理论进行多纬度的评估，以期获得真实、公平、有效的评价结果。

7. 测评方法

引入动态评估体系，将其与形成性评价相结合，对学生实行动态的学习干预，以期实现"教—学—评"相融合。

笔者设计了《课堂活动记录表》，实质上是《自我动态反馈评估表》，要求学生在完成每一个课堂任务之后真实地记录下自己的学习感受、感兴趣程度、课堂表现、理解程度等内容，以及评估自己在接受老师和同伴帮助后完成学习任务的能力。学习能力差一点的学生可以在反馈问题后，立刻得到老师或同伴的帮助，引导其解决问题。课后，教师为学生建立"课程学习档案袋"，将教学和评估贯穿整个教学过程，真正实现了动态评估所提倡的"教评合一"。

通过线上智慧平台"Unipus"和"iwrite"等，学生可以自己进行语言练习和测试，并获得及时反馈。"问卷星"APP 为课后反馈表的设计、发放、收集整理、分析和储存提供技术支持。

动态评估以学生为中心，关注学习者的情感和认知情况，包括学习情感、学习兴趣、学习潜力、价值观倾向等的变化过程。课后，学生能看到自己真情实感书写的记录和表情符号，这能使他们与学习内容产生情感连接，不仅能唤醒他们的学习记忆，更能将思政元素很好地传递给学生。

8.1 Text B: Making the choice to be truly beautiful
选择拥有真正的美丽

所在章节	第四册 第二单元	课时安排	1 课时(45 分钟) (附 15 分钟教学视频)

云麓课堂

教学实录

【教学目标】

1. 知识目标

(1)通过名画欣赏、词汇游戏等活动进行与外貌有关的词汇输入。
(2)通过口语训练，引导学生学会描述个人感受的句型表达。
(3)通过对修辞手法和句型的讲解，练习名词型暗喻的写法，并带领学生深入理解文本背后的含义。

2. 能力目标

(1)通过各种教学互动，提高学生的思辨能力。
(2)通过团队作业，激励学生在日常生活中发现美，培养学生感知"真正的美"的能力。

3. 育人目标

(1)审美教育：通过多样的教学方法融入绘画、音乐等各种艺术形式，引导学生去感知"真正的美"，帮助学生树立健康的审美观。
(2)价值观教育：通过对课文主题的理解和拓展，引导学生认识到一个人真正的美丽是由内而外的，是通过不断提升自我修养和品质来获得的。

【教学内容】

1. 主要语言知识点

语言基础知识：词汇、短语、句型。
要求学生课前利用学习平台自学，重点句型在语篇理解中由老师讲解。
(1)重点短语：wrinkle, energetic, warm, gentle, spiritual ...
(2)重点句式：... your beauty is not about looking good ... It is about... / It is an emotional and spiritual walk.

2. 教学重点

引导学生精读，从修辞、翻译、内容理解三个层面分析重点段落和句式，理解"美"的真正含义。

3. 教学难点

结合中国"君子六艺"的文化，引导学生去思考和追求"真正的美"对形成健全人格的重要性。

【课程思政】

1. 课前

(1) 基础阅读：朱光潜《谈美》。

(2) 拓展阅读：柒果吟《好看的皮囊不如有趣的灵魂》。

(3) 视频：多芬广告《Real Beauty Sketches》。

2. 课中

(1) 绘画和音乐欣赏：渗透正能量信息，培养和提升健康的审美能力。

(2) 口语练习：用语言表达积极的情绪，培养积极正面的人生观。

(3) 主题理解：帮助学生认识到精神世界的提升和真挚的情感才能给人生带来幸福。

3. 课后

拍一个英语短剧微视频，主题是"美和幸福"，寓教于乐，培养大学生的综合素质。

【教学方法】

采用动态评估搭建课堂教学主要框架，有针对性地根据教学内容融合情景式教学法和直观教学法，灵活组合，营造满足学生个性需求的育人环境。

(1) 动态评估：搭建课堂教学主要框架，以教评结合为主要特点，教师设定难度递进式学习任务，学生以学习小组的形式进行合作学习，边学习边评估，自评与互评相结合。

(2) 情景式教学法：用童话故事进行课文导入，引起学生的学习兴趣，让学生将故事与现实相结合进行讨论，提升思辨能力。

(3) 直观教学法：用名画、名曲从视觉和听觉上让学生形成对美的最直观的感受，同时可输入新的词汇，最终能提升学生的审美能力。

教　学　过　程

教学内容	目标层次	教学活动	教学策略及意图
【课前】 目标干预， 资源干预	熟悉	【课前调查】 通过"问卷星"APP 完成学情调查问卷。 【分级阅读训练】 基础——"U 校园"平台课文预习及练习； 提高——朱光潜《谈美》。 【视听训练】 配音视频《观沧海》(许渊冲译的版本)。	①课前学情调查是实施动态评估中目标干预的重要手段。 ②对学生的预习进行资源干预，给不同层次的学习者提供有针对性的学习资源。 ③隐性思政输入。隐性输入正确的审美观；诗歌视频能让学生体会到自然之美和语言之美的结合带给人的感悟。
【导入】 (8 分钟) 故事导入 ——资源 干预	了解	【情景导入】 "Mirror, mirror, who is the fairest of them all?" 创设一个新的场景，然后提问："如果白雪公主真的被坏皇后毒杀了，坏皇后会变成最美的人吗?" 引导学生结合自己每天照镜子的动作去思考：什么是真正的美?	①情景教学法，用童话故事引起学生兴趣，创设新剧情让学生思考问题。 ②将故事与现实相结合，通过讨论培养学生的思辨能力。

教学内容	目标层次	教学活动	教学策略及意图
【阅读理解】（10分钟）阅读训练+语言点——资源干预	掌握（重点）	【提出问题】 Q1：*What is the highest degree of one's beauty?* Q2：*How do you understand "It is an emotional and spiritual walk"?* 【参考答案】 参见课文第2段内容。 【句型提炼】 Attaining the highest degree of your beauty is not about looking good . . . It is about. . . It is not about. . . It is about. . . 某物（如动作、行为等）的真正意义或目的不是表面上看到的那样，而是另外的某种情形。 【拓展内容】 用当代中国著名艺术家岳敏君的笑脸人画作和达·芬奇的名画《蒙娜丽莎》（如图8-2所示），让学生进一步理解真正发自内心的美不是看外表。 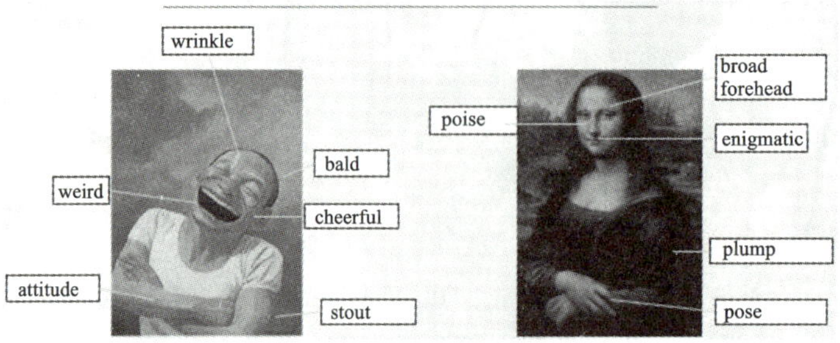 图8-2　画作举例 （图片来源：https://www.163.com/dy/article/DP3RSH3U0518V01S.html https://www.douban.com/group/topic/88146436/）	①让学生快速阅读，理解"主题句+例证"的段落结构，快速找到问题答案。 ②用问题引导学生去理解课文内容，挖掘核心思想，培养思辨能力。 ★【课程思政】 使用直观教学法，以名画举例让学生理解课文主题，输入相关词汇，提升学生审美能力。
【阅读理解】（15分钟）精读——资源干预，同伴干预	掌握（重点）	【团队任务】 让学生分组讨论，理解"It is an emotional and spiritual walk."并完成教学活动表8-3。 表8-3　教学活动 | Translation	Figure of speech	Evidence
---	---	---
它是一个情感和精神的旅程	Metaphor	Para 3 Para 6 | 【句型提炼】 讲解暗喻的主要结构，练习名词型的暗喻。 例1：他是一个幸运儿。 翻译：He is a lucky dog. 例2：我必须走了，我还有其他重要的事。 翻译：I must go. I have other fish to fry. 【思考】 How do you understand the idea of "emotional walk"?	团队作业，让学生从修辞、翻译、内容理解三个层面分析课文，培养学生的阅读理解能力，提高团队协作能力。

教学内容	目标层次	教学活动	教学策略及意图
		【知识讲解】 课文第 3 段作者用她和丈夫的爱情为例，说明相互伴随成长的爱情让她感受到美好。除此之外还有亲情、友情，比如"高山流水"的故事，"管鲍之交"的不离不弃，"马克思与恩格斯"的相互支持。 【讨论问题】 How do you understand the idea of "spiritual walk"? 让学生聆听音乐《春江花月夜》，进行口语训练。 【句型讲解】 I feel as if... I have a feeling that... 引导学生感受精神世界变得愉悦的过程，体会作者的观点 "The only way I know to develop my soul is through feelings."	★【课程思政】 采用多种教学手段和方法，引导学生深入理解课文句子背后的意义。 引导学生形成正确的人生观、价值观和审美观。
【思考】 (10 分钟) 批判性思考 ——资源干预	掌握 (重难点)	【讨论】 Is it necessary for every one to chase true beauty? 【知识讲解】 老师引入"君子六艺"的知识，让学生们了解在中国文化中"礼""乐"都是美的具体表现形式。追求"真美"是一个"君子"的基本要求，也是一个身心健全的大学生的基本要求。	★【课程思政】 引入中国传统文化知识，让学生结合实际情况思考课文主题的意义。
【小结与作业】 (2 分钟)	完成	【小结】 真正的美是对美好精神世界的追求。 【作业】 团队作业：拍一个英语短剧微视频，主题是"美和幸福"，要求运用多种美的形式，比如音乐、绘画等(可参考推荐电影)。	★【课程思政】 引导学生挖掘生活当中真、善、美的存在。

【教学反思】

采用 DIPI(Design-Ideology & Politics-Improvement)模式进行教学反思。

1. 教学设计反思(Design)

关于"美与幸福"的主题是对本单元 A 部分的深入挖掘，教学重点在于让学生明白到底什么才是真正的美，什么才是真正的幸福。所以，根据课文内容，从视听体验、情绪体验和事实例证三个方面设计教学活动，让学生体验到真正的美。因为课文用各种修辞手法来描绘美丽的画面或幸福的感觉，所以应让学生多通过修辞手法的学习达到能深层次地理解语言的美，这样不仅能提高他们的写作技巧，也能引导他们用修辞来传递情感。

2. 思政内容反思(Ideology & Politics)

在课前调查中，很多学生表现出对化妆、追逐潮流、微整形等现象有很高的关注度。青少年对自己容貌的关注和重视是正常的，但是过度关注容易产生情感焦虑，甚至影响心理健康。所以，要引导学生们去思考，这种对外在美的追求是否能带来真正的人生幸福。应多通过比较式教学法，辅以音乐、绘画等教学手段，让学生们体会到最终能让人感到幸福的是精神世界的充实。

3. 改进反思 (Improvement)

这篇文章讲解了英语中暗喻的修辞手法，有些举例过于生僻，学生的学习积极性不高，可以寻找更贴近生活、更有趣味性的句子进行仿写练习。

【教学参考资源】

1. 书籍

(1) 朱光潜. 谈美[M]. 上海：华东师范大学出版社，2012.

(2) 棐果吟. 好看的皮囊不如有趣的灵魂[M]. 上海：文汇出版社，2019.

2. 音乐

中国经典古筝名曲《春江花月夜》。

3. 视频

(1) 多芬广告《Real Beauty Sketches》。

(2) 许渊冲译版《观沧海》。

4. 电影

(1)《小妇人》。

(2)《大学新生》。

【板书设计】

本堂课板书设计如图 8-3 所示。

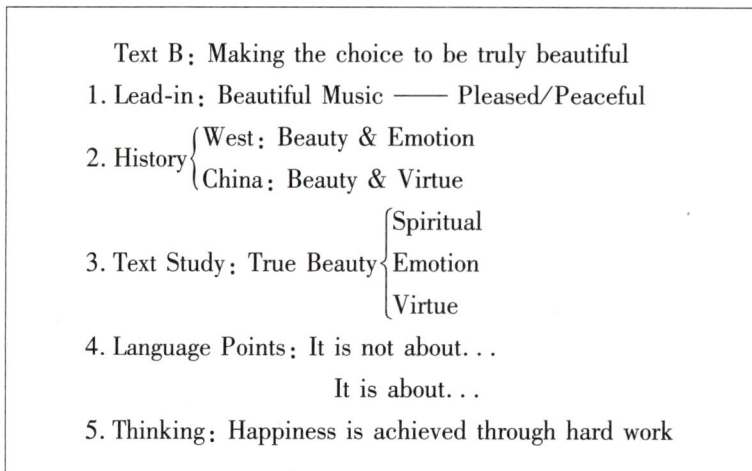

```
            Text B：Making the choice to be truly beautiful
     1. Lead-in：Beautiful Music ———— Pleased/Peaceful

                    ⎰ West：Beauty & Emotion
     2. History ⎰
                    ⎱ China：Beauty & Virtue

                                          ⎧ Spiritual
     3. Text Study：True Beauty ⎨ Emotion
                                          ⎩ Virtue

     4. Language Points：It is not about...

                          It is about...

     5. Thinking：Happiness is achieved through hard work
```

图 8-3　板书设计

8.2 Text A: Toward a brighter future for all 奔向更加光明的未来

所在章节	第一册 第一单元	课时安排	1 课时(45 分钟)

【教学目标】

1. 知识目标

(1)通过课前自学引导学生完成基本词汇的输入。

(2)通过阅读练习引导学生去运用略读技巧抓取文章的主要内容和关键信息,提升快速阅读能力。

(3)通过翻译训练和口语训练引导学生学习语言难点,深入理解课文内容和主题。

2. 能力目标

(1)通过各种教学互动,如讨论、辩论、回答问题等,启发思考,提高学生思辨能力。

(2)通过团队作业,提高学生的团队协作能力。

3. 育人目标

(1)包容教育:通过观看视频,引导学生换位思考,理解、包容他人的缺点,克制自己的愤怒情绪,培养大学生的情绪自我调节能力。

(2)责任教育:通过课文理解、主题拓展,引导学生思考新时代大学生的责任,培养公民责任意识,坚定爱国信念。

(3)自信教育:通过实践作业,加深学生对就读高校和专业的了解,树立学生的自信心。

【教学内容】

1. 主要语言知识点

语言基础知识包括词汇、短语、句型。

要求学生课前利用学习平台自学,重点句型在语篇理解中由老师讲解。

①重点短语:. . . make us of . . . , make the best of . . . , take the full advantage of . . .

②重点句式:So with a glow in your eye and a song in your heart. . .(暗喻)

2. 教学重点

(1)引导学生学会利用略读的阅读技巧抓住篇章的大意。

(2)提出问题,启发学生深入理解课文第 4~7 段的主要内容。

3. 教学难点

讨论文章中提出的三个问题,讲解答案及写作意图,引导学生思考当代大学生的责任。

【课程思政】

1. 课前

(1)基础阅读：朱光潜《给青年的十二封信》。

(2)拓展阅读：培根《论读书》。

2. 课中

(1)口语练习包含人文关怀：引导学生说出当下自己的"不适应"和"焦虑"有哪些，结合课文中给出的建议为学生的苦恼提供解决方案。

(2)主题理解：帮助学生深刻理解学习的意义，明晰大学生的责任，树立正确的人生观。

3. 课后

布置体验式作业，期望学生能通过游览校园的活动，仔细观察校园内的文化符号，挖掘这些文化的精神内涵，引导学生融入新的环境，爱上自己的大学。

【教学方法】

采用动态评估搭建课堂教学主要框架，有针对性地根据教学内容融合游戏教学法和比较式教学法，灵活组合，营造满足学生个性需求的育人环境。

(1)动态评估：以教评结合为主要特点，教师设定难度递进式的学习任务，学生以学习小组的形式进行合作学习，边学习边评估，自评与互评相结合。

(2)游戏教学法：设计字谜游戏来测试学生自学单词的掌握情况，游戏的趣味性缓解了单词测试可能带给学生的焦虑感。

(3)比较式教学法：将新的语言知识与旧的语言知识进行比较，帮助学生形成有逻辑的知识脉络；理解课文内容时，进行中西方文化的比较有助于正确理解各种文化的本质。

教 学 过 程

教学内容	目标层次	教学活动	教学策略及思政
【课前】 目标干预， 资源干预	熟悉	【课前调查】 通过"问卷星"APP 完成学情调查问卷。 【分级阅读训练】 基础——"U 校园"平台课文预习及练习； 提高——朱光潜《给青年的十二封信》； 拓展——培根《论读书》。 【视听训练】 乔布斯在斯坦福大学毕业典礼上的演讲片段。	①课前学情调查是实施动态评估中目标干预的重要手段。 ②对学生的预习进行资源干预，拓展学习宽度，给不同层次的学习者提供有针对性的学习资源。 ③思政隐性输入。课外资源是具有正确价值导向的内容，学生阅读的同时会不知不觉地思考学习的真谛。
【导入】 （8分钟） 单词游戏 ——资源 干预	了解	【团队任务】 让学生分组完成字谜游戏图（如图 8-4 所示），提示是"大学生所具有的品质"，速度最快的小组获得优胜。  图 8-4 字谜游戏图	检测单词预习情况，用游戏的形式引起学生的兴趣，提高学生的竞争意识，提升参与感和团队协作能力。

教学内容	目标层次	教学活动	教学策略及思政
		【参考答案】 参考答案见图8-5所示。  图8-5　字谜参考答案 **【提出问题】** 每个人围绕"大学生活"这一主题给出一个形容词。 **【参考答案】** colorful, exciting, interesting, busy, burdensome, independent, curious, boring, upset... **【引出问题】** 为什么新生会出现负面的、焦虑的情绪？我们该如何应对？	★【课程思政】 针对某些学生的困惑、焦虑或者厌学等问题及时回应，给予人文关怀。
【阅读理解】 （10分钟） 略读—— 教学法干预，资源干预	掌握	**【技巧讲解】** 关于"略读"技巧的掌握： ①作用——快速获取信息，把握大意； ②方法——快速阅读标题、首段、首句、尾句、尾段； ③实践——把握课文大意，找出课文涉及的三个主要问题。 **【参考答案】** Main idea：The president offers freshmen advice on how to make the most of their four college years. Main content：What will students acquire from university? How will you deal with the unpleasant experiences? What are college students's responsibilities?	边学边练，提高学生的阅读能力，锻炼学生自主解决问题的能力。

教学内容	目标层次	教学活动	教学策略及思政
【阅读理解】（15 分钟）精读——同伴干预	掌握	【小组讨论】 大学新生会遇到什么状况？新生怎么应对大学生活？（即校长的三个建议） 【参考答案】 Para 4：I want to encourage you to make the most of great resources. Para 5：Sample them widely. Challenge yourself. Para 6：So with a glow in your eye and a song in your heart, step forward to meet these new experiences. 【语言知识讲解】 1. . . . make the most of . . .（充分利用，尽力而为） 比较：make the best of . . . 　　　take the full advantage of . . . 2. So with a glow in your eye and a song in your heart. . .（暗喻的修辞手法） Note：Here the president is speaking figuratively. These expressions are used to encourage students to face adversity in an optimistic attitude.	①展开小组讨论，让大一的学生们适应大学英语学习这种"思考—讨论—表达"的模式。 ②每个人都要求在小组讨论中发言。 ★【课程思政】 通过对语句的分析，掌握句型和暗喻的修辞手法及其作用，隐性输入积极向上的价值观。
【批判性思考】（10 分钟）思考并讨论——同伴干预，资源干预	理解	【提问】 Q1：What knowledge will you acquire? Q2：What passions will you discover? Q3：What will you do to build a strong and prosperous future for the generations that will come after you? 【参考答案】 A1：Students will acquire professional knowledge, academic skills, social abilities, and so on. A2：Students will discover new and unsuspected passions that will help them to shape bright future. A3：The future is built on a strong foundation of the past. (Para 3) 【提问】 校长提出三个问题的目的是什么？ 【参考答案】 引入荀子的《劝学》来说明校长的目的是希望学生们去思考学习的意义。 【翻译练习】 君子曰：学不可以已。 青，取之于蓝，而青于蓝；冰，水为之，而寒于水。木直中绳，輮以为轮，其曲中规。虽有槁暴，不复挺者，輮使之然也。故木受绳则直，金就砺则利，君子博学而日参省乎己，则知明而行无过矣。	①课文第 7 段中校长提出了三个问题，没有直接给出答案，要求学生们通过小组讨论，根据上下文给出答案。 ②老师用问题搭建一个桥梁，让学生学会与文本对话。 ★【课程思政】 通过问题导入，引导学生进一步理解大学学习的意义和学生的责任。 ★【课程思政】 通过翻译练习引入中国传统文化知识。

教学内容	目标层次	教学活动	教学策略及思政
		The gentleman says: Learning should never cease. Blue comes from the indigo plant but is bluer than the plant itself. Ice is made of water but is colder than water ever is. . . . If the gentleman studies widely and each day examines himself, his wisdom will become clear and his conduct be without fault. （翻译参考 Burton Watson 译版）	
【小结与作业】 (2分钟)	完成	【小结】 ①利用"填空式"板书来做总结：大学生要有责任感和使命感。 ②学生填写课堂反馈表。 【分级作业】 作文1： Write a letter to a foreign friend who wants to study in China. Please recommend a university to him her and explain the reasons. 作文2： Write a short essay. You should start your essay with a brief description of the picture（如图8-6所示）and then express your views on college students's responsibilities. 图8-6 Picture （图片来源：https://gimg2. baidu. com/image_search/src = http% 3A% 2F% 2Fn. sinaimg. cn% 2Fsinacn07% 2F263% 2Fw690h373% 2F20180524% 2F8cf6 - haysvix6110915. jpg&refer = http% 3A% 2F% 2Fn. sinaimg. cn&app = 2002&size = f9999, 10000&q = a80&n = 0&g = 0n&fmt = jpeg? sec = 1617518731&t = 9aa587dc6e3367bee162dcaf60ec524d）	①让学生通过板书填空，再次回顾重点内容。 ②根据不同层次设置，分级作业，让学生自由选择，完成基础级别的获得基础分，完成提高级别的获得额外奖励分。通过激励机制，鼓励学生去挑战自己。

【教学反思】

采用 DIPI(Design-Ideology & Politics-Improvement)模式进行教学反思。

1. 教学设计反思(Design)

本堂课是大学英语课程的第一课，主题为"大学生活"，笔者设计了较多的互动，比如分组讨论、辩论、游戏等，给学生创造更多的机会去积极主动地表达自己的看法，营造一种良好的课堂氛围，提高课堂活跃度，借此让学生有更多和老师、同学交流的机会，让学生适应大学的学习和生活。

2. 思政内容反思 (Ideology & Politics)

通过试听训练和翻译练习，慢慢改变学生们"不敢说"的状况，增强学生的自信心。

通过课文主题理解和拓展思考，让学生意识到知识拓展的重要性，并将知识运用到生活中；同时，布置适当拓展任务的作业，让学生加深对所学知识的理解和记忆。

3. 改进反思 (Improvement)

教育主题在日常交际、应试考试中都是一个高频话题，但这个话题与各个学科的融合度高，无法以一种模式将教育话题一次性讲清楚，讲透彻。所以，是否应该增加实践活动，以让学生更清楚学习的意义和学生的责任，这也是需要思考的一个问题。

【教学参考资源】

1. 书籍

①朱光潜. 给青年的十二封信［M］. 北京：中华书局，2013.

②徐贲. 阅读经典——美国大学的人文教育［M］. 北京：北京大学出版社，2015.

③培根. 培根散文选论读书［M］. 武汉：长江文艺出版社，2017.

2. 双语视频

①普林斯顿大学校长 2018 毕业致辞：上大学的意义。

②耶鲁校长开学典礼致辞。

③网易公开课《大提问系列》：带你走遍世界知名大学。

④TED 演讲：Lifelong Learner (译为：终生学习者)。

【板书设计】

本堂课板书设计如图 8-7 所示。

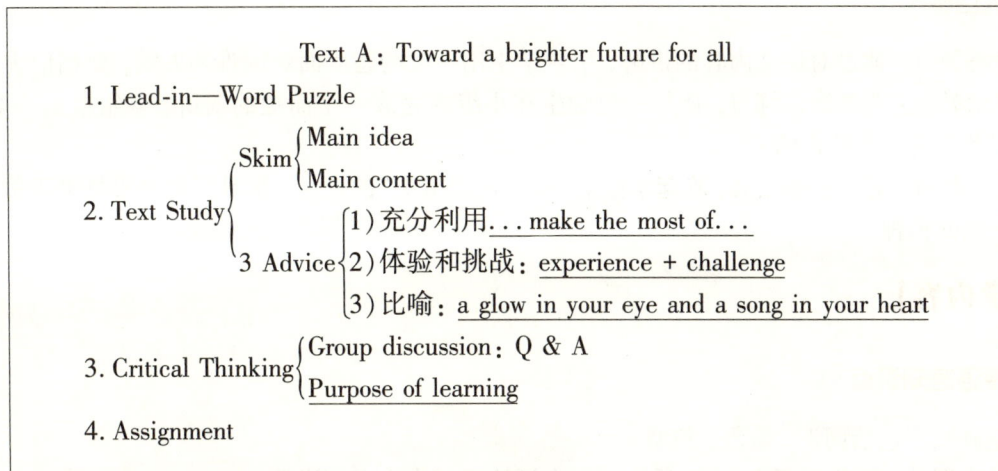

图 8-7　板书设计

8.3

Text A: Never ever give up
绝不放弃

所在章节	第三册 第一单元	课时安排	1课时(45分钟)

（本节课教学过程详情见二维码）

云麓课堂

教学设计

【教学目标】

1. 知识目标

(1) 通过图片了解丘吉尔在"二战"时期演讲的时代背景。

(2) 通过对丘吉尔在"二战"时期几篇著名演讲稿的解析，让学生掌握平行结构的使用。

(3) 通过单词学习、句型翻译、结构分析等方式让学生理解课文主体部分结构的主要内容。

2. 能力目标

(1) 通过分组讨论，培养学生的口语表达能力和思辨能力。

(2) 撰写演讲稿，通过分组演讲和上台演讲，培养学生的独立思考能力、思辨能力和演讲能力。

3. 育人目标

(1) 意志教育：通过对课文内容的讲解，引导学生用积极的态度面对困难和失败，要相信勇者无畏。

(2) 自信教育：开展演讲练习，让每一位学生在小组内完成一个简短的演讲，各组推选一名代表上台展示，以此提升学生的自信。

(3) 爱国教育：通过主题拓展，唤起学生对中国"苦难历史"的记忆，学习革命先辈坚决斗争、不怕牺牲、不屈不挠的精神。

【教学内容】

1. 主要语言知识点

语言基础知识包括词汇、短语、句型。

要求学生课前利用学习平台自学，重点句型在语篇理解中由老师讲解。

重点单词和短语：wit, wisdom, civic duty, dedication, commitment...

2. 教学重点

(1) 理解课文中包含平行结构的句子：He achieved fame for his wit, wisdom, civic duty, and abundant courage... /Young men never give up. Never give up! Never give up! Never, never, never, never! /... strengthening his optimism, dedication and determination. /... that fuels the determination to act, to keep preparing, to keep going...

(2) 平行结构赏析和写作训练。

3. 教学难点

（1）包含平行结构的演讲稿的写作。

（2）鼓励每个学生在同伴面前做一次演讲。

【课程思政】

1. 课前

（1）基础阅读：丘吉尔的演讲《热血、汗水和眼泪》。

（2）拓展阅读：丘吉尔传记 Churchill：Walking with Destiny 节选。

（3）视频：哈佛幸福课：最成功的人往往也是失败次数最多的人。

2. 课中

（1）通过分析丘吉尔在"二战"时期的演讲，让学生们感受到顽强的意志、不屈的精神能克服一切困难。

（2）通过抗疫演讲视频《我们都是战士》，让学生感受疫情期间所有战斗在抗疫第一线的"战士们"身上所体现的大无畏精神。

3. 课后

写一篇主题为"绝不放弃"的演讲稿，让学生挖掘身边的真人真事，让身边的"精神榜样"去感染他们。

【教学方法】

采用动态评估搭建课堂教学主要框架，有针对性地根据教学内容融合产出导向法和情景式教学法，灵活组合，营造满足学生个性需求的育人环境。

（1）动态评估：搭建课堂教学主要框架，以教评结合为主要特点，教师设定"演讲"的学习任务，学生独立完成，然后以学习小组的形式互相点评，实现自评与互评相结合。

（2）产出导向法：提出产出目标，即产出一个3~5句话的演讲，创造一种学习"饥饿感"，有的放矢，激发学生学习的内驱力。

（3）情景式教学法：教师朗诵丘吉尔的演讲时播放炮火的声音，让学生身临其境，对丘吉尔不畏艰难、顽强奋斗的精神有更深刻的认识。

8.4 Text A：Audrey Hepburn—A true angel in this world 奥黛丽·赫本——人间天使

所在章节	第三册 第三单元	课时安排	1课时（45分钟）

（本节课教学过程详情见二维码）

云麓课堂
教学设计

【教学目标】

1. 知识目标

（1）通过诗歌赏析引导学生了解赫本出生的时代背景。

（2）通过课文句型讲解、仿写练习，让学生们学习准确、生动地使用动词进行细节描写。

（3）通过阅读个人传记和课文内容，引导学生进行比较阅读，深入理解主人公童年生活的艰难。

2. 能力目标

（1）通过中译文诗歌赏析，感受语言魅力，提升学生对语言的鉴赏能力，使学生了解不同民族面对战争时有着相似的情感。

（2）通过仿写训练，经同伴修改，再到生生互评，着重提高学生的写作技能，巩固知识点，加强学生之间有效的学习交流。

（3）开展与主题相关的不同作品的比较阅读，有助于学生深入文本、理解文本，提升阅读能力。

3. 育人目标

（1）审美教育：通过优秀的中西方诗歌赏析，提高青少年感受语言艺术魅力的能力，同时渗透人文关怀。

（2）信仰教育：通过阅读《奥黛丽·赫本——天使在人间》和安妮·弗兰克的《安妮日记》，"目击"纳粹恐怖下人们的苦难生活，理解从她们瘦弱的身躯中所绽放的"爱的力量"。

（3）乐观主义精神教育：朗读《在弗兰德斯的战场上》和《长征》，让学生们感受战争时期先辈们不怕牺牲、坚持斗争的革命乐观主义精神。

【教学内容】

1. 主要语言知识点

语言基础知识包括词汇、短语、句型。

要求学生课前利用学习平台自学，重点句型在语篇理解中由老师讲解。

（1）重点短语：grab off...，be sent to...，glance away，dart off，escape，huddle，be afflicted by...，be stricken by...

（2）重点句型：As...，sb is aware of/knows...

2. 教学重点

（1）精读课文第 3 段，重点学习如何使用动词准确地传递写作意图。

（2）精读课文第 10 段，深入理解课文主题，发掘奥黛丽·赫本最"美"的角色是联合国儿童基金会的"亲善大使"。

3. 教学难点

引导学生思考并讨论怎样面对生活的苦难。

【课程思政】

1. 课前

（1）基础阅读：费雷的《奥黛丽·赫本——天使在人间》。

（2）拓展阅读：德籍犹太人安妮·弗兰克撰写的《安妮日记》，是其藏身密室时的生活和情感的记载。

（3）电影：《罗马假日》《窈窕淑女》。

2. 课中

（1）通过阅读理解，让学生感受到奥黛丽·赫本经历童年磨难和面对疾病困扰等人生困境时，她仍能"从容优雅"地面对生活，关爱他人。

（2）通过小组讨论，联系中国近百年来的苦难历史，结合抗疫、抗洪等大事件，让学生深刻体会到我们中华民族顽强不屈的民族精神。

3. 课后

通过布置配音作业，提高学生们的学习兴趣，通过模仿和诵读经典片段输入正能量的观念。

【教学方法】

（说明：需涵盖达到"课程思政"教学目标和完成其教育内容要求所采取的教学方法与具体举措。）

采用动态评估搭建课堂教学主要框架，有针对性地根据教学内容融合产出情景式教学法和比较式教学法，灵活组合，营造满足学生个性需求的育人环境。

（1）动态评估：搭建课堂教学主要框架，以教评结合为主要特点，教师设定难度递进式的学习任务，学生以学习小组的形式进行合作学习，边学习边评估，自评与互评相结合。

（2）情景式教学法：学生通过惟妙惟肖地表演课文的片段，还原课文中描述的场景，让学生深刻体会到准确的语言表达能更好地传递出真情实感。

（3）比较式教学法：通过学习《长征》这首诗，学习抗日战争时期中国红军的革命乐观主义精神，让学生们深刻体会到革命前辈不屈不挠的民族精神，引导学生树立民族自信。

8.5 Text B：Shaping young lives with sports
用运动塑造年轻人的生活

所在章节	第一册 第五单元	课时安排	1 课时（45 分钟）

（本节课教学过程详情见二维码）

云麓课堂
教学设计

【教学目标】

1. 知识目标

（1）通过背景知识介绍让学生了解中西方体育运动的起源。

（2）通过单词输入、句型讲解、翻译练习，帮助学生消化课文的重难点单词、短语和句式。

（3）通过问题启发、比较阅读引导学生理解课文内容和主题思想，深刻理解体育对身心健康的积极作用。

2. 能力目标

（1）通过各种教学互动，提高学生语言交际能力和思辨能力。

（2）通过了解关于运动的背景知识，完成对比练习和作业，提高学生的跨文化交际能力。

3. 育人目标

（1）健康教育：通过几分钟的课堂体育锻炼，让学生体会运动的乐趣，引导学生们认识到良好的运动习惯对身体和心理健康的重要作用。

（2）运动精神教育：通过课文学习，让学生了解到体育项目能锻炼人的精神和意志。通过导入视频资料，让学生学习优秀运动员的优良品质，比如勤学苦练、顽强拼搏。

（3）文化自信教育：通过对中国体育运动思想起源的了解，和对传统运动项目的介绍，培养学生的文化自信。

【教学内容】

1. 主要语言知识点

语言基础知识：词汇、短语、句型。

要求学生课前利用学习平台自学，重点句型在语篇理解中由老师讲解。

（1）与运动有关的单词：strength, fit, figure, morality, humble, generous, strategy, cooperation...

（2）重点句式：What is missing in natural talent can be overcome through hard work, practice, and learning from the example of others. （What is missing in A can be overcome through B.）

2. 教学重点

（1）口语训练，让学生用英语描述场地跑运动并引导学生思考运动的真谛。

（2）仔细阅读课文第 4 段和第 5 段，让学生合作完成记录表格，学会抓住段落的观点句和细节。

3. 教学难点

引导学生深刻理解体育对身心健康的积极作用。

【课程思政】

1. 课前

电影：《追梦赤子心》和《摔跤吧，爸爸》。从两部"运动"主题的电影感受运动带给人的梦想和激情。

2. 课中

引入《易经》中"天行健，君子以自强不息"，输入优秀中国文化。希腊的场地跑运动表现了人类对个人力量极限的挑战和对自然法则的尊敬。

3. 课后

布置以"中国传统运动项目"为主题的作业，让学生意识到英语作为工具在文化传播过程中的作用，以及中国大学生如何运用英语对外传递优秀中国文化。

【教学方法】

采用动态评估搭建课堂教学主要框架，有针对性地根据教学内容融合情景式教学法和比较式教学法，灵活组合，营造满足学生个性需求的育人环境。

（1）动态评估：搭建课堂教学主要框架，有以教评结合为主要特点，教师设定有梯度的学习任务，学生独立完成后，以学习小组的形式互相点评，评估以自评与互评相结合。

（2）情景式教学法：播放英语运动视频，教师带领学生在课堂上进行简短的运动，然后让学生们表达出真实的感受，体会运动带给身体的感受。

（3）比较式教学法：比较中西方体育运动的文化起源，引导学生思考运动精神的本质。在语言学习中运用比较法能让学生将知识串联起来，形成有逻辑的学习脉络，提高语言学习成效。

教　学　辅　助

本课程用于教学辅助的内容见表 8-4~表 8-7。

表 8-4　课堂活动反馈表

课堂模块	任务	学生表现
基础模块 （包含课程导入、快速阅读等）	◎ Word Game ◎ Watch & Answer ◎ Q & A ◎ Fast Reading	
提升模块 （包括精读精讲、翻译练习、仿写练习、口语训练等）	◎ In-depth Reading ◎ Grammar Points ◎ Translation ◎ Writing Practice ◎ Oral Practice	
发展模块 （包括批判性思考、实践任务、作业等）	◎ Critical Thinking ◎ Discussion ◎ Assignment	

表 8-5　自我反馈表

1. _____游戏自我完成情况［单选题］*
A. 非常满意　　　　　　　　B. 满意
C. 一般　　　　　　　　　　D. 不满意
E. 非常不满意
○写出你记得的单词_____

2. 句型讲解理解情况［单选题］*
A. 非常满意　　　　　　　　B. 满意
C. 一般　　　　　　　　　　D. 不满意
E. 非常不满意
回忆所学句型_____句型的意思是_____

3. 翻译训练掌握情况［单选题］*
A. 非常满意　　　　　　　　B. 满意
C. 一般　　　　　　　　　　D. 不满意
E. 非常不满意

4. 口语训练描述一个人掌握情况［单选题］*
A. 非常满意　　　　　　　　B. 满意
C. 一般　　　　　　　　　　D. 不满意
E. 非常不满意

5. 课文主题是_____

6. 不能理解的内容_____

解释原因_____

_____

_____

7. 个人负责的作业任务是_____

8. 对于自己这堂课的表现打分［单选题］*

A. 90 分以上　　　　　　　　B. 90~85 分

C. 85~80 分　　　　　　　　D. 80~70 分

E. 70~60 分

9. 你对自己这堂课的评价是_____

10. 对于老师这堂课的教学设计建议_____

我承诺所有答案实事求是，学生_____　日期_____

表 8-6　同伴反馈表

1. _____游戏参与情况

A. 贡献最大的两个人_____，因为_____

B. 进步最大的一个人_____，因为_____

2. _____翻译情况

A. 贡献最大的两个人_____，因为_____

B. 进步最大的两个人_____，因为_____

C. 给予他人帮助最多的人_____，因为_____

3. 作业人员分配及完成情况（选择第三个课后任务的小组填写）

某某学生负责_____方面

A. 非常积极　B. 积极　C. 一般　D. 不积极　E. 非常不积极

某某学生负责_____方面

A. 非常积极　B. 积极　C. 一般　D. 不积极　E. 非常不积极

某某学生负责_____方面

A. 非常积极　B. 积极　C. 一般　D. 不积极　E. 非常不积极

3. 你最想肯定的人是_____。为什么？

4. 你对_____同学的学习建议为：

5. 你对老师的教学建议为：

表8-7 教师反馈表

学生姓名	学习内容	优点	不足	解决情况	时间

专题口译

扫描二维码

黄静，吉首大学外国语学院教师，湖南省普通高校教学能手，2020年湖南省普通高校教师课堂教学竞赛一等奖获得者。曾获国家级教学竞赛二等奖1项，省级教学竞赛一等奖2项、二等奖2项，指导学生获省级演讲及口笔译大赛奖项8项。

课　程　概　述

一、课程基本信息

专题口译课程基本信息见表9-1。

表9-1　专题口译课程基本信息

课程名称	专题口译	课程性质	学科专业选修
学时	32	开课时间	第7学期
先修课程	基础口译、中级口译		
适用专业	翻译专业		
使用教材	仲伟合，王斌华. 基础口译[M]. 北京：外语教学与研究出版社，2009.		
参考教材	戴惠萍. 交替传译实践教程[M]. 上海：上海外语教育出版社，2010. 王学文. 口译实训[M]. 北京：外文出版社，2015. 吴冰. 现代汉译英口译教程[M]. 北京：外语教育与研究出版社，2010.		

二、课程的性质和作用

"专题口译"课程是翻译专业本科四年级学生的一门专业主干课。

该课程旨在培养学生利用口译技巧、现有背景图式及译前准备技巧来处理涉及专题知识口译任务的综合能力，为学生从事职业口译做准备。从教学大纲要求来看，这门课程既需要传授交传进阶技能，又需要以专题为导向为学生拓宽背景知识，因此课程设计和授课内容应该体现出对译员能力培养的三大板块，即双语知识、百科知识和口译技能。

三、学情分析

在学习本课程之前，学生已经完成"基础口译""中级口译"等口译方向基础技能课程的学习，为"专题口译"的高阶技能与专题知识学习打下了良好的基础。然而，大部分学生仍难以掌握高阶口译技巧，同时也面临知识面窄的困境。因此，口译技巧的讲解、学生对技巧的应用（强化训练），以及对相应专题知识的掌握缺一不可。

四、课程教学设计

1.教学设计思路

本课程按照"以学生为主体，以多元化教法为手段，以问题为导向，激发兴趣，强化能力，培养译员职业素养，促进学生知识、能力、素质协调发展"的教学理念指导教学设计。课堂教学采用多种教法结合，培养学生的批判思维能力，强化学生口译能力与技巧应用，使学生最终具备自主解决问题的能力，能够运用课堂讲授的方法进行自主学习，锻造自身的专业素养与技能，最终能够胜任专业口译任务。鉴于口译"现场性"和"时代性"的特点，口译教学的专题内容与训练材料贴近时事热点，既体现语体风格的真实性、话语类型的多样性，也体现了主题内容的时效性。

外语学科身处中西文化思想碰撞前沿，学生更易受西方价值理念和意识形态的冲击，而译员在国际交流的过程中又肩负着传播中国文化、维护中国形象的重任。本课程尤其注重文化自信和道路自信的培养，引导学生用外语讲好中国故事，致力于培养政治素质过硬的国际专业人才，以期扭转中国文化失语现象。因此在每周专题的基础上，教师根据主题内容提炼思政元素，通过课前、课中、课后的练习将思政教育有机融入专业教学。课堂上教师尽量采用覆盖时事热点的口译资料，充分挖掘专业课程中蕴含的文化基因和价值范式，并将其转化为社会主义核心价值观具体化、生动化的有效教学载体，在知识学习中"润物细无声"地融入理想信念与精神价值指引。

为了督促学生通过课后自主口译训练掌握口译核心技能，本课程已在超星泛雅平台建课，通过在平台发布课前预习、主题讨论和译前准备任务，以及课后的技能强化训练或小组模拟对话口译任务来激励学生进行课下自主学习。建课不到一年的时间里，该课程页面访问量已超过 21 万，发布任务 125 个，上传视频、音频 100 余个，学生一学期平均参与线上讨论约 65 次，教师回复讨论 100 余次。此外，本课程还对学生的专题知识提出了很高的要求，学生必须学会如何通过每周的译前准备来迅速建立起与主题相关且能辅助口译任务的背景知识图式，这也是贯穿后半个学期的重点内容。因此，课程第二部分主题口译强化训练要求学生根据老师讲解的译前准备方法，在每周课后进行大量的知识梳理与拓展工作，以应对课堂的模拟会议口译任务。强化训练覆盖译前准备、译中应对、译后总结三个环节，其中"译前准备"与"译后总结"环节要求学生形成书面材料提交，督促学生积极准备、总结梳理，而在"译中应对"环节以模拟口译场景对学生进行训练与考查，还原口译真实场景，激励学生认真系统地进行译前准备，并搭建与主题相关的内容图式与语言图式应对口译任务。通过以上整体设计，教师能有效监督并激励学生进行课后练习，掌握口译技巧，提高口译能力。

2. 教学目标

（1）知识目标。

①了解交传译员的职业特点，以及口译员需要具备的职业素养。

②理解主旨听辨、语篇逻辑等信息处理技巧。

③了解记忆的不同类型，以及吉尔认知负荷模型与工作记忆的重要性。

④了解口译笔记的布局特点与口译笔记符号的使用。

⑤理解口译员的角色和译语表达的原则。

⑥理解不同口译专题的必要背景知识，拓宽知识面。

⑦理解运用政治对等理论来翻译中国特色政治词汇的步骤和方法。

⑧理解各种不同场合口译的特点及跨文化意识与政治素养的重要性。

（2）能力目标。

①能够通过译前准备快速建立专题相关背景知识图式。

②能够通过组块、形象化与语篇分析等信息处理技巧来拓展记忆容量。

③能够通过自主训练建立个性化的口译体系，运用口译笔记符号等方法提高口译笔记效率。

④能够利用脱离源语外壳技巧处理译文，规范译语表达，提高译语连贯性。

⑤能够熟练运用数字转换的基本技巧，自主提高语篇翻译中与数字相关信息的准确性。

⑥能够在口译中运用适当的技巧（主旨听辨、信息处理、口译笔记、脱离源语外壳等）来实现沟通的目的，具备妥善解决口译中文化差异问题、政治意识不同等问题的能力，能够应对口译中的突发状况。

（3）价值目标。

①培养学生正确的职业观及良好的职业素养，引导其发扬工匠精神 坚持自主训练，在专业技能上精益求精，追求卓越。

②培养学生正确的价值观，强化学生对社会主义核心价值观的认同，深化"四个自信"。

③引导学生理解政治素养作为译员核心职业素养之一的重要性，理解译员的政治素养对维护国家领土完整与展现正面国家形象的重要作用，激发学生的爱国主义情怀，培养学生在课后自主提高政治素养的能力。

3. 教学内容

本课程使用的教材分为十四单元，各单元由技能原理讲解、技能训练、对话口译和篇章口译组成，每一单元涉及不同的口译主题。鉴于口译"现场性"和"时代性"的特点，为确保训练材料能体现语体风格的真实性、话语类型的多样性及主题内容的时效性，该课程对教材的使用与口译训练的选材做了特殊处理。教师根据近年的时事热点对每周的口译专题安排做了调整，佐以真实口译场合的录音资料，激发学生的学习兴趣，培养学生对时政的敏感性，让学生能逐步适应真实口译场景。课堂中对教材提供的材料运用较少，教材的使用更多地放在了课前预习(口译原理与技巧讲解)与课后练习(技巧训练、篇章口译)中。考虑到各个章节的难点差异，结合其他教学参考书籍的内容，最终确定了十一章教学内容(详见表 9-2)。

表 9-2　授课计划

第一部分　交传口译技能进阶	
第一章：口译概论(2 课时) | 专题：职业素养	
1.1 口译职业 1.2 译前准备	第 1 周
第二章：信息处理(2 课时) | 专题：疫情应对	
2.1 主旨听辨 2.2 语篇分析	第 2~3 周
第三章：记忆训练(2 课时) | 专题：环境保护	
3.1 口译记忆原理 3.2 口译记忆技巧：组块与视觉化	第 4 周
第四章：口译笔记(4 课时) | 专题：世界经济	
4.1 笔记基本原理 4.2 符号与缩略语的使用	第 5~6 周
第五章：译语表达(2 课时) | 专题：大国外交	
5.1 译语表达原则 5.2 译语表达策略	第 7 周
第六章：数字口译(2 课时) | 专题：小康社会	
6.1 数字口译技巧 6.2 特殊数字口译	第 8 周
第二部分　模拟会议口译强化训练	
第七章：文化差异	
7.1 模拟三角对话口译：文明冲突论、中国文化走出去 7.2 策略讲解：译员的跨文化意识	第 9~10 周
第八章："一国两制"	
8.1 模拟中外记者会：粤港澳大湾区建设、《维护国家安全法》 8.2 策略讲解：译员的政治素养	第 11~12 周
第九章：信息时代	
9.1 模拟专家对话：信息时代的信息失辨、网络行为失范 9.2 策略讲解：交传笔记应用问题及应对策略	第 13~14 周

续表 9-2

第十章：中国技术	
10.1 模拟圆桌会议：中国高铁、中国制造 2025 计划 10.2 策略讲解：信息技术在口译中的应用	第 15~16 周
第十一章："一带一路"	
11.1 模拟研讨会："一带一路"国际合作 11.2 策略讲解：口译中的应对技巧	第 17~18 周
期末考试	

4. 课程思政

在每周专题的基础上，教师根据主题内容提炼思政元素，充分挖掘专业课程中蕴含的文化基因和价值范式，并将其转化为社会主义核心价值观具体化、生动化的有效教学载体，在知识学习中融入理想信念与精神价值指引。根据每周专题，该课程确立了以下思政融入点（详见表 9-3）。

表 9-3　专题口译课程思政设计

序号	章节内容	思政元素融入思路	预期成效
1	技巧：口译职业 专题：职业素养	①社会主义核心价值观（爱国、敬业、诚信、友善） ②正确的职业观 ③职业素养	①学生能够了解译员职业素养的重要性 ②学生能树立正确的职业观 ③学生能自主拓宽知识面，培养国际视野与跨文化交流能力
2	技巧：信息处理 专题：疫情应对	①中国抗疫的挑战及对策（口罩、居家隔离、建医院、税费减免） ②中国政府执政为民理念	①探讨疫情下中国政府体现出的治理能力，学生看到社会主义制度的优越性（集中力量办大事） ②透过中国政府的应对政策，看到中国政府的执政理念（"留住青山，赢得未来"） ③理解执政理念差异的文化渊源，树立制度自信、道路自信与文化自信
3	技巧：记忆技巧 专题：环境保护	①野生动物保护和生物多样性 ②气候变化 ③低碳技术、低碳生活 ④中国特色社会主义生态文明建设	①学生能认同保护野生动物的重要性 ②能了解气候变化的重大影响及其迫切性 ③能树立低碳生活的观念 ④加深对中国特色生态文明建设新道路的理解，树立新的生态文明观
4	技巧：口译笔记 专题：世界经济	①全球经济复苏与经济的相互依存性（多边贸易体系 vs 贸易保护主义） ②中国经济的崛起及其为亚太地区乃至世界做出的贡献	①能了解中国政府坚持多边贸易主义、反对贸易保护主义的政策立场及意义 ②能了解中国经济的崛起及其为亚太地区乃至世界做出的贡献，树立道路自信、制度自信
5	技巧：译语表达 专题：大国外交	①世界如何看待中国的崛起（"中国威胁论"vs"中国机遇论"） ②中国的外交理念与政策：和平共处五项原则 ③面对多变局势（中美关系），我国提出"新型大国关系""人类命运共同体" ④中国的和平发展理念 ⑤根植中国文化传统的和平思想（《道德经》《尚书》）	①学生能在为中国发展感到骄傲的同时更深入地了解中国的基本国情，认同国家的外交政策与和平发展的重要性 ②能理性看待多变的国际形势，理解并维护国家立场 ③能明白译语措辞对展现国家形象的重要性，以"让世界了解中国、中国文化走出去"为己任 ④认同中国的和平发展理念，深化改革道路、坚定文化自信

续表9-3

序号	章节内容	思政元素融入思路	预期成效
6	技巧：数字口译 专题：小康社会	①2020 年全面建成小康社会的目标 ②脱贫攻坚、精准扶贫及成就（联系联合国千年发展目标） ③社会主义新农村建设（厕所革命等）	①学生能理解全面建成小康社会的目标及内涵 ②了解中国政府的减贫措施成就，及对世界的贡献 ③了解社会主义新农村建设的成就及意义 ④认同政府执政为民的理念，树立道路自信、制度自信
7	技巧：模拟对话口译（译员的跨文化意识） 专题：文化差异	①中西文化差异 ②对待文化的态度（文明冲突论 vs"美美与共"） ③文化输出现状（关汉卿 vs 莎士比亚）与新思路 ④中国文化走出去	①学生能从身边的现象剖析中西文化的差异 ②培养正确的文化观，树立文化平等、尊重不同文化的理念 ③了解中国文化输出的困境和中国文化走出去的迫切性 ④树立文化自信，培养理解、传承与传播中国文化的意识
8	技巧：模拟记者发布会口译（译员的政治素养） 专题："一国两制"	①"一国两制"的提出与践行（"港人治港""澳人治澳"） ②"一国两制"的成就（粤港澳大湾区建设、粤港澳合作） ③"一国两制"的挑战（香港问题、《中华人民共和国香港特别行政区维护国家安全法》）	①学生认同"一国两制"政策的历史意义、成就及其优越性 ②能在涉及国家主权的问题上站稳立场，运用语言优势讲好"一国两制"的中国故事 ③客观理性地看待香港局势，正面评价《中华人民共和国香港特别行政区维护国家安全法》的出台，坚定维护"一国两制"政策 ④树立制度自信，培养家国情怀
9	技巧：模拟专家对话口译（交传笔记应用问题及应对策略） 专题：信息时代	①互联网时代的信息失辨 ②网络行为道德规范 ③社会主义核心价值观（文明、和谐、自由、平等、公正、法治） ④互联网时代的新业态：疫情后的直播经济	①能明白理性思考、明辨是非的重要性 ②能规范网络行为，自觉自律遵守道德规范 ③加深对社会主义核心价值观的认同感 ④深化对社会主义道路与中国文化的自信
10	技巧：模拟研讨会口译（信息技术在口译中的应用） 专题：中国技术	①中国科技的腾飞：《大国重器》 ②重大技术装备国产化和工业发展的"中国梦"（工匠精神） ③技术创新与国家竞争力："中国制造 2025"	①学生了解中国科技的飞速发展，以及赶超世界先进水平背后的艰辛历程 ②深化民族自豪感，欣赏并追求工匠精神，树立远大理想，寻找自己的"中国梦" ③了解技术创新对国家竞争力的重要性，重视创新能力的培养
11	技巧：模拟高峰论坛（口译中的应对技巧） 专题："一带一路"	①丝绸之路的历史演变 ②"一带一路"倡议提出的时代背景及意义 ③"一带一路"国际合作成果 ④"一带一路"的国际影响与前景	①学生能了解古代丝绸之路的历史背景，深化对国家历史与文化的认同 ②认同"一带一路"倡议中的思想 ③了解"一带一路"倡议的国际影响力与前景

5. 教学方法

（1）教师讲授法。讲授时注意和课堂演示实验、多媒体教学等辅助教学手段相结合，与学生的练习和实践相结合。

（2）课堂讨论法。主要针对一些重要问题展开课堂讨论，从而加深学生对相关问题的理解。

（3）案例教学法。针对几个具有专题性质的教学内容采用案例教学法进行分析，使学生切实掌握其中的基本知识。

（4）模拟教学法。向学生提供一个真实的会议主题，要求学生按照真实的会议要求，对会议进行前期准备工作（包括熟悉会议日程、搜集发言人讲稿、准备专业词汇等），甚至要求学生进行角色扮演（模拟担任会议主办方、会议发言人、现场译员或现场听众等方式），教师在模拟会议后指导学生分组讨论，探讨如何解决口译中遇到的问题及如何应对口译难点。

（5）探究式教学法。鼓励学生进行探究式学习，教师在课上要有意识地多鼓励学生质疑，师生可以共同质疑，最终解疑，同类问题还可以举一反三，以求更好的效果。

（6）自主式教学法。课堂外通过"超星泛雅"等学习平台布置一定数量的练习题或任务，要求学生在认真阅读教材和适当参阅参考书目的情况下完成。鼓励学生在课后对每个专题进行扩展式学习。

6.课程考核

（1）课堂表现（占期末总成绩的40%），包括：

①课堂考勤（5%），旷课三次以上取消考试资格。

②课堂参与（20%），包括课前线上自主学习任务、课堂活动参与度及表现。

③模拟口译（15%），该部分主要评价专题口译训练中学生在模拟口译任务当中的表现。

（2）平时作业（占期末总成绩的20%）

课后自主练习及每周课后作业占期末成绩的20%，保质保量完成所有作业及自主学习任务即可得满分，鼓励学生进行自主训练。

（3）期末考核（占期末总成绩的40%）

该部分分为汉译英与英译汉两部分，各占期末成绩的20%。汉译英部分测试内容来自课后自主训练的内容，用于考查学生课后自主训练的成果；而英译汉部分则选自真实口译任务材料，注重考查本学期传授的口译技能的掌握。

9.1

译语表达策略
Strategies for TL Reproduction

所在章节	第五章：译语表达/第二节	课时安排	1 课时（45 分钟） （附 15 分钟教学视频）

云麓课堂

教学实录

【Teaching Objectives】

This lecture serves three goals—the goal of knowledge, the goal of ability and the goal of emotion, attitude & values—with a hidden curriculum in ideological and political education. By the end of this lesson, students will be able to：

1. Of knowledge

√ Understand the interpretative approach put forward by the Paris School and identify the importance of de-verbalization and coherence reconstruction.

√ Broaden the scope of knowledge on major-country relations as well as China's foreign policies.

2. Of ability

√ Apply de-verbalization skills to cross the linguistic barrier and enhance interpreting quality.

√ Actively enhance the coherence of the output by consciously reconstructing the sentence structure and making logical links explicit.

√ Make informed judgements and think critically on hotspot political issues.

3. Of value

√ Recognize China's policy of peaceful development and its philosophical roots.

√ Establish confidence in the socialist path and the Chinese culture, renewing and enhancing their sense of patriotism and national pride.

√ Appreciate the belief in "和（Harmony）" inherited from ancient Chinese culture.

√ Associate themselves with the mission of spreading Chinese culture as an intermediator in global discourse.

【Teaching Content】

1. Key Points

（1）How de-verbalization and coherence reconstruction can help enhance interpreting quality.

（2）How to de-verbalize by paraphrasing, summarizing and reconstructing the sentence structure.

（3）How to ensure coherence in the target speech.

2. Difficult Points

（1）How to de-verbalize and reconstruct coherence in the target speech.

（2）How to ensure coherence in the target speech.

【课程思政】

（1）课前以问题驱动，引导学生自主学习专题相关视频与阅读材料，积累背景知识，理解中国外交的一贯方针、主要成就与现实困难。

（2）课中从热点话题"中美关系"入手，展示该话题下的相关案例（美媒对任正非会议发言中"杀出一条血路"这一句话的误读与渲染），揭露政治立场对译文的影响及翻译过程中对译语进行适当处理的必要性。进而引入巴黎学派的释意理论和"脱离语言外壳"技巧，并通过一系列展现中美外交立场的演讲案例来分析如何通过三个技巧在翻译的过程中"脱离语言外壳"，提高译语表达的质量。其间辅以针对案例的初步讨论，对比中美外交立场，展现中国一贯以来的和平外交理念，联系课前任务中对中西文明的差异进行的对比分析，初步谈及中国外交政策的哲学根源。而后，通过三个练习帮助学生掌握并运用译语表达的技巧。三个练习难度由浅入深，话题从"中美关系"的转变到疫情期间"中国对其他国家的援助"再到我国提出的"构建人类命运共同体"和"协和万邦、和衷共济、四海一家"的理念及其哲学根源，通过"思考—结对—分享"模式来展开讨论，鼓励学生运用技巧探寻提高译语质量的方式。最后，对比不同译本展示技能运用的灵活性与提高译语质量方法的多样性，鼓励学生在今后的训练中积极使用不同技巧、探寻不同译本，不断提高译语质量；与此同时，对比中美的不同立场，深入挖掘中国古已有之的"和合"理念，彰显中国负责任的大国形象及我国的大格局、大气概，树立道路自信与文化自信。

（3）课后练习以任务驱动，通过三个任务（模拟口译训练、收集"脱离语言外壳"案例和美媒涉华报道中的"误译"案例）来引导学生进一步运用技巧来提高译语质量，养成积累译语表达优秀案例的习惯，理解政治素养对译员的重要性，并通过思考与"兼听"来提高批判思维能力，培养维护国家形象、传播中国声音的使命感。

【Teaching Methods】

Intuitive teaching method（audio-visual aids）.

Heuristic teaching method.

Case-based teaching method.

Think-Pair-Share teaching method.

Situational teaching method.

【Time Allocation】

Review & Lead-in（3 minutes）.

Main content（40 minutes）.

Summary（1 minute）.

Assignment（1 minute）.

【Teaching Procedure】

Each weekly session is divided into 3 stages: pre-class（iQuestion-iLearn）, while-class（iDiagnose-iPractice-iSummarize）and post-class（"Have Your Say"）.

⇒ iQuestion. Lead students to ponder on controversial issues related to the topic.

⇒ iLearn. Prepare them for discussions or interpreting tasks on the weekly topic, expand their scope of knowledge and foster a habit of following major political and social events.

⇒ iDiagnose. Identify the difficulties in target language reproduction through a mini case study and find out solutions (in this session it would be the skills of de-verbalization to across the linguistic and cultural barriers).

⇒ iPractice. Impart skills through exercises, complete with discussions on the subject matter to foster a full understanding and rational judgements on hotspot issues related to the topic and even reach down to the philosophical and cultural roots behind the policies by different nations.

⇒ iSummarize. Summarize the main points of the lecture as corresponding to the teaching objectives.

⇒ Have Your Say. Require students to work in groups of four and organize mock dialogue interpreting sessions (two as speakers and two as interpreters), airing their own views while also practicing interpreting skills. Other assignments to ensure the mastery of skills or to enhance students' critical thinking will also be provided as optional tasks.

教 学 过 程

I . PRE-CLASS	
iQuestion—Economic Surge & "China Threat Theory"	Teaching Design
Preview tasks assigned through "Chaoxing platform"（超星泛雅）. *Q1：Is China a global superpower? Why or why not?* *Q2：Will China's rise pose a threat to the world? Why?* *Q3：What kind of superpower will China be in the future?* **Task 1 Please watch/read the following materials and find answers to the above questions.** 　　"Video 1" also serves as a good choice for you to practice your effective listening and gist interpreting skills. Some food for thought： [1-1] Understanding the Rise of China. (Martin Jacques) [1-2] Do You Believe in the China Threat Theory? (video) [1-3] A Point of View：What Kind of Superpower Could China Be? (BBC News) [1-4] Chinese and Western Civilization Contrasted. (Bertrand Russell, excerpted from *The Problem of China*)	Problem-based tasks to arouse interests and enhance critical thinking. Different perspectives to enlarge their scope of mind.
iLearn—China：70 Years of Diplomacy	Teaching Design
Task 2 Prepare yourself for interpreting tasks on the following subjects. 　　The videos and reading tasks that follow would serve as a good starting point. Still you may need to search for more materials to get a full picture on the issue. · China's 70 Years of Diplomacy. · Major-Country Diplomacy：Rising Power vs Established Power. · Rising Tensions Between US and China. · New-Type Major Country Relations. Some food for thought： [2-1] 70 Years of Diplomacy：Establishment of Diplomatic Ties. [2-2] The Five Principles of Peaceful Co-Existence. [2-3] Major-Country Diplomacy. (Six-episode documentary by CCTV) [2-4] China, Russia Look Forward with Stronger Ties. [2-5] China's New Model of Major-Country Relations with the US. [2-6] Episode 5：Community of Shared Future for Mankind. (*Common Destiny—China and the World in the Last 70 Years*) [2-7] What is China's Diplomacy in the New Era. 　　While you watch and read, please also note down the key terms as well as necessary background knowledge (e. g. "comprehensive strategic partnership of coordination" and its connotation), and compile a bilingual glossary on the weekly topic. Bring the glossary to the class and compare yours with that of your classmates.	Guiding students to conduct pre-conference preparations on their own.

Ⅱ. WHILE-CLASS	
iDiagnose—Obstacles & Solutions in TL Reproduction	Teaching Design

REVIEW & LEAD-IN

Q：*So far，have you encountered any obstacles in TL reproduction*？

[**Teacher**] Encourage students to relate themselves to past interpreting experience and shift their focus from the comprehension stage to the reproduction stage.

Free discussion.

[**PPT**] Foreign media coverage in June on Ren Zhengfei's remarks（Picture 9–1）.

#REN ZHENGFEI

Huawei Founder Ren Zhengfei Takes Off the Gloves in Fight Against U.S.

The Wall Street Journal. - Dan Strumpf

Internal communications show how Chinese telecom giant pivoted to counter Washington's charges with lawsuits, reorganization; 'the company has entered a state of war' Huawei Technologies Co. founder Ren Zhengfei was preparing to gather his top executives in Argentina in December 2018 to discuss a …

Just over a month after his daughter's arrest, Mr. Ren visited a Huawei research-and-development center in Hangzhou, commanding employees to learn from the U.S. tech giant Google and "surge forward, killing as you go, to blaze us a trail of blood," according to a transcript confirmed by two Huawei executives.

In February, at a Huawei campus in Wuhan, Mr. Ren told assembled employees "the company has entered a state of war," according to a transcript.

Picture 9–1 Foreign media coverage in June on Ren Zhengfei's remark

（信息来源：The Wall Street Journal，https://www.wsj.com/articles/huawei-founder-ren-zhengfei-takes-off-the-gloves-in-fight-against-u-s-11591416028）

Mini case-study：Case-based teaching method.

[**PPT**] The fact：Ren Zhengfei's original speech（Picture 9–2）.

开放心态，做钱塘弄潮儿，杀出一条血路

——任正非在杭州研究所业务汇报会上的讲话

2019年1月9日

三、向谷歌军团学习，扑上去，杀出一条血路。

谷歌军团的编制不大，战斗力极强，要好好向谷歌军团学习。

终端发展迅速就是采用了正确的方法，他们搞四组一队，实行三三制，实际上和谷歌军团是一致的。你们应该看看阿根廷改革的全套文件，要一字一字读。

Picture 9–2 The fact：Ren's original speech

（信息来源：凤凰新闻，https://ishare.ifeng.com/c/s/7jdcXxg3Ngw）

Ideological and political education：
①Political awareness and our positions matter in interpreting；
②critical thinking is vital to discovery of the truth.

[**PPT**] Please conduct a mini case study in groups and find the answers to the following questions.

*Q*1：*Why is the misunderstanding*？（*metaphor/cultural notions*）

*Q*2：*How to avoid it*？（*render the meaning*）

*Q*3：*What have your learned in this case*？（*critical thinking*）

Think-Pair-Share small group discussion.

iDiagnose—Obstacles & Solutions in TL Reproduction	Teaching Design

[**Teacher**] Lead students to analyze the issue from the above perspectives and guide them towards the answer in the brackets. Then provide further explanations on the case.

Show different interpretations from different perspectives—one from Chinese interpreters as contrasted with one published in US media reports. Guide students to understand how political awareness and our positions matter as interpreters or translators and how, as bilingual readers, critical thinking and the ability to make rational judgement based on full information are vital to discovering the truth (Table 9-4).

Table 9-4 Proper translation for Ren's remark

Original Speech	US Media Reports	Proper Translation
向谷歌军团学习，扑上去，杀出一条血路。	Surge forward, killing as you go, to blaze us a trail of blood.	Let's learn from Google and fight our way out.

SKILLS EXPLAINED

1. Why de-verbalize?

Q: What other difficulties have you encountered in TL reproduction?

[**Teacher**] Encourage students to share with each other the problems they encountered in organizing the target speech. Based on the above case-study, students may cite the lack of equivalents, culture-loaded words, etc. Further the discussion with the above case on translation.

[**PPT**] Difficulties in TL production (Picture 9-3).

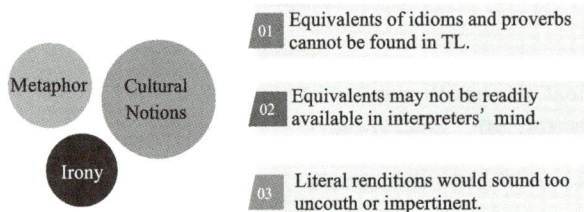

Metaphor Cultural Notions Irony

01 Equivalents of idioms and proverbs cannot be found in TL.

02 Equivalents may not be readily available in interpreters' mind.

03 Literal renditions would sound too uncouth or impertinent.

Picture 9-3 Difficulties in TL production

[**PPT**] Why de-verbalize?

· To cross the linguistic and cultural barriers.

· To make the speakers' intention explicit.

· To avoid unidiomatic, awkward, or confusing expressions.

[**Teacher**] Differences lie in not only words and syntax but also in the ways that users of the two languages present their ideas. These differences may lead to the issue of non-equivalence. Word-for-word rendition would confuse the listeners.

2. What is de-verbalization?

[**PPT**] Interpretive theory and de-verbalization (Picture 9-4).

Brain-storming: possible revisions.

Brain-storming: difficulties i

iDiagnose—Obstacles & Solutions in TL Reproduction	Teaching Design

意义（sense）

释意（interpretation）　　　翻译（interpretation）

语言一
（langue 1）　　代码转换（transcodage）　　语言二
（langue 2）

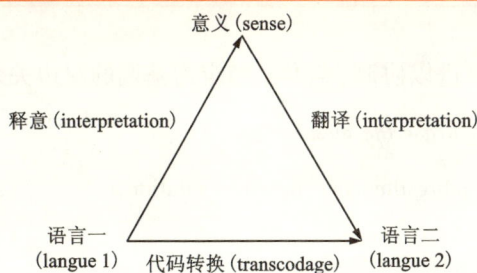

Picture 9-4　Model for the interpretive theory（by Seleskovitch）

In 1976, Professor Seleskovitch, a French translation scholar and former Head of the Paris School of Interpreters and Translators, introduced the concept of de-verbalization in her interpretative theory（also referred to as the interpretive approach or the theory of sense）.

In 2001, Lederer later further explained it as an independent stage of interpreting where meaning is extracted from its language forms.

3. How to de-verbalize?

［**PPT**］Three ways to help you de-verbalize.

· Paraphrase：explaining the idea.
· Summary：filtering redundancies.
· Coherence reconstruction：re-arranging sentence structures and making logic explicit.

3.1　Paraphrase

［**PPT**］Abandon literal renditions and instead explain the idea and make the intention explicit.

Example 1

Under your watch, the United States has faced setback after setback on the world stage, ceding leverage and influence to our stated adversaries. Our vigorous diplomacy has helped lead an international awakening to the threat of the CCP. Senators, <u>the tide is turning</u>.（Mike Pompeo at US Senate Hearing on July 2020）

［**Teacher**］Guide students to track down the meaning of "the tide is turning" through the context and our existing background knowledge. Instead of rendering it word for word as "潮流正在改向", students are encouraged to make the intention of the speaker explicit（"形势正在发生变化"）and avoid any possible confusion on the part of the audience.

This segment of speech by Pompeo reflects the White House's current stance and the direction of its China policy. In his speech, Pompeo refers to China as one of their stated adversaries and refers our Party as a threat, thus adopting a vigorous/hardline diplomacy towards China. Even Trump himself admits that no administration in American history has adopted a tougher policy towards China. However, examining the past claims on the US side, only purported "minuses" reckon in the vilifying of our Party and our businesses, whether it's about China's response to the coronavirus or the security risk with Huawei. As a Chinese who understands the real situation, we should know that our government's effective response has set a high bar as well as a responsible image in and outside of China, while for many countries Huawei's security risk is less of a concern compared with a US threatening to cut business ties with any country who uses the 5G service from Huawei.

Guide students to think critically and make rational judgements based on our first-hand knowledge.

iDiagnose—Obstacles & Solutions in TL Reproduction	Teaching Design

Example 2

中美合则两利，斗则俱伤。我们要推进以协调、合作、稳定为基调的双边关系。

Q：Can you use the target language to paraphrase the message?

[**PPT**] Please work in groups and identify more than one possible solution.

[**PPT**] Compare the following two versions.

Zhang Lu：A peaceful and harmonious bilateral relationship between these two countries will make both winners, while a confrontational one will make both losers.

Cui Tiankai：China and the United States benefit the most from our cooperation. We should avoid the entrapments of rivalry, which only holds both of us back.

Q：What are the differences between the two renditions above?

[**Teacher**] This segment of speech by China's Ambassador to US echoes Beijing's stance. The language in the original text is concise and powerful. Yet the same effect could not be achieved through a literal translation. Compared with the first rendition, the second one explains one step further, emphasizing the good sides about cooperation as well as the undesired results of confrontation.

3.2　Summary

[**PPT**] Filter redundant information to make the speaker's intention explicit.

Example 3

王毅：咄咄逼人从来不是中国的传统，国强必霸压根不是我们的选择。（Summary）

Sun Ning's rendition：Assertiveness has never been part of the Chinese tradition, and hegemony will never be our choice.

Q：Why the interpreter chose to summarize instead of paraphrase? Do we need to interpret "国强必霸" into "hegemony after a nation rises in power"?

[**Teacher**] Explain why the two four-character idioms were rendered into two adjectives. The major intention of the speech by Mr. Wang Yi is to explain that China has no intention of pursuing hegemony.

3.3　Coherence reconstruction

[**PPT**] Why coherence reconstruction? A coherent speech facilitates the audience's understanding.

· Lack of logic in the original speech.

· Different ways of presenting ideas in different cultures：Hypotactic (English) vs Paratactic (Chinese).

[**PPT**] The teacher reads to student the following texts in Chinese. Ask them to take notes, interpret the message and guide them to improve their renditions.

Teaching Design column:

Ideological and political education：
①The two countries' stances contrasted；
②China's commitment to peace and cooperation.

iDiagnose—Obstacles & Solutions in TL Reproduction	Teaching Design

Example 4

我们呼吁，各国人民同心协力，构建人类命运共同体，建设<u>持久和平</u>、<u>普遍安全</u>、<u>共同繁荣</u>、<u>开放包容</u>、<u>清洁美丽的世界</u>。

We call on the people of all countries to work together to <u>build a community with a shared future for mankind</u>, to build an open, inclusive, clean, and beautiful world that enjoys lasting peace, universal security, and common prosperity.

Example 5

中国有句古语："他山之石，可以攻玉。"这句话给我们以启示：经济资源的有效配置，需要打破国界。中美之间的经贸合作，使资源能够在各国之间进行有效的配置，能够形成适应各国发展特点的国际分工格局。

As an old Chinese saying goes, "Stones in other hills will serve to polish our jade." The effective allocation of economic resources should go beyond national boundaries. <u>For example</u>, the economic and trade cooperation between China and US makes it possible for resources to be effectively allocated among different countries, thus forming a pattern of international division of labor that caters the characteristics of development of different nations.

[**Teacher**] Guide students to understand how the adjustment of syntactic structures are made in Example 4 and how the logical relationship is rebuilt in Example 5 to cater to the features of the English language.

iPractice—How to Apply the Skills	Teaching Design

SKILLS APPLIED

Exercise Ⅰ

[**PPT**] A video clip. Please listen, take notes and render the messages into Chinese.

(1) China and American people are at another <u>historical crossroad</u>. Some say we are only <u>connected by wallets</u>. I don't agree. We are connected in more fundamental ways, in our creativity, aspirations and introspections. (Paraphrase)

Q: How to render the underlined parts in Chinese?

crossroad：十字路口？抉择？关头？
wallets：钱包？利益？经济联系？
⇒ 站在历史的十字路口？唯一的联系是钱包？

Intuitive teaching method.

[**Teacher**] Explain how to de-verbalize through paraphrase. Paraphrase can help us achieve higher output quality than mere literal translation. For example, we may interpret the underlined parts as "面临历史性的抉择/站在历史关口"and"经济/利益是唯一的联系"。

Ideological and political education: The way we see the relationship will in turn define us.

(2) East is East, and West is West, and never the twain shall meet. There is neither East nor West when two strong men stand face to face. (Rudyard Kipling)

iPractice—How to Apply the Skills	Teaching Design

东西各有道，两厢永不遇。将遇良才时，无人问东西。

[**Teacher**] Explain how to de-verbalize through summary and sentence reconstruction. Antithetical and neat language easily resonates with the audience.

Q: *Why the tensions rise despite China's messages of goodwill to the Americans and to the world? Why the sudden change of attitudes from the US side?*

[**PPT**] Think, pair and share. Think individually about the question for 30 seconds, pair with your classmates and share your ideas with each other.

> Think-Pair-Share free discussion.

[**Teacher**] Guide students to examine the reasons behind the deterioration of China-US relations from three perspectives—domestic troubles (unemployment, wealth gap, sluggish economy) in US, misunderstandings and differences.

China's diplomatic policy has been consistent and clear. However, the US administration's confrontational approach toward China was accelerated by a sluggish economy, high unemployment rate, and the severity of the COVID-19 outbreak and the US government's inability to get a handle on the virus's spread.

> Ideological and political education: The underlying reasons of the rising US-China tension.

Q: *What is the major misunderstanding towards China?*

John Mearsheimer wrote in his book, "The ultimate goal of every great power is to maximize its share of world power and eventually dominate the system. In practical terms, this means that the most powerful states seek to establish hegemony in their region of the world while also ensuring that no rival great power dominates another area." (大国的最终目标是成就霸权、最大限度地占有世界权力，大国注定是零和博弈。) Paul Kennedy also argues that the rise of one great power entails the fall of another. However, hegemony has never been our choice.

> Heuristic teaching method.

[**Teacher**] Guide students to identify the philosophical differences of China and western nations and why China has always been pursuing peaceful development by referring to the pre-class reading/listening material.

Q: *What did China do to reduce these misunderstandings?*

[**PPT**] Brainstorm on how China responded to these misunderstandings, such as speeches made by our President Xi and our Chinese ambassadors. Here is one example on President Xi's conception of "新型大国关系(new-type major country relations)" and "人类命运共同体(community of a shared future for mankind)".

> Ideological and political education: Why the misunderstandings and how to clear them.

Q: *What are the differences between China and US models? Should these differences affect our bilateral relations?*

[**PPT**] Review the history of how China established its diplomatic ties with US with the visit by Richard Nixon and the inception of the engagement policy. Examine the agreement reached then and the disagreement at present(Picture 9-5).

iPractice—How to Apply the Skills	Teaching Design

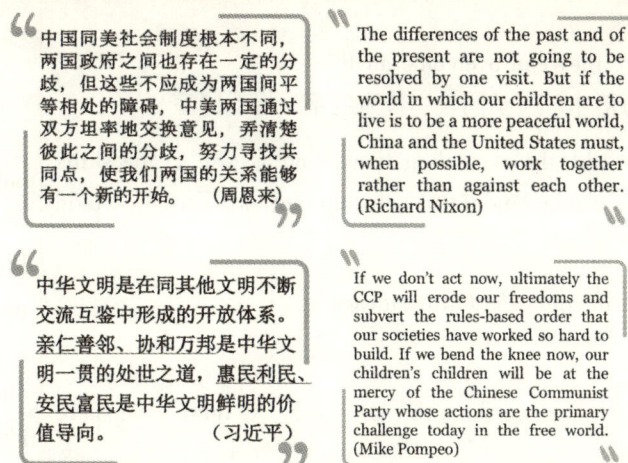

中国同美社会制度根本不同，两国政府之间也存在一定的分歧，但这些不应成为两国间平等相处的障碍，中美两国通过双方坦率地交换意见，弄清楚彼此之间的分歧，努力寻找共同点，使我们两国的关系能够有一个新的开始。（周恩来）

The differences of the past and of the present are not going to be resolved by one visit. But if the world in which our children are to live is to be a more peaceful world, China and the United States must, when possible, work together rather than against each other. (Richard Nixon)

中华文明是在同其他文明不断交流互鉴中形成的开放体系。亲仁善邻、协和万邦是中华文明一贯的处世之道，惠民利民、安民富民是中华文明鲜明的价值导向。　（习近平）

If we don't act now, ultimately the CCP will erode our freedoms and subvert the rules-based order that our societies have worked so hard to build. If we bend the knee now, our children's children will be at the mercy of the Chinese Communist Party whose actions are the primary challenge today in the free world. (Mike Pompeo)

Picture 9-5　US govt's change of attitudes towards China-US relations

[Teacher] China and US have been very different in terms of our political systems. Those differences had been acknowledged by both the then premier Zhou Enlai of China and the then US president Richard Nixon. Nixon admitted at the very beginning that the two nations are vastly different and that we could seek common ground while preserving differences. That fact is true till today. To quote from Chairman Mao, "We are against blind acceptance as well as blind rejection of any ideas. We Chinese must think with our own brains and must decide for ourselves what can grow on our own soil." As an old Chinese saying goes, "Gentlemen seek harmony but not uniformity." We don't have to be the same to get along.

On different international occasions, President Xi has cited Chinese traditional culture to voice our opinions on the same issue and sent messages that reveal the consistency in our diplomatic policies to the global community.

[PPT] The philosophical roots of our diplomatic policies. Please try to explain what the remark means in English.

"生而不有，为而不恃，长而不宰，是谓玄德。"——老子《道德经》

Q：Can you find its equivalent in English in the pre-class reading task on Chinese and Western Civilization Contrasted by Bertrand Russell?

[Teacher] Lao-Tze describes the operation of Tao as "production without possession, action without self-assertion, development without domination." That is the philosophical roots of a rising China, which has already been acknowledged by Bertrand Russell. Hegemony is never our pursuit.

Exercise Ⅱ

[PPT] Please form groups of four and translate the following messages on Chinese donations to epidemic-hit areas. Please identify the skill to be used and come up with at least one solution.

Think-Pair-Share free discussion.

Ideological and political education：Why the differences should not hinder cooperative relationships.

iPractice—How to Apply the Skills	Teaching Design

（1）道不远人，人无异国。

（2）When people are determined, they can overcome anything.

（3）身若伏波，与子同海；若为落木，与子同枝；若为兰草，与子同室。

[**Teacher**] Invite each group to share with the class their translation as well as the skills used. Guide students to produce more viable renditions with different skills used. Guide students to explore other options.

Q： Can we adopt all the three skills to interpret the third sentence?

[**Teacher**] For example.

· As waves we share the same sea. As leaves we share the same tree. As flowers we share the same garden. （Paraphrase）

· We share the same fate under the same universe. （Summary）

· We are waves of the same sea, leaves of the same tree and flowers of the same garden. （Reconstruction）

[**PPT**] A video clip of the poems and their translations on Chinese donations to other nations.

Q： What does this video clip remind you of?

[**Teacher**] Guide students to ponder on China's diplomatic policies and its philosophical roots based on their pre-class preparations. Students may cite the spirits of harmony and unity, or the concept of building a community of shared future for mankind.

[**PPT**] A video clip of President Xi's speech delivered at the Conference on Dialogues Between Asian Civilizations in 2019. Please listen, take notes and interpret the segment into English.

Exercise Ⅲ

儒家思想是中华文明的重要组成部分。儒家倡导"大道之行，天下为公"，主张"协和万邦，和衷共济，四海一家"。

As an integral part of Chinese civilization（reconstruction）, Confucianism believes that "a just cause should be pursued for the common good" and champions harmony, unity（summary） and a shared community for all nations（paraphrase）.

[**Teacher**] Explain how the skills can be used to enhance the output quality and explore other options. Sometimes we have to combine the three skills in interpreting to enhance the quality of the target speech. Interpreters can opt to use both the skill of paraphrase and the skill of summary to deal with the translation of Chinese idioms. While the first two skills are easy to master, the third skill—reconstruction of the sentence structure—is a harder one which entails long-term efforts.

Q： What does this video clip remind you of? How do you understand the Chinese concept of "和（harmony）"?

Ideological and political education： Philosophical roots of China's peaceful diplomatic policies.

China's approach to diplomacy as reflected on the poems sent along with Chinese donations to epidemic-hit areas.

Group discussion： Think-Pair-Share.

Intuitive teaching method.

iPractice—How to Apply the Skills	Teaching Design
[**Teacher**] Invite students to share their own opinions on the Chinese concept of "和 (harmony)" and guide them to explore its philosophical roots. For example, the term "协和万邦" actually comes from the Cannon of Yao, the very first chapter of The Classic of Documents, one of the Five Classics of the Confucian cannon that greatly influenced Chinese history and culture. [**PPT**] A quote fromthe Cannon of Yao, The Classic of Documents. 克明俊德，以亲九族。九族既睦，平章百姓。百姓昭明，协和万邦。——《尚书·尧典》 [**Teacher**] It tells a story of the sage-emperor Yao who made the virtuous distinguished and proceeded to the love of all in the big family. When harmony is attained among the people, the people become brightly intelligent. The result was universal concord (unity, peace and agreement). Guide students to ponder on how these ancient philosophies have exerted a huge impact on China's approach towards diplomacy and major-country relations.	Ideological and political education: The spirit of unity and mutual assistance embodied in China's actions.
A hidden curriculum on ideological and political education: ⇒ Why the rise in tensions between China and US and why the change of attitudes by US—domestic troubles, misunderstandings on China's rise and differences in our political systems. ⇒ How to clear the misunderstandings on China's rise and how the differences should not hinder our cooperative relationships (e. g. the agreement established between Zhou Enlai and Richard Nixon to seek common grounds while shelving our differences). ⇒ China's assistance to other nations during the pandemic, the spirit of unity embodied in our actions. ⇒ China's belief in harmony (和), unity (合) and a community of shared future for mankind (人类命运共同体) and their origin in Confucianism.	Ideological and political education: China's belief in harmony, and its origin in Confucia-nism.

iSummarize	Teaching Design
SUMMARY [**PPT**] A quick test through "Rain Classroom"（雨课堂）to recap the major points. （1）Why de-verbalize?（Multiple choice） · To cross the linguistic and cultural barriers. · To make the speakers intention explicit. · To reduce unidiomatic, awkward, or confusing expressions. （2）How to de-verbalize?（Multiple choice） · Paraphrase：explaining the idea. · Summary：filtering redundancies. · Coherence reconstruction：re-arranging sentence structures and making logic explicit. （3）Why reconstruct coherence of the output?（Multiple choice） · Lack of logic in the original speech. · Different ways of presenting ideas for different cultures：Hypotactic（English）vs Paratactic.（Chinese） （4）Which quote touches you the most? Why? And which skill can be adopted to render it into the target language? （5）How do you understand China's diplomatic policy and its philosophical roots?	

Ⅲ. POST-CLASS	
"Have Your Say"：Hands-on Practice	Teaching Design
Task 1　Mock Dialogue Interpreting. 　　Please work in groups of four and each organize a 15-minute mock dialogue interpreting session（two as speakers and two as interpreters）themed on how to enhance major-country relations and reduce/clear misconceptions on China's rise. For the two speakers, you will design your own roles—one speaking Chinese and the other English—and prepare your own speeches, organizing impromptu speeches based on an outline instead of reading from a script. After the mock interpreting session, please discuss and summarize your findings on both the skills and the weekly topic.	Situational teaching method.
Task 2　Exercises on De-verbalization Skills. 　　Work in groups of 4~5 and collect 10 sentences where the skill of de-verbalization may apply. Then discuss how to de-verbalize, including which skill to use, and provide a translation that can serve its communicative goal. For example： · 要坚决把减税降费政策落到企业，留得青山，赢得未来。（2020 政府工作报告） · All tax and fee reduction policies must be fully implemented for our businesses, so that they can sustain themselves and assure success for the future. ［Paraphrase & Coherence Reconstruction］	Enhancing the skills.

"Have Your Say": Hands-on Practice	Teaching Design

Task 3 A Case Study: Think Critically.

Following is a foreign media coverage on the remarks by Zhang Xiaoming, deputy director of Hong Kong and Macao Office of China's State Council (Table 9-5).

Table 9-5 Foreign media coverage on the remarks by Zhang Xiaoming

Original Speech	Washington Post
当然我们也不是吓大的。中国人看别人脸色，仰人鼻息的时代已经一去不复返。	The era when the Chinese cared what others thought and looked up to others is in the past never to return.

Q1: How did the translation by Washington Post depict China?

Q2: How to revise the translation to avoid any misunderstanding?

Here is a possible revision as your reference: The era when Chinese people were subservient to others and lived dependent on the whims of others is in the past never to return. Your translation reflects not only your bilingual ability but also your position. The disinformation also reflects the potentially inauspicious US-China relationship. Now, compare the two translations and answer the questions that follow (Table 9-6).

Table 9-6 Possible renditions of the remarks by Zhang Xiaoming

Original Speech	US Media Reports	Proper Translation
当然我们也不是吓大的。中国人看别人脸色，仰人鼻息的时代已经一去不复返。	The era when the Chinese cared what others thought and looked up to others is in the past never to return. （我们当然不害怕，中国人在乎他人想法、钦羡他人的时代已一去不复返）	The era when Chinese people were sub-servient to others and lived dependent on the whims of others is in the past never to return.

Q3: How do the two translations defer from each other?

Q4: From your perspective, is the mistranslation by the US media unintended misinformation or disinformation?

Q5: What did you learn from the above case? (prejudice, critical thinking, China-US relations, the interpreter's role, etc.)

A hidden curriculum in ideological and political education:

⇒ How to enhance major-country relations and reduce, or clear misconceptions on China's rise.

⇒ How to respond to distortions of information, intended or unintended in foreign media coverage on China.

Case-based teaching method.

A hidden curriculum on ideological and political education—independent thinking, confidence in the socialist path and the Chinese culture, sense of patriotism and national pride.

9.2 主旨听辨
Effective Listening

所在章节	第二章：信息处理/第一节	课时安排	1 课时(45 分钟)

【Teaching Objectives】

This lecture aims to help students adapt themselves to a new way of listening and track down the gist as interpreters. By the end of this lesson, students will be able to:

1. Of knowledge

√ Recognize the importance of identifying the gist for active listening in interpreting.

√ Understand the features of listening in interpreting.

√ Broaden the scope of knowledge on global responses to COVID-19.

2. Of ability

√ Listen actively, continuously and non-discriminatingly for complete messages and information.

√ Use contextual information and speech norms as clues to get the speaker's intention and understand the main ideas based on key words, their priority and major logical links.

√ Identify the gist and understand both explicit and implicit messages from the speaker.

3. Of value

√ Recognize the efforts made by the Chinese nation to contain the virus and save lives.

√ Identify with core socialist values such as dedication, equality, harmony, and rule of law.

√ Instill confidence in the Chinese path and Chinese culture.

【Teaching Content】

1. Key Points

(1) Recognizing the importance of identifying the gist for active listening in interpreting.

(2) Using contextual information and speech norms as clues to get the speaker's intention and understand the main ideas based on key words, their priority and major logical links.

(3) Identifying the gist and understand both explicit and implicit messages from the speaker.

2. Difficult Points

(1) Using contextual information and speech norms as clues to get the speaker's intention and understand the main ideas based on key words, their priority and major logical links.

(2) Identifying the gist and understand both explicit and implicit messages from the speaker.

【课程思政】

（1）课前通过译前准备任务导入疫情应对话题，引导学生探索各国尤其是中国的疫情应对政策及表现，并批判性地思考疫情给全球带来的影响，宣传中国在疫情应对方面取得的成绩，并培养学生的批判性思维。

（2）课中引入以世卫组织专家评中国抗疫的发言视频进行听力训练，引导学生评价中国在疫情应对时体现的政府治理能力，通过分析评论内容辅助译员理解相关的背景知识，进一步发掘中国的体制机制优势，并通过先贤之言带领学生探寻中国执政理念的哲学根源，在此过程中树立道路自信、制度自信与文化自信。

（3）课后通过围绕该专题的小组辩论任务，进一步强化学生对专题的了解，培养学生的批判性思维。

【Teaching Methods】

Intuitive teaching method (audio-visual aids).

Situational teaching method.

Heuristic teaching method.

Hands-on learning.

【Time Allocation】

Lead-in(3 minutes).

Main content(40 minutes).

Summary(1 minute).

Assignment(1 minute).

【Teaching Procedure】

Each weekly session is divided into 3 stages: pre-class (iQuestion-iLearn), while-class (iDiagnose-iPractice-iSummarize) and post-class ("Have Your Say").

⇒ iQuestion. Lead students to ponder on issues related to the topic.

⇒ iLearn. Prepare them for discussions or interpreting tasks on the weekly topic, expand their scope of knowledge and foster a habit of following major political and social events.

⇒ iDiagnose. Identify the difficulties in listening and find out solutions with a case study.

⇒ iPractice. Impart skills through exercises, complete with discussions on the subject matter to foster a full understanding on hotspot issues related to the topic.

⇒ iSummarize. Summarize the main points of the lecture as corresponding to the teaching objectives.

⇒ Have Your Say. Require students to work in pairs and organize retelling exercises (one as speaker and the other as interpreter), airing their own views while also practicing listening skills. Other assignments to ensure the mastery of skills or to enhance students' critical thinking will also be provided as optional tasks.

教 学 过 程

Ⅰ. PRE-CLASS	
iQuestion—Should China Be Blamed for COVID-19?	Teaching Design
Preview tasks assigned through "Chaoxing platform" (超星泛雅).	

Q1: *How did China respond to the initial outbreak of COVID-19? Do you think China's measures are successful?*

Q2: *What measures did other countries take to deal with the epidemic? Who should be blamed for the global outbreak?*

Q3: *Why is China able to reopen its economy while many other nations are still struggling to curb the epidemic?*

Q4: *Did the epidemic unite or divide the global community?*

Task 1　Please watch/read the following materials and find answers to the above questions.

Food for Thought:

[1-1] How China moved to contain COVID-19. (Article)

[1-2] Wuhan's War on COVID-19: How China Mobilizes the Whole Country to Contain the Virus. (Video)

[1-3] Tracing the Origins of COVID-19. (Video)

[1-4] Should China be Blamed for COVID-19? (Video)

[1-5] White Paper "Fighting COVID-19: China in Action": China's Transparency on COVID-19. (Article)

[1-6] Russian Official: Blaming China over COVID-19 Is "Last Straw" for Some Western Politicians. (Video)

[1-7] The Frontline—China's Fight Against COVID-19. (Video, Documentary Series)

[1-8] Governance and the Fight Against COVID-19. (Article)

[1-9] China's Post-COVID-19 Recovery Contrasts with U. S.' COVID-19 Calamity. (Video)

[1-10] COVID-19: China Leads Asia's Economic Recovery. (Video)

[1-11] Qingdao Reinforces China's "Outstanding" Fight Against COVID-19. (Video)

[1-12] COVID-19 Might Fundamentally Change Western Society. (Article)

[1-13] Margaret Chan: Cooperation is the Only Way to Win COVID-19 Battle. (Article)

Task 2　Prepare yourself for an English debate.

Work in pairs and prepare yourselves for an English debate. Get all the information/knowledge you need to persuade your opponent. Compile a bilingual glossary on the topic. You may also practice debating with your partner before the session. Debate topic: Should we shut down our economy to contain the epidemic?

Problem-based tasks to arouse interests and enhance critical thinking.

iLearn—Far-Reaching Impact on Lives and Economies	Teaching Design

Task 3 Prepare yourself for interpreting tasks on the following subjects.

The videos below also serve as good exercises on listening.

· COVID-19's Impact on All Walks of Life.

· Its Damaging Impact on Economies.

· The Silver Lining: Science & Technology Development During COVID-19.

Food for Thought:

[2-1] Post-COVID-19 Era: Can We Go Back to "Normal"? (Article)

[2-2] The Mental Toll of COVID-19 on Americans. (Video)

[2-3] Uncertain Future for Sports During COVID-19 Crisis. (Video & Article)

[2-4] Post COVID-19, Tourism Could Be "Slow" But "Smart". (Video & Article)

[2-5] Headlines vs Trendlines: Economic Impact of COVID-19. (Video)

[2-6] What Is the Economic Fallout of COVID-19. (Video)

[2-7] The Digital Divide: Who Benefits and Who Doesn't. (Video from CGTN)

[2-8] Global Science and Technology Development During COVID-19. (Video)

While you watch and read, please also note down the key terms as well as necessary background knowledge, and compile a bilingual glossary on the weekly topic. Bring the glossary to the class and compare yours with that of your classmates.

Teaching Design column: Guiding students to conduct pre-conference preparations on their own.

Ⅱ. WHILE-CLASS

iDiagnose: Difficulties & Solutions	Teaching Design

LEAD-IN

[PPT] A quiz that leads students to reflect upon their listening habits (Picture 9-6).

Ears — to hear
Eyes — to see
Undivided attention — to focus
Mind — to think
Heart — to feel

Picture 9-6 Listening habits

(图片来源: https://image. slidesharecdn. com/presentationwebinar - 140521032037 - phpapp02/95/presentation - webinar-9-638. jpg? cb=1400642821)

Q: How do good listeners listen? What are the features of active and effective listening?

[PPT] Active and effective listening requires that speeches are heard completely and effectively interpreted into meaningful messages. It requires knowledge of the subject being discussed and attention to the speaker.

Teaching Design column: Use a quiz to give students a rough idea of what is active listening.

Raise questions to investigate into the features of active listening.

iDiagnose：Difficulties & Solutions	Teaching Design
[**Teacher**] Share with students the statistics collected and analyze the results. By the way, we'll have another quick test at the end of this session to check whether you've become a better listener who can understand all the ideas shared in this session.	Inform students of another test as a disincentive for distraction.
1. Different types of listening	
[**PPT**] Invite four students to the stage. Two of them are debaters and two work as interpreters.	
Debate topic：Should our government shut down the economy to contain the spread of COVID-19?	Role-play
Debaters：Proponent (English) vs. Opponent (Chinese).	
Proponent：Make a Case (1 min).	
Opponent：Rebuttal (1 min).	
Proponent：Quick Rebuttal & Summary (1 min).	Situational teaching method to help students understand different types of listening.
Opponent：Quick Rebuttal & Summary (1 min).	
Interpreters：Interpreter A (E-C) & Interpreter B (C-E) / Gist interpreting.	
(Interpreters can either take notes or not. But make sure that you listen to and understand the debaters' messages.)	
[**Teacher**] Interview the debaters and interpreters with the following questions right after the debate.	
Q：*Where is the focus of your attention while you were listening? And why?*	
[**Teacher**] Ask the audience the same question. And then ask the audience to comment on how well the four students on the stage performed in getting the key messages which are useful for them.	
Q：*How did they differ in listening?*[①]	Heuristic teaching method to help students identify the features of different types of listening.
[**PPT**] Debaters：They listen to catch any points that could be used to fight back on, be it mistakes or loopholes.	
Interpreters：They listen for complete reproduction in the target language, paying attention to every intricacy of the incoming speech.	
Audience：They listen only for things they are interested in.	
[**PPT**] Effort of listening.	
Debaters：More focused.	
They can afford to miss something, as long as they can respond and carry on.	
Interpreters：Most focused.	
They are under constant pressure to catch every piece of information to ensure the completeness and accuracy of interpretation.	

---

① 此处借鉴资料中第二单元"2.1 Active Listening Skills"视频中 0′55″~1′55″内容。
Ouyang Qianhua. "Getting Speaker's Intention". Chinese University MOOC. Web. 20 Jul. , 2019.
<https://www.icourse163.org/learn/GDUFS-1002493010? tid=1002652014#/learn/content? type=detail&id=1003622720>

iDiagnose: Difficulties & Solutions	Teaching Design

Audience: Least focused.

The most relaxed group. Their mind can wander away at any point.

[PPT] On this basis, we can distinguish between different types of listening.

· Passive listening: Listen to hear → Audience.

· Active listening: Listen to understand → Debaters & Interpreters.

· Selective listening → Audience & Debaters.

· Non-discriminating listening → Interpreters.

[Teacher] Share with students one quote from Stephen R. Covey:

"Most people do not listen with the intent to understand; they listen with the intent to reply."

For interpreters, they are the special group who have to listen with the only intent to understand for complete reproduction in TL.

Listening in interpreting: An extreme type of ACTIVE listening.

Q: So, what's happening in interpreters' mind while they were listening? (a question for the interpreters)

2. How to listen as interpreters?

[PPT] Warm-up questions on the listening material—the 2020 US presidential debate between Trump and Biden.

Q: Should US reopen the schools? Can you predict Trump's response?

Video clip 1 (36 seconds) on reopening schools.

[Teacher] Invite one student to summarize Trump's points.

Most students would find it hard to summarize the main ideas of the speaker after listening to the speech only once. But that is a typical scene and also a necessary challenge for interpreters.

[Teacher] Analyze students' problems based on their feedback.

[PPT] Typical problems from beginners in listening(Picture 9-7):

· Hearing every word but still cannot make sense of the information.

· Getting fragmented messages with no idea on the speaker's intention.

· Being unable to listen continuously. (Selective listening/Distractions)

> **Blackboard writing:** Interpreting: An extreme type of effective listening.

> **Summarize beginners' problems.**

Picture 9-7   Listeners confounded by the rambling speech

iDiagnose：Difficulties & Solutions	Teaching Design

Identifying the intention can facilitate the effort of sense-making and help you understand the incoming information. During the process, you should also activate your existing knowledge and frame information into a context that you can make sense of (Picture 9-8).

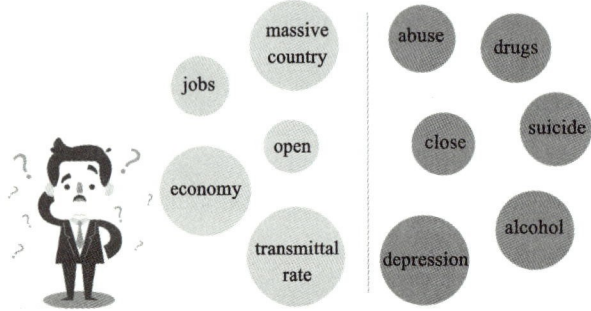

Picture 9-8　Identifying the intention of the speech

SKILLS EXPLAINED[①]

1. Getting the speaker's intention

［PPT］Two tips for you to predict the general intention of the speaker.

Tip 1：Use contextual information as clue (5W1H, theme & topic).

Tip 2：Use speech norms as clue (Begin the speech with signposts：what I would like to argue is.../what I would like to share is.../the main purpose of my talk is...).

Q：Did you get Trump's general intention? If yes, how?

［Teacher］We can infer that he will argue for reopening the schools with our knowledge on his previous statements and policies. Also he made it very clear at the beginning by starting the talk with "I want to open the schools." Though the impromptu speech lacks logic from time to time with signposts like "I want to... but I want to... We have to... We're not going to... You can't... People are... There's... We have to...", we can track down his emphasis on the negative impact of not opening the economy based on his communicative intents.

2. Making sense of information

［PPT］Tips for you to seize the progression of information.

Tip 3：Identify the key words and sort them by priority or importance.

Tip 4：Understand the main ideas based on key words and major logical links between these key words.

Q：How did you get the main ideas from Trump's speech?

Some quick tips for students to get started.

---

① 此处提出的两个技巧见资料中第二单元"2.1 Active Listening Skills"视频中 2′20″~3′40″内容。

Ouyang Qianhua. "Getting Speaker's Intention". Chinese University MOOC. Web. 20 Jul., 2019.

<https://www.icourse163.org/learn/GDUFS-1002493010? tid=1002652014#/learn/content? type=detail&id=1003622720>

iDiagnose：Difficulties & Solutions	Teaching Design

[Teacher] It's easy to get some key words, but it's hard to sort them by priority. You have to make analyses all the time. When you can distinguish between primary information and secondary level ones, you're actually closer to getting a clear understanding of the speech. Besides, beginners' thoughts are easily distracted by all these less important details, like the domestic troubles caused by shutting down the economy, which actually hindered their listening process.

[PPT] Summarize how to use the skills in the listening process with the example of Trump vs Biden debate and how a mind map might come useful(Picture 9-9).

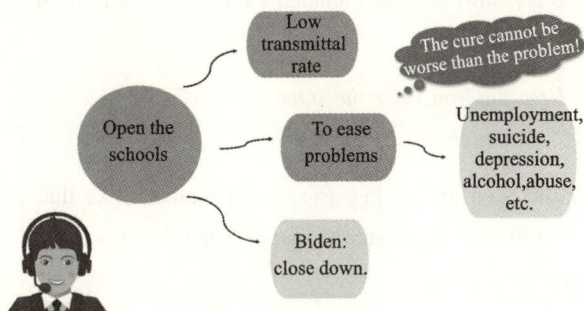

Picture 9-9　Seizing the progression of information with a mind map

Q：Why currently in US "the cure is worse than the problem"？

[Teacher] Background knowledge can also facilitate our understanding of the original speech. For Chinese listeners, there seems to be a missing link between shutting down the economy and the domestic problems as the Chinese society had a pretty smooth and orderly lockdown.

[PPT] A 30-second video clip on unemployment and poverty in US during the lockdown to answer the question.

[Teacher] Invite students to summarize the main idea and identify the lying causes for these domestic troubles in US. With a good understanding of the background, the interpreter is in a better position to connect the dots and sort out the logic of a cloudy impromptu speech.

[PPT] But for tactful speakers, sometimes you have to read between the lines.

Q：Did you get the subtext？

[PPT] Summarize the speaker's intention in one sentence.
　　一句话破"甄嬛体"①
·如今的宿舍也是极好的,四人一间,独立卫生间,再加上四平方米的大阳台,真是让人喜欢。当正对的两个宿舍房门打开时,还能形成对流风。在炎炎夏日里,叫人好不惬意。但若是还能加上台制冷设备,想必读书的时候也就更不容易分心,进而事半功倍,也能在学业上更有所造诣。(请给宿舍装空调)

A mind map to help students understand the speech.

---

① 案例节选自资料第一单元交传进阶(一)中的课堂热身趣味练习。
　　Dai Huiping. Consecutive Interpreting：A Hands-on Textbook(Ⅱ)[M]. Shanghai：Shanghai Foreign Language Education Press,2014.

iDiagnose：Difficulties & Solutions	Teaching Design
·运动减肥也有些日子了，数日的坚持使我的身子也有些乏了。原以为减肥能成功，倒也不负这几日所受的苦楚。不想近日感觉似是着了风寒，每次外出都觉着浑身无力，不觉得在家多睡过几日。加之连日多了些汤水滋补，早晨起来终于发现一切竟都是枉然。这一段的忍饥挨饿，原都是错付了。（我长胖了）	

iPractice：How to Apply the Skills	Teaching Design

Exercise Ⅰ

[**PPT**] Video clip 2. WHO expert Bruce Aylward making comments on China's efforts in combatting COVID-19.

Q1：What's the intention of the speaker? How did you infer the intention?
Q2：What is the main message? How did you get the main ideas?

[**PPT**] Now discuss with your partner, and identify the key words and logical links that can help us track down the main ideas. Fill the chart on the paper (hand out a hard copy) and summarize the messages in SL.

[**Handout**] Hand out a hard copy of the transcript after the group discussion and ask students to improve what they've got.

[**Transcript**]

The single biggest message I took away was speed. You have to find the cases quickly, and you have to get them isolated, and their close contacts quarantined, to be able to break this disease. So that was the first big message—speed, speed, speed. The second biggest message I got was you can't get speed without your population. Your population has to understand the disease, understand how serious it is and understand how to get your loved ones, your colleagues tested if they think they had the disease. And China worked hard to remove the barriers. Early in the outbreak, China's government said, look, when your insurance stops, the state steps in to cover the costs, and that's important to get people know that if I get tested and it's positive I'm not going to go bankrupt or have a financial catastrophe. That's another important message for the west.

[**Teacher**] Invite students to present and explain their charts, especially how did they decide on the most important key words(Table 9-7).

A task-based Think-Pair-Share group discussion.

Table 9-7 Identifying the key words in a speech

	Most Important	Less Important	Least Important
Key words	Speed, public awareness, costs covered by the state	Cases, close contacts, population, barrier, insurance	Loved ones, colleagues, outbreak, positive, bankrupt
Contextual info	The single/second biggest message I took away was... That's another important message...		
Background info	All you know about the measures taken in China to combat COVID-19.		

A hidden curriculum in political and ideological education— recognizing China's capacity in public governance.

iPractice：How to Apply the Skills	Teaching Design

Q：How background knowledge helped you identify the general intention and main idea?

[Teacher] Invite students to share with the class how their understanding of the situation, especially of how the Chinese government has spared no effort to save lives, has facilitated the process of comprehension.

Q：Now that we look back upon the difference between the situation in China and that in the US, how and why did China stand the test of the pandemic?

[Teacher] Guide students to discover the difference in the two governments' responses. Highlight the Chinese government's efforts in saving lives and helping small businesses to sustain themselves by cutting taxes and fees.

[PPT] Video clip 3. Confidence in System.

Q：What's the major difference between Chinese and Western systems? How does that endow an advantage on us?

A hidden curriculum in political and ideological education—confidence in the socialist path and political system.

[Teacher] Guide students to discover the superiority of China's political system and how that has enabled the Chinese government to make the right decision and enforce it at warp speed.

Q：What else can you get from the differences in global responses to COVID-19?

[PPT] The ancient Chinese concepts of "仁政（policy of benevolence）" and "民本（putting people first）" are the cultural and philosophical roots for China's policies（Picture 9-10）.

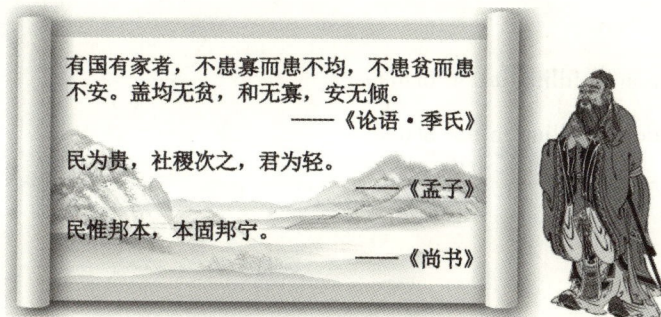

A hidden curriculum in political and ideological education—value our ancient philosophy as the basis of China's governance philosophy.

有国有家者，不患寡而患不均，不患贫而患不安。盖均无贫，和无寡，安无倾。
——《论语·季氏》
民为贵，社稷次之，君为轻。
——《孟子》
民惟邦本，本固邦宁。
——《尚书》

Picture 9-10 The ancient Chinese philosophy on governance
（图片来源：http://news. zxart. cn/Detail/227/100732. html）

Q：How do you interpret the Chinese wisdom in the above remarks? How does that help the Chinese government to win the battle against COVID-19?

A hidden curriculum in political and ideological education—confidence in Chinese culture.

[Teacher] Invite students to discuss and air their own views. Throughout the process, the teacher should guide students to discover the wisdom embedded in ancient Chinese philosophy and thus enhance their confidence in Chinese culture.

iSummarize	Teaching Design

SUMMARY

[**PPT**] A quick test to review the main points.

Send a test to students' phone through ""Rain Classroom"（雨课堂）". Analyze the accuracy rate and correct misunderstandings.

（1）Which types of listening is the interpreter engaged in? （multiple choice）

A. Passive listening：Listen to hear.

B. Active listening：Listen to understand.

C. Selective listening.

D. Non-discriminating listening.

（2）How to listen as an interpreter? Choose all you would do in listening for an interpreting task.（multiple choice）

A. Get the speaker's intention.

B. Make sense of information.

C. Identify key words.

D. Identify logical links.

E. Judge before you listen.

F. Anticipate based on the context.

G. Activate your background knowledge.

H. Treat every key word as equally important.

I. Listen to understand.

J. Listen to reply.

K. Ignore the progression of information.

（3）How to get the speaker's intention?（filling in the blank）

（4）How to make sense of information?（filling in the blank）

[**PPT**]

（1）Different types of listening.

· Passive listening：Listen to hear.

· Active listening：Listen to understand.

· Selective listening.

· Non-discriminating listening.

（2）How to listen as interpreters?

①Getting the speaker's intention.

· Use contextual information as clue（5W1H，theme & topic）.

· Use speech norms as clue（Begin the speech with signposts：what I would like to argue is.../what I would like to share is.../the main purpose of my talk is...）.

②Making sense of information.

· Identify the key words and sort them by priority/importance.

· Identify major logical links between these key words.

· Activate your background knowledge.

A quick test to enhance students' memory.

Ⅲ. POST-CLASS

"Have Your Say": Hands-on Practice	Teaching Design

ASSIGNMENT

Task 1　Retelling Exercise

Select a 5-minute segment from the video clips provided in pre-class tasks. Listen and track down the gist of the speech with the skills provided above (you may use the chart or draw a mind map). Summarize the main ideas in the source language and record your speech. Exchange the recordings with your partner for a peer-evaluation and discuss your findings.

Task 2　A Debate & Mock Interpreting Session

Work in groups of 12 and launch a debate (Topic: Should the government make COVID-19 vaccination mandatory?). Two act as representatives from the upper house (proponents) and two as representatives from the lower house, another two act as interpreters working for the two sides and interpret the whole process into Chinese, while three play the role of judges and the rest of the students are the Chinese audience. Record the whole process (around 15 minutes) and submit a recording as well as a feedback (from the judges and audience) to "Chaoxing platform".

9.3 笔记的符号使用
Use of Symbols in Note-Taking

所在章节	第四章：口译笔记/第二节	课时安排	1 课时(45 分钟)

（本节课教学过程详情见二维码）

【云麓课堂 / 教学设计 QR code】

【Teaching Objectives】

This lecture aims to help students develop and use symbols in their notes. By the end of this lesson, students will be able to：

1. Of knowledge

∨ Understand why symbols are important in note-taking.

∨ Identify 6 types of basic symbols and their roles in note-taking.

∨ Understand symbols to be additive and personal in nature.

2. Of ability

∨ Create their own symbols and produce natural extensions of symbols.

∨ Apply symbols and combine them with other note-taking skills.

∨ Read back their notes, decode the symbols used and reproduce the message.

3. Of value

∨ Understand interpreting as an innovative and interesting activity.

∨ Maintain interest and enjoy the sense of achievement in developing an individualized note-taking system.

∨ Recognize China's economic growth miracle and reaffirm their confidence in the socialist path with Chinese characteristics.

【Teaching Content】

1. Key Points

（1）Understanding the types, features and extended use of symbols.

（2）Developing their own symbols and natural extensions of symbols.

（3）Applying symbols and combine them with other note-taking skills.

2. Difficult Points

（1）Making multiple use of basic symbols and apply them in notes while listening.

（2）Developing an individualized note-taking system.

【课程思政】

（1）课前通过译前准备任务导入世界经济话题，引导学生探索经济全球化带来的危与机，并批判性地思考经济上的相互依赖性给全球贸易带来的影响，宣传中国加入世贸组织后践行多边贸易、反对贸易保护主义的举措，并培养学生的批判性思维及国际视野。

（2）课中引入以"一带一路"倡议成果、亚太经济发展势头、中国经济发展及其贡献等为话题的素材进行口译笔记训练，引导学生发散思维，建立个性化的口译笔记体系，培养学生的创新意识；与此同时，引导学生探讨中国经济的崛起及其为亚洲地区繁荣稳定作出的贡献。

（3）课后通过以中美贸易战及中国进出口博览会为主题的视频音频训练资料，进一步强化学生对技能的掌握，进一步培养学生的创新意识及崇尚自由贸易、合作共赢的全球经济观。

【Teaching Methods】

Intuitive teaching method (audio-visual aids).

Scaffolding teaching method.

Flash card teaching method.

Hands-on learning.

【Time Allocation】

Lead-in(3 minutes).

Main content(40 minutes).

Summary(1 minute).

Assignment(1 minute).

【Teaching Procedure】

Each weekly session is divided into 3 stages: pre-class (iQuestion-iLearn), while-class (iDiagnose-iPractice-iSummarize) and post-class ("Have Your Say").

⇒ iQuestion. Lead students to ponder on issues related to the topic.

⇒ iLearn. Prepare them for discussions or interpreting tasks on the weekly topic, expand their scope of knowledge and foster a habit of following major political and social events.

⇒ iDiagnose. Identify the difficulties in listening and find out solutions with a case study.

⇒ iPractice. Impart skills through exercises, complete with discussions on the subject matter to foster a full understanding on hotspot issues related to the topic.

⇒ iSummarize. Summarize the main points of the lecture as corresponding to the teaching objectives.

⇒ Have Your Say. Require students to work in pairs and organize retelling exercises (one as speaker and the other as interpreter), airing their own views while also practicing listening skills. Other assignments to ensure the mastery of skills or to enhance students' critical thinking will also be provided as optional tasks.

9.4 数字转换技巧
Interpreting Figures

所在章节	第六章：数字口译/第一节	课时安排	1 课时（45 分钟）

（本节课教学过程详情见二维码）

云麓课堂

教学设计

【Teaching Objectives】

This lecture aims to help students understand how to interpret figures. By the end of this lesson, students will be able to：

1. Of knowledge

√ Identify the differences between the systems of numbers in English and in Chinese and the rules of conversion.

√ Understand the five elements of figures in interpreting.

2. Of ability

√ Transcode numbers into the target language in a fast and efficient way and render big numbers accurately into the other language.

√ Adopt the conversion skills and use proper strategies in note-taking to deal with numbers in the context.

√ Identify the order of magnitude and verify numbers against existing knowledge about the context to avoid mistakes.

3. Of value

√ Reaffirm the core socialist values and confidence in the socialist path.

√ Enhance the confidence in Chinese culture and philosophy.

【Teaching Content】

1. Key Points

（1）Identify the differences between the systems of numbers in English and in Chinese and how to convert numbers into the target language.

（2）Understand the five elements of figures in interpreting and their importance.

（3）Transcode numbers into the target language in a fast and efficient way and render big numbers accurately into the other language.

（4）Adopt the conversion skills and·use proper strategies in note-taking to deal with numbers in the context.

2. Difficult Points

（1）Transcode numbers into the target language in a fast and efficient way and render big numbers accurately into the other language.

(2)Adopt the skills and use proper strategies in note-taking to deal with numbers in the context.

【课程思政】

(1)课前通过译前准备任务导入关于小康的社会话题，引导学生探索中国的"全面小康"建设给人民生活带来的影响，以及在建成小康社会的过程中我国在扶贫减贫、建设美丽新农村、反腐倡廉等方面的成就，宣传我国政治、经济、社会发展的成就，深化学生的政治自信、道路自信与制度自信。

(2)课中引入以"十三五"规划和全面建成小康社会为主题的视频导入数字口译话题，引导学生理解全面建成小康社会的目标及内涵，选用体现我国在建成小康社会过程中各个领域成就的例句作为数字转换训练的素材，深化学生对小康社会建设成就的认同感。在实践环节采用十八洞村的减贫脱贫成就作为数字篇章口译的训练素材，在训练的同时，用故事和数字生动地诠释中国建成小康社会的重大成就，引导学生深化对中国政府执政为民理念的认同感，以及树立道路自信、制度自信。

(3)课后通过"超星泛雅"学习平台发布线上强化训练任务，素材体现了全面建成小康社会在各个领域的成果，引导学生在掌握技巧的同时树立道路自信、制度自信。

【Teaching Methods】

Intuitive teaching method (audio-visual aids).

Heuristic teaching method.

Think-Pair-Share group discussion.

Hands-on learning.

【Time Allocation】

Lead-in(5 minutes).

Main content(38 minutes).

Summary(1 minute).

Assignment(1 minute).

【Teaching Procedure】

Each weekly session is divided into 3 stages: pre-class (iQuestion-iLearn), while-class (iDiagnose-iPractice-iSummarize) and post-class ("Have Your Say").

⇒ iQuestion. Lead students to ponder on controversial issues related to the topic.

⇒ iLearn. Prepare them for discussions or interpreting tasks on the weekly topic, expand their scope of knowledge and foster a habit of following major political and social events.

⇒ iDiagnose. Identify the difficulties in target language reproduction through a mini case study and find out solutions (in this session it would be the skills of de-verbalization to across the linguistic and cultural barriers).

⇒ iPractice. Impart skills through exercises, complete with discussions on the subject matter to foster a full understanding and rational judgements on hotspot issues related to the topic and even reach down to the philosophical and cultural roots behind the policies by different nations.

⇒ iSummarize. Summarize the main points of the lecture as corresponding to the teaching objectives.

⇒ Have Your Say. Require students to work in groups of four and organize mock dialogue interpreting sessions (two as speakers and two as interpreters), airing their own views while also practicing interpreting skills. Other assignments to ensure the mastery of skills or to enhance students' critical thinking will also be provided as optional tasks.

9.5 模拟三角对话口译：文化差异
Three-Cornered Dialogue Interpreting on Cultural Differences

所在章节	第七章：文化差异专题训练/第一节	课时安排	1课时（45分钟）

（本节课教学过程详情见二维码）

【Teaching Objectives】

This lecture aims to help students understand how to achieve the communicative goal in general dialogue settings. By the end of this lesson, students will be able to：

1. Of knowledge

√ Identify the outcomes, skills and knowledge required to interpret from a source language to a target language in general dialogue settings.

√ Understand the differences between Chinese and Western cultures and the need to spread Chinese culture.

2. Of ability

√ Use a range of techniques to assist in the message transfer process, preserving the communicative intent of the original speaker and addressing problems in delivery.

√ Maintain flow of communication and manage discourse in a professional and culturally appropriate manner.

3. Of value

√ Enjoy the fun of bridging two minds by helping people cross linguistic as well as cultural barriers.

√ Learn to appreciate and respect cultures in different forms.

√ Foster confidence in Chinese culture and dedication in spreading Chinese culture.

【Teaching Content】

1. Key Points

（1）Use a range of techniques to assist in the message transfer process, preserving the communicative intent of the original speaker and addressing problems in delivery.

（2）Maintain flow of communication and manage discourse in a professional and culturally appropriate manner.

2. Difficult Points

（1）Use a range of techniques to assist in the message transfer process, preserving the communicative intent of the original speaker and addressing problems in delivery.

（2）Manage discourse in a professional and culturally appropriate manner.

【课程思政】

（1）课前通过译前准备任务导入文化差异话题，引导学生探索中国文化的特殊性、文化间的差异性、"中国文化走出去"等话题，培养正确的文化观，倡导文化多样性，树立文化平等、尊重不同文化的理念。引导学生对比中外优秀文化的世界影响力，了解中国文化输出的困境和"中国文化走出去"的迫切性，鼓励学生自觉担负起"中国文化走出去"的使命。

（2）课中引入以《别告诉她》这部诠释文化差异的电影预告片导入主题，引导学生围绕文化差异与文化冲击展开探讨，并在此基础上组织学生进行以"文化冲击"为主题的模拟对话口译活动，让学生在口译实践中体验不同文化视角下的不同生活方式。然后，在对口译文本进行讲解时，援引林语堂在《生活的艺术》一书中对中国的"悠闲文化"的论述，引导学生挖掘中国的传统文化之美，并通过对比中西文化中的相似观点肯定不同民族的优秀文化。最后，引用亚洲文明对话大会上的著名论述，强调文化只有姹紫嫣红之别，绝无高低优劣之分，引导学生培养以相互平等、相互尊重、交流对话、和谐共生为主旋律的文化观，并援引费孝通的 16 字箴言，深化学生对中国传统文化中的"和合"理念的认同。

（3）课后通过以小组为单位的自主模拟口译训练，引导学生探寻"中国文化走出去"的意义及路径，并以林语堂为榜样，鼓励学生树立文化自信，培养理解、传承与传播中国文化的意识。

【Teaching Methods】

Intuitive teaching method（audio-visual aids）.

Situational teaching method.

Heuristic teaching method.

Think-Pair-Share group discussion.

Hands-on learning.

【Time Allocation】

Lead-in（3 minutes）.

Introduction & guidelines（5 minutes）.

Mock interpreting & feedback（35 minute）.

Summary（1 minute）.

Assignment（1 minute）.

【Teaching Procedure】

Each weekly session is divided into 3 stages：pre-class（iQuestion-iLearn）, while-class（iDiagnose-iPractice-iSummarize）and post-class（"Have Your Say"）.

⇒ iQuestion. Lead students to ponder on controversial issues related to the topic.

⇒ iLearn. Prepare them for discussions or interpreting tasks on the weekly topic, expand their scope of knowledge and foster a habit of following major political and social events.

⇒ iDiagnose. Identify the difficulties in target language reproduction through a mini case study and find out solutions（in this session it would be the skills of de-verbalization to across the linguistic and cultural barriers）.

⇒ iPractice. Impart skills through exercises, complete with discussions on the subject matter to foster a full understanding and rational judgements on hotspot issues related to the topic and even reach down to the philosophical and cultural roots behind the policies by different nations.

⇒ iSummarize. Summarize the main points of the lecture as corresponding to the teaching objectives.

⇒ Have Your Say. Require students to work in groups of four and organize mock dialogue interpreting sessions (two as speakers and two as interpreters), airing their own views while also practicing interpreting skills. Other assignments to ensure the mastery of skills or to enhance students' critical thinking will also be provided as optional tasks.

声乐演唱

李爽霞，湘南学院音乐学院教师，国家级课程思政教学名师，2020年湖南省普通高校教师课堂教学竞赛二等奖获得者，多次指导学生获省和国家比赛金奖。

课　程　概　述

一、课程基本信息

"声乐演唱"课程基本信息如表 10-1 所示。

表 10-1　"声乐演唱"课程基本信息

课程名称	声乐演唱	课程性质	音乐学专业学生的专业必修课程
学时	32	开课时间	本科二年级
先修课程	"乐理""视唱练耳""和声""中国音乐史""小型音乐剧表演""湘南地方民歌"		
适用专业	音乐学(声乐专业)		
使用教材	洪慧, 朱咏北. 声乐艺术教学论[M]. 上海：华东师范大学出版社, 2018.		
参考教材	罗宪君, 李滨荪, 徐朗, 等. 声乐曲选集[M]. 北京：人民音乐出版社, 1986. 彭晓玲. 声乐基础理论[M]. 重庆：西南师范大学出版社, 2001. 周小燕. 声乐基础[M]. 北京：高等教育出版社, 1990. 那查连科. 歌唱艺术[M]. 北京：人民音乐出版社, 1983. 伯金. 教唱歌[M]. 肖宇, 译. 北京：人民音乐出版社, 华乐出版社, 2003.		

二、课程的性质和作用

"声乐演唱"是普通高等学校音乐学专业学生的专业必修课程，总课时为 32 学时。"声乐演唱"是一门研究声乐艺术内涵及其外延内容本质规律的、表演性极强的课程。

通过该课程的学习，使学生系统地掌握声乐基本理论知识和方法，具备应用声乐技巧演唱作品并进行声乐教学教研的能力。同时，帮助学生树立正确的审美观，培养高雅的审美品位，提高专业核心素养，培养爱国主义精神，为后续专业课程的学习打下基础。

三、学情分析

1. 知识基础

"声乐演唱"的教学对象是音乐学(声乐专业)本科二年级学生。此前学生已经学习了"乐理""视唱练耳""和声""中国音乐史""小型音乐剧表演""湘南地方民歌"等音乐基础课程，积累了一定的中西音乐理论知识及歌唱表演技巧，为本课程的学习打下了坚实的基础。

随着社会的发展，各种电子产品和互联网迅速普及，学生可以从各种渠道获得丰富的音乐资源，并对音乐有自己的认识，因而学生对音乐课所讲授的内容有了新的期待，他们期待获得更广阔的音乐视野，探析音乐的纵深。教师通过课程教学使音乐不仅能成为学生的青春伙伴，还能成为他们的人生知音、灵魂导师。因此，本课程教学内容的设计难易适中，选取大众喜闻乐见的中外经典作品，以及大众熟知的著名音乐家，辅以积极向上的民族文化精神等作为教学内容，一方面可以激发学生的学习兴趣，另一方面可以在原有基础上构建新知，促进学生思维的提升。

2. 认知特点

在教学过程中让学生以多种实践方式参与到教学中来，教学气氛活跃，可使教学效果更为理想。此阶段的学生能够理解课程育人的重要性，教师应明确课程思政建设的目标要求和内容重点，促使课程思政的理念达成广泛共识。学生在学习课程内容时，教师可结合音乐教育独特的课程特点和思维方法，让课程思政元素有机融入"声乐演唱"的课程学习中去。

3. 学习风格

音乐学专业学生思维活跃，自学能力强，但欠缺对重点内容的精准把握，且自我反思意识较弱。因此，在授课过程中应设置启发式问题，引导学生主动思考和分析，利用图片、音频和视频抓紧学生的注意力，建立学生交流群，广泛听取学生的意见，增加课后师生的互动。

四、课程教学设计

1. 教学设计思路

本课程教学设计的过程中，积极贯彻《中共中央　国务院关于深化教育改革，全面推进素质教育的决定》文件精神，严格按照《学校艺术教育工作规程》的要求，充分挖掘中外优秀艺术成果的文化内涵，努力将本课程建设成为教学理念先进、教学资源丰厚、教学内容优化、课程结构科学、教学成果丰富的特色课程。

本课程设计的基本思路为：尊重中外艺术文化，弘扬爱国主义精神；优化课程结构，革新教学方法；深入理论研究，强化课堂实践，建设具有时代特点的特色课程。

2. 教学目标

（1）知识目标：通过教学活动，学生初步掌握音乐基础知识、乐谱、歌曲演唱技巧、戏曲唱腔、中外优秀艺术成果等，做到扎实复习、认真模仿、积极练习、细心揣摩。

（2）能力目标：一是在学习过程中，学生积极参与"聆听、分析、朗读、演唱、表演"等实践活动，真实了解、感受、体验中外艺术作品的风格和特点，从中感悟作品蕴含的精神实质。二是学生独立思考中外作品中的演唱技巧如何为情感表现服务。

（3）价值目标："声乐演唱"课程思政建设内容紧紧围绕坚定学生理想信念，以爱党、爱国、爱社会主义、爱人民、爱集体为主线，围绕政治认同、家国情怀、文化素养、道德修养等重点内容优化课程思政，系统地进行中国特色社会主义和中国梦教育、社会主义核心价值观教育、劳动教育、心理健康教育、中华优秀传统文化教育。一是在课程导入中，推进习近平新时代中国特色社会主义思想进教材、进课堂、进头脑。坚持不懈用习近平新时代中国特色社会主义思想铸魂育人，引导学生了解世情国情党情，增强对党的创新理论的政治认同、思想认同、情感认同，坚定中国特色社会主义道路自信、理论自信、制度自信、文化自信。二是在新课讲授中，培育和践行社会主义核心价值观。教育引导学生把国家、社会、公民的价值要求融为一体，提高个人的爱国、敬业、诚信、友善修养，自觉把小我融入大我，不断追求国家的富强、民主、文明、和谐和社会的自由、平等、公正、法治，将社会主义核心价值观内化为精神追求、外化为自觉行动。三是在课程拓展延伸中，加强中华优秀传统文化教育。大力弘扬以爱国主义为核心的民族精神和以改革创新为核心的时代精神，教育引导学生深刻理解中华优秀传统文化中讲仁爱、重民本、守诚信、崇正义、尚和合、求大同的思想精华和时代价值，教育引导学生传承中华文脉，富有中国心，饱含中国情，充满中国味。

3. 教学内容

本课程包括九部分内容，包括歌唱基础知识、练声曲、歌唱的表演常识、嗓音保健、歌曲等，在教学内容、知识体系、能力结构、教学手段、教学评价等方面都进行了较为深入、细致的探索。本课程的总体特点是：思政元素与专业知识融合，系统性与代表性兼顾，普及性与拓展性结合，通俗性与严肃性并举。

4. 课程思政

本课程思政元素融入思路见表10-2所示。

表 10-2 课程思政融入思路

序号	章节内容	思政元素融入思路	歌词展示
		歌曲《不能尽孝愧对娘》	
1	连音练习	《不能尽孝愧对娘》是歌剧《野火春风斗古城》中的经典唱段，描述的是主人公杨晓冬与杨母分别被抓，日军司令以杨母的生死要挟，企图瓦解杨晓冬的革命意志，逼其叛变。引导学生在歌曲中感受英雄人物因坚守民族大义而不得不选择愧对母亲的矛盾心理，从而激发起反对侵略的意志	娘(啊)，娘(啊)，娘(啊)，是我连累了你!不能尽孝愧对娘，不能尽孝愧对娘
2		歌词描写了抗日英雄杨晓冬对母亲深深的爱，让人物的形象更加丰满，呈现出一位大义凛然、无惧牺牲的铮铮铁汉在面对母亲和亲人时，却有着无比深厚的感情，内心与外在形象形成了强烈的对比。引导学生学习抗日英雄保卫祖国的精神	疼我的娘，爱我的娘!多少回梦里扑进娘的怀，多少回母子相依诉情肠
3		歌词叙述了杨晓冬苦难的童年，揭露了当时的阶级矛盾和社会黑暗。引导学生认识到在中国共产党的领导下，祖国发生了翻天覆地的变化，要倍加珍惜新时代的幸福生活，并为中华民族伟大复兴而奋斗	那一年孩儿我七岁上，寒冬腊月灾难降。可恨那地主黑了心，吞财害死我的爹，又把孩儿伤!
		歌曲《我的爱人你可听见》	
4	漏气及其纠正方法	长征精神一直教育我们应该有伟大的理想，为实现中华民族的伟大复兴而奋斗。引导学生扬起长征精神的旗帜，乘风破浪，将中国建设成为富强、民主、文明、和谐、美丽的国家，让中国昂首屹立于东方大地	大雁南飞，带走我的情，你的爱伴我路漫漫，待到云开见日时，笑看大地换人间
5		通过学习红色革命歌曲，引导学生体会革命战士对家人的思念之情。通过对歌曲的曲式分析、歌词分析、演唱处理，以及歌剧的艺术特色分析，带领学生重温长征过程中的艰辛，体会革命战士的英雄情怀和坚强意志	我的爱人你可听见，家乡的歌声飞的多远，日夜思念苦，风霜不觉寒，总感到你就在我身边
6		歌剧通过剧中人物(彭政委、曾团长等人)的感人事件，凸显工农红军百折不挠、团结互助、不怕牺牲、不畏艰险的革命意志。引导学生学习红军长征精神，坚定意志，努力奋斗，不怕困难	我的爱人你可看见，一路的艰辛意志更坚，万水千山险，壮怀热血燃，我们的理想永不改变

续表 10-2

序号	章节内容	思政元素融入思路	歌词展示
		歌曲《我和我的祖国》	
7	抖音及其纠正方法	通过对"我和我的祖国""我的祖国和我"诗一般的歌词描写,歌颂了祖国的广阔和美丽,表达了祖国和人民永远在一起,一刻也不能分割的深情厚谊。传递给学生的是一份与祖国难以分割的真挚情感	我的祖国和我, 像海和浪花一朵, 浪是那海的赤子, 海是那浪的依托。 每当大海在微笑, 我就是笑的旋涡, 我分担着海的忧愁, 分享海的欢乐
8		通过本堂课体验了歌曲表达的爱国情怀和超强的感染力,勤劳勇敢的中国人民正昂首阔步走向阳光灿烂的美好生活。这首歌深深表达了中华儿女不屈不挠的心,渲染了一种积极向上、催人奋进的力量	我和我的祖国, 一刻也不能分割, 无论我走到哪里, 都流出一首赞歌。 我歌唱每一座高山, 我歌唱每一条河, 袅袅炊烟, 小小村落, 路上一道辙
		歌曲《明天会更好》	
9	白声及其纠正方法	歌曲表达了人们对和平和友谊的期望,以及对未来的美好祝愿。引导学生认识到今天的美好生活来之不易,无论我们身处何地,面对何事,我们都要以积极乐观的心态去面对,要好好学习,相信明天会更好	抬头寻找天空的翅膀, 候鸟出现它的影迹, 带来远处的饥荒, 无情的战火, 依然存在的消息
10		传达出的是一种万物生生不息的蓬勃生机与希望和"苟日新,日日新,又日新"的哲学思辨境界,培养学生的思辨能力	玉山白雪飘零, 燃烧少年的心, 让真情融化成音符, 倾诉遥远的祝福。 …… 日出唤醒清晨, 大地光彩重生, 让和风拂出的音响, 谱成生命的乐章

续表 10-2

序号	章节内容	思政元素融入思路	歌词展示
		歌曲《我爱你，中国》	
11	鼻音及其纠正方法	爱国主义是千百年流传下来的对祖国的一种最深厚的感情，它同为国奉献、对国尽忠紧紧地联系在一起。爱国主义是一种崇高的思想品德，中华民族的历史之所以悠久和伟大，是因为爱国主义作为一种精神支柱和精神财富起到了重要的作用。爱国主义是一种深厚的感情，一种对于自己生长的国土和民族所怀有的深切的依恋之情，因而它又是一种道德力量，它对国家、民族的生存和发展具有不可估量的作用	我爱你中国， 我爱你中国， 我爱你春天蓬勃的秧苗， 我爱你秋日金黄的硕果。 我爱你青松气质， 我爱你红梅品格， 我爱你家乡的甜蔗， 好像乳汁滋润着我的心窝。 我爱你中国，我爱你中国 我要把最美的歌儿献给你， 我的母亲我的祖国
12		《我爱你，中国》这首歌的歌词采用我国传统词律"赋比兴"的写作手法，一咏三叹，字句凝练。运用叠句、排比等手法，对祖国的春苗秋果、森林山川、田园庄稼等作了形象的描绘和细腻的刻画，表达了中华儿女对祖国的满腔炽热和真挚的爱国主义情感	我爱你碧波滚滚的南海， 我爱你白雪飘飘的北国。 我爱你森林无边， 我爱你群山巍峨， 我爱你淙淙的小河， 荡着清波从我的梦中流过
13		这是歌曲的主体部分，节奏较平缓，旋律逐层上升，委婉深沉而又自在，铺展了一幅祖国大好江山的壮丽画卷。引导学生了解祖国的山河壮丽、江山如画，为能生活在祖国的大地上感到无比的骄傲和自豪。引发同学们的爱国之情，强化学生对祖国的热爱，立志爱护祖国大好河山	我爱你中国， 我爱你中国， 我要把美好的青春献给你， 我的母亲， 我的祖国

5. 教学方法

激趣法、讲授法、提问法、示范法、练习法、启发式教学。

6. 课程考核

（1）分阶段性考试：以随堂考试的方式检查学生对中外优秀艺术作品的掌握情况，了解学生的学习状况、消化程度，以便及时调整教学进度和教学方法，因材施教。

（2）期末考试：以演唱声乐作品的形式进行考核，要求声乐教研室教师参加。

成绩构成：声乐作品演唱占 70%，平时表现占 30%。

7. 课程内容学时分配

课程内容及学时分配如表 10-3 所示。

表 10-3　课程内容及学时分配

课程内容	学时分配
第一章　歌唱的发声概念	2
第二章　歌唱的呼吸	2
第三章　歌唱的发声	4
第四章　歌唱的共鸣	4

续表10-3

课程内容	学时分配
第五章 歌唱的吐字咬字	4
第六章 发声技术练习方法和要求	4
第七章 歌唱中常见的发声弊端及其纠正方法	6
第八章 歌唱中的情感表达	4
第九章 歌唱的卫生	2

"声乐演唱"教学大纲中基本教学内容共九章，此次教学设计的五个课时分别选自第六章和第七章。

10.1　漏气及其纠正方法

所在章节	第 7 章第 1 节	课时安排	1 课时(45 分钟) (附 15 分钟教学视频)

云麓课堂

教学实录

【教学目标】

1. 知识目标

掌握漏气的纠正方法；从曲式分析、节拍节奏、音腔形态等方面，学习歌曲中表演者在演唱处理方面的理解和把握，体会工农红军百折不挠、团结互助、不怕牺牲、不畏艰险的长征精神。

2. 能力目标

通过"聆听、分析、演唱、表演"等综合实践活动，聆听和演唱歌曲，掌握纠正漏气的方法，激发学生的洞察能力、想象力和舞台表现力，掌握鉴赏音乐作品的基本知识和技能。

3. 价值目标

通过学习红色革命歌曲，体会革命战士对亲人和爱人的思念之情；学习战士们不忘初心、百折不挠、不怕牺牲、不畏艰险的长征精神，弘扬民族文化精神，增强学生的爱国意识。

【教学内容】

通过歌曲的曲式分析、歌词分析、演唱处理及歌剧的艺术特色，重温长征过程中的艰辛，体会革命战士的英雄情怀和坚强意志。

(1)教学重点：理解歌曲《我的爱人你可听见》的深层含义。

(2)教学难点：纠正漏气的方法。

【教学思路】

本节课遵循理论与实践相结合、音乐与文化内涵相结合的原则，通过启发式教学方法，让学生了解歌剧的艺术特色，以及歌曲的创作体裁和背景。逐步形成"技能训练、知识传授、素养熏陶、演唱实践"的音乐教学模式，最终达到"教、学、唱、演"合一的效果。演唱歌曲是要歌者用真实情感去体验、领悟、演绎，领会作品的内涵，用心歌唱，表现其艺术特色。

【课程思政】

(1)歌剧通过剧中彭政委、曾团长等人的感人事件，凸显工农红军百折不挠、团结互助、不怕牺牲、不畏艰险的长征精神。《我的爱人你可听见》这一类红歌可作为当代大学生的精神"氧吧"，是实现教学与思政课程融合的一个重要途径，用有温度的红歌做好当代大学生的思政教育。

(2)长征精神一直照耀在中华民族的大地上，作为当代大学生，应该有伟大的理想，为实现中华民族的伟大复兴而奋斗，扬起长征精神的旗帜，乘风破浪，将我国建设成为富强、民主、文明、和谐的国家。

【教学方法】

课堂教学中"以学生为主体,教师占主导",采用激趣法、讲授法、练习法的教学方法,激发学生的学习兴趣,调动学生的学习积极性和主动性。

(1)激趣法:在教学初始阶段,播放《我的爱人你可听见》的音频,激发学生对将要学习的内容的兴趣,产生求知欲。

(2)讲授法:介绍《我的爱人你可听见》的作词家邹静之、作曲家印青的艺术成就,并将思政元素贯穿其中,理解歌曲的表达内涵。

(3)练习法:通过对漏气现象的深入分析,正确掌握其纠正方法,规范练习方式。

【教学设计】

漏气及其纠正方法教学设计如表 10-4 所示。

表 10-4　漏气及其纠正方法教学设计

主要任务	教师活动	学生活动	教学目的	时间分配
课程导入 (师生互动)	①复习 ②导入新课	①巩固上节课知识 ②思考、回答问题	①巩固知识 ②承接新课 ③营造课堂气氛 ④激发学习兴趣	5分钟
新课讲授	①讲解与示范 ②播放视频、音频	①听讲 ②观摩 ③欣赏视频、音频	①通过理论支撑知识 ②通过观摩直观感受 ③通过示范理性分析	30分钟
实践答疑 (师生互动)	①指导 ②答疑	①练习与讨论 ②质疑	①学生亲身感受、思考 ②学生相互学习、交流 ③个体指导、发现问题	5分钟
拓展延伸	①课后小结 ②课后作业	①巩固记忆 ②发散思维 ③记录作业	①提高思维能力 ②巩固所学知识 ③增强鉴赏能力	5分钟

教　学　过　程

一、课程导入(5 分钟)

1. 播放歌曲《我的爱人你可听见》

(略)

2. 导入新课

《我的爱人你可听见》这首歌由邹静之作词，印青作曲，是选自歌剧《长征》第一幕"瑞金起义"中的一首插曲。歌曲以男高音独唱的形式展现，演唱时要注意表现出对爱人的思念，对长征的坚定信念，以及对美好未来的憧憬(图 10-1)。

图 10-1　歌剧《长征》剧照

二、新课讲授(30 分钟)

1. 漏气及其纠正方法

(1)漏气的表现。

声音中常常伴有一种"嘶嘶"的杂音，使音色听起来空虚、暗哑，很不纯净，缺乏应有的明亮色彩，这就是漏气的表现。

(2)漏气的原因。

漏气的原因大致可分为两方面。一是声带可能已经受到某种损害，或者声带机能已经有了较为严重的缺陷。一般受过损伤的声带，在发音振动时两边的形态不能协调一致，因而所发的音就会混有杂音而音色沙哑，出现漏气现象。二是由于歌唱中气息在通过喉头时，对声门的冲击力过猛，致使两边声带闭合时振动过大，出现张力不均，不能紧密闭合的情形，因而这样发出的声音也会漏气。这种漏气的情况在高声区训练时间过长、用力过猛、喉头位置调整不当、声带闭合不佳时，均有可能发生。

（3）纠正方法。

综合以上两种造成漏气的情形，对于前者，必须在进行训练的同时请喉科医生对嗓子进行诊治，嗓音病变严重者应暂时停止练声；对于后者，首先应克制急于求成、急功近利的训练思想，培养尊重科学发声规律。因此，我们每天应坚持以基础训练为主，再结合适量的技巧训练。对于经常出现漏气现象的歌者，一定切记暂时少练高音区，尽量避免唱自己力所不及的难度较大的歌曲作品，这样就可有效避免嗓子疲劳的状况。

【注意】
由于各人出现漏气的原因不同，程度不同，故应采取不同方法灵活处理。

另外，还应在中声区练好纯净而柔和的起音，在良好的起音引导下唱歌就会使歌声柔美自然；在高声区的训练中，应先找到轻声、假声的位置，再放声练习。

2. 作品简介

学习《我的爱人你可听见》这首歌，该歌曲是歌剧《长征》中彭政委的一首经典唱段，由邹静之作词、印青作曲（图 10-2）。

图 10-2　歌剧《长征》剧照

★【课程思政】
印青说过："我们的音乐必须有个魂，就是今天说的红色基因，就是爱国主义和英雄主义音乐要传承红色基因，也是当今需要继续发扬的，音乐的动机就是来自红军，一听就是阳刚有力沉着大气的感觉。"

3. 介绍邹静之、印青的艺术成就

（1）邹静之，1952 年出生于江西南昌，作家、编剧、制作人，毕业于中央广播电视大学中文系，曾获得第 25 届中国电视剧飞天奖优秀编剧奖、第 33 届香港电影金像奖最佳编剧奖等。

（2）印青，1954 年 5 月生，作曲家，2006 年至 2009 年担任中国共产党中央军事委员会政治工作部歌舞团团长，中国音乐家协会理事，中国文联第八届全委，全军艺术指导委员会委员，全军高级职称评委会评委，多次在全国、全军重大比赛中担任评委，被评为国家一级作曲家。

4. 学唱歌曲《我的爱人你可听见》

（1）视唱曲谱。
（2）填唱歌词。
（3）探究歌曲结构，进行层次处理。

歌曲采用"起承转合"的旋律发展手法。全曲一共 35 小节，可分为四部分（引子—A 段—B 段—尾声）。引子（前奏，1~8 小节）是 8 个小节的方

整性乐段,分为两个对比乐句;A段(第一乐段,9~16小节)、B段(第二乐段,17~24小节)均是平行的两乐句乐段,具有呈式性,旋律的线条、节奏平稳简单,在主调上进行,A段结束在主调的属和声上,开放型终止,B段结束在主调上,收拢型终止;尾声(补充部分,25~35小节)补充高潮部分的情绪,将情绪再度提升,音域提高,拉大旋律的线条,直至结尾(图10-3)。

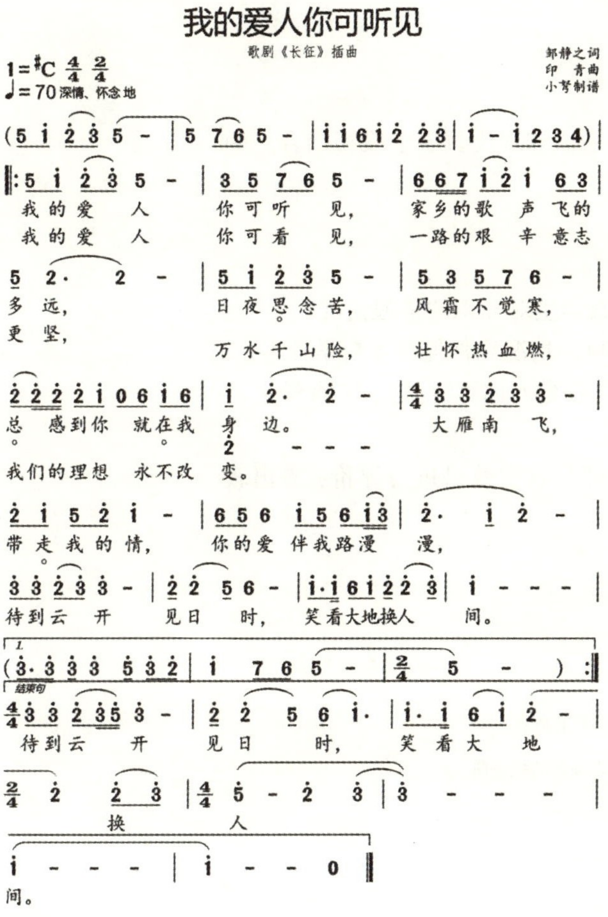

图 10-3　《我的爱人你可听见》曲谱

三、实践答疑(5分钟)

1. 哼唱主旋律,分组表演《我的爱人你可听见》

(略)

2. 讨论与答疑

四、拓展延伸(5分钟)

1. 课后小结

今天我们学习了《我的爱人你可听见》这首作品,该曲表现了长征的艰

★【课程思政】
长征的精神一直照耀在中华民族的大地上,作为当代大学生,应该有伟大的理想,为实现中华民族的伟大复兴而奋斗,扬起长征精神的旗帜,乘风破浪,将我国建设成为富强、民主、文明、和谐的国家。

险进程，实现了多样化的探索与创新，《长征》这部歌剧让我们重温了长征过程中的艰辛，也体现了革命战士的英雄情怀和坚强意志，希望同学们今后也能多学习有关爱国题材的声乐作品。

2. 课后作业

(1) 请同学们通过互联网欣赏作品《我的爱人你可听见》。
(2) 复习与巩固该歌曲。

【教学手段】

根据授课内容的不同，采取传统教学手段和现代教学手段相结合。如利用多媒体设备等。

【教学效果评价方式】

(1) 教学过程中，通过游戏和提问考查学生对知识的掌握情况。
(2) 课后思考题可反映学生对知识的巩固情况和督促学生自学预习。
(3) 实践课程中要求学生演唱歌曲《我的爱人你可听见》，考查学生对知识的掌握程度。
(4) 利用网络问卷的方式，学生对教师的教学效果进行评价，提出教学建议，促进教学改进。

【板书设计】

本节课板书设计如图 10-4 所示。

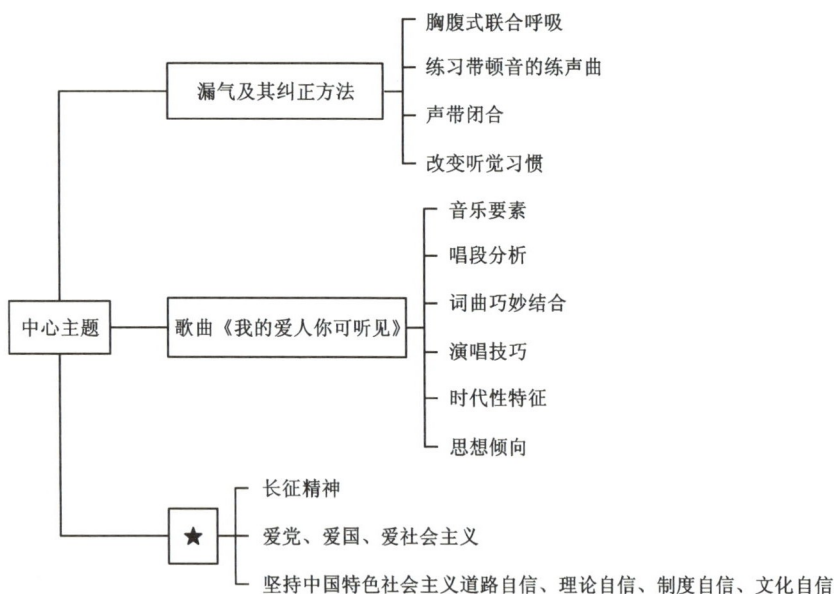

图 10-4　板书设计

10.2　连音练习

所在章节	第 6 章第 3 节	课时安排	1 课时(45 分钟)

【教学目标】

1. 知识目标

连音练习；以故事情节为主线，探究作品中杨晓冬的人物心理活动，了解西洋宣叙调和戏曲垛板等音乐基础知识，掌握咬字、吐字及润腔技巧。

2. 能力目标

通过"聆听、分析、演唱、表演"等综合实践活动，使学生具备自主挖掘作品深刻内涵的能力，提高演唱能力和情感表现能力。

3. 价值目标

以优秀的抗日战争歌曲作品鼓舞人，发扬红色革命精神，宣扬红色文化，增强学生的爱国主义情感和对祖国的自豪感和使命感，树立民族自尊心与自信心。

【教学内容】

(1)教学重点：把握杨晓冬的人物心理。
(2)教学难点：掌握连音练习的技巧。

【教学思路】

本节课教学遵循理论与实践相结合、音乐与文化内涵相结合、民族声乐与戏曲音乐相结合的原则，以冀中古城的抗日斗争故事情节为主线，以聆听、分析、朗读、演唱、表演等多种实践活动为手段，重点阐述共产党员杨晓冬的人物心理活动，引导学生形成正确的情感态度与价值观，增强爱国意识。

【课程思政】

(1)在作品简介中，阐述作品成功塑造了剧中杨晓冬等人的伟大民族英雄形象，同时也塑造出了大义凛然、无惧牺牲的杨母、金环等人所具有的抗日斗争精神。
(2)在课程小结环节，阐明该歌剧一方面描写了我党在战争年代的曲折历程，另一方面也引发了当代人对现实社会和平与战争的深层思考，歌颂了他们不怕牺牲的伟大革命精神。

【教学方法】

课堂教学中"以学生为主体，教师占主导"，采用讲授法、提问法、示范法的教学方法，激发学生兴趣。
(1)讲授法：教学过程中用简单易懂的语言讲解连音练习的概念、方法和要求，形象生动地讲解连音技巧，最终使学生能够加强对连音练习的把握。

（2）提问法：巩固歌剧的概念，引导学生主动思考，进而引出歌曲《不能尽孝愧对娘》的主要内容。

（3）示范法：对歌曲中咬字吐字及润腔技巧的示范演唱，使学生能更直观地感受歌曲的演唱方式以及要表达的感情。

【教学设计】

连音练习教学设计见表10-5。

表 10-5 连音练习教学设计

主要任务	教师活动	学生活动	教学目的	时间分配
课程导入 （师生互动）	①复习 ②导入新课	①巩固上节课知识 ②思考、回答问题	①巩固知识 ②承接新课 ③激发学习兴趣	5分钟
新课讲授	①讲解与示范 ②播放视频、音频	①听讲 ②观摩 ③欣赏视频、音频	①通过理论支撑知识 ②通过观摩直观感受 ③通过示范理性分析	30分钟
实践答疑 （师生互动）	①指导 ②答疑	①练习与讨论 ②质疑	①学生亲身感受、思考 ②学生相互学习、交流 ③个体指导、发现问题	5分钟
拓展延伸	①课后小结 ②课后作业	①巩固记忆 ②发散思维 ③记录作业	①强化知识要点 ②提高思维能力 ③增强鉴赏能力	5分钟

<h1 style="text-align:center">教　学　过　程</h1>

一、课程导入(5 分钟)

1. 复习

【提问】什么是歌剧?

【讲解】歌剧是一种将音乐、戏剧、文学、诗歌、舞蹈、舞台美术等融为一体的综合艺术。

2. 新课导入

【导入】今天我们学习的是一首以冀中古城的抗日斗争为题材的民族歌剧选段——《不能尽孝愧对娘》(图 10-5)。

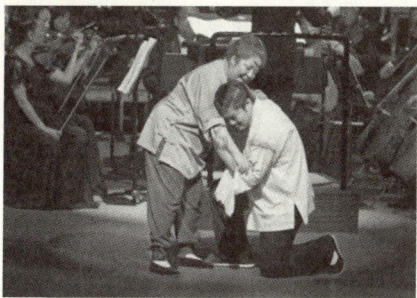

图 10-5　歌剧《不能尽孝愧对娘》演出剧照

二、新课讲授(30 分钟)

1. 连音练习

(1)连音练习的概念。

连贯流畅的声音(即 legato)是歌唱的基本技术。歌唱声音的主要表现力就在于声音的连贯优美,歌唱中除少量部分用断音表现外,自始至终都应保持声音的连贯(图 10-6)。

图 10-6　部分曲谱

(2)方法和要求。

①注意呼吸和发声的协调配合,起音及声音运行都要做到气息均匀,

每条演唱练习都应一口气唱完，中途不能换气。

②母音准确清楚，母音或音节的转换或过渡都应保持声音的均衡、圆滑、无转换痕迹。

③每条演唱练习的最后一小节延长音，注意用"弱—强—弱"收音，其目的是防止声音过"直"，可具有正常的颤音。

④如果唱至稍高一点的音时感到困难，起音应轻柔一些。

2. 初听《不能尽孝愧对娘》

（音频略）

3. 作品简介

《不能尽孝愧对娘》是歌剧《野火春风斗古城》中的经典唱段，描述的是主人公杨晓冬与杨母分别被抓，日军司令多田以杨母的生死要挟，企图瓦解杨晓冬的革命意志，逼其叛变（图10-7）。

图10-7 《野火春风斗古城》剧照

《野火春风斗古城》最初是一部描写我党地下工作者战胜侵略者的长篇小说，作者李英儒创作于1958年，1963年改编为电影，1995年又将原著改编成电视剧，2007年总政歌剧团为纪念建党80周年，将其改编为现代民族歌剧并首演。

★【课程思政】
作品成功塑造了剧中人物杨晓冬等人的伟大民族英雄形象，同时也塑造出了大义凛然、无惧牺牲的杨母、金环等人所具有的抗日斗争精神。

4. 探究杨晓冬的人物心理

（1）分段讲授（图10-8）。

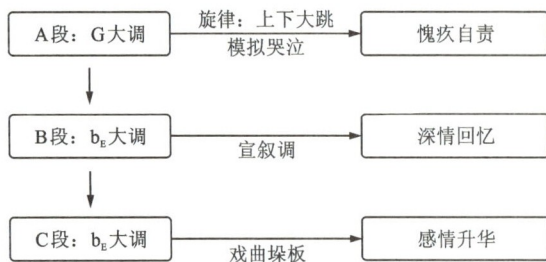

图10-8 分段讲授

（2）讲授知识点。

①宣叙调：是歌剧、清唱剧、康塔塔等大型声乐中类似朗诵的曲调，也就是半说半唱的方式。

②垛板：由流水紧缩派生而来，在唱词结构上运用垛句、垛字，常为三四字不等，擅于加强气氛，表现激愤等情绪；字字斩钉截铁、铿锵有力，词句间无间奏过门，具有急促质问、对答的性质，适用于表现人物的激动的情绪，特别是字字紧连的垛唱形式。

5. 学唱《不能尽孝愧对娘》

（1）视唱曲谱。

（2）填唱歌词。

（3）学习咬字吐字。

第一，注意 ng 后鼻音在长音处的拖腔，突出了河北方言重鼻音的特色。如：娘、疼、情、肠、上、降、伤等。

第二，为了哭诉情绪需要，很多后鼻音的字运用了硬启首，即喷口音，字头力度很大。如：乡、响、堂、旁、墙。

（4）学习润腔技巧。

第一，倚音，加强诉说语气。如："那一年孩儿我七岁上"的"孩"字、"白天讨的千家饭"的"讨"字、"娘也盼来儿也想"的"盼"字都加了上行小三度倚音（图 10-9）。

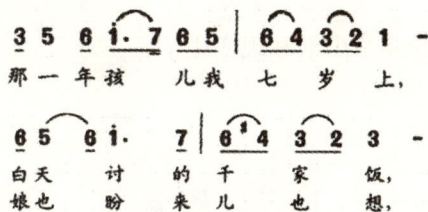

图 10-9 倚音示例

第二，下滑音，加强哭诉的情绪。如：A 段开头第三个"娘啊"的"啊"字、B 段"儿是娘的心头肉"的"肉"字都是在长音上延长后下行三度的下滑，类似于情感上的悲叹（图 10-10）。

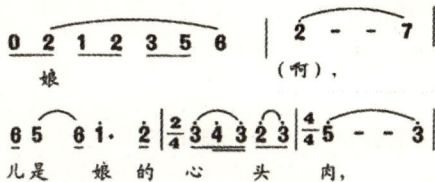

图 10-10 下滑音示例

第三，哭音是这首歌剧运用最多的润腔手段，表达了杨晓冬"不能尽孝愧对娘"的悲痛情感。如：A 段"连累"的"累"字、"多少回母子相依诉情肠，诉情肠"中的"情"字；B 段"夜晚睡在破庙堂"和"把儿紧紧搂在身旁"的尾音演唱处（图 10-11）。

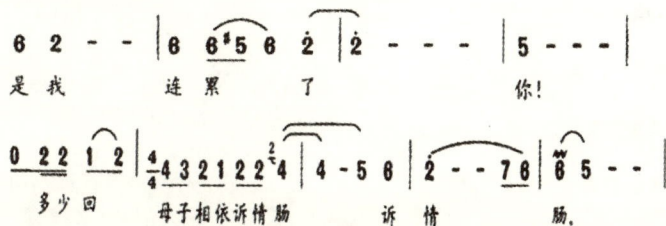

图 10-11 哭音示例

6. 复听《不能尽孝愧对娘》

（音频略）

三、实践答疑（5分钟）

（1）分组表演杨晓冬和杨母。

★【课程思政】
该歌剧一方面描写了我党在战争年代的曲折历程，另一方面也引发了当代人对现实社会和平与战争的深层思考，歌颂了民族英雄不怕牺牲的伟大革命精神。

(2)讨论与答疑。

四、拓展延伸(5分钟)

1.课后小结

通过本堂课的学习,探究杨晓冬的心理活动,提高学生对歌曲内涵的深入理解,以及演唱能力和情感表现能力。

2.课后作业

(1)复习歌剧选段《不能尽孝愧对娘》。

(2)思考中国民族歌剧反映的中国人民强烈的斗争生活和现实生活,主要体现在哪些方面。

【教学手段】

根据授课内容的不同,采取传统教学手段和现代教学手段相结合,如利用多媒体设备等。

【教学效果评价方式】

(1)教学过程中,通过游戏和提问考查学生对知识的掌握情况。

(2)课后思考题可反映学生对知识的巩固情况和督促学生自学预习。

(3)实践课程中要求学生演唱歌曲《不能尽孝愧对娘》,考查学生对知识的掌握程度。

(4)利用网络问卷的方式让学生对教师的教学效果进行评价,提出教学建议,促进教学改进。

【板书设计】

本节课板书设计如图 10-12 所示。

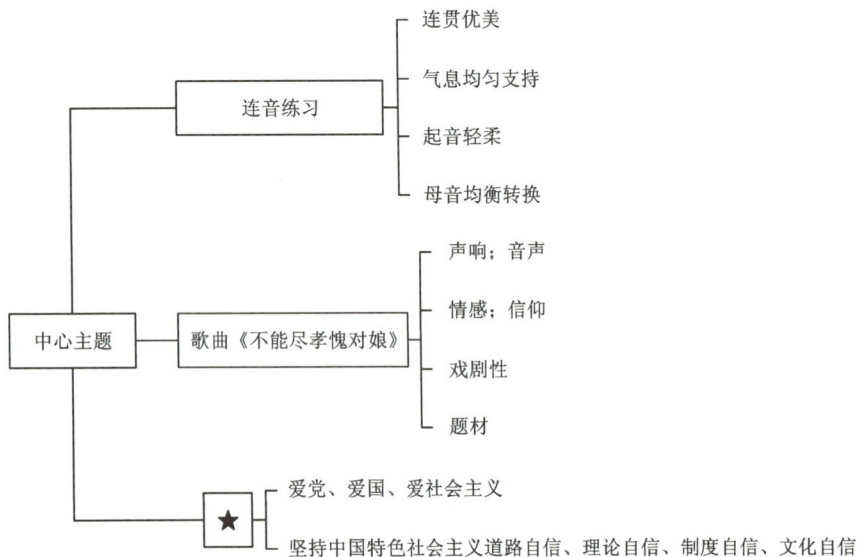

图 10-12 板书设计

10.3　抖音及其纠正方法

| 所在章节 | 第 7 章第 2 节 | 课时安排 | 1 课时(45 分钟) |

(本节课教学过程详情见二维码)

云麓课堂

教学设计

【教学目标】

1. 知识目标

掌握歌曲中纠正抖音的方法，探析歌曲《我和我的祖国》的风格特征。

2. 能力目标

通过学唱歌曲《我和我的祖国》，分析歌曲结构、音乐要素等，掌握纠正抖音的方法，激发学生的洞察力、想象力和表现力，发展学生的创新性思维。

3. 价值目标

通过该课程的学习，使学生系统地掌握声乐的基本理论知识和方法，具备应用声乐技巧演唱作品并进行声乐教学教研的能力。同时，帮助学生树立正确的审美观念，培养高雅的审美品位，提高专业核心素养，增强爱国主义精神，为后续专业课程的学习打下基础。

【教学内容】

(1)教学重点：理解歌曲《我和我的祖国》的深层含义。
(2)教学难点：纠正抖音的方法。

【教学思路】

本节课教学以学生为主体，通过多种途径创设情景，逐步形成"激趣—感悟—表现—创造"的教学模式，充分激发学生在"探究式学习"中的求知欲。课堂内容以欣赏并演唱为主，引导学生聆听音乐并思考，全身心地投入音乐表演的快乐中，在欣赏音乐的过程中体验美、感受美、表现美。

【课程思政】

欣赏并演唱歌曲《我和我的祖国》，带领学生积极参与教学活动，体会歌曲所表达的情感，激发学生的爱国情怀，培养学生的洞察力、想象力和表现力，发展学生的创新性思维。

【教学方法】

课堂教学中"以学生为主体，教师占主导"，采用激趣法、讲授法、提问法的教学方法，激发学生的学习兴趣，使其产生求知欲望。

(1)激趣法：在教学初始阶段，向学生提问今年是祖国的多少岁生日，引出爱国歌曲《我和我的祖国》。

（2）讲授法：用图片展示的方法，简单直白地讲解纠正抖音的方法，改正学生不正确的发声演唱习惯。

（3）提问法：根据学生对作品《我和我的祖国》的理解，针对作品的写作手法和情感进行提问，启发学生主动思考，得出结论，实现师生间的双向交流。

【教学设计】

抖音及其纠正方法教学设计如表 10-6 所示。

表 10-6　抖音及其纠正方法教学设计

主要任务	教师活动	学生活动	教学目的	时间分配
课程导入 （师生互动）	①复习 ②重温经典 ③导入新课	①巩固上节课知识 ②思考、回答问题	①巩固知识 ②承接新课 ③营造课堂氛围 ④激发学习兴趣	5 分钟
新课讲授 （师生互动）	①讲解与示范 ②播放视频、音频 ③指导与答疑	①听讲 ②观摩 ③朗诵歌词 ④学唱 ⑤练习与讨论	①通过理论支撑知识 ②通过观摩直观感受 ③通过示范理性分析 ④通过练习发现问题 ⑤通过讨论促进思考	30 分钟
实践答疑	①归纳知识点 ②点评	①巩固记忆 ②提高认识	①强化知识要点 ②增强鉴赏能力	5 分钟
拓展延伸	①课后小结 ②课后作业	①发散思维 ②记录作业	①提高思维能力 ②巩固所学知识	5 分钟

10.4　白声及其纠正方法

所在章节	第 7 章第 1 节	课时安排	1 课时(45 分钟)

（本节课教学过程详情见二维码）

云麓课堂

教学设计

【教学目标】

1. 知识目标

学习如何纠正白声；深入了解歌曲《明天会更好》的创作背景，探究其艺术特色，用气声唱法自然流畅地演唱歌曲。

2. 能力目标

使学生具备挖掘作品深刻内涵的能力，并提高演唱能力和情感表现能力。

3. 价值目标

通过该课程的学习，使学生系统地掌握声乐的基本理论知识和方法，具备应用声乐技巧演唱作品并进行声乐教学教研的能力。同时，帮助学生树立正确的审美观念，培养高雅的审美品位，提高专业核心素养，增强爱国主义精神，为后续专业课程的学习打下基础。

【教学内容】

（1）教学重点：理解歌曲《明天会更好》深层含义。
（2）教学难点：纠正白声的方法。

【教学思路】

本节课以审美为核心，注重情感与技术的辩证关系。学生通过聆听音乐、分析作品、演唱作品等实践活动，充分体验蕴含于音乐中的美和丰富的情感，使学生被音乐所表达的真善美理想境界所吸引，陶醉其中，并与之产生强烈的情感共鸣，从而达到净化心灵、陶冶情操、启迪智慧的目的。

【课程思政】

（1）让学生通过感受歌词、旋律、节奏、结构发展等蕴含的真挚情感，感悟"爱"这种博大的感情，从而懂得"爱"的深层内涵，净化心灵、陶冶情操、启迪智慧。

（2）在学唱歌曲的过程中，通过朴实优美的歌词、生动的音乐，让学生更加容易接受思政教育。

（3）在课程小结中，阐述该歌曲表达了人们对和平、友谊与未来的美好期望和祝愿。使学生认识到今天的一切都来之不易，无论身处何地，面对何事，都要以积极乐观的心态去面对，要好好学习，相信明天会更好。

【教学方法】

课堂教学中"以学生为主体,教师占主导",采用讲授法、练习法、启发式的教学方法,激发学生兴趣,引导学生主动思考,生动活泼学习。

(1)讲授法:对歌曲《明天会更好》的背景进行讲解,穿插思政元素,使学生更好地理解歌曲内涵,发挥育人作用。

(2)练习法:向学生讲解白声的纠正方法,对白声现象进行分析,正确掌握其纠正方法,规范练习方式。

(3)启发式:引导学生有感情地朗读歌曲《明天会更好》的歌词,激发学生主动思考,达到理解歌曲深刻内涵的目的。

【教学设计】

白声及其纠正方法教学设计如表10-7所示。

表10-7　白声及其纠正方法教学设计

主要任务	教师活动	学生活动	教学目的	时间分配
课程导入 (师生互动)	①复习 ②导入新课	①巩固上节课知识 ②思考、回答问题	①巩固知识 ②承接新课 ③营造课堂氛围 ④激发学习兴趣	5分钟
新课讲授 (师生互动)	①讲解与示范 ②播放视频、音频 ③指导与答疑	①听讲 ②观摩 ③朗诵歌词 ④学唱 ⑤练习与讨论	①通过理论支撑知识 ②通过观摩直观感受 ③通过示范理性分析 ④通过练习发现问题 ⑤通过讨论促进思考	35分钟
实践答疑	①归纳知识点 ②点评	①巩固记忆 ②提高认识	①强化知识要点 ②增强鉴赏能力	3分钟
拓展延伸	①课程小结 ②布置作业	①发散思维 ②记录作业	①提高思维能力 ②巩固所学知识	2分钟

10.5　鼻音及其纠正方法

所在章节	第 7 章第 1 节	课时安排	1 课时(45 分钟)

（本节课教学过程详情见二维码）

【教学目标】

1. 知识目标

掌握歌唱中如何纠正鼻音的方法；探析歌曲《我爱你，中国》的艺术特色，了解祖国灿烂的历史文化。

2. 能力目标

通过学唱歌曲《我爱你，中国》分析歌曲结构、音乐要素等，引导学生主动参与课堂活动，培养学生的音乐审美能力。

3. 价值目标

通过该课程的学习，使学生系统地掌握声乐的基本理论知识和方法，具备应用声乐技巧演唱作品并进行声乐教学教研的能力。同时，帮助学生树立正确的审美观念，培养高雅的审美品位，提高专业核心素养，增强爱国主义精神，为后续专业课程的学习打下基础。

【教学内容】

(1)教学重点：理解歌曲《我爱你中国》的深层含义。
(2)教学难点：纠正鼻音的方法。

【教学思路】

本节课教学以学生为主体，通过多种途径创设情景，逐步形成"激趣—感悟—表现—创造"的音乐教学模式，充分激发学生在"探究式学习"中的求知欲。课堂内容以欣赏并演唱为主，引导学生聆听音乐并思考，全身心地投入音乐表演的快乐中，在欣赏音乐的过程中体验美、感受美、表现美。

【课程思政】

(1)通过本节课的学习，在对学生进行音乐审美教育的同时渗透德育教育，进一步激发学生的感恩意识和爱国主义情感。
(2)通过朗诵歌词感受作者表达的对祖国的热爱，并将对祖国的热爱融入歌词中。
(3)通过演唱歌曲感受到乐曲是作者表达的对祖国深沉的爱，引导学生把自己对祖国的热爱融入对学校、对家庭、对亲人的情感中，从而更深刻地理解作品的作者表达的含义。

【教学方法】

课堂教学中"以学生为主体，教师占主导"，采用激趣法、练习法、讲授法的教学方法，激发学生兴趣。

（1）激趣法：在教学初始阶段，观看一些有关抗击疫情的资讯和视频，激发学生的爱国情感。

（2）练习法：通过对鼻音现象的分析，正确掌握其纠正方法，规范练习方式。

（3）讲授法：对歌曲《我爱你，中国》的背景进行讲解，并将思政元素贯穿在教学中，引导学生理解歌曲所要表达的内涵，发挥育人作用。

【教学设计】

鼻音及其纠正方法教学设计如表 10-8 所示。

表 10-8　鼻音及其纠正方法教学设计

主要任务	教师活动	学生活动	教学目的	时间分配
课程导入 （师生互动）	①复习 ②重温经典 ③导入新课	①巩固上节课知识 ②思考、回答问题	①巩固知识 ②承接新课 ③营造课堂氛围 ④激发学习兴趣	5分钟
新课讲授 （师生互动）	①讲解与示范 ②播放视频、音频 ③指导与答疑	①听讲 ②观摩 ③朗诵歌词 ④学唱 ⑤练习与讨论	①通过理论支撑知识 ②通过观摩直观感受 ③通过示范理性分析 ④通过练习发现问题 ⑤通过讨论促进思考	30分钟
实践答疑	①归纳知识点 ②点评	①巩固记忆 ②提高认识	①强化知识要点 ②增强鉴赏能力	5分钟
拓展延伸	①课后小结 ②课后作业	①发散思维 ②记录作业	①提高思维能力 ②巩固所学知识	5分钟